KB172315

칸트전집

Immanuel Kant

Vorkritische Schriften II (1755~1763)

비판기 이전 저작 II
(1755~1763)

칸트전집 2

임마누엘 칸트

한국칸트학회 기획 ┃ 김상봉·이남원·김상현 옮김

한길사

『칸트전집』을 발간하면서

칸트는 인류의 학문과 사상 발전에 지대한 영향을 미쳤으며, 지금도 그 영향력이 큰 철학자다. 칸트철학은 여전히 전 세계적으로 가장 많이 논의되며, 국내에서도 많은 학자가 전문적으로 연구하고 있다. 이를 반영하듯 영미언어권에서는 1990년대부터 새롭게 칸트의 저서를 번역하기 시작하여 『케임브리지판 임마누엘 칸트전집』(*The Cambridge Edition of the Works of Immanuel Kant*, 1992~2012) 15권을 완간했다. 일본 이와나미(岩波書店) 출판사에서도 현대 언어에 맞게 새롭게 번역한 『칸트전집』 22권을 출간했다. 국내에서는 칸트를 연구한 지 이미 100년이 훨씬 넘었는데도 우리말로 번역된 칸트전집을 선보이지 못하고 있었다.

물론 국내에서도 칸트 생전에 출간된 주요 저작들은 몇몇을 제외하고는 여러 연구자가 번역해서 출간했다. 특히 칸트의 주저 중 하나인 『순수이성비판』은 번역서가 16종이나 나와 있다. 그럼에도 칸트 생전에 출간된 저작 중 '비판' 이전 시기의 대다수 저작이나, 칸트철학을 이해하는 데 많은 도움을 줄 수 있는 서한집(Briefwechsel), 유작(Opus postumum), 강의(Vorlesungen)는 아직 우리말로 번역되지 않았다. 게다가 이미 출간된 번역서 중 상당수는 관련 분야에 대한 전문성이 부족해 번역이 정확하지 못하거나 원문을 글자대로만 번역해 가독성이 낮아 독자들이 원문의 의미를 제대로 이해하기가 쉽지 않다. 번역자가 전문성을 갖추었다 해도 각기 다른 번역용어를 사용해 학문 내에서 원활하게 논의하고 소통하는 데 장애가 되고 있다. 이 때문에 칸트를 연구하는 학문 후속세대들은 많은 어려움에 빠져 혼란을 겪고 있다. 이런 상황에서 '한국칸트학회'는 학회에 소속된 학자들이 공동으로 작업해 온전한 우리말 칸트전집을 간행할 수 있기를 오랫동안 고대해왔으며, 마침내 그 일부분을 이루게 되었다.

『칸트전집』번역 사업은 2013년 9월 한국연구재단의 토대연구 분야 총서학 지원 사업에 선정되어 '『칸트전집』간행사업단'이 출범하면서 본격적으로 시작되었다. 이 사업은 영남대학교 '인문과학연구소' 주관으로 '한국칸트학회'에 소속된 전문 연구자 34명이 공동으로 참여해 2016년 8월 31일까지 진행되었으며, 수정과 보완작업을 거쳐 지금의 모습으로 결실을 맺게 되었다. 이 전집은 칸트 생전에 출간된 저작 중『자연지리학』(*Physische Geographie*)을 비롯해 몇몇 서평(Rezension)이나 논문을 제외하고는 거의 모든 저작을 포함하며, 아직까지 국내에 번역되지 않은 서한집이나 윤리학 강의(Vorlesung über die Ethik)도 수록했다.『칸트전집』이 명실상부한 전집이 되려면 유작, 강의, 단편집(Handschriftliche Nachlass) 등도 포함해야 하지만, 여러 제한적인 상황으로 지금의 모습으로 출간하게 되었다. 아쉽지만 지금의 전집에 실리지 못한 저작들을 포함한 완벽한『칸트전집』이 후속 사업으로 머지않은 기간 내에 출간되길 기대한다.

『칸트전집』을 간행하면서 간행사업단이 세운 목표는 1) 기존의 축적된 연구를 토대로 전문성을 갖춰 정확히 번역할 것, 2) 가독성을 최대한 높일 것, 3) 번역용어를 통일할 것, 4) 전문적인 주석과 해제를 작성할 것이었다. 이를 위해 간행사업단은 먼저 용어통일 작업에 만전을 기하고자 '용어조정위원회'를 구성했다. 위원회는 오랜 조정 작업 끝에 칸트철학의 주요한 전문 학술용어를 통일된 우리말 용어로 번역하기 위해 「번역용어집」을 만들고 칸트의 주요 용어를 필수 용어와 제안 용어로 구분했다. 필수 용어는 번역자가 반드시 따라야 할 기본 용어다. 제안 용어는 번역자가 그대로 수용하거나 문맥에 따라 다른 용어를 사용할 수 있는 용어다. 다른 용어를 사용할 경우에는 번역자가 다른 용어를 사용한 이유를 옮긴이주에서 밝혀 독자의 이해를 돕도록 했다. 사업단이 작성한 「번역용어집」은 '한국칸트학회' 홈페이지에서 확인할 수 있다.

번역용어와 관련해서 그동안 칸트철학 연구자뿐 아니라 다른 분야 연구자와 학문 후속세대를 큰 혼란에 빠뜨렸던 용어가 바로 칸트철학의 기본 용어인 transzendental과 a priori였다. 번역자나 학자마다 transzendental을 '선험적', '초월적', '선험론적', '초월론적' 등으로, a priori를 '선천적', '선험적' 등으로 다양하게 번역해왔다. 이 때문에 일어나는 문제는 참으로 심각했다. 이를테면 칸트 관련 글에서 '선험적'이라는 용어가 나오면 독자는 이것이 transzendental의 번역어인지 a priori의 번역어인지 알 수 없어 큰 혼란을 겪을 수밖에 없었다. 이런 문제점을 해소하기 위해 간행사업단에서는 transzendental과 a priori의 번역용어를 어떻게 구분해야 하는지를 중요한 선결과제로 삼고, 두 차례 학술대회를 개최해 격렬하고도 심도 있는 논의를 진행했다. 하지만 a priori를 '선천적'으로, transzendental을 '선험적'으로 번역해야 한다는 쪽과 a priori를 '선험적'으로, transzendental을 '선험론적'으로 번역해야 한다는 쪽의 의견이 팽팽히 맞서면서 모든 연구자가 만족할 수 있는 통일된 번역용어를 확정하는 일은 거의 불가능한 것처럼 보였다. 이런 상황에서 '용어조정위원회'는 각 의견의 문제점에 대한 다양한 비판을 최대한 수용하는 방식으로 합의를 이끌어내기 위해 오랜 시간 조정 작업을 계속했다. 그 결과 a priori는 '아프리오리'로, transzendental은 '선험적'으로 번역하기로 결정했다. 물론 이 확정안에 모든 연구자가 선뜻 동의한 것은 아니었으며, '아프리오리'처럼 원어를 음역하는 방식이 과연 좋은 번역 방법인지 등은 여전히 숙제로 남아 있다. 그럼에도 이 안을 확정할 수 있도록 번역에 참가한 연구자들이 기꺼이 자기 의견을 양보해주었음을 밝혀둔다. 앞으로 이 용어가 사용되기 시작하면 이와 관련한 논의가 많아지겠지만, 어떤 경우든 번역용어를 통일해서 사용하는 방향으로 진행되길 기대한다.

간행사업단은 전문적인 주석과 해제작업을 위해 '해제와 역주위원회'를 구성하여 전집 전반에 걸쳐 균일한 수준의 해제와 전문적인 주석 작업을 할 수 있도록 '해제와 역주 작성 원칙'을 마련했다. 이 원칙의 구체적인 내용도 '한국칸트학회' 홈페이지에서 확인할 수 있다. 번역자들은 원문의 오역을 가능한 한 줄이면서도 학술저서를 번역할 때 허용하는 범위 내에서 가독성을 높일 수 있도록 번역하려고 많은 노력을 경주했다. 이를 위해 번역자들이 번역 원고를 수차례 상호 검토하는 작업을 거쳤다. 물론 '번역은 반역'이라는 말이 있듯이 완벽한 번역이란 실제로 불가능하며, 개별 번역자의 견해와 신념에 따라 번역 방식도 차이가 날 수밖에 없다. 따라서 번역의 완성도에 대해서는 전적으로 독자의 판단에 맡기겠다. 독자들의 비판을 거치면서 좀더 나은 번역으로 거듭날 수 있는 기회가 있기를 바랄 뿐이다.

『칸트전집』간행사업단은 앞에서 밝힌 목적을 달성하려고 오랜 기간 공동 작업을 해왔으며 이제 그 결실을 눈앞에 두고 있다. 수많은 전문 학자가 참여하여 5년 이상 공동 작업을 수행한다는 것은 우리 학계에서 그동안 경험해보지 못한 전대미문의 도전이었다. 이런 이유로 간행사업단은 여러 가지 시행착오와 문제점에 봉착했으며, 그것을 해결하는 일은 결코 쉽지 않았다. 그럼에도 이견을 조정하고 문제점을 해결해나가면서 길고 긴 공동 작업을 무사히 완수할 수 있었던 것은 『칸트전집』 간행을 성공적으로 마무리하여 학문 후속세대에게 좀더 정확한 번역본을 제공하고, 우리 학계의 학문연구 수준을 한 단계 끌어올려야겠다는 '한국칸트학회' 회원들의 단결된 의지 덕분이었다. 이번에 출간하는 『칸트전집』이 설정한 목표를 완수했다면, 부정확한 번역에서 비롯되는 칸트 원전에 대한 오해를 개선하고, 기존의 번역서 사이에서 발생하는 용어 혼란을 시정하며, 나아가 기존의 칸트 원전 번역이 안고 있는 비전문성을 극복하여 독자가 좀더 정확하게 칸트의 작품을 이해하게 될 것이다. 물론 『칸트전집』이 이러한 목표를 달성했는지는 독자의 판단에 달려 있으며, 이제 간행사업단과 '한국칸트학회'는 독자의 준엄한 평가와 비판에 겸허히 귀를 기울일 것이다.

끝으로 『칸트전집』을 성공적으로 간행하기 위해 노력과 시간을 아끼지 않고 참여해주신 번역자 선생님 모두에게 진심으로 감사하는 마음을 드린다. 간행사업단의 다양한 요구와 재촉을 견뎌야 했음에도 선생님들은 이 모든 과정을 이해해주었으며, 각자 소임을 다했다. 『칸트전집』은 실로 번역에 참여한 선생님들의 땀과 노력의 결실이라 할 수 있다. 또 한국연구재단의 지원 아래 『칸트전집』 간행사업을 진행할 수 있도록 큰 도움을 주신 '한국칸트학회' 고문 강영안, 이엽, 최인숙, 문성학, 김진 선생님께도 감사의 말씀을 전한다. 『칸트전집』 간행 사업을 원활하게 진행할 수 있었던 것은 무엇보다도 공동연구원 아홉 분이 활약한 덕분이다. 김석수, 김수배, 김정주, 김종국, 김화성, 이엽, 이충진, 윤삼석, 정성관 선생님은 번역 이외에도 용어 조정 작업, 해제와 역주 원칙 작성 작업, 번역 검토 기준 마련 등 과중한 업무를 효율적이고도 성실하게 수행해주었다. 특히 처음부터 끝까지 번역작업의 모든 과정을 꼼꼼히 관리하고 조정해주신 김화성 선생님께는 진정한 감사와 동지애를 전한다. 사업을 진행하기 위해 여러 업무와 많은 허드렛일을 처리하며 군말 없이 자리를 지켜준 김세욱, 정제기 간사에게는 그저 고마울 따름이다. 그뿐만 아니라 열악한 출판계 현실에도 학문 발전을 위한 소명 의식으로 기꺼이 『칸트전집』 출판을 맡아주신 한길사 김언호 사장님과 꼼꼼하게 편집해주신 한길사 편집부에도 심심한 감사의 말씀을 드린다.

2018년 4월

『칸트전집』 간행사업단 책임연구자

최소인

『칸트전집』일러두기

1. 기본적으로 칸트의 원전 판본을 사용하고 학술원판(Akademie-Ausgabe)과 바이셰델판(Weischedel-Ausgabe)을 참조했다.

2. 각주에서 칸트 자신이 단 주석은 ＊로 표시했고, 재판이나 삼판 등에서 칸트가 직접 수정한 부분 중 원문의 의미 전달과 상당한 관련이 있는 내용은 알파벳으로 표시했다. 옮긴이주는 미주로 넣었다.

3. 본문에서 [ ] 속의 내용은 독자의 이해를 돕기 위해 옮긴이가 넣었다.

4. 본문에 표기된 'A 100'은 원전의 초판 쪽수, 'B 100'은 재판 쪽수다. 'Ⅲ 100'는 학술원판의 권수와 쪽수다.

5. 원문에서 칸트가 이탤릭체나 자간 늘리기로 강조 표시한 부분은 본문에서 고딕체로 표시했다.

6. 원문에서 독일어와 같이 쓴 괄호 속 외래어(주로 라틴어)는 그 의미가 독일어와 다르거나 칸트의 의도를 파악하는 데 도움이 될 경우에만 우리말로 옮겼다.

7. 칸트철학의 주요 용어에 대한 우리말 번역어는 「번역용어집」(한국칸트학회 홈페이지 kantgesellschaft.co.kr 참조할 것)을 기준으로 삼았지만 문맥을 고려해 다른 용어를 택한 경우에는 이를 옮긴이주에서 밝혔다.

차례

불에 관한 성찰의 간략한 서술

김상봉 옮김

차례

일러두기

1. 『불에 관한 성찰의 간략한 서술』(*Meditationum quarundam de igne succincta delineatio*) 번역은 학술원판(Immanuel Kant, *Vorkritische Schriften I 1747~ 1756*, in *Kant' gesammelte Schriften*, hrsg. von der Königlich Preußischen Akademie der Wissenschaften, Bd. I, pp.369-384, Berlin, 1902/10)을 대본으로 사용했다.

여기서 나는 장대한 분량으로 책을 써야 할 소재를 제공하는 탐구 주제를 짧은 몇 페이지로 끝낼 생각은 없다. 내가 여기서 고귀한 철학부의 관대한 심사를 위해 제출하는 짧고 두서없는 성찰은 단지 이론의 밑그림과 같은 것으로서, 나중에 여가가 허락된다면 내게 보다 풍요한 탐구를 위한 바탕이 되어줄 것이다. 나는 여기서 종종 있는 일이듯이 가설적이거나 임의적인 증명 근거에 치우치지 않으려고 언제나 세심하게 주의를 기울였으며, 다만 경험과 기하학의 인도를 할 수 있는 한 성실하게 따르려 했다. 왜냐하면 그 인도가 없다면 자연의 미로에서 빠져나올 출구를 발견할 수 없기 때문이다. 그런데 불의 힘은 다른 무엇보다도 물체들을 희박하게 만들고 그것들의 결속을 해체하는 데서 가장 강력하게 나타나는 것이므로, 일정한 방법과 근거에 따라 탐구를 진행하기 위해서는 먼저 물질의 결합과 유체의 본성에 대하여 간단히 서술하는 것이 필요하리라 생각한다.

제1절
고체와 유체의 본성에 대하여

명제 Ⅰ

우리는 대다수 물리학자들이 데카르트의 견해[1]에 따라 생각했던 것처럼 물질을 부드럽고 매끈한 지극히 미세한 부분들로 분할하고 그것들이 서로 결합되어 있다고 표상함으로써 물체의 유체성을 설명할 수는 없다.

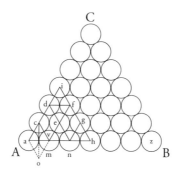

삼각형 ABC가 지극히 작은 구형(球刑)의 입자들로 이루어진 원뿔 모양의 입체의 단면을 표상한다고 하자. 그렇다면 이 입체는 주어진 조건 아래서는 유체의 경우에 반드시 일어나야 하는 그런 방식으로

자기의 표면을 결코 형성하지는 않으리라고 나는 말할 것이다. 왜냐하면 입자 c, e, g, d, f, i가 아래의 입자 a, m, n, h에 의지하면서 이것들의 결속 가운데서 안정을 유지할 것이며, [위의 입자들이] 아래의 입자들을 오른쪽으로든 왼쪽으로든 자기 자리에서 밀어내지 않는 한, [위의 입자들 역시] 자기의 위치에서 벗어나는 일이 일어나지 않을 것이기 때문이다. 그러나 입자가 위에서 중력을 통해 내리누름으로써 입자 a를 왼쪽²⁾으로 밀어내는 힘 va는 힘들의 합성에 따라 오직 중력 co의 절반일 것이며, 이것은 다른 모든 [입자들의] 중첩의 경우에도 마찬가지일 것이다. 이로부터 명백하게 알 수 있는바, 평면 위의 입체는 가장 끝에 있는 입자 a와 z가 움직이지 못하도록 어떤 힘이 막아주기만 한다면, [유체의 경우처럼] 수평으로 흐르지 않고, 마치 모래시계 속에 담긴 고운 모래나 다른 무엇이든 잘게 빻은 물질이 그러하듯이 원뿔의 형태를 유지하게 될 것이다.

I 372

명제 Ⅱ

어떤 입자들이 아무리 [크기가] 미세하고 또 [서로] 성기게 결합되어 있다 할지라도, 만약 그것들이 어떤 탄성물질의 매개에 의해 서로 압력을 행사하여, 자기 무게의 힘을 모든 방향으로 동등하게 주고받을 수 없다면, 그런 입자들의 집적은 높이에 비례하여 횡적으로 압력을 행사하는 정역학의 법칙을 충족하지 않을 것이며, 따라서 유체성의 기본적 성격을 결여하게 될 것이다.

왜냐하면 앞의 명제로부터 명백하게 알 수 있듯이, 층층이 쌓인 입자들이 서로서로 직접적으로 압력을 가하면서 높이에 비례하는 압력을 횡적으로 행사할 수는 없으므로, 어떤 다른 유체의 물질이 물체를 이루는 원소들 사이를 뚫고 들어가서 매개 작용을 수행함으로써 무게의 힘을 모든 방향으로 균등하게 퍼져나가도록 해주어야 하기 때문이다. 어느 쪽에서든 압력을 받으면 동일한 힘으로 다른 방향으로 팽창하려고 하는 물질은 일반적으로 탄력성 있는 물질이라고 간주되는데, 유체를 구성하는 단단한 입자들은 서로 직접 결합한 것이 아니고, 그 입자들 사이에 섞여 있는 어떤 탄성물질과 함께 결합해 있으며, 그 덕분에 위에서 누르는 힘을 받으면 크기가 같은 힘을 양옆을 향해 행사하는 것이다.

이제 우리는, 유체의 원소들 사이에 섞여 있는 이런 탄성물질이 바로 열의 물질이라는 것을 증명할 것이다.

명제 Ⅲ

유체와 마찬가지로 고체도 직접적인 접촉을 통해서가 아니라 균등하게 매개해주는 탄성물질을 통해 결합하고 있는 입자들로 이루어져 있다.

위에서 증명한 대로, 유체는 어떤 탄성물질을 매개로 하여 응집되어 있다. 또한 유체상태에서 굳어서 고체가 된 철이나, 그런 종류의 다른 물체들은 언제나 열이 감소하는 정도에 따라 점점 더 협소한 부피를 차지하게 되며, 모든 차원에 따라 수축되지만, 그 경우에도 그 물체들의 입자들이 언제나 서로 더욱더 가까이 접근할 수 있는 공간이 부족하지 않게 남아 있으니, 그것들은 직접적인 접촉을 통해 결합해 있지 않은 것이다. 이로부터 또한 명백하게 알 수 있는바, 고체의 덩어리라 할지라도 그 부분들 사이에 섞여 있는 어떤 물질을 포함하고 있고, 이 물질을 매개로 하여 고체의 입자들은 비록 상호적 접촉 없이 떨어져 있음에도 불구하고 서로 끌어당기고 있으며,—또는 다르게 표현하자면—응집해 있다. 그리고 이런 점에서는 고체도 유체와 마찬가지인 것이다.

명제 Ⅳ

방금 말한 물질의 매개를 통해 물체의 원소들은 비록 서로 접촉하지 않고 멀리 떨어져 있다 할지라도 서로 끌어당기게 되는데, 우리는 이런 [매개적] 물질의 작용을 통해 고체의 현상도 설명할 수 있다.

어떤 고체들, 특히 유체상태에서 고체가 된 철이나 유리 같은 것들은 다음과 같은 특이하고도 주목할 만한 성질을 지니고 있다. 즉 어떤 무거운 것을 올려놓더라도 찢어지지 않고 어느 정도는 확장되며, 그렇게 부분들이 아주 밀접하게 결합해 있으므로 그 무게를 받아들이고 또한 그 고체의 입자들이 서로 다소 벌어지는 경우에도 그 무게를 견딘다. 마찬가지로 극도로 연장되었어도 아주 무거운 무게를 견디기에 적합하다. 그러나 이 현상은 내가 생각하기에 만약 고체의 입자들이 [아무런 매개 없이] 직접 결합해 있었더라면 결코 설명될 수 없다. 이를테면 철사가 〈그림 1〉에서처럼 결합되어 있는 입자들로 이루어져 있거나, 입자들 사이의 진공을 가능한 한 배제하기 위해 〈그림 2〉의 경우처럼 배열되어 있거나 또는 〈그림 3〉의 평행육면체처럼 표면적으로 서로 접촉하고 있으면서 무거운 것이 달리면 공간 a, o, i, e 등을 통해 서로 접촉하지 않고 떨어지지만, 이런 경우에도 나머지

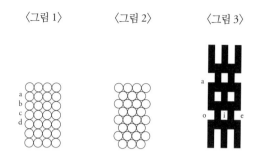

표면을 통해 결합해 있다고 가정한다면, 우리는 곧 다음과 같은 일이 일어나리라는 것을 명백히 알 수 있을 것이다. 즉 만약 철사에 걸린 무거운 것이 그림처럼 생긴 철사를 비록 조금이라도 아래쪽으로 잡아당긴다면, 〈그림 1〉의 경우에는 부분들(=철사의 입자들)이 더는 서로 접촉하고 있지 않으므로 철사가 즉시 끊어져버릴 것이다. 그리고 만약 철사가 아래쪽으로 잡아당겨질 경우 측면에 위치한 입자 a, b, c, d가 안쪽으로 움직여 끊어지는 것에 저항할 것이라고 우리가 가정한다 하더라도, 이런 경우에는 두께가 어느 정도 얇아질 것이므로 철사의 입자들이 이전에 감당했던 무게에 대해 저항하는 힘이 훨씬 감소할 것이다. 〈그림 3〉의 경우에는 자기 표면 전체로 서로 접촉하고 있던 입자들이 단지 부분적으로만 서로 접촉하고 있다면 무거운 것에 의해 쉽게 분리되리라는 것은 의심의 여지가 없다. 따라서 우리가 상정할 수 있는 모든 경우에 철사는 잡아당기는 힘을 견디지 못하고 끊어져버리고 말 것이다. 그러나 이것은 경험과 일치하지 않으므로 고체의 원소들은 직접 접촉해서가 아니라 어떤 물질을 매개로 일정한 거리 속에서도 서로 끌어당기고 있음이 분명하다.

　그러므로 나는 이런 가설에 입각하여, 이미 발견된 자연의 법칙 및 기하학의 법칙에 따라 고체의 이런 현상을 설명하려는 시도를 해보려 한다. 왜냐하면 유체상태에서 고체가 된 물체는, 〈그림 4〉가 보여

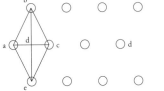

주듯이, 탄성물질이 고체 원소들 사이에 스며들어 있으므로 원소들이 서로 접촉하지 않고 어느 정도 떨어져 있으면서 세 개의 원소들이 언제나 정삼각형을 이루는 그런 원소 배열 형태를 취하게 되리라고 생각되기 때문이다. (그 원소들이 아무리 미세한 간격이라도 그런 간격을 사이에 두고 서로 잡아당겨서 결합하려면, 언제나 그런 배열을 지향할 것이다) 그 결과, 만약 무거운 것이 달려서 그 원소들의 작은 구조물을 ad 방향으로 잡아당긴다면 입자 a와 c 사이의 거리는 〈그림 5〉에서 보듯, 더욱 멀어지겠지만, ab와 bc의 거리는 전과 마찬가지로 남아 있을 것이다. 왜냐하면 원소 b가 d의 위치에 근접함에 따라, b는 a 및 c 와 함께 앞의 〈그림 4〉에서보다 더 큰 각을 이룰 테니 말이다. 하지만 이로써 입자들 사이에 섞여 있는 탄성물질의 밀도는 감소되지 않고 그대로 유지되고 있으므로 (팽창한 물체의 내용물은 늘어나지 않고 원래 그대로 있으므로) 입자들 a와 c의 인력 또는 결합력 [역시] 이런 [탄성물질에 의한] 결속력 덕분에 감소하지 않을 것이다. 그러나 입자 b가 원소 a와 c를 결합해주는 한에서, 입자 a와 c가 연장되거나 벌어지면, 입자 b의 잡아당기는 힘은 〈그림 5〉의 선분 ad에 비례한다. 그런데 그 선분은 앞의 〈그림 4〉에서는 b가 이루는 각이 작았기 때문에 마찬가지로 더 짧았다. 따라서 입자들 사이의 거리가 멀어질 경우, 입자들이 서로 끊어지지 않도록 막아주는 힘은 증가하는데, [그

I 374

정도는] 선분 ad, 즉 입자들을 벌어지게 만드는 힘의 크기에 정확히 비례한다.

명제 V

탄성물질이 압력에 비례하여 일정한 공간 중에 압축된다는 것을 밝혀주는 법칙[3]은 우리가 제시한 가설과 아주 잘 합치한다.

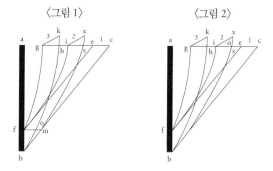

〈그림 1〉 〈그림 2〉

사람들이 고체에서 일반적으로 압축이라고 부르는 것은, 더 정확히는 확장 또는 연장이라는 이름으로 불러야 한다. 왜냐하면 딱딱한 물질은 압축하는 힘을 통해 더 좁은 공간에 밀어 넣기가 물에 비해 분명히 훨씬 더 어렵기 때문이다. 그러므로 만약 〈그림 1〉 탄성체 fecb가 벽면 ab의 fb부분에 단단히 고정되어 있는데, 벽을 향해 그 탄성체를 ixfb의 위치로 움직이도록 누른다고 가정한다면, 우선 나는 그 탄성체의 바깥 테두리 bc가 이로 인하여 약간 확장될 것이며, 이 상태에서 더 확장되면 될수록 더 큰 압축의 힘이 필요할 것이라고 주장하는 바이다. 그다음으로 [내가 주장하고 싶은 것은] 탄성체를 일정한 거리만큼 벽면 ab로 움직이게 하는 힘은 우리의 원리에 따른다면 압력이 과도하지 않는 한 그 거리에 비례한다.

그러므로 만약 그 탄성체가 어떤 압력에 의해 2의 위치로 당겨지고 거리 cs만큼 벽에 가까이 이동한다면, 단면 ec는 ix의 위치로 이동할 것이다. 우리가 그 두께를 관통하여 선분 is를 단면 ec에 평행하게 긋는다면 if=so=cm이 되고, xo는 끝에 있는 xs 부분만큼 cm보다 더 길게 연장될 것이다. 더 나아가 우리가 그 탄성체를 3의 위치, 즉 gkfb까지 가도록 계속 누른다면, 마찬가지로 ec에 평행하게 선분 gh를 그을 수 있을 텐데, 이때 길어진 부분 kh의 크기는 xs의 크기보다 더 클 것이다. 그러므로 위의 증명으로부터, 어떻게 해서 2의 위치보다 3의 위치에 더 큰 압력이 필요한지가 분명히 밝혀지는 것이다.

I 375   하지만 이제 우리는 그 힘들이 어떻게 해서 압축의 거리에 비례하는지 탐구해야만 한다. 위치 2의 테두리 xb는 굽어지긴 했으나, 조금밖에 굽지 않았으므로 적당히 압축했을 경우에는 직선으로 간주될 수 있다. 이런 사정은 위치 3의 선분 kb도 마찬가지이다. 더 나아가 탄성체의 수평적 단면인 1번의 ec가 계속 연장되면 점 i와 g를 통과하리라고 가정할 수도 있겠는데, 이것은 적당한 정도의 압축에서는 매우 근사(近似)하게 일어나는 일이므로, 틀림없이 추론할 수 있는 일이다. 그러므로 삼각형 ixs에서 각x=각c이다. 왜냐하면 그 탄성체의 단면이 1번[=ec]과 같고, 각s는 자기 맞꼭지각인 o와 같으므로, 삼각형 scb는 삼각형 ixs와 유사하기 때문이다. 마찬가지로 3번 위치의 삼각형 gkh에서도 모든 것이 삼각형 hcb와 똑같은 방식으로 서로 관계 맺고 있으므로, 이로부터 결과적으로 다음과 같은 추론이 따라 나올 것이다.

ix : xs   =bc : sc

kh : gk(=ix)=hc : bc

xs : kh   =sc : hc

즉 탄성체의 가장 바깥 테두리인 bc가 xs와 kh만큼 늘어나는 경우, xs와 kh의 크기는 압축의 거리인 sc와 hc에 비례하는 것이다.

우리의 가설에 따르면 팽창력은 팽창의 크기에 비례해야 한다는 것이 명제 Ⅳ에서 밝혀졌으므로, 이 경우에도 탄성체를 압축하는 힘은 압축의 거리에 비례하리라는 것이 분명하다.

들 라 이르[4])가 1705년 파리 왕립과학아카데미 비망록에서 탄성체의 압축에 관해 발견한 것을 발표한 내용은 우리의 이런 주장을 강력하게 뒷받침해준다. 사람들이 이 문제를 세심하게 검토해본다면, 다른 어떤 가설로도 그것을 그렇게 적합하고 정확하게 설명할 수는 없을 것이다.

일반적 부가결론

그러므로 내가 생각한 것이 옳다면, 모든 물체는 단단한 부분들로 이루어져 있지만, 이 부분들은 어떤 탄성물질 또는 끈이 그 사이에 스며들어 결합되어 있다. 소립자들은 비록 상호접촉 없이 떨어져 있음에도 불구하고 이런 혼합물의 매개 작용으로 말미암아 서로를 끌어당기며, 직접 접촉할 때 가능한 것보다 훨씬 더 조밀하게 결속하고 있는 것이다. 왜냐하면 대부분 구형인 입자들의 접촉이 어떤 점(點)에서만 일어날 경우, 그 접촉은 표면 전체에서 일어나는 응집에 비하면 무한히 약할 것이기 때문이다. 이런 이유로 원소들의 위치는 결합을 유지하면서도 변화될 수 있으니, 여기서 우리는 동시에 물체 내부의 빈 공간에서 원소들을 결합시켜주고 있는 물질이 부분적으로 빠져나오게 되면 어떻게 해서 원소들이 서로 더 가까이 접근하여 그 부피가 수축될 수 있는지를 아주 잘 이해할 수 있다. 또한 그와 반대로 그것 자체의 양이나 더 나아가 탄성이 커질 경우 어떻게 해서 물체의 부피가 커지며 입자들이 서로 결속력을 잃지 않으면서도 멀어질 수 있는지도 잘 알 수 있는 것이다. 이런 것들이 불의 이론에서 가장 중요하다.

제2절
불의 물질과 그 변양인 열과 냉에 대하여

명제 VI

경험

불은 우선 모든 물체를 유체든 고체든 모든 차원에 따라 희박하게 만듦으로써 자신의 현존을 드러낸다. 다음으로, 응집력이 점차 약해지면 물체의 조직을 해체한 뒤, 마지막으로 물체의 부분들을 증기상태로 흩어지게 함으로써 자신의 현존을 드러내는 것이다. 이에 반해 차가움[冷]은 물체의 부피를 수축시키고, 응집력을 강하게 하며, 부드럽고 유연한 것을 딱딱하게 만들고 유체를 견고하게 만드는 것이다. 열은 특히 딱딱하고 견고한 물체의 경우에 마찰이나 진동을 통해 발생한다. [그러나] 어떤 물체 내에서도 열이 무한정으로 증가할 수는 없다. 물체는 타서 뜨거워진다고 하더라도 끓는점을 초월할 수 없기 때문이다. 이는 그 물체 대부분이 완전히 불에 타서 더 많은 열을 가지게 된다 하더라도 마찬가지이다.

열에 대해 언급할 만한 가치가 있는 현상들이 아직 남아 있지만, 아래에서 종종 보게 될 것이므로 나는 여기서 그것을 모두 다루지는 않으려 한다.

명제 VII

불의 물질은 [앞 절에서 기술한] 바로 그 탄성물질로서, 이것은 어떤 물체든지 간에 그 원소들 사이에 섞여들어 원소들을 결합해주는데, 그것의 파동 또는 진동운동이 바로 사람들이 열이라는 이름으로 이해하는 것과 같은 것이다.

명제 VI에서 언급했듯이, 경험이 증시하는 바에 따르면, 모든 물체는 마찰이나 진동에 의해 뜨거워지고 모든 방향으로 균등하게 희박해진다. 그런데 이런 현상은 물체의 덩어리 속에 어떤 탄성물질이 포함되어 있고, 그것이 [마찰이나 진동 같은] 자극을 받으면 팽창하려는 성질을 가지고 있다는 것을 명백히 알려주는 것이다. 그뿐만 아니라 모든 물체는 제1절에서 증명한 대로 사이공간 속에 함유된 탄성물질을 지니고 있으니, 이 물질이 입자들의 연결고리가 되며 또한 격렬한 파동운동으로 자극되면 온갖 열의 현상을 나타낼 수 있게 된다. 그러므로 이런 탄성물질이 불의 물질과 다르지 않음이 분명하다.

같은 것을 비등 현상을 통해 증명함

물체는 좀더 많은 불이 더 가해지면 열에 의해 액체상태가 되고 끓어오르게(비등) 되지만, 일정한 단계에 이르면 더는 열을 받아들이지 못하고 그 상태에서 불로 가열하면 마치 대기의 무게와 동일한 무게를 지닌 크고 탄력 있는 거품을 끊임없이 내뿜는다. 그런데 이 거품은 탄력 있는 공기를 전혀 포함하고 있지 않으며, 열을 함유한 물체 속으로 불의 물질이 들어간 것일 뿐이므로, 여기서 자연스럽게 물음이 하나 생긴다. 그것은 물이 끓어오르기 전에는 열이 균등하게 물속으로 들어가기는 하지만 그 단계에서는 아직 몇몇 기포 외에는 탄성

I 377

물질이 자기를 드러내지 않는데, 어찌하여 정확하게 비등점에 이르면 그것을 방출하는가(드러내는가) 하는 것이다. 하지만 우리가 불이라고 부르는 것과 동일한 탄성물질은 가열된 유체 속에 균일하게 함유되어 있으면서, 격렬한 파동운동이 가해지더라도 크기가 분자들의 인력보다 더 커지지 않는 동안에는, [물체의] 부피가 다소 팽창하더라도 입자들의 인력에 의해 억눌리고 사로잡혀 있다는 사실을 쉽게 알 수 있다. 그런데 그것이 자신의 탄성력에 의해 비등점을 넘어설 정도로 강해지게 되면 새로이 받아들이는 모든 불의 물질을 들어온 그대로 자유로운 탄성에 의해 액체의 매질을 통해 방출하게 되는데, 이는 일체의 뜨거운 물체 속에 불의 물질이 압축되어 있기 때문임이 분명하다. 그런즉 우리의 명제의 진리성에 대해 의심을 품을 까닭이 없다.

명제 VIII

열의 물질은 에테르(또는 빛의 물질) 이외의 다른 것이 아니다. 이것은 물체의 강력한 인력(또는 접착력)에 의해 물체들의 내부 공간 사이에 압축되어 있다.

그 까닭은 첫째로 어떤 것이든 더 조밀한 물체는 뉴턴이 회절과 반사현상을 통해 밝혀냈듯이 엄청난 양의 빛을 끌어당기기 때문이다. 그래서 그 결과 저 비길 데 없는 사람의 계산에 따르면 접촉상태에서 인력은 중력의 유인을 10조 배나 능가한다. 그러나 빛의 물질은 탄성적이므로, 엄청난 힘으로 어느 정도 협소한 공간에서도 모아들일 수 있다, 즉 압축할 수 있다는 사실은 의심할 바 없다. 또한 물체의 입자들이 어디서나 빛의 물질을 만난다면, 우리가 물체들 가운데서 증명해 보였던 바로 그 탄성물질이 이 에테르와 다르지 않다는 것을 의심할 까닭이 무엇이겠는가?

둘째로 빛을 굴절시키기 위해 엄청난 힘을 지닌 동일한 물질이 불을 더욱 더함으로써 좀더 큰 열을 품고 있기 위해서 [필요한] 힘도 지니고 있다는 것을 알 수 있는바, 이를 통해 우리는 빛을 자기 자신과 결합시키려는 동일한 인력이 또한 불의 물질을 자기 자신과 내밀하게 결합해 품고 있음을 알 수 있다. 왜냐하면 뉴턴이나 다른 사람들의 실험에 따르면 각종 오일은 자기 고유의 중력에 비해 훨씬 더 큰 힘으로 광선을 굴절시키며(즉 잡아당기며), 더 나아가 테레빈 유(油)나 다른 오일들에서 보듯이 자기 고유의 중력에 비해 비등점이 훨씬 더 높기 때문이다. 하지만 이런 동일한 오일들이 불길을 계속 유지하기 위한 연료로도 적합하며, 그렇게 타오르는 상태에서 빛을 사방으로 발산하거니와, 이 모든 현상은 열의 물질과 빛의 물질이 가능한 최고도로 인접하고 일치한다는 것을 또는 더 정확히 말하자면 그들이 전혀 다른 것이 아니라는 사실을 증명해준다.

유리의 투명함이 이것의 개연성을 드러냄

만약 사람들이 나의 가설이 자연법칙과 최고로 합치하고 또 최근에 저 유명한 오일러[1]에 의해 새로운 지지 근거를 얻음으로써 보다 설득력을 얻게 되었다는 사실을 인정한다면, 다시 말해 빛이 빛나는 물체의 방출이 아니라, 도처에 퍼져 있는 에테르가 뻗어나가 생긴 압력이며,[2] 유리의 투명함의 원천이라는 것을 생각해본다면, 에테르와 불의 물질의 합일 또는 더 정확히 말해 둘의 동일성을 명백히 인정하게 될 것이다. 왜냐하면 우리는 유리를 가성칼륨, 즉 매우 강한 알칼리 소금을 불의 힘으로 모래와 함께 녹여서 불어 만들기 때문이다. 그러나 가성염은 오랫동안 강한 불에 태우면, 불의 물질을 풍부하게 자기 속에 하나로 함유하게 되는데, 만약 이것이 모래와 섞이면, 유리의 균질한 물질을 통해 이 불의 탄성원소를 발산할 것이다. 그런데 유체에서 굳어져 생성된 이런 물체가 어느 쪽으로든 언제나 직선으로 열려 있는 빛의 전달 통로를 가지고 있다는 것은 그다지 개연성이 없으며, 도리어 그것의 체적이 자기 고유의 물질로 가득 채워져 있다고 하는 것이 훨씬 더 이성과 합치하는 일이지만, 그럼에도 불구하고 빛의 임펄스가 유리 물질을 통해 전파되므로, 빛의 물질 그 자체가 유리 자체의 부분들 사이에 섞여 있으면서 유리 덩어리의 한 부분을 이루고 있음이 분명하다. 그러나 우리가 이미 보았듯이, 불의 물질이 유리의 무시할 수 없는 일부를 이루고 있으면서, 유리의 단단한 원소들 사이에 널리 퍼져 있으므로, 열의 물질이 에테르 또는 빛의 원소와 동일한 것임을 의심할 까닭이 없는 것이다.

명제 IX

온도의 측정, 즉 상이한 온도가 서로 맺고 있는 비례관계를 숫자로 표시하는 것.

파리 왕립과학아카데미의 회원인 저 유명한 아몽통[3])은 분명히 이 문제의 해답을 처음으로 발견한 사람일 것이다. 불의 힘은 물체를 희박하게 만드는 데서 고유하게 표출되므로 이런 희박화 경향에 반대되는 압축력을 통해 그것의 크기를 측량하는 것이 당연한 일일 것이다. 그러나 공기는 열이 조금이라도 줄어들면 압력에 의해 수축되고 부피가 줄어든다는 것이 밝혀져, 공기가 모든 탄성을 오로지 열에 의해 받아들여 지니고 있다고 생각해야 할 것이므로 저 유명한 사람은 이 가설에 입각하여 온도를 그 열로 가열된 공기의 탄성력을 통해 측량하려는 계획을 세웠는데, 이는 공기가 이 열을 지니고 있는 동일한 부피[의 공기]에 의해 지지될 수 있는 무게를 통해 온도를 측정하려는 것이었다.

주석

부르하베[4]에 따르면, 파렌하이트[5]는 불에 의해 끓어오르는 액체의 고유한 특징을 처음으로 주목한 사람이라 한다. 그에 따르면, 온도는 대기의 무게가 더 무거울수록 올라가고, 공기의 압력이 낮을수록 비등점의 온도가 더 낮다고 한다. 파리 아카데미의 보고에 따르면 모니에[6]도 동일한 현상을 발견했는데, 그는 레오뮈르 온도계를 사용하여 처음에는 보르도에서 그리고 나중에는 피크뒤미디산[7] 정상에서 물의 끓는 온도와 빙점으로부터의 [온도계의] 높이를 조사했다. 그에 따르면 산꼭대기에서는 처음의 위치에서보다 기압계의 눈금이 8인치 정도 낮았다고 한다. 그런데 두 군데에서 모두 빙점의 온도는 같았으나, 물이 끓는 온도는 결빙점과 비등점의 간격이 보르도의 평지에서 온도계로 측정했을 때는 28인치였으나 산꼭대기에서는 그보다 180분의 15만큼 낮은 것을 발견했다. 그러므로 보르도의 평지에서의 물이 끓는 온도가 산에서보다 12분의 1 더 높은데, 이런 차이가 생기는 것은 대기의 무게가 3분의 1 정도 더 무겁기 때문이다. 이로부터 명백히 알 수 있듯이, 만약 끓는 물에서 대기 전체의 무게를 제거한다면 결빙점과 비등점 사이에 스며들어 있는 열의 4분의 1이 제거될 것이다. 그러므로 공기의 압력이 없다면, 끓는 물의 온도는 더 낮고, 공기의 무게가 더해지면 온도가 더 높아야만 물이 끓을 수 있다. 그리고 물의 원소들 자체의 인력이 서로 결속할 수 있을 만큼 충분히 강하지 않은 경우, 불의 입자들의 진동운동에 대해 공기

I 379

가 대항무게를 통해 반작용을 가하는 것이야말로 대기의 무게가 수행하는 작용인바, 이로부터 우리는 에테르가 비등점에서 물과의 결합에서 벗어나려 할 때 어떤 탄성력을 행사하는지 추측해볼 수 있으며, 에테르를 묶어두기 위해 입자들의 인력이(또는 그것이 약해질 때 외부의 압력이) 어느 정도가 되어야만 할지 추측해볼 수 있다. 저 칭송할 만한 아몽통의 견해에 따르면 결빙온도와 끓는 온도는 3분의 1 이상 차이가 나지 않으며, 결빙과 비등 사이에 스며들어 있는 열의 4분의 1이 대기 전체 무게와 맞먹는 힘을 요구하는 것이므로, 물이 끓을 때 전체 열과의 평형을 유지하기 위해서는 12대기압이 필요하며, 또한 그러므로 물의 원소들의 인력 자체는 공기의 11기압에 해당한다는 결론이 나온다. 이로부터 우리는 결빙점에서는 같은 물이라도 인력이 훨씬 더 크며, 금속의 경우에는 탄력 있는 에테르를 압축하기 위해서는 그 인력이 더욱 엄청나리라는 것을 통찰할 수 있다.

세콩다[8]도 똑같은 관찰을 통해 [비등점에서] 물이 희박해지는[= 팽창하는] 정도가 앞서 말한 산에서는 더 크고 보르도의 평지에서는 더 작다는 것을 발견했는데, 그 비율은 전체 부피의 24분의 1과 35분의 1의 관계였다. 그러므로 우리가 이 비율을 정확하게 계산해본다면, 대기 무게의 상호적 비율은 정확히 20:28이 된다. 그러므로 이 경우 피렌체 아카데미의 실험에 의해 입증되고 널리 알려진 바 있는,[9] 모든 압력에 대해 강력하게 반발하는 물의 저항은 발견되지 않았던 셈이다.

명제 X

증발 또는 증기의 본성과 원인은 우리 이론의 주장들로부터 설명할 수 있다.

증기의 본성

증발이란 유체의 표면에서 젖은 입자들이 떨어져 나와 공기 중에 떠다니는 것일 뿐인데, 이는 다음과 같은 경탄할 만한 고유의 특성을 지니고 있다. 즉 동질적인 유체의 입자들이 서로 접촉하기 위해 움직여 하나를 이루려 하는 힘이 아무리 강력하고 또한 저절로 한 덩어리를 이루게 된다 할지라도, 일단 미세한 증기로 분리되고 나서 필요한 온도의 열이 계속 더해지면, 그 입자들은 상호접촉과 통일에서 벗어나며, 뉴턴의 용어를 사용하자면, 서로 강렬하게 배척하게 된다. 그래서 그 입자들을 압축시켜 억지로 하나로 뭉쳐둘 만큼 충분히 강한 힘은 아직 발견된 적이 없다. 그리하여 수증기는 어느 정도 열이 가해지면 아무리 견고한 용기라도 산산조각 내버리며, 모든 증기 입자는 자기 고유의 특성에 따라 때때로 깜짝 놀랄 만한 탄력성을 발휘하는 것이다.

원인

이 현상의 근거는, 적어도 내가 알고 있는 한, 아직 물리학자들에게 충분히 인식된 것이 아니다. 그러므로 나는 그것을 탐구하려 한다.

지극히 미세한 피막이 물의 표면에서 떨어져 나와 현미경으로도 볼 수 없을 정도로 작은 풍선의 형태를 이룬 것이 수증기 원소이다. 그렇지만 물을 강하게 가열했을 때 그렇게 미세한 수많은 기포가 그토록 강렬하게 접촉으로부터 도망치듯 벗어나는 원인은 무엇인가? 나는 이를 곧 해명할 생각이다. 앞서 전개한 이론에 따르면 물은 다른 모든 물체와 마찬가지로 에테르의 탄성물질을 물체 분자 사이에 인력을 통해 압축해 붙잡아두고 있다. 그리고 앞의 증명을 통해 확인 되었듯이, 이 인력은 [입자들이] 단지 접촉하고 있는 경우뿐만 아니라 어느 정도의 간격 속에서도 서로 얽혀 결속해 있도록 그렇게 규정되어 있으므로, 비록 인력이 어느 정도 더 멀리까지 확장될지라도, 열의 파동운동으로부터 발생하는 척력과 균형을 이루게 되는 것이

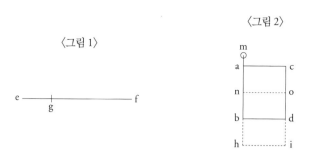

〈그림 1〉

〈그림 2〉

다. 지극히 짧다고 간주되어야 할 이 간격은 〈그림 1〉의 선분 ef에 표현되어 있는데, 하나로 결합된 물의 입자들의 간격은 입자 eg에 비례해야 한다. 이제 다음으로 〈그림 2〉에서 평행육면체 abdc가 물의 작은 부분이라 하자. 그리고 그것의 얇은 두께 ba는 〈그림 1〉의 선분 ef와 같다고 하자. 전제에 따라 물의 원소들이 서로 행사하는 인력은 거리 ba=ef를 넘어갈 수 없으므로, 만약 a 지점에서 입자가 형성된다면, 그 입자는 모든 조합된 원소들의 전체 두께를 관통해서 인력을 받을 것이며, 유체의 본성에 따라 가능한 범위 내에서 최대한 견고하게 달라붙을 것이다. 하지만 이 물 입자에 계속해서 첨가분 bhid를 더한다 하더라도 그것이 더 견고하게 달라붙는 것은 아니다. 그러나 만약 우리가 그 입자를 지극히 작기는 하지만 am만큼 이동시킨다면, 그것은 물 입자 전체가 아니라 부분인 anoc에 의해서만 끌어당겨질 것이고, 결과적으로 하나가 되려는 힘이 보다 약해질 것이다. 〈그림 2〉의 평형육면체를 더 얇게 만들면 〈그림 3〉의 hksr처럼 그릴 수 있

〈그림 3〉

을 것이다. 이 경우 어떤 물의 입자가 h의 위치에 있다면 그것은 훨씬 약한 인력으로 당겨질 것이다. 또한 에테르 자체가 이 피막에 의해 둘러싸여 있다면 표면이 확장될 것이며, 그 대부분이 표면에서 벗어날 것이므로, 이 상태에서 원소는 열의 진동을 통해 추동되어 이전의 상태에서 그랬을 것보다 훨씬 더 멀리 점 h로부터 달아나게 될 것이다. 그리고 그 피막이 얇으면 얇을수록 더 큰 힘에 의해 접촉으로부터 멀어질 것이다. 더 나아가 이 그림에서 얇은 피막 hkrs가 혼자 남겨진다면 즉시 공 모양으로 바뀔 것이다. 이렇게 되면 모든 방향으로 두께가 두꺼워져서 이전과 같은 간격에서도 더 강한 힘으로 다른 입자들과 뭉쳐 하나를 이룰 것이므로, 증기의 특성이 변치 않고 틀림없

I 381

〈그림 4〉

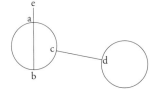

이 그대로 남아 있다면, 〈그림 4〉처럼 풍선모양으로 말리게 될 것이 분명하다. 그런데 이렇게 되면 짧아진 지름 ab와 그 얇은 두께는 지름의 양 끝에 위치한 점 a, b 사이의 거리로 표시될 터인데, 이는 [입자들이] 자유롭게 펼쳐질 수 있다면 에테르의 인력과 동등한 척력에

의해 그 거리 속에서 서로 나란히 평형을 이루게 될 점인 be의 거리보다 짧을 것이다. 만약 그러면 이런 상태에서 그 작은 풍선은 팽창하려 할 것이고, 탄성 있는 증기의 원소가 될 것이다. 그리고 동질적인 풍선들의 거리 cd는 언제나 지름 ab와 같을 터인데, 이는 앞에서 증명한 것에 비추어 명백하다.

명제 XI

공기의 본성과 그 속의 탄성 원리의 원인을 탐구함.

공기는 탄성을 지닌 유체로서 물보다 거의 천 배나 더 가볍다. 공기의 팽창력은 열에 비례한다. 또한 대기의 무게가 같다고 전제할 때 차가움에 의해 물이 결빙되는 온도에서부터 물이 끓는 온도 사이에서 공기가 팽창하는 정도는 정확히 결빙점에서의 부피에 비해 대략 3분의 1의 비율이다. 이런 현상은 증기의 경우에도 다를 바 없이 일어나지만, 다만 똑같이 차가운 온도에서라도 공기는 탄성을 잃지 않고 보존하는 반면, 증기는 대부분 응고되며 어떠한 팽창력의 징표도 명확히 보여주지 않는다는 점에서는 [공기와 증기는] 서로 다르다. 그러나 만약 우리가 증기의 섬세한 피막도 비록 보다 낮은 온도에서도 주목할 만한 탄력성을 발휘할 수 있는 상태에 있다는 사실을 고려한다면, 여기서 유비의 가능성을 부주의하게 그냥 방치하고 말 것이 아니라, [공기와 증기]들을 종별적으로 동일한 원리로부터 연역함으로써 존재자의 수를 과도하게 증가시키는 것을 피할 수 있지 않을지 시험해보는 것이 더 좋을 것이다. 그런데 우리의 추측을 위해 등불을 밝혀준 현상은 다음과 같은 것들이다.

오일이나 소금의 요소를 매개로 하여 소립자들이 더해져서 응고된 모든 물체, 예를 들어 나무의 모든 새싹, 포도주의 주석(酒石), 동물의 [체내에서 생기는] 결석(結石), 그 외에도 대다수의 소금 종류들, 특히 초석(硝石) 등은 헤일스[10]가 『식물정역학』에서 놀라운 실험을 통해 우리에게 가르쳐주었듯이 강한 불로 가열하면 엄청난 양의 탄성적 공기를 배출한다. 이 공기는 같이 결합되어 있는 고체 물질의 무시 못 할 부분을 이루고 있음이 밝혀졌는데, 사슴뿔은 7분의 1, 참나무는 거의 3분의 1, 라인 와인의 주석(酒石)은 3분의 1, 초석은 8분의 1, 동물의 결석, 즉 사람의 체내 결석의 경우에는 전체 질량의 2분의 1 이상을 차지한다. 여기서 자명하게 드러나는 것은, 이런 물체에서 불의 힘으로 추출한 공기는 그 물체의 일부를 이루고 있는 동안에는 아직 공기의 본성을 지니고 있지 않다는 사실이다. 즉 자기 밀도에 비례하는 탄력성을 지닌 유체가 아니라는 것이다. 왜냐하면, [그렇지 않았더라면] 그것은 중간 정도의 열의 힘만으로도 걷잡을 수 없는 충동으로 더 큰 범위로 확장되어 물체의 전 조직을 해체시켜 버렸을 테니 말이다. 그러므로 물체의 사이 공간에서 추출된 그 물질은 물체 내부에 있을 때는 아직 탄성적이지 않다가 〈물체로부터〉 자유롭게 해방된 뒤에야 비로소 탄력성을 드러내는 것이다. 그런데 증기의 특성도 이와 마찬가지로 하나로 결합되어 있던 물체에서 분리되고 나서야 탄성력을 발휘하므로, 비록 확실하게 증명되었다고 주장할 수는 없지만 고도의 개연성에 따라, 공기가 물체로부터 추출된 증기와 다른 것이 아니리라고 상정할 수 있을 것이다. 이 증기는 극도로 예민한 상태에 도달하면 미세한 열에도 쉽게 반응하며 커다란 탄력성을 보이는 것이다.

　　그런데 나의 이런 견해를 지지해주는 중요한 근거들이 적잖이 있다. 왜냐하면 오일이나 산(酸)을 적지 않게 자체 내에 함유하는 물체

I 382

들의 경우에만, 태울 때 공기가 나오는 까닭이 무엇인가? 내가 앞에서 명백히 눈앞에 보였듯이 산(酸)이 자기의 인력으로 에테르를 묶어두기에 가장 활발하고 강력한 원리이기 때문에 그런 것은 아닌가? 또한 이 원리는 모든 물체를 묶어주는 에테르 물질로 된 참된 자석으로서, 딱딱하게 굳어진 물체들을 마치 아교처럼 묶어주는 끈이 아니겠는가? 그리고 이런 산(酸)이 물질과 지극히 견고하게 결합되어 있지만 엄청난 불의 힘에 의해 물체로부터 힘들여 분리시켜 뽑아내 버린다면, 그것이 지극히 미세한 피막으로 산산조각 나 버릴 것이라고 생각되지 않는가? 사정이 이러하다면, 그것이 이런 방식으로 탄력성 있는 유체를 형성할 것이라거나, 지극히 낮은 온도에서도 팽창하는 경향이 있다거나 또는 아무리 차가워진다 하더라도 (아무리 그렇더라도 그것이 모든 열을 다 빼앗아갈 수는 없으므로) 그것이 굳어져서 탄력성을 잃어버리지는 않으리라는 것 등등을 부정할 까닭이 무엇이겠는가? 그러므로 수증기에 관해 우리가 직면한 어려움, 즉 그것이 조금만 차가워도 응고된다거나, 헤일스로 하여금 추출된 공기를 모든 증기의 본성과 전적으로 상이한 종류의 물질이라고 이름 붙여 소개하게 한 원인이 되었던 그 어려움은 이제 명백히 사라진다. 그러므로 우리의 견해는 물리학자들이 얼마든지 보다 엄밀한 탐구를 할 만한 가치가 있는 물음을 제시하는데, 그것은 공기가 아무리 미세한 정도의 열에도 탄력성을 보이는 것이므로, 온 자연계에 퍼져 있는 산(酸)의 지극히 미세한 숨결이 아닐까 하는 것이다.

이런 것들을 기초가 되는 자리에 놓고 나면, 우리는 왜 초석(硝石)이 강한 불로 태우면 엄청나게 많은 양의 탄력 있는 공기를 배출하는지를 확실히 쉽게 알 수 있다. 왜냐하면 지극히 미세한 산(酸)이 보다 두꺼운 부분으로부터 분리되어 미세한 증기로 변하면 마침내 그 자체로서 공기가 되기 때문이다. 마찬가지로 우리는 불에 가장 완강하게 저항하는 물질이 왜 가장 많은 양의 공기를 내뿜고 배출하는지, 예를 들어 라인 포도주의 주석(酒石)이 왜 초석(硝石)보다 더 많은 [공기를] 배출하는지도 쉽게 알 수 있다. 왜냐하면 자기의 테두리 내에 함유된 산(酸)을 가장 느리게 그리고 억지로 방출하는 물질로부터 역시 그것은 가장 미세한 피막으로 분리되어 공기처럼 유동적인 탄성체를 형성할 수 있겠지만, 반대로 그로부터 더 쉽게 배출되는 증기는 더욱 두꺼워져서 차가운 정도가 더 커지면 아무런 탄력성도 유지할 수 없기 때문이다.

기압계에 의한 관찰과 우리 가설의 일치

이 가설에 따르면, 일반적 견해로는 설명하기 어려운 높은 고도에서의 공기의 특성도 역시 명백히 이해할 수 있다. 이를테면 파리 왕립 과학 아카데미의 보고에 따르면 마랄디,[11] 카시니[12]를 비롯하여 또 다른 사람들이 공기가 지니고 있는 무게에 그 압력이 비례한다는 마리오트의 법칙[13]이 높은 고도에서는 적용되지 않는다는 것을 발견했다고 한다.[14] 왜냐하면 그들은 높은 곳에서는, 공기의 무게가 보다 작을 때 저 법칙에 따라 반드시 뒤따라 관측되어야 할 것보다 공기의 밀도가 더 낮다는 사실을 발견했기 때문이다. 이로부터 명백히 알 수 있는바, 높은 곳의 공기는 [낮은 곳의 공기와] 종류는 같지만 다만 보다 덜 압축된 입자들로 이루어진 것이 아니라, 아예 종류 자체가 보다 가벼운 원소들로 이루어져 있음이 분명하다. 왜냐하면 [이 후자의 경우] 동일한 압축상태에서 동일한 무게를 지니기 위해서 보다 더 큰 부피의 공기가 필요하기 때문이다. 이렇게 상이한 고도에서 공기의 실체적 본성이 상이하다는 것은 종류가 같은 원소들 사이에서는 땅위의 어디에서도 찾아볼 수 없는 일이므로, 이로부터 우리는 공기가 어떤 종류의 분리된 원소가 아니라, 추측건대 산성의 액체 같은 다른 원소가 자기를 드러내는 형식이라고 간주해야 한다는 것이 분명하다. 이런 전제에 입각해서 보자면, 이런 증기의 어떤 입자는 (그 피막의 상이한 두께로 말미암아) 다른 입자보다 더 무겁고, 그 가운데 더 가벼운 것들이 더 높은 위치를 차지하리라는 것은 조금도 이상한 일이 아니다.

명제 XII

우리의 이론에 의해 불꽃의 본성을 해명함.

1 그것의 본성

불의 다른 종류에 비해 불꽃의 독보적인 본성은 다음과 같다.

물체는 오직 표면에서만 타오른다. 그리고 불꽃의 연료는 오일, 다시 말해 산(酸)[15]인데, 이것은 불꽃의 탄성적 운동을 가장 활발하게 촉진하는 원리이다.

불꽃은 단지 불의 단계에까지 도달한 증기인데, 이 단계에 이르면 그것은 눈부신 빛으로 진동하면서 연료가 떨어지지 않는 한 꺼지지 않는다. 그런데 불꽃을 다른 모든 불의 종류와 전적으로 구별해주는 특징은 다음과 같다.

1) 열은 가열되는 물체로 건너가면서 공통의 자연법칙에 따른 상호작용을 통해 서서히 감소되지만, 불꽃은 반대로 처음에는 아무리 작게 시작했더라도, 연료가 끊이지만 않는다면 믿을 수 없을 정도로 크고 어떤 한계로도 제한되지 않는 힘을 얻게 된다.

2) 태울 수 있는 물질을 끓을 때까지 가열함으로써 생기는 불은 그것을 완전히 태워서 얻는 불보다는 훨씬 작다.

3)그것은 빛을 발산한다. 하지만 금속을 제외하면 다른 종류의 물체는 아무리 가열해도 빛을 내지는 않는다.

2 원인의 탐구

내가 생각하는 것이 옳다면, 이러한 현상들의 근거는 다음과 같다. 불꽃은 불타는 증기로 이루어져 있는데, 어떤 고체도 물체 전체가 불꽃으로 타오르는 것이 아니고, 원래 표면이 불타오르는 것이다. 그러나 증기는 표면이 최대로 크고, 자기 내부로부터 불의 물질을 거부하는 저항이 가장 작은 까닭에 처음에는 지극히 약한 파동운동에서 시작했더라도 아주 쉽게 지속할 수 있을 뿐만 아니라, 다른 가연성물질로도—그것이 얼마나 크든지 간에—같은 강도로 서서히 전파될 수도 있음이 명백하다. 이런 현상은 처음에 볼 때는 결과가 언제나 원인과 같아야 한다는 역학의 제1규칙에 위배되는 것처럼 보이지만, 세심하게 고찰해보면, 아무리 작은 불씨라도 불꽃을 일으키는 최초의 촉발자가 되는데, 그 불씨가 하는 일은 가연성 있는 증기의 지극히 작은 입자 자체 내의 불의 요소를 자극하여 파동운동을 하게 만드는 것뿐임을 알 수 있다. 이 불의 원소는 가볍게 억제되어 있다가 커다란 충동으로 해방되면, 계속 진동하면서, 주변의 물질들을 골고루 자극해 물체 전체에 걸쳐 강렬한 운동을 전파한다. 그러나 우리는 여기서 작은 원인의 결과가 엄청나게 크게 증대된다는 사실에 놀랄 필요는 없다. 왜냐하면 [물체 내에] 갇혀 있는 에테르의 팽창력은 인력의 구속에서 스스로 자유로이 벗어나면서 이런 식으로 계속해서 더 큰 결과를 낳기 때문이다. 실은 [처음에] 불을 점화시키는 작은 불꽃의 촉발은 그 결과의 관점에서 보자면 진정한 원인은 아니다. 왜냐하면 그 결과들은 원래 오일의 인력에 의존하는 것으로서 오일의 지극히 미세한 분할로 말미암아 그 속에 갇혀 있는 물질이 큰 힘으로 자

I 384

신을 구속에서 해방시킬 수 있는 능력을 얻게 되는 것이다. 더 나아가 증기는 유체상태가 되는데, 이것은 에테르의 탄력성이 억압되어 있지 않은 까닭에 에테르가 자유롭게 진동할 수 있으므로 파동운동에 더욱 적합한 뿐만 아니라 이런 식으로 불의 물질을 분출함으로써 다른 인화성 물체보다 빛을 발산하거나 물체를 따뜻하게 만드는데 더욱 적합한 것이다.

결론

이제 겨우 시작한 이 졸고(拙稿)에 마침표를 찍는다.

나는 보다 중요한 임무를 맡고 있는 분들을 더는 방해하지 않고, 이 저작과 또한 나 자신을 고귀한 철학부의 관대한 의지와 호의에 맡기노라.

형이상학적 인식의
제1원리들에 관한 새로운 해명

이 해명을 지극히 위대한 철학부의 동의 아래
9월 27일 8~12시 철학부 강당에서
철학부의 승인을 위해
쾨니히스베르크 출신 임마누엘 칸트가 변론함.

프로이센 하일리겐바일 출신의 거룩한 신학부 학생
크리스토프 아브라함 보르하르트의 응답.

거룩한 신학부 학생 요한 고트프리드 묄러(쾨니히스베르크 출신),
프리드리히 하인리히 사무엘 뤼시우스(쾨니히스베르크 출신),
요한 라인홀트 그루베(쾨니히스베르크 출신)의 반론.

1755년.

차례

일러두기

1. 『형이상학적 인식의 제1원리들에 관한 새로운 해명』(*Principiorum primorum cognitionis metaphysicae nova dilucidatio*)은 1756년에 발표된 칸트의 저술이며, 번역은 학술원판(Immanuel Kant, *Vorkritische Schriften I 1747~1756*, in *Kant' gesammelte Schriften*, hrsg. von der Königlich Preußischen Akademie der Wissenschaften, Bd. I, pp.385–416, Berlin, 1902/10)을 대본으로 사용했고, 바이셰델판(*Vorkritische Schriften bis 1768*, in *Immanuel Kant Werke in Zehn Bänden*, hrsg. von Wilhelm Weischedel, Bd. I, pp.401–509, Darmstadt, 1983)을 참조했다.

저술의 의도

　우리의 인식의 제1원리들에 대하여, 바라건대 다소나마 빛을 밝히기 위하여 이 주제에 대해 내가 성찰한 것을 가능한 한 짧은 분량으로 해명하려는 것이 내 의도이므로, [여기서] 나는 애써 장황한 논의는 피하고 오직 논의의 신경과 핏줄에 해당하는 것들만 서술하면서 문체상의 우미와 장식을 마치 옷을 벗기듯이 모두 벗겨내려 한다. 이 작업을 수행하는 과정에서 내가 만약 유명한 인물들의 견해에서 벗어나거나, 때때로 그들을 직접 거명해서 언급하는 것이 마땅한 의무라고 생각하는 경우에도, 그 정당한 판단근거에 관해 충분한 확신을 가지고 있으니, 나는 그것이 그들이 마땅히 누려야 할 명예를 조금이라도 손상시킨다고 생각지 않으며 또한 그들 자신도 이를 불쾌하게 받아들일 리 없으리라고 믿는 바이다. 어디서든 의견 차이가 있는 경우에는 각자 자기 입장을 최대한 전개할 권리가 있고 또한 악의나 흠집을 내려는 치기만 없다면 남들의 주장을 치밀하고도 적절하게 검토하는 것이 결코 잘못된 일은 아니므로 또한 공정한 판관이라면 그것을 결코 교양과 예의에 어긋나는 일이라 판단하지는 않으리라고 생각한다.

　그러므로 나는 먼저 모든 진리들에 대한 모순율의 의심할 수 없는 최고의 지위에 관하여 일반적으로 진실에 기초해서라기보다는 확신에 의해 받아들여지고 있는 모든 것들을 보다 엄밀한 탐구의 저울로 달아본 다음, 이 주제에 대해 더 정확하게 정립해야 할 것이 무엇인지를 간략히 서술하려 한다. 그런 다음 충분근거율에 대하여 보다 정확한 의미와 그것의 증명에 관한 모든 사항들을 또한 이 법칙 자체를 동요하게 만드는 것처럼 보이는 난점들과 함께 제시하려 한다. 그리고 평범한 재능으로 할 수 있는 한, 이렇게 제시된 난점들과 논변의 힘으로 맞설 것이다. 마지막으로 발걸음을 조금 더 앞으로 옮겨 내가 보기에 형이상학적 인식을 위하여 결코 무시할 수 없는 새로운 두 가지 중요한 원리를 제시하려 한다. 이것들은 원초적인 원리도 아니고 가장 단순한 원리도 아니지만, 도리어 바로 그런 까닭에 사용하기에 훨씬 더 용이하며 다른 어떤 원리들보다 그 적용 범위가 훨씬 더 넓은 것이다. 그러나 이런 시도를 함에 있어서 거의 누구도 걸어보지 않은 길을 들어서는 사람에게는 오류에 빠질 위험이 언제나 상존하는 법이므로, 호의적인 독자라면 모든 것을 공정한 판단근거에 따라 보다 선의로 받아들여주리라 믿는 바이다.

제1절
모순의 원리에 대하여

예비적 주의

우리 앞에 놓인 주제를 다루면서 내가 염두에 두고 있는 것은 최대한 간략하게 서술하는 것이므로, 통상적 인식의 의해 확립되고 건전한 이성과 합치한다고 간주되는 정의나 공리들을 여기에까지 다시 반복해 옮겨 쓸 필요는 없으리라 생각한다. 마찬가지로, 갖가지 방법론적 규칙에 노예적으로 얽매여 철학자들의 서재에서 발견한 온갖 것들을 모두 하나에서 열까지 열거하지 않으면 합당한 근거와 방법에 따라 진행한 것이 아니라고 생각하는 사람들의 관습을 모방하고 따르지 않는 것이 더 좋으리라 생각한다. 내가 의도적으로 이런 방식을 택한 것이 잘못으로 여겨지지 않도록, 미리 독자들에게 일러두는 것이 좋으리라 판단하여 말하는 바이다.

명제 Ⅰ. 모든 진리들의 절대적으로 첫째가는 보편적인 유일한 원리는 없다.

참으로 유일한 제1원리는 단순한 명제여야만 한다. 그렇지 않고 어떤 명제가 복수의 명제들을 암묵적으로 포함하고 있다면, 그 명제는 단지 유일한 명제의 외관으로 우리를 속이는 것이다. 따라서 그 명제가 참으로 단순하다면, 반드시 그것은 긍정적 명제이거나 부정적 명제 둘 중 하나여야만 한다. 그러나 나는 주장하건대, 만약 그것이 이 둘 중 하나라면, 모든 진리들을 자기 아래 포괄하는 보편적인 원리는 결코 있을 수 없을 것이다. 너무도 당연한 일이지만, 만약 그것이 *긍정적* 원리라고 한다면, 그것은 부정적 진리의 절대적 제1원리가 될 수 없으며, 만약 *부정적* 원리라고 한다면, 긍정적 진리의 대열을 이끌 수 없을 것이기 때문이다.

그 이유를 밝히기 위해, 그 명제가 부정적이라고 가정해보자. 모든 진리는 자기의 원리들로부터 직접적으로나 간접적으로 뒤따라 나오므로, 먼저 *직접적인* 추론방식을 통해서라면 부정적 원리로부터는 오직 부정적인 결론밖에 연역될 수 없으리라는 것은 누구라도 알 수 있는 일이다. 다음으로 긍정적인 명제들이 그로부터 간접적으로 흘러나온다고 사람들이 가정한다면, 그들은 이것이 오직 '*그것의 반대가 거짓인 것은 무엇이든 참이다*'는 명제를 매개로 해서만 가능함을 인정할 것이다. 그런데 이 명제 자체는 긍정 명제이므로 직접적 추론의 방식을 통해서는 부정적 원리에서 생겨나올 수 없다. 그러나 간접적 방식으로는 더욱더 불가능한데, 왜냐하면 이 경우 그것은 자기 자신을 전제로서 필요로 할 것이기 때문이다. 그러므로 그것은 결코 어떤 식으로도 부정적으로 진술된 원리에 의존할 수 없을 것이다. 또한 긍정적인 명제들이 오로지 유일한 부정적 원리로부터 출발하는 것도 가능한 일이 아니므로, 부정적 원리를 *보편적* 원리라고 부를 수는 없는 일이다. 이와 마찬가지로 사람들이 자신의 으뜸 원리를 긍정명제로 구성한다면, 부정적인 명제들은 결코 그 원리에 직접 의존하지 않을 것이다. 도리어 간접적인 추론을 위해 '*어떤 것의 반대가 참이라*

면 *그것 자신은 거짓이다.* 즉 어떤 것의 반대가 긍정된다면, 그것 자신은 부정된다'는 명제를 필요로 하게 될 것이다. 그런데 이 명제는 부정명제이므로, 다시금 어떤 방식으로도, 즉 직접적으로든—이는 그 자체로서 명백하다—아니면 간접적으로든—이는 오직 자기 자신을 전제함으로써만 가능하다—긍정적 원리로부터 연역될 수 없을 것이다. 그러므로 사람들이 어떤 식으로 결정을 하든지 간에 내가 이 명제의 첫머리에서 요구했던 명제를 부정하지 못할 것이다. 즉 모든 진 I 389
리들의 유일하고 궁극적이며 보편적인 원리는 결코 주어질 수 없다.

　명제 II. 모든 진리들의 절대적으로 으뜸가는 원리는 한 쌍의 명제들이다. 그 하나는 긍정적 진리들의 원리로서 *'[그것]인 것은 [그것]이다'*는 명제이다. 다른 하나는 부정적 진리들의 원리로서 *'[그것]이지 않은 것은 [그것]이지 않다'*는 명제이다. 이 양자를 한꺼번에 가리켜 일반적으로 동일성의 원리라고 부른다.

　다시 여기서도 나는 진리를 증명하는 두 종류, 즉 직접적 증명과 간접적 증명 방식에 의지하려 한다. 첫 번째의 추론방식은 주어와 술어 개념의 합치로부터 진리를 이끌어내며, 언제나 다음의 규칙을 기초에 놓고 있다. 즉 주어가 그 자체 내에서 고찰되든 관계 속에서 고찰되든 술어의 개념을 수반하는 것을 정립하거나, 술어 개념을 통해 배제되는 것을 배제한다면, 술어는 주어와 합치한다고 정립되어야 한다. 같은 것을 좀더 명확히 표현하자면 다음과 같다. 주어와 술어의 개념 사이에 동일성이 발견된다면, 그 명제는 언제나 참이다. 이것을 제1원리에 합당한 방식으로 가장 보편적인 용어로 표현하자면, 다음과 같이 될 것이다. *무엇이든 ……인 것은 ……이며, ……이지 않은 것은 ……이지 않다.* 그러므로 모든 직접적 추론에 대하여, 동일성의 원리가 지배권을 행사하는 으뜸 원리이다.

만약 사람들이 추론의 간접적 근거를 묻는다면, 그들은 여기서도 역시 한 쌍의 원리가 근저에 놓여 있는 것을 발견할 것이다. 왜냐하면 우리는 언제나 다음의 두 명제에 의지할 수밖에 없기 때문이다. ① 그것의 반대가 거짓인 것은 무엇이든 참이다. 즉 그것의 반대가 부정되는 것은 무엇이든 긍정되어야 한다. ② 그것의 반대가 참인 것은 무엇이든 거짓이다. 이 둘 중 앞의 것에는 긍정명제가, 뒤의 것에는 부정명제가 결론으로 따라올 것이다. 만약 앞의 명제를 가장 단순한 용어로 표현한다면, '*무엇이든 아니지 않은 것은 ……이다*'라고 할 수 있을 것이다. (왜냐하면 *않음*이란 낱말을 통해 반대가 표현되기도 하고, 마찬가지로 *않음*이란 낱말로 제거가 표현되기도 하기 때문이다) 뒤의 명제는 '*무엇이든 ……이지 않은 것은 ……이지 않다*'고 표현할 수 있을 것이다. (왜냐하면 여기서도 다시 반대를 표현하는 말이 *않음*이라는 낱말을 통해서 표현되므로, 오류를 표현하거나 제거를 표현하는 말이 모두 같은 낱말을 통해 표현되기 때문이다) 그런데 만약 기호론적 법칙이 그렇게 요구하듯이 첫 번째 명제에 표현된 낱말의 의미를 추적한다면, 하나의 낱말 *않음*은 다른 것이 제거되어야 한다는 것을 표시하므로 둘이 모두 제거되고 나면 다음과 같은 명제가 남을 것이다. *……인 것은 ……이다.* 그러나 다른 명제는 다음과 같이 될 것이다. *……이지 않은 것은 ……이지 않다.* 그러므로 간접적인 증명의 경우에도 동일성의 원리는 한 쌍의 으뜸 명제를 갖게 될 것이며, 결과적으로 온전히 모든 인식의 궁극적인 토대가 될 것임이 분명하다.

주해. 기호연산술의 분야에서 빈약하기는 하지만 결코 무시할 수 없는 시도가 있었다.[1] 그것은, 우리가 이런 원리들을 설명할 때 사용하는 지극히 단순한 용어들이 기호들과 거의 전혀 다르지 않기 때문이다. 라이프니츠가 이 연산술을 발명한 것에 큰 자부를 표시했으나, 이 위대한 인물의 죽음과 함께 이 기술 역시 무덤에 매장되고 말았다고 모든 학자들이 탄식을 하였다. 이 기회에 그것에 대해 내가 생각하는 바를 공표하자면, 나는 이 위대한 철학자의 명제에서 저 유명한 이솝 우화의 아버지의 유언을 떠올리게 된다. 그 아버지는 막 숨이 끊어지려 할 때 자식들에게 자기가 밭 어딘가에 보물을 숨겨두었다는 것을 밝혔으나, 그 장소를 알려주기 전에 갑자기 세상을 떠나버림으로써 자식들에게 매우 열심히 밭을 파헤치고 뒤집어엎을 기회를 주었으니, 비록 보물의 희망은 좌절되었으나, 밭이 비옥하게 됨으로써 그들은 의심할 바 없이 부자가 되었던 것이다. [그와 마찬가지로] 만약 스스로 그 작업에 지속적으로 헌신하겠다는 사람이 있다면 저 유명한 기술의 탐구로부터 틀림없이 독보적인 결실을 기대할 수 있으리라고 나는 생각한다. 그러나 실제의 상황에 대하여 솔직하게 말하는 것이 허락된다면, 나는 지극히 명민한 부르하베가 화학책[2] 어딘가에서 연금술의 탁월한 대가들에게 표시했던 의구심이 똑같이 저 비길 데 없는 위인에게도 숙명이 되어버린 것이 아닌가 하고 염려하지 않을 수 없다. [부르하베에 따르면] 그 대가들은 [자연의] 수많은 독보적인 비밀을 발견한 뒤에 그들이 손을 대기만 하면 모든 것이 자기들 능력 범위 안에 있게 될 거라 믿고, 일어날 수 있다고, 아니 일어나야 한다고 추론한 것들을 자기들이 마음속으로 그런 일을 실행하려는 생각을 하자마자 이미 일어난 사실이라고 성급히 예견하여 말한다는 것이다. 물론, 만약 절대적으로 으뜸가는 원리에 도달했다고 한다면, 나 역시 [그런 경우] 기호[연산]술이 사용될 수 있으리라는 것을 부정하지는 않는다. 왜냐하면 그런 경우에는 가장 단순한 개념이나 용어들 또는 기호들을 사용할 수 있는 기회가 얼마든지 있을 것이기 때문이다. 그러나 복합적 인식이 기호의 도움을 받아서 표현되어야 하는 경우에는 정신의 모든 명민함이 갑자기 바위 절벽에 결박된 것처럼 벗어날 수 없는 난관에 봉착하게 될 것이다. 나는 또한 대단히 명석한 철학자인 저 다리에스가 모순율을 기호들의 도움을 받아 설명해 보이려고 시도했던 것을 알고 있다. 그는 긍정적 개념을 +A라는 부호로, 부정적 개념은 −A라는 부호로 표현하면서 이로부터 +A−A=0이라는 등식을 제시했으니,[3] 말하자면 동일한 것을 긍정하고 부정하는 것은 불가능하다 또는 무(無)라는 것이다. 그러나 이런 시도 가운데서 나는—저 위대한 인물이 언짢게 생각지 않기를 바라거니와—의심할 바 없이 선결문제의 오류가 숨어 있음에 주목한다. 왜냐하면 만약 사람들이 부정적 개념의 부호에 이 부호와 결합되어 있는 긍정적 개념을 제거할 수 있는 능력을 부여한다면, 그들은 대립되는 개념들이 서로를 제거한다고 규정하는 모순율을 명백히 전제하고 있는 것이다. 그러나 '*그것의 반대가 거짓인 것은 참이다*'라는 명제에 대한 우리의 설명은 그런 함정에 빠질 염려가 없다. 왜냐하면 그 명제를 가장 단순한 용어로 표현하자면 다음과 같은 문장이 될 것이다. *무엇이든 않지 않은 것은 ……이다.*[4] 그런데 여기서 *않음*이라는 낱말들을 제거함으로써 우리는 그 낱말들의 단순한 의미를 끝까지 따른 것 외에는 다른 아무것도 하지 않았으나, 이로부터 필연적으로 '*……인 것은 ……이다*'[5]는 동일성의 원리가 제시되는 것이다.

명제 III. 진리들의 위계에서 동일성의 원리가 모순의 원리보다 우위를 점하기에 더 적합하다는 것을 더 나아가 확립함.

모든 진리에 대해 절대적으로 최고의 보편적 원리라는 이름을 얻기에 합당하다고 자부하는 명제가 있다면, 그것은 첫째로 가장 단순한 용어로, 다음으로는 가장 일반적인 용어로 표현되어야 할 것이다. 그런데 나는 이런 명제를 의심의 여지없이 한 쌍의 동일성의 원리에서 찾을 수 있지 않나 생각한다. 왜냐하면 모든 긍정하는 용어 중 가장 단순한 것은 '*이다*'라는 말이고, 모든 부정하는 용어 중에서 가장 단순한 것은 '*아니다*'라는 말이기 때문이다. 그리고 가장 단순한 용어들보다 더 보편적인 것은 아무것도 생각할 수 없다. 진실로 더욱 합성된 것의 의미는 단순한 것의 의미에 의존하고 있으니, 복합적인 것들은 단순한 것들보다 더 많이 규정되어 있으므로 일반적일[=보편적일] 수 없는 것이다.

모순의 원리는 다음과 같은 명제로 언표된다. *같은 것이 동시에 이면서 이지 않다면 이것은 불가능하다.* 그런데 이 명제는 실제로는 불가능함의 정의일 뿐이다. 왜냐하면 자기 자신과 모순을 일으키는 것 또는 ……인 동시에 ……이지 않다고 생각되는 것은 불가능하다고 말해지기 때문이다. 그러나 도대체 이 정의가 마치 리디아의 돌이라도 되는 것처럼 모든 진리가 그리로 환원되어야만 한다는 것이 어떻게 확증될 수 있겠는가? 왜냐하면 반대의 불가능성으로부터 어떤 진리를 주장할 수 있는 필연성이 있는 것도 아니고 또한 설령 그럴 수 있다 하더라도, 진실을 고백하자면 이것이 그 자체로서 충분한 것도 아니기 때문이다. 왜냐하면 만약 '*그것의 반대가 거짓인 것은 무엇이든 참이다*'라는 명제를 매개로 삼지 않는다면, 반대의 불가능성으로부터 진리의 긍정으로 이행하는 것은 불가능할 것이므로 모순율은 그 명제와 권력을 나누어 가질 수밖에 없으니, 이는 앞에서도 증명한 바와 같다.

마지막으로 무엇보다 진리의 영역에서 부정적인 명제에 으뜸가는 지위를 부여하고, 모든 진리들의 우두머리나 근거라고 부른다면, 누군들 이것에 대해 무언가 어색하다거나 역설보다 더하다고 판단하지 않겠는가? 왜냐하면 부정적인 진리가 긍정적인 진리보다 앞서 이런 권리를 갖는 까닭이 무엇인지 분명치 않기 때문이다. 그러나 우리는 도리어 진리의 종류가 두 가지이므로 진리의 으뜸 원리 역시 하나는 긍정하는 원리, 다른 하나는 부정하는 원리 두 가지를 정립하는 것이다.

주해. 이런 탐구가 어떤 사람에게는 복잡하고 수고스러울 뿐 아니라 필요하지도 않고 아무 쓸모도 없는 것처럼 보일 수도 있다. 그리고 만약 사람들이 결론의 풍요함에 주목해서 그렇게 생각한다면, 나도 그런 사람들에게 동의할 수 있다. 왜냐하면 정신은 그런 원리를 철저히 배우지 못했다 하더라도, 어디에서나 저절로 자연스럽게 어떤 필연성에 따라 그 원리를 사용할 수 있기 때문이다. 그러나 진리의 연쇄를 최고의 항(項)에 이를 때까지 추적하는 것은 탐구해볼 만한 가치가 있는 주제가 아니겠는가? 또한 이런 방식으로 우리 정신의 논증 법칙을 보다 철저히 꿰뚫어보는 것이 진실로 무가치한 일은 아닐 것이다. 왜냐하면 오직 한 가지만 들자면, 우리의 모든 추론은 술어의 주어와의—그 자체로서 고찰하든 관계 속에서 고찰하든지 간에—동일성 속에서 [그 진위가] 드러남으로써 종결된다는 것은 진리의 궁극적 규칙으로부터 명백히 드러나는 것인바, 이로부터 우리는 신에겐 추론이 필요하지 않다는 것을 알 수 있다. 왜냐하면 모든 것이 그의 직관에 너무도 명백하게 개방되어 있어서, 무엇이 합치하고 또 합치하지 않는지를 동일한 표상능력이 지성에 제시해주므로, 우리의 지성능력을 흐리게 만드는 어둠이 필연적으로 요구하는 분석이 [신의 정신에는] 필요하지 않기 때문이다.

제2절
일반적으로 충분근거의 원리라 불리는 규정근거의 원리에 대하여

정의

명제 Ⅳ. *규정한다*는 것은 술어를 정립하고 반대를 배제하는 것이다. 어떤 술어에 관하여 주어를 정립하는 것을 일러 근거라고 한다. 근거는 선행적인 규정근거와 후속적 규정근거로 나뉜다. *선행적 규* 정근거는 그것의 개념이 규정되는 것에 선행하는 근거이다. 즉 그것의 개념이 전제되지 않으면 규정되는 것이 이해 불가능한 것이다.* [이에 반해] *후속적* 규정근거는 그것에 의해 규정되는 개념이 다른 곳으로부터 이미 정립되어 있지 않을 경우에는 [그 자신도] 정립될 수 없는 그런 근거이다. 우리는 앞의 근거를 '*왜*'의 근거 또는 존재근거나 생성근거라 부를 수 있고, 뒤의 근거를 *그러함*의 근거 또는 인식근거라고 부를 수 있을 것이다.

Ⅰ 392

---

* 우리는 이것에 자기 동일적 근거를 보탤 수 있을 것이다. 이것은 주어의 개념이 자신과 술어와의 완전한 동일성을 통해 주어를 규정하는 경우이다. 예를 들면 삼각형은 세 변을 가진다는 명제에서 규정되는 것의 개념은 규정하는 것의 개념을 뒤따르지도 않고 그것에 앞서지도 않는다.

정의의 실재성에 대한 증명

일반적 의미에서 근거의 관념은 주어와 술어 사이의 어떤 연결이나 결합을 낳는다. 그러므로 그것은 언제나 주어 및 주어와 결합되는 술어를 필요로 한다. 만약 그대가 원의 근거를 묻는다고 하더라도, 그대가 예를 들어 모든 등주도형 중에서 원이 가장 면적이 넓다는 술어를 보태지 않는 한, 나는 그대가 도대체 무엇을 묻는지를 전혀 이해하지 못할 것이다. 예를 들어 우리가 세계 내의 악의 근거를 묻는다고 하자. 그러면 우리는 다음과 같은 명제를 제시할 것이다. 세계는 수많은 악으로 가득 차 있다. 그런데 여기서 우리가 묻는 것은 그러함의 근거나 인식근거가 아니다. 왜냐하면 경험이 그것을 대신해주기 때문이다. 도리어 우리가 제시해야 할 것은 '왜'의 근거 또는 생성근거이다. 즉 그 근거가 정립됨으로써 비로소, 세계가 이 [악이라는] 술어에 관해 선행적으로 무규정적 상태에 있지 않고, 악의 술어들이 그 반대의 배제와 더불어 정립되는 그런 근거가 문제인 것이다. 그러므로 그 근거는 무규정적인 것들에서 규정된 것들을 낳는 것이다. 그리고 또한 모든 진리는 주어 속에서 술어의 규정을 통해 생겨나는 것이므로, 규정근거는 단지 진리의 척도일 뿐만 아니라 또한 원천이기도 하다. 그러므로 만약 당신이 근거의 개념을 도외시한다면, 기껏해야 가능한 것들이면 모를까, 참된 것은 전혀 발견할 수 없을 것이다. 이를테면 수성이 축을 중심으로 회전하는지 아닌지는 둘 중 하나[=회전하거나 않거나]를 정립하면서 그 반대를 배제하는 근거를 우리가 알지 못하는 한, 우리에게 규정되지 않은 채로 남아 있을 터인데, 이처럼 양쪽 모두가 가능한 것으로 남아있는 한, 우리의 인식과 관련해서 둘 중 어느 것도 참된 것이 될 수는 없다.

선행적 규정근거와 후속적 규정근거의 구별을 예를 들어 보이기 위해 나는 목성의 위성들의 월식을 고찰해보려 한다. 나는 이 현상을 가리켜 빛이 일정한 속도에 따라 계속 전파되는 것을 [알려주는] 인식근거를 제공해준다고 말한다. 하지만 이 근거는 그 진리를 오직 후속적으로만 규정한다. 왜냐하면 목성의 위성이 아무것도 현존하지 않아서 그 위성들이 월식으로 은폐되는 일이 일어나지 않거나 그 현상이 [일어나더라도] 우리에게 알려져 있지 않다고 하더라도, 빛은 정확하게 [일정한] 시간 동안 움직일 것이기 때문이다. 또는 주어진 정의에 보다 적합하게 [그것을] 적용해보자면, 목성의 위성들의 [월식] 현상은 빛의 연속적 운동을 증명해주기는 하지만, 빛의 이런 특성 자체를 전제하고 있으니, 이 특성이 없었더라면 그런 현상은 일어날 수 없었을 것이며, 따라서 [월식 현상은 빛의 특성이라는] 그 진리를 단지 후속적으로만 규정하는 것이다. 그러나 생성의 근거 또는 '왜' 빛의 운동이 일정한 시간의 손실과 결합되어 있는가 하는 근거 I 393 는 (만약 사람들이 데카르트의 견해[1]를 받아들인다면) 공기의 탄성적인 구형입자들의 탄력성에 놓여 있다. 이 입자들은 충격을 받을 때마다 탄력성의 법칙들에 따라 조금씩 밀려나는데, 무한히 길게 연결된 입자들의 연쇄를 하나로 묶어 보면, 각각의 입자들이 잡아먹은 순간적인 시간 손실분이 합쳐져 빛의 손실분이 지각가능하게 되는 것이다. 이것이야말로 선행적 규정근거일 텐데, 달리 말하자면 이 근거가 정립되어 있지 않다면 규정되어야 할 현상 자체가 단적으로 일어나지 않았을 것이다. 왜냐하면 만약 에테르의 구형입자가 완벽하게 탄성 없는 고체였더라면, 아무리 광대무변한 거리를 빛이 통과하더라도 빛의 최초의 방출과 전파 사이에 어떠한 시간 간격도 지각되지 않았을 것이기 때문이다.

유명한 볼프[2]의 [근거에 대한] 정의는 간과할 수 없는 오류가 있으므로 내가 보기에는 여기서 교정하고 넘어갈 필요가 있다. 왜냐하면 그는 '어떤 것이 *왜* 그러하지 않은 것이 아니고, 그러한지를 인식할 수 있도록 해주는 것'을 근거라고 정의하기 때문이다.[3] 그런데 여기서 정의되어야 할 것이 의심의 여지없이 정의와 섞여 있다. 왜냐하면 아무리 *왜*라는 낱말이 정의에 포함되어도 좋다고 생각될 만큼 일반적 이해방식과 충분히 조화되는 것처럼 보인다 하더라도, 그 낱말은 암묵적으로 이미 근거의 개념을 함의하고 있기 때문이다. 왜냐하면 사람들이 정확하고 철저하게 탐구해본다면, 그들은 '왜'라는 낱말이 '*어떤 근거 때문에*'라는 말과 같은 의미임을 알게 될 것이기 때문이다. 따라서 저 낱말을 그렇게 대치한다 해도 정당한 일이므로, 볼프의 정의는 다음과 같이 될 것이다. 근거는, 그것으로부터 어떤 것이 *무슨 근거 때문에* 그러하지 않은 것이 아니고 그러한지 인식할 수 있게 해주는 그런 것이다.

마찬가지로 나는 충분근거라는 표현보다 *규정근거*라는 용어를 선택하는 것이 더 좋다고 생각하거니와, 이에 대해서는 저 유명한 크루지우스[4]도 동의할 것이다. 왜냐하면 그가 명확히 보여주듯 '충분하다'는 낱말은 모호한 말로서, [그 말만으로는] 도무지 얼마나 충분한지가 즉시 드러나지 않기 때문이다. 이에 반해, 규정한다는 것은 어떤 것을 모든 반대되는 것을 배제하는 방식으로 정립한다는 뜻이므로, 어떤 것을 다름 아니라 바로 그렇게 파악하기에 아주 충분하다는 것을 표시한다.

명제 V. 규정근거 없이는 아무것도 참되지 않다[=어떤 진리도 없다].

모든 참된 명제는 주어가 술어에 관해 규정되어 있음을 표시한다. 즉 술어가 반대를 배제하면서 정립되어 있음을 표시하는 것이다. 그러므로 모든 참된 명제에서, 주어에 귀속된 술어와 반대되는 것은 필연적으로 배제되어야 한다. 그런데 만약 어떤 술어가 이미 정립된 다른 개념과 충돌한다면, 그것은 모순율에 따라 배제되어야 할 것이다. 그러므로 배제되어야 할 대립자와 모순을 일으키는 개념이 먼저 주어져 있지 않은 경우에는, 배제라는 것 자체가 가능하지 않을 것이다. 그러므로 모든 진리에는 대립되는 술어를 배제함으로써 명제의 진리를 규정해주는 어떤 것이 있게 마련이다. 그런데 바로 이것이 규정근거라는 이름으로 나타난다면, 그 규정근거 없이는 어떤 것도 참이라고 확증될 수 없을 것이다.

같은 것을 다른 방식으로

우리는 대립되는 술어들 중에 어떤 것이 주어에 부여되고 어떤 것은 제거되어야 하는지를 근거의 개념으로부터 인식할 수 있다. 만약 아무런 규정근거도 없이 어떤 것이 참되다고 상정한다면, 대립되는 술어들 가운데 어떤 것이 주어에 부여되고 어떤 것이 제거되어야 할 것인지 명백하게 알려주는 것이 아무것도 없을 것이며, 따라서 대립 I 394 되는 것들 가운데 어떤 것도 배제되지 않고, 주어는 양쪽의 술어들에 관해 규정되지 않은 채로 있을 것이다. 그리하여 여기서는 진리도 불가능하겠지만, 그런데도 그것을 진리라고 상정했으므로 이로부터 명백한 모순이 발생한다.

주해. 진리의 근거에 대한 인식이 언제나 직관에 의존하고 있다는 것은 모든 사멸하는 존재의 공통된 견해에 따라 확립되어 있는 일이다. 그런데 오직 확실성만이 문제일 경우라면, 우리는 때때로 후속적 규정근거로 만족한다. 그럼에도 불구하고 선행적 규정근거 또는 그대가 원한다면, 발생적 규정근거나 적어도 자기 동일적 규정근거가 언제나 존재한다는 것은 앞서 제시했던 정리 및 정의와 함께 고찰한 것으로부터 쉽게 알 수 있다. 그에 반해 후속적 규정근거는 진리를 산출하지는 못하고, 오직 설명할 뿐이다. 그러나 이제 우리는 현존을 규정하는 근거로 나아가도록 하자.

　　명제 VI. 어떤 것이 자신의 현존의 근거를 자기 자신 속에 가지고 있다는 것은 불합리하다.

　　어떤 사물의 현존의 근거를 자기 안에 포함하고 있는 것은 모두 그 사물의 원인이다. 그러므로 만약 어떤 것이 자기의 현존의 근거를 자기 자신 안에 가지고 있다고 가정한다면, 그것은 자기 자신의 원인일 것이다. 그러나 원인의 개념은 본성상 결과의 개념보다 앞선 것이며, 후자는 또한 전자보다 나중이다. 그리하여 동일한 것이 자기 자신보다 앞서기도 하고 나중이기도 할 테니, 이것은 불합리하다.

　　따름정리. 그러므로 무엇이든 절대 필연적으로 현존한다고 간주되는 것이 있다면 그것은 어떤 근거 때문에 현존하는 것이 아니라, 반대를 전혀 생각할 수 없기 때문이다. 그러나 이런 반대의 불가능성이란 현존의 인식근거일 뿐이니, [이 경우] 선행적 규정근거는 단적으로 결여되어 있다. [그러므로 우리가] 같은 그 대상[=절대 필연적으로 현존한다는 대상]에 대해 '그것이 *현존한다*'고 말하고 파악했다면 그것으로 충분하다.

　　주해. 나는 최근 철학자들의 견해들 속에서 다음과 같은 생각이 끊임없이 반복해서 울려퍼지는 것을 알고 있다. 즉 신은 자기 현존의 근거를 자기 속에 정립해두고 있다는 것이다. 그러나 나는 이런 견해에 동의를 표할 의사가 없다. 생각하면 그 선량한 철학자들로서는,

신 또는 근거들과 원인들의 궁극적이고도 가장 완전한 원리에 대하여 자신의 근거가 될 자격을 부정한다는 것이 무언가 불편한 일인 듯이 보일 것이다. 그리하여 그들은 신의 외부에서 신의 현존을 위한 어떤 근거를 찾는 것이 허락될 수 없으므로, 신이 자기 자신 속에 자신의 존재근거를 가지고 있다고 생각했던 것이다. 그러나 우리는 이보다 더 건전한 이성에서 멀리 벗어난 것을 발견할 수는 없을 것이다. 왜냐하면 그대가 근거의 연쇄에서 원리에 도달했다면, 걸음을 멈추고, 대답의 완성과 함께 물음이 단적으로 끝나리라는 것이 자명하기 때문이다. 나는 물론 사람들이 신의 개념 자체에 의존하여, 그 개념으로부터 신의 현존이 규정되어 있다고 요청한다는 것을 잘 알고 있으나, 이것이 관념적으로 일어나는 일일 뿐, 실재적으로 그렇지 않다는 것은 쉽게 통찰할 수 있다. 사람들은 우선 그 속에 실재성의 총괄이 있는 어떤 존재자의 개념을 형성한다. 그러면 이 개념에 대하여 현존 역시 인정해야만 한다는 것은 수긍할 수 있는 일이다. 그리하여 다음과 같이 추론이 진행될 것이다. '만약 어떤 존재자 속에 모든 실재성이 정도의 차이 없이 합일되어 있다면, 그것은 현존할 것이다. 만약 그것들이 합일된 것으로 단지 파악되었을 뿐이라면, 그것의 현존 역시 오직 관념들 속에 있을 뿐이다.' 그러므로 명제는 다음과 같이 재구성되어야 했을 것이다. 우리가 신이라고 부르는 어떤 존재자의 개념을 형성하면서 우리는 신을, 그의 현존이 자체 내에 포함되어 있도록 그렇게 규정했다. 그러므로 만약 우리가 이렇게 미리 파악한 개념이 참되다면, 그가 현존한다는 것도 참일 것이다. 그리고 이렇게 우리는 적어도 데카르트적 증명[5]에 동의를 표하는 사람들 편에서 말해볼 수 있을 것이다. I 395

명제 Ⅶ. 그것의 현존이 자기 자신과 모든 사물의 가능성 그 자체보다 앞서며, 그런 까닭에 절대 필연적으로 현존한다고 말해지는 존재자가 있다. 그것을 신이라 부른다.

　가능성이란 오로지 어떤 결합된 개념들이 서로 모순을 일으키지 않을 때 주어지는 것이므로 가능성의 개념은 비교의 결과이다. 그러나 모든 비교에는 비교되어야 할 것들이 주어져 있어야만 한다. 만약 아무것도 전혀 주어져 있지 않다면, 비교는 물론, 이것에 상응하는 가능성의 개념 자체가 설 자리가 없을 것이다. 따라서 모든 가능한 개념 속에서 실재적인 어떤 것이 모두 현존하지 않는다면, 아무것도 가능한 것으로서 파악될 수 없을 것이니 또한 [이 실재적인 것은] 반드시 절대 필연적으로 현존할 것이다. (왜냐하면 만약 이것을 거부한다면, 아무것도 전혀 가능하지 않을 것이며, 다시 말해 불가능한 것 이외에는 아무것도 없을 것이기 때문이다) 더 나아가 이 실재성은 철저히 하나의 유일한 존재자 속에 통합되어 있어야만 할 것이다.

　왜냐하면 모든 가능한 것들의 개념들을 위하여 마치 질료와도 같은 이 실재들이 여러 존재하는 사물들에 분산되어 있다고 가정한다면, 그 사물들 중에 어떤 것을 택하든 그것은 어떤 식으로 제한된 현존을 지닐 것이다. 즉 그 현존은 여러 가지가 결여되어 있을 것이다. [하지만] 절대적 필연성이 뭇 실재성들과 같은 방식으로 이런 결핍을 지닐 수는 없으니, 그런 결핍들이란 사물의 철저한 규정에—이것 없이는 사물이 현존할 수 없거니와—귀속하는 것이요, 이런 식으로 제한된 실재성들은 우연적으로 현존하는 것이다. 그러므로 절대적인 필연성을 위해서는 실재성들이 일체의 제한 없이 현존해야 한다는 것, 곧 무한한 존재자를 구축해야 한다는 것이 요구된다. 그런데 이런 존재자의 다수성이란—설령 사람들이 그것을 상상하더라도—같은 것이 여러 번 반복해서 만들어진 것일 뿐이요, 절대적 필연성과는 대립되는 우연성일 것이므로, 오직 유일한 무한자만이 절대 필연적으로 존재한다고 생각해야 할 것이다. 따라서 신 그리고 하나이며 절대필연적인, 모든 가능성의 원리가 있다.

주해. 여기에 제시된 신의 현존의 증명은 가능한 한 최대로 본질적인 증명인바, 비록 고유한 의미에서 발생적 증명[6]은 아니라 할지라도 가장 근원적인 증거에 따라, 즉 사물의 가능성 자체에 근거하여 확증된 증명이다. 그러므로 만약 신을 제거한다면, 모든 사물들의 현존뿐만 아니라 내적 가능성 자체가 전적으로 제거되어버릴 것이 분명하다. 왜냐하면 비록 사람들이 본질들을 (이것은 내적 가능성에 존립한다) 일반적으로 절대 필연적인 것이라 부른다 할지라도, '[본질들이] 사물들에 *절대 필연적으로 귀속한다*'고 말하는 것이 더 옳을 것이기 때문이다. 왜냐하면 세 변의 결합에 존립하는 삼각형의 본질은 그 자체로서는 필연적인 것이 아니기 때문이다. 왜냐하면 정신이 온전한 자라면 누가 세 변이 결합된 것을 언제나 생각하는 것이 그 자체로서 필연적인 일이라고 주장하겠는가? 그러나 나는 삼각형에 관해 다음과 같은 것이 필연적이라는 것에는 동의한다. 즉 만약 우리가 삼각형을 생각한다면 필연적으로 세 변을 생각한다. 그런데 이것은 다음과 같이 말하는 것과 같다. '만약 어떤 것이 그러하다면, 그것은 그러하다.' 그러나 어떻게 해서 변들이나 둘러싸여야 할 공간 등의 관념이 우리의 생각에 주어지는지, 즉 생각될 수 있는 것 일반이 있게 되고, 그로부터 나중에 결합이나 제한, 규정을 통해 무엇이든 생각될 수 있는 사물의 관념이 생겨나는지, 이런 것들은 만약 관념 I 396 속에서 실재적인 일체의 것이 모든 실재성의 원천인 신 속에 현존하지 않는다면, 전혀 이해할 수 없을 것이다. 물론 우리는 데카르트가 신의 현존에 대한 증명을 자신의 내적 관념 자체에서 이끌어내어 제시한 것을 잘 알고 있다. 그러나 그가 어떻게 결과적으로 좌절했느냐 하는 것은 앞 절의 주해에서 본 바와 같다. 신은 모든 존재자들 가운데서, 현존이 가능성에 앞서는 또는 네가 원한다면, 현존이 가능성과 동일한 유일한 존재자이다. 그리고 만약 우리가 신의 현존을 도외시한다면 그 즉시 신에 대해 아무 개념도 남아 있지 않을 것이다.

명제 Ⅷ. 우연적으로 현존하는 것은 현존의 선행적 규정근거가 없을 수 없다.

[그런 근거가] 없다고 가정해보자. 그렇다면 사물의 현존 그 자체 외에는 그것을 현존하는 것으로 규정해줄 것이 아무것도 없을 것이다. 그럼에도 불구하고 현존은 규정되어 있고, 그것의 철저한 규정에 반대되는 것은 무엇이든 완전히 배제되어 있을 것이므로, 현존의 정립에서 비롯되는 배제 이외에는 다른 어떤 대립자의 배제도 없을 것이다. 그러나 이런 배제는 자기 동일적 배제이므로(왜냐하면 그것의 비존재가 제거되는 것을 제외하고는 다른 아무것도 그것이 존재하지 않는 것을 금지하지 않을 것이므로), 현존의 반대는 그 자체로서 배제되어 있을 것이다. 즉 절대로 불가능할 것이다. 다시 말해 그 사물은 절대 필연적으로 현존할 것이다. 하지만 이것은 전제와 모순된다.

따름정리. 이상의 증명으로부터 분명해진 것은 다음과 같다. 즉 오직 우연적인 것들만이 현존을 규정하는 근거의 토대가 필요하며, 절대 필연적인 유일한 존재는 이 규칙에서 예외이다. 그러므로 그 원리는 모든 가능한 것의 총체를 자신의 지배 아래 총괄한다고 할 정도로 그렇게 보편적인 의미를 부여받을 수는 없다.

주해. 적어도 나는 여기서 규정근거율의 증명이 전적인 확실성의 빛 아래 조명된다고 확신한다. 우리 시대 철학자들이—나는 그들 중에서도 크루지우스를 존경의 뜻으로 거명하거니와—언제나 이 원리의 증명이 그다지 견고하지 못함을 (이것은 이 주제를 다룬 모든 저작에서 쉽게 발견할 수 있다) 탄식했다는 사실은 잘 알려져 있는 일이다. 그 위대한 인물은 이러한 결함을 치유할 처방에 대해 너무도 좌절한 나머지, 설령 그 명제가 [그 자체로서는] 최고로 참되다는 것을 인정할 수 있다 하더라도, 적어도 증명이 문제라면 그것은 전적으로 불가능하다고 진지하게 주장하기에 이르렀다. 하지만 내가 왜 이 원리를, 일반적으로 시도해왔듯이 하나의 유일한 논증을 통해 모두 해치울 수 있을 정도로, 그렇게 쉽고 용이하게 증명하지 못하고, 도리어 어떤 돌음길을 돌아서야 비로소 [그 원리에 대하여] 완전한 확실성을 최종적으로 얻게 되었는지 그 이유를 제시해야 하겠다.

첫째로, 나는 진리의 근거와 현존의 근거를 세심하게 구별해야만 했다. 물론 규정근거 원리의 보편성이 진리의 영역에서 현존에 관해서도 똑같이 보편적으로 전개된다는 사실은 충분히 알 수 있는 일이다. 왜냐하면 참된 것이 아무것도 없다면, 다시 말해 주어에 술어가 규정근거 없이는 부가되지 않는다면, 현존의 술어 역시 규정근거 없이는 아무것도 없으리라는 결론이 나올 것이기 때문이다. 그러나 진리를 확증하기 위해서는 선행적 규정근거가 필요한 것은 아니고, 술어와 주어 사이에 성립하는 동일성만으로 족하다는 것은 분명하다. I 397 그러나 현존하는 것들에 관해서는 선행적 규정근거가 문제인바, 그런 근거가 아무것도 없다면, 그런 존재자는 절대필연성으로 현존할 것이며, [반대로] 현존이 우연적인 것이라면, 그런 규정근거가 선행하지 않을 수 없다는 것을 나는 거부할 수 없을 만큼 명확하게 증명해 보였다. 그러므로 이 진리는 원천 그 자체로부터 얻어진 것으로서 적어도 나의 판단으로는 더 순수한 모습으로 나타나는 것이다.

물론 저 유명한 크루지우스는 어떤 현존이, 그에 대하여 무언가 더 묻는 것이 무의미하다고 생각될 만큼 그 자체의 현실성에 의해 규정되어 있다고 생각한다. [이를테면] 티투스는 자유로운 의지에 따라 행위한다. [그러면] 나는 물을 것이다. 왜 그는 이것을 안 하지 않고 도리어 하게 되었는가? 그는 대답할 것이다. 왜냐하면 그가 원했기 때문이다. 그러면 왜 원했는가? 크루지우스는 이것이 부적절한 물음이라고 생각한다. 만약 네가 '왜 그는 도리어 다른 것을 하지 않았는가?'라고 묻는다면, 그는 이렇게 대답할 것이다. '왜냐하면 그가 이미 그것을 했기 때문이다.' 그러니까 그는 자유로운 의지는 자기 현존에 앞서는 근거에 의해 선행적으로 규정되어 있지 않고 자신의 현존에 의해 현실적으로 규정되어 있다고 생각한다. 그리고 현실성의 정립만으로 모든 대립되는 규정들이 배제되기 때문에 규정근거가 필요하지 않다고 주장하는 것이다. 하지만 우연적 사물은 선행적 규정근거가 없다면 결코 충분히 규정되어 있지 않으므로 또한 현존할 수도 없다는 것을, 나는 괜찮다면 다른 논의를 통해 증명하려 한다. 자유로운 의지의 행위가 현존한다면, 현존은 규정의 반대[=비존재]를 배제한다. 그러나 그것은 이전에는 한때 현존하지 않았고 또한 [지금의] 현존은 그 자체로서는 그것이 이전에 한때 현존했는지 아닌지를 규정해주지 않으므로 그 의지의 현존을 통해서는 그것이 이전에 이미 현존했는지 아니면 현존하지 않았는지는 규정되지 않은 채 남아 있다. 그러나 철저한 규정 속에서는 어떤 존재자가 [존재하기] 시작했는지 아닌지 하는 것 역시 모든 규정들 가운데 하나이므로, 내적 현존에 부여되는 것들 외에도 그 존재자의 현존과 무관하게 생각될 수 있는 모든 개념들이 주어지지 않는다면 그것은 아직 규정되어 있지도 않고 또한 규정될 수도 없을 것이다. 하지만 현존하는 존재자의 선행적 비존재를 규정하는 것이 현존의 개념에 선행할 것이므로, 현존하는 존재자가 이전에는 현존하지 않도록 규정하는 동일한 근거가 동시에 그 존재자를 비현존으로부터 현존으로 나아가도록 규정했을 것이다. (왜냐하면 '왜 이미 현존하고 있는 것이 이전에는 현존하지 않았는가'와 '왜 이전에는 현존하지 않았던 것이 이미 현존하고 있는가' [하고 묻는] 명제들은 실제로는 동일한 명제이므로.) 즉 그것은 현존을 선행적으로 규정하는 근거일 것이다. 그러므로 이 근거가 없을 경우에는 새로이 생겨났다고 파악되는 그런 존재자에 대하여 철저한 규정도 있을 수 없고, 마찬가지로 현존도 있을 수 없다는 것은 너무도 분명하다. 만약 이 증명이 너무 심오한 개념의 분석으로 말미암아 모호하게 보이는 사람이 있다면, 앞의 증명으로 만족할 수 있을 것이다.

끝으로 나는 내가 왜 유명한 볼프와 그의 추종자들이 사용하는 증명에 만족하지 못하는지를 간단히 설명하려 한다. 이 유명한 사람의 증명은 지극히 명민한 바움가르텐[7]이 보다 명석하게 해설해놓은 것이 있거니와, 복잡한 말들을 간단히 요약하자면 다음과 같다. 만약 어떤 것이 근거를 갖지 않는다면, 무(無)가 그것의 근거일 것이다. 그렇다면 무가 어떤 것이 될 터인데 이것은 불합리한 일이다. 그러나 이런 논증방식은 다음과 같이 재구성하면 더 좋을 것이다. 만약 어떤 존재자에게 근거가 없다면, 그것의 근거는 무, 즉 비존재일 것이다. 그러나 나는 이런 논증에 대해서라면 기꺼이 양보할 용의가 있다. 왜냐하면 아무런 근거도 없다면, 근거에 대응하는 개념도 비존재일 것이기 때문이다. 그러므로 어떤 존재자에게 오직 전적으로 아무런 개념도 대응하지 않는 근거만이 부여될 수 있다면, 그것은 단적으로 근 I 398 거를 결여하고 있을 것이니, 이리하여 우리는 전제로 되돌아간 셈이다. 그러므로 여기서 사람들이 그로부터 흘러나올 것이라고 생각했던 그런 불합리는 귀결되지 않는다. 나는 나의 견해에 대한 증거로서 하나의 예를 들려 한다. 즉 나는 이런 추론방식에 따라 다음을 증명하려 한다. 최초의 인간은 어떤 아버지에 의해 태어났다. [이것을 증명하기 위해] 그가 [어떤 아버지에 의해] 태어난 것이 아니라고 가정해보자. 그렇다면 그를 낳은 것은 무(無)일 것이다. 그러므로 그는 무로부터 태어났을 것이다. 그러나 이는 모순이므로 우리는 그가 누군가에게서 태어났다고 인정해야 할 것이다. 이런 논증의 함정을 피하는 것은 그다지 어렵지 않다. 만약 그가 태어나지 않았다면, 아무도 그를 낳지 않았을 것이다. 즉 무엇인가 그를 낳았다고 생각하게 되면 그것은 무이거나 비존재일 터인데, 이는 물론 [형식적으로는] 비할 나위 없이 확실한 것이기는 하지만, 이렇게 도착된 명제가 얻을 수 있는 것은 [실질적으로는] 최악으로 왜곡된 견해에 지나지 않을 것이다.

명제 IX. 일반적으로는 충분근거의 원리라 불리는 규정근거의 원리를 곤경에 빠뜨리는 것처럼 보이는 어려움의 열거와 해명.

이 원리에 대항하는 전사들을 이끌면서 혼자 모든 사람의 몫을 감당할 수 있다고 평가받아 마땅한 이가 존경을 바칠 만한 명민한 크루지우스이다. 나는 그가 독일의 철학자들뿐만 아니라 철학의 대표자들까지 포함해 그 누구에게도 뒤지지 않는다고 생각한다.* 내가 그가

---

* 나는 여기서 저 [유명한] 다리에스의 몫을 아무것도 빼앗고 싶지 않다. 다른 여러 사람들의 논증도 그렇지만, 나는 그의 논증이 규정근거 원리를 위협할 만큼 엄중함을 인정한다. 그러나 그의 논변은 칭송할 만한 크루지우스 박사가 제시한 것과 지극히 비슷해 보이므로, 나는 그 원리의 비판에 대답하면서 [오직] 크루지우스의 비판에만 확고히 집중하더라도 그 위대한 인물들의 심기를 건드리지는 않으리라 생각한다.

[이 원리에 대해 제시했던] 의심을 검토해본 뒤에, 만약 그 검토의 결과가 나에게 유리하게 나타난다면 (왜냐하면 선량한 소송 건에 대해서는 어떤 조력을 기대할 수 있으리라고 생각되기 때문이다) [이 원리에 관한] 모든 어려움을 극복할 수 있으리라고 나는 생각한다. [구체적으로 살펴보자면] 첫째로 그는 이 원리의 형식의 모호함과 불확실한 의미를 비판한다. 그는 그 원리가 인식근거와 도덕적 근거 그리고 다른 관념적 근거들을 반복해서 실재적이고 선행적인 규정으로 간주하는 까닭에 두 가지 가운데 정확히 어떤 것이 명제인지 인식하는 것이 때때로 거의 불가능하다는 것을 정당하게 지적한다.[8] 그러나 이런 비판의 화살은 우리의 주장에 들어맞는 것은 아니기 때문에, 우리는 그런 비판에 구애받을 필요는 없을 것이다. 왜냐하면 우리가 주장하는 것 가운데 무엇이든 검토해본 사람이라면 내가 진리의 근거를 현실성의 근거와 세심하게 구별한다는 것을 알게 될 것이기 때문이다. 앞의 경우에는 오직 술어의 정립만이 문제일 뿐이다. 여기서 술어의 정립이란, 절대적으로든 관계 속에서 고찰되든, 주어에 수반되는 관념과 술어의 일치를 통해 성립된다. 술어는 이미 주어에 부착되어 있는 것이어서 오직 발견될 뿐이다. 뒤의 경우에는 [주어에] 내재한다고 정립된 것에 대하여 그것이 [정말로] 그러한지 아닌지가 검사되는 것이 아니라, 무엇으로부터 그것들의 실존이 규정되었는지가 문제이다. 만약 그 사물의 절대적 정립 이외에는 반대를 배제할 수 있는 어떤 것도 없다면, 그것은 자기 자신을 통해 절대 필연적으로 존재한다고 보아야 할 것이다. 그러나 그것이 우연적으로 현존한다고 간주된다면, 그것을 다름 아니라 바로 그렇게 규정하면서 현존의 반대를 이미 선험적으로 배제해줄 어떤 다른 근거가 반드시 있어야만 할 것이다. 그리고 우리의 증명에 대해서는 이것이 일반적으로 할 수 있는 말이다.

그런데 저 유명한 인물은 [또 다른] 반박을 통해 이 원리의 수호자들을 보다 더 큰 위험에 빠뜨렸는데, 그는 우리가 모든 사물의 변경 불가능한 필연성을 주장하고, 스토아적 숙명에 귀향권을 허락해 다시 불러들이며, 더 나아가 모든 자유와 도덕성을 억압하는 과오를 범했다고 명료하고도 무시할 수 없는 논변의 힘으로 우리를 비판한다. 그의 논변이 전적으로 새로운 것은 아니지만, 그는 그것을 더욱 상세하고 타당한 방식으로 서술했거니와, 이제 나는 가능한 한 핵심에 집중하되, 그렇다고 해서 그 논변의 힘을 손상시키지 않으면서 그것을 서술하려 한다.

만약 어떤 일이 일어난다면, 선행적 규정근거가 [달리] 없는 한, 그것은 다르게 일어날 수는 없다. 그러므로 무엇이든 일어나지 않은 일은 또한 일어날 수도 없다. 왜냐하면 그것이 없이는 일어날 수 없는 근거가 전혀 아무것도 없기 때문이다. 하지만 이것은 근거들의 [더 먼] 근거들에 대해서도 그 순서를 거슬러 올라가면서 인정할 수밖에 없는 일이다. 결과적으로 모든 일은 자연적 연결성에 의해 연결되고 착종되어 일어나기 때문에 그것이 아무리 자유로운 행위에 의해 일어난 사건이었다 하더라도, 어떤 사건과 반대되는 일이 일어나기를 바라는 사람은 그 반대되는 일을 산출하기 위해 요구되는 근거가 주어져 있지 않은 경우에는 불가능한 일을 소망하는 것이다. 또한 이렇게 사건들의 변경 불가능한 연쇄를 되돌아보건대, 크리시포스[9]가 말했듯이 그 연쇄가 일단 원하고 영원한 순서에 따른 후속을 통하여 [그 사건들을] 결합시키기로 했다면, 마침내 세계의 최초의 상태에 이르러서야—이 최초상태에서 신이 창조자로서 나타나거니와—사건들의 궁극적 근거이며, 그토록 많은 결과들을 산출한 생산적 근거가 전체로서 드러날 것인데, 일단 이 근거가 정립되면 곧이어 이후로는 영원히 하나의 일이 다른 일로부터 언제나 항구적 법칙에 따라 일어나는 것이다.[10] 그런데 적들이 마치 틈새로 도망칠 수 있는 출구라고 믿었던, 절대적 필연성과 조건부 필연성[11] 사이의 저 닳아빠진 구별을 유명한 크루지우스는 이렇게 공격한다. 그에 따르면 그 구별은 필연성의 의미와 효력을 분쇄하는 데 아무런 쓸모도 없다. 왜냐하면 선행적 근거들에 의해 엄밀하게 규정된 사건을 그 자체로서 고찰할 경우에는 그것의 반대를 얼마든지 표상할 수 있다 한들, 그 반대가 현존하기 위해 필요한 근거들이 주어져 있지 않고 도리어 그와 반대되는 근거가 있을 뿐이라면, 그런 반대를 표상할 수 있든 없든 무슨 상관이 있겠는가? 사람들은 어떤 사건을 분리시켜 고찰한다면 그것의 반대를 얼마든지 생각할 수 있고, 따라서 반대가 가능하다고 말한다. 하지만 이런 경우 어떤 일이 일어나겠는가? 아무리 그렇다 하더라도 그것은 일어날 수 없다. 왜냐하면 그것이 현실적으로 일어나지 못하도록 이미 현존하는 근거들을 통해 방비가 되어 있기 때문이다. 예를 들어보자. 카이우스는 거짓말을 했다. 카이우스가 인간이라는 점에서 보자면, 진실함이 [인간성이라는] 그의 원초적 규정들 때문에 카이우스와 모순되지는 않는다. 나는 이건 [얼마든지] 인정할 수 있다. 그러나 일단 그가 그렇게 [거짓말을 하도록] 규정되고 나면 진실함이란 2차적으로는 [카이우스와] 모순을 일으킨다. 왜냐하면 카이우스 자신 속에 [진실함과] 반대되는 것을 정립하는 근거들이 이미 주어져 있기 때문이다. 그러므로 세계의 최초상태에 이르기까지 결합된 근거들의 전체 질서를 교란시키지 않고서는 그에게 진실함이란 규정이 부여될 수는 없다. 그렇다면 이제 이로부터 저 유명한 인물이 어떤 결론을 이끌어내는지 들어보기로 하자. 규정근거는 단지 어떤 행위가 확실히 일어나도록 작용할 뿐만 아니라 그것 대신에 다른 것이 일어날 수 없도록 작용하기도 한다. 그러므로 우리들 가운데서 일어나는 일은 모두, 그것의 결과로서 [일어나야 할 일과는] 다른 일이 단적으로 뒤따르지 못하도록 신에 의해 예견되어 있다. 그러므로 우리 행위에 대한 책임은 우리들에게 귀속되지 않으며, 우리로 하여금 이미 주어진 운명을 어떻게는 충족시킬 수밖에 없도록 만드는 그런 법칙들로 우리를 꽁꽁 묶어든 신이야말로 모든 일의 유일한 원인인 것이다. 그러므로 어떤 죄악도 신이 불쾌하게 여길 일은 없지 않겠는가? 왜냐하면 죄악이 일어남으로써, 신에 의해 확립된 서로 얽힌 사물의 계열이 그와 다른 것을 허용하지 않는다는 것을 동시에 I 400 증명해주기 때문이다. 그렇다면 세계의 탄생과 근원에서부터 이미 실행되도록 예비된 행위를 두고 신이 [그 행위자를] 죄인이라고 비난하는 까닭이 무엇인가?

의심의 반박

우리가 조건부 필연성을 도덕적 [필연성의] 종류라고 절대적 필연성과 구별할 때, 여기서 문제되는 것은 필연성의 의미와 효력이 아니다. 즉 문제가 되는 사건이 하나의 경우에 다른 경우보다 더 필연적이냐 아니면 덜 필연적이냐 하는 것이 아니라, 단지 필연적이게 하는 원리, 곧 그 사건이 무엇으로부터 필연적으로 일어나느냐 하는 것이 물음인 것이다. 물론 여기서 볼프 철학의 적잖은 추종자들이 [필연성의] 참된 의미로부터 다소 이탈하여 서로 조건부로 규정하는 근거들의 연쇄를 통해 정립된 것은 절대적 필연성을 결여하고 있으므로 그런 점에서 완전한 필연성으로부터 조금 벗어나 있다고 믿는다는 것[12]은 나도 기꺼이 인정한다. 진실로 이 점에 관해서는 모든 사람들이 이구동성으로 노래하는 그 구별이 필연성의 의미와 규정의 확실성을 전혀 뒤집어엎지 못한다는 저 유명한 적수의 의견에 나도 동의할 수밖에 없다. 왜냐하면 아무것도 *참된 것보다 더 참될 수 없고, 확실한 것보다 더 확실할 수 없는 것*처럼, 그와 마찬가지로 어떤 것이

규정된 것보다 더 *규정되었다고* 생각될 수도 없기 때문이다. 그러므로 세상의 일들은 마치 그것들의 절대적 개념에 의해 그 반대가 배제되어 있는 것처럼 그와 동등한 확실성에 따라, 오류를 모르는 신의 예지가 미래에 일어날 일들과 그 일들의 반대의 불가능성을 근거들의 연결 관계에 합치하여 꿰뚫어볼 수 있을 만큼 확실하게 규정되어 있는 것이다. 그러나 여기서 문제의 핵심은 사건들의 미래 발생이 *얼마나* 필연적이냐 하는 것이 아니라, *무엇으로부터* 필연적이냐 하는 것이다. 신에게서 세계창조 행위가 미결정의 동요상태에 있지 않고 확실하게 결정되어 있어서 그 반대란 신의 위엄에 어울리지 않는다는 것, 즉 전혀 그와 양립할 수 없다는 것을 누가 의심하겠는가? 하지만 그럼에도 불구하고 행위는 자유로운데, 그 까닭은 행위를 규정하는 근거들이 자신의 무한한 지성의 동기들을 포함하고 있어서, 이 동기들이 확실한 것보다 더 확실하게 의지를 기울어지게 만드는 것이지, 결코 자연의 어떤 맹목적 작용에 따라 행위의 동기들이 일어나는 것이 아니기 때문이다. 또한 인간의 자유로운 행위가 이렇게 [지성적 동기에 의해 내적으로] 규정되었다고 간주되는 한에서, 그 행위의 반대는 당연히 배제된다. 하지만 이것은, 주체의 욕구와 자발적 경향성 외부에서 정립된 근거에 따라, 사람이 원하지 않았는데도 어떤 피할 수 없는 필연성에 의해 그 행위를 수행하도록 강제됨으로써 그렇게 [반대가] 배제되기 때문이 아니라, 의지와 욕구들의 경향성 자체 내에서 사람이 표상의 유혹에 기꺼이 순응함으로써, 너무도 확실하지만 동시에 자발적인 연결 관계에 따라 행위가 확고한 법칙에 의해 규정되기 때문이다. 물리적 행위와 도덕적 자유를 누리는 행위 사이에 성립하는 구별은, 마치 후자만이 유일하게 미래에 이럴 수도 있고 저럴 수도 있는 양면성을 지니고 있어서 근거에 의한 결속으로부터 벗어나 모호하고도 양면적인 발생근거를 가지고 있다는 듯이, 연결 관

계나 확실성의 차이에서 비롯되는 것이 아니다. 만약 정말로 그랬더라면 지성적 존재의 특권이란 전혀 권할 만한 것이 못 되었을 것이다. 인간의 행위를 규정하는 근거의 확실성의 양상은 실로 [그 행위의] 모든 페이지에서 자유라는 글자를 읽을 수 있도록 해준다. 즉 인간의 행위는 오로지 의지에 적용된[=의지와 결합한] 지성의 동기를 통해서만 유발되지만, 이에 반해 동물들의 경우나 또는 물리적-기계적 행위의 경우에는 모든 일들이 외부적인 충격이나 자극에 상응하여 의지의 아무런 자발적 경향성도 없이 강제될 뿐이다. 행위를 수행

I 401 하는 권능은 어떤 쪽으로도 향할 수 있도록 무차별한 상태에 있으며, 오직 표상에 주어지는 유혹에 대하여 느끼는 만족의 경향성에 의해 규정된다는 것은 일반적으로 인정되는 일이다. 인간의 본성이 이 법칙과 더욱 확실하게 결합되어 있으면 있을수록, 그것은 더 큰 자유를 향유하는 것이니, 모호한 충동에 따라 대상을 향해 어느 쪽으로든 나아가는 것이 자유의 발휘는 아니다. 그대는 그렇게 *하고 싶기* 때문이라는 것 이외에 다른 이유 때문에 행위하지는 않는다고 말한다. 그렇다면 나는 그대의 그 고백으로 그대를 사로잡을 것이다. 왜냐하면 대상의 유혹이 주어질 때마다 반대쪽이 아니라 바로 이쪽으로 향하는 의지의 경향성이 아니라면 하고 싶다는 것이 과연 무엇이겠는가? 그러므로 그대가 *하고 싶다*는 것이나 원한다는 것은 행위가 내적 근거를 통해 규정되었음을 표시하는 것이다. 왜냐하면 '하고 싶음'이란 그대의 의견에 따르면 행위를 규정하는 것이기 때문이다. 실로 그것은 의지를 촉발하는 유혹이라는 근거에 따라 의지가 대상 속에서 만족을 얻는 것에 다름 아니기 때문이다. 그러므로 규정은 상관적이다. [그런데] 이상의 상관적 규정에서 의지가 동등하게 유혹받으면서도 어떤 것을 다른 것보다 더 좋아하도록 정립된다면, 이는 동등하게 좋아하면서 동시에 동등하지 않게 좋아하는 것과 같으니, 이것은 모순

을 내포하는 것이다. 그런데 의지를 둘 중 한쪽으로 기울어지게 만드는 근거들이 전혀 의식되지 않음에도 불구하고 의지가 어느 한 쪽에 얽매이는 그런 경우도 일어날 수 있다. 하지만 이런 경우 문제가 상위의 정신능력으로부터 하위의 능력으로 퇴행하는 것이며, 모호한 표상의 무게중심이 어느 한쪽으로 쏠림에 따라 (이것에 대해서는 아래에서 보다 상세히 논의하게 될 것이다) 정신이 한쪽 방향으로 인도되는 것이다.

이렇게 해도 좋다면, 우리는 간단히 무차별적 동등성의 옹호자인 카이우스와 규정근거의 후견인인 티티우스의 대화를 통해 널리 잘 알려진 논쟁을 알기 쉽게 재구성해볼 수 있을 것이다.

카이우스: 지나간 삶에서 내가 행한 수많은 일이 내게 양심의 가책을 불러일으키기는 하지만 이 한 가지가 유일하게 남은 위로일세. 만약 자네 의견을 믿어도 된다면, 내가 행한 악행에 대한 책임이 나에게 떨어지지는 않으리라는 걸세. 왜냐하면 세계의 시초부터 지금까지 서로서로 규정해온 근거들의 사슬에 단단히 묶여 내가 무슨 일을 했든지 간에 나는 그것을 하지 않을 수 없었기 때문이네. 그래서 이제 와서 나의 허물을 비난하고 내가 다른 종류의 삶을 살았어야 했다고 부질없이 언성을 높이는 사람이 있다면, 그는 마치 내가 시간의 흐름을 멈추게 했어야 한다고 요구하는 것만큼이나 불합리한 행동을 하는 것일세.

티티우스: 생각해보게! 대체 자네를 꽁꽁 묶었다고 불평하는 그 근거들의 계열이 어떤 것인가? 자네가 무슨 일을 했든, 그 모두 좋아서 한 일이 아니었나? 양심의 말없는 경고와 신에 대한 두려움이 자네가 죄를 지으려 할 때 마음속에서 큰 소리로 꾸짖었으나 아무 소용

이 없었던 것 아닌가. 그래서 술 마시고, 놀고, 비너스에게 제사 지내고 또 그와 비슷한 다른 일들을 자네 스스로 선호한 것이 아닌가? 아니면 자네가 원치도 않는데 죄를 짓도록 그리로 이끌려간 적이라도 있었다는 말인가?

카이우스: 물론 나도 그것을 부인할 생각은 전혀 없네. 내가 유혹에 격렬하게 반발하고 저항하면서 마치 억지로 고개가 젖혀진 사람처럼 반대쪽으로 끌려간 것이 아니라는 사실을 나도 잘 알고 있네. 나는 스스로 잘 알면서도 좋아서 나를 죄악에 내맡겼던 것이지. 하지만 나를 저급한 방향으로 기울어지도록 만든 그런 의지의 경향성은 과연 어디로부터 나에게 일어난 것인가? 그것이 일어나기 전에 신적인 법칙과 인간적인 법칙이 모두 주저하는 나를 자기편으로 이끌어, 모든 근거들이 쌓이고 쌓여 내가 선한 쪽보다 악한 쪽으로 기울어지도록 결정되어버린 것이 아닌가? 그렇게 일단 절대적인 근거가 모든 경우의 수마다 정립되고 나면, 이미 근거지어진 것을 방해하는 일은 일어난 일을 일어나지 않은 일로 만드는 것과 똑같은 일 아닌가? 진실로 내 의지의 경향성이란 자네 의견에 따르면, 모두 선행적 근거에 의해 완벽하게 규정되어 그 선행적 근거는 다시 더 앞선 근거에 의해 규정되어 있고, 이런 방식으로 만물의 첫머리에 이를 때까지 계속될 것이네!

I 402

티티우스: 내가 자네의 의구심을 얼마든지 제거해주겠네. 착종되어 있는 근거들의 계열은 수행되어야 할 행위의 마디마다 어느 쪽으로 이끌려가야 할지 동기를 제공하지만, 자네 역시 그들 가운데 어느 쪽으로 기꺼이 원해서 자신을 내맡겼던 것이네. 왜냐하면 그렇게 하는 것이 다르게 하는 것보다 더 좋았기 때문이지. 그런데도 자네는

근거들의 누적에 의해 내가 정해진 방향으로 기울어지도록 이미 결정되어 있었다고 말하지. 하지만 한번 생각해보게! 누적된 행위근거를 위해서는 대상의 유혹에 순응하는 자네 의지의 자발적 경향성이 요구되는 것 아닌가?

카이우스: 자발적이라니! 당치도 않은 소리. 이쪽으로 기울어지지 않는 것이 불가능했던 거야.

티티우스: 이것이야말로 자발성을 제거하기는커녕, 도리어 가장 확실하게 증명해주는 것일세. 만약 우리가 자발성이라는 말의 의미를 올바르게 사용한다면 말이야. *자발성이란 내적 근거에 의해* 수행된 행위이네. 행위가 가장 좋은 것의 표상에 합치하여 규정될 때, 그것을 가리켜 자유라고 부르네. 누구든지 간에 이 법칙에 보다 확실하게 순종하면 할수록, 그리하여 의욕을 위해 정립된 모든 동기들에 의해 보다 [철저히] 규정되어 있을수록, 그 사람은 그만큼 더 자유로운 것일세. 그러므로 자네의 논변으로부터는 선행적 규정근거들의 위력 때문에 자유가 산산조각 난다는 결론이 흘러나오지 않네. 왜냐하면 자네가 억지로 한 것이 아니고 좋아서 했다는 자네의 고백이 자네를 충분히 반박하기 때문일세. 그러므로 자네의 행위는—자네는 그렇게 추측하는 것처럼 보이지만—결코 *불가피한* 일이 아니었네. 왜냐하면 자네는 다만 피하려 애쓰지 않았고, 그래서 그렇게 형성되어 있었던 상황으로 자네의 욕망이 기울어진 결과 그 행위가 *틀림없이* 일어났던 것이지. 그리고 이것이야말로 자네에게 더 큰 책임을 떠맡기는 것일세. 왜냐하면 자네는 정해진 것으로부터 벗어나는 것을 스스로 허락하지 않을 정도로 그렇게 격렬하게 원했기 때문이네. 하지만 나는 자네 창으로 자네를 찌르겠네. 생각해보게! 자네 의견으로는

과연 어떻게 하면 자유의 개념이 더 잘 규정되리라고 생각하는가?

카이우스: 내가 생각하기로는, 자네가 확립된 사건을 통해 서로서로 규정하는 근거들의 사슬의 [효력을] 모두 부인하고, 인간이 자유로운 행위를 할 때 어느 쪽으로도 기울어질 수 있는 무차별상태에 있으며, 의지를 어떤 방향으로 규정하는 근거들을 자네가 아무리 많이 고안해내고 그 모든 근거들이 모두 정립되었다 하더라도, 인간이 어떤 것 대신에 다른 것을 선택할 수 있다는 것을 자네가 인정한다면, 비로소 나는 어떤 행위가 진실로 자유롭게 일어났다고 인정할 것이네.

티티우스: 하느님 맙소사. 만약 어떤 신적인 존재가 있어 자네의 소원이 이루어지도록 허락해준다면, 자네는 정말 한평생 얼마나 불행한 인간이겠는가! 자네가 덕의 길을 걷겠다고 자네 마음에 결심했다고 가정해보게. 종교적인 가르침에 의해서 뿐만 아니라 자네의 결심을 굳건하게 만들어주는 다른 여려 효력 있는 수단을 통해 자네의 마음의 성채가 매우 훌륭하게 방비되었다고 하세. 이제 행위의 순간이 다가왔네. 그런데 자네는 곧바로 저급한 길로 빠져버릴 것이네. 왜냐하면 자네를 선한 길로 초대한 근거들이 [자네의 행위를] 규정하지 않기 때문일세. 내겐 자네가 계속 수많은 탄식을 토해내는 소리가 얼마나 큰지 잘 들리는 것 같구먼. 아! 어떤 불행한 운명이 나를 단정한 결심으로부터 갑자기 밀어냈단 말인가! 덕의 가르침에 헌신하는 것이 무슨 소용이 있단 말인가! 행위가 우연에 따라 일어나고, 근거에 의해 규정되지 않으니! 하지만 나는 나를 [올바른 길에서] 벗어나게 만든 어떤 운명의 원치 않는 강요를 규탄하지 않노라. 도리어 나를 지극히 나쁜 길로 미끄러지도록 권유한 그 정체불명의 타락을

혐오할 뿐! 그렇게 자네는 말하겠지. 오오, 수치스런 마음이여! 하필 그렇게 저급한 방향으로 나를 이끈 그 저주받을 욕망이 도대체 어디서 내게로 왔단 말인가? 그 욕망은 똑같이 쉽게 반대쪽으로 기울어질 수도 있었을 것을!

카이우스: 그러니까 우리는 모든 자유에 대해 똑같은 방식으로 탄식할 수 있을 것이네. I 403

티티우스: 내가 자네의 군대를 어떻게 궁지로 몰아넣는지 잘 보게. 헛된 관념의 표상들을 만들어낼 생각은 하지 말게. 자네는 자네가 자유롭다고 생각하네. 그러나 전혀 이치에 맞지 않는 자유의 개념을 고안해내지는 말게! 자유롭게 행위한다는 것은 자신의 욕구에 따라 또한 그것을 의식하면서 행위하는 것일세. 그런데 이것은 결코 규정근거의 법칙에 의해 배제되는 것이 아닐세.

카이우스: 비록 내가 자네에게 대꾸할 말이 없기는 하지만, 내가 보기에 자네 의견은 의미상 내적인 자기모순을 일으키는 것 같네. 왜냐하면 그렇게 거창하지 않은 경우를 택해보세. 만약 내가 나 자신에게 주목해본다면, 나는 내가 어느 쪽으로도 기울어질 수 있는 자유가 내게 있음을 깨달을 수 있네. 그리하여 나의 행위의 방향이 선행적인 근거들의 계열에 의해 결정되어 있지 않다는 것을 충분히 확신하게 되네.

티티우스: 나는 무차별적 자유라는 망상이 자네에게 불러일으키는 숨겨진 정신의 기만을 폭로해 보이겠네. 인간의 정신에 내재한 자연적인 욕구능력은 단지 대상만 지향할 뿐 아니라, 지성에 나타나

는 다양한 표상을 지향하기도 한다네. 그리하여 주어진 경우에 선택의 동기를 포함하는 표상들의 작자가 바로 우리 자신이라고 생각한다면, 우리는 얼마든지 그 표상들을 향해 우리의 관심을 기울일 수도 있고, 관심을 끊을 수도 있으며, 다른 쪽으로 관심을 돌릴 수도 있을만큼 충분히 탁월한 능력을 지니고 있어서, 결과적으로 우리가 우리의 욕구에 합치하여 대상을 지향할 뿐만 아니라 객관적 근거들 자체를 우리가 원하는 것에 따라 다양하게 변화시킬 수도 있다는 사실을 우리는 잘 알고 있네. 그런 한에서 우리는 우리 의지의 적용이 모든 법칙에서 벗어나 있으며 미리 확정된 결정에 매여 있지도 않다고 생각할 수밖에 없는 것처럼 보이기는 하네. 하지만 주어진 경우에 표상들의 조합에 대한 하나의 지향이 일어나고 다른 지향이 일어나지 않았다[13]는 사실에 주목해보고 또 [행위의] 근거들이 일정한 방향에서 우리를 이끌 때, 우리가 적어도 자유를 시험해보기 위해 우리의 관심을 반대방향으로 돌릴 수도 있음에도 불구하고, [그렇게 하지 않고 원래의 행위근거가 우리를 이끄는] 쪽으로 무게중심을 옮겨 결과적으로 우리의 욕구가 *다른 방향이 아니고 바로 그쪽으로* 인도되는 까닭이 무엇인지 정확하게 이해하기 위해 노력해보면, 우리는 [여기에도] 규정하는 근거들이 반드시 있어야 한다는 것을 쉽게 확신할 수 있네.

카이우스: 자네가 수많은 난점으로 나를 꽁꽁 묶은 것은 얼마든지 인정하겠네만, 자네 역시 그에 못지않은 곤경에 처했다고 나는 확신하네. 만약 신이 최종적이고 결정적인 원인이 되는 그런 악이 미래에 일어나리라고 결정되어 있다면, 자네는 이것이 어떻게 신의 선함 및 거룩함과 양립할 수 있으리라고 생각하는가?

티티우스: 공허한 논쟁으로 부질없이 시간을 낭비하지 않기 위해 자네를 사로잡고 있는 의심을 간단히 제시하고 그 의심의 매듭을 풀어보겠네. 물리적인 행위에 의해 일어나든, 자유로운 행위에 의해 일어나든지 간에, 모든 사건은 그 확실성이 결정되어 있어서, 하나의 결과는 앞선 사건 속에서 또 이 사건은 보다 앞선 사건 속에서, 그렇게 사슬에 묶인 연결 관계에 따라 세계의 최초 상태에 이르기까지 언제나 더 먼 근거들 속에서 결정되어 있네. 이 상태에서 신이 [만물의] 창조주라는 것이 직접 드러나는데, 신은 마치 물이 샘솟는 원천과 같은 것이어서 그로부터 모든 것이 마치 기울어진 물통에서 물이 흘러나오듯이 한 치의 오차도 없는 필연성에 따라 흘러나오는 것일세. 그러므로 자네는 신을 악의 산출자로서 명백히 지목할 수 있고 또 신이 자기 스스로 짜기 시작한 직물과 자신이 [결정한] 최초의 원본에 합치하여 뒤따를 미래의 세기 속에 짜넣은 사건들을 미워해서도 안 된다고 생각하겠지. 게다가 모든 악에 대한 책임이 최종적으로는 최초의 창조자인 신 자신에게 귀착되는 것이라면, 자신의 작품 속에 스스로 짜넣은 모든 죄악들을 그렇게 큰 혐오감으로 박해하는 것은 신의 거룩함에 비추어 합당한 일도 아니라고 생각하는 것이겠지. 그리고 이것이 자네를 짓누르고 있는 의심이네. 그럼 이제 내가 그 의심의 안개를 걷어내주겠네. 신은 우주의 시원을 정립하면서 하나의 계열 I 404 을 시작시키는데, 이 계열은 서로 연관되고 착종되어 결합된 근거들의 굳건한 연결 관계에 따라 도덕적인 악과 그에 대응하는 물리적인 악을 포함하네. 하지만 그렇다고 해서 이로부터 도덕적으로 사악한 행위들에 대해 신이 그 작자라고 비난할 수 있다는 결론이 뒤따르는 것은 아닐세. 기계적 존재들의 경우에서처럼 만약 지성적인 존재자들도 확실한 결정들이나 변화들을 강요하는 것들에 대해 순전히 수동적으로만 관계한다면, 나도 모든 일의 궁극적 책임이 기계의 설계

자인 신에게로 귀착될 수 있다는 것을 부인하지 않았을 것이네. 하지만 지성적인 존재자들의 의지를 통해, 다시 말해 자기 자신을 자발적으로 규정할 수 있는 능력을 구비한 존재자의 의지를 통해 일어난 일들은 온전히 내적인 원리로부터 그리고 의식적인 욕구 및 판단의 자유에 따라 어느 한쪽을 선택해서 일어난 것일세. 그러므로 아무리 사물의 상태가 자유로운 행위 이전에 어떤 근거에 따라 확립되어 있고, 그 지성적 존재자가 환경의 연결 관계에 의해 단단히 엮여 있어서, 그 연결 관계에 따라 도덕적인 악이 미래에 일어날 것이 최고로 확실하고도 분명하게 정해져 있어서, [신이 그것을 미리] 예견할 수 있을 정도라고 하더라도, 이런 미래적 사건을 결정하는 근거에서 핵심적인 것은 사악한 쪽으로 향하는 인간의 자발적 지향일세. 그러므로 죄를 지은 사람들 자신이 너무도 하고 싶어서 한 일들의 원인은 그들 자신이라고 말해야만 하며, 허락되지 않은 쾌락에 대해 벌을 받는 것은 너무도 완벽하게 이치에 부합하는 일일세. 하지만 신이 죄악을 혐오하는 것은 의심의 여지없이 그의 거룩함에 합당한 일이라 하더라도 그런 악이 미래에 일어날 것을 이미 포함하고 있는 창조된 세계질서와 (그런 신적인 혐오가) 어울릴 수 있는 것처럼 보이지는 않는다는 반론에 관해서 보자면, 이런 질문을 둘러싸고 있는 어려움 역시 극복할 수 없는 것은 아닐세. 왜냐하면 우리는 다음과 같이 생각해야하기 때문일세.

신의 무한한 선함은 피조물들에게 허락될 수 있는 한 최대한의 완전성과 정신적 세계의 행복을 지향하는 것일세. 그러나 신은 [무한한 선함과] 마찬가지로 무한한 자기표현의 충동으로 말미암아, [창조 후] 근거들의 질서에 따라 곧이어 무성하게 자라날 보다 완전한 사건계열을 위해 노고를 쏟을 뿐만 아니라, 보다 낮은 등급에 속하는 선들 가운데서도 아무것도 결핍되지 않고, 자기가 창조한 광대무

변한 우주 속에서 유한한 존재에게 허락되는 최고 단계의 완전성에서부터 보다 저급한 모든 완전성을 거쳐 이른바 무(無)에 이르기까지 모든 것이 [빠짐없이] 포함되도록, 자신의 계획 속에 다른 요소가 스며들어 오는 것도 허락했다네. [세계 내에] 그렇게 많은 악이 섞여 있음에도 불구하고 신의 지혜가 그로부터 어떤 선한 것을 이끌어내어 신의 영광을 무한한 다양성 속에서 두드러지게 드러내기 위해서는 그런 요소들이 도리어 필요한 것이라네. 이 지평 속에 인류의 역사도 빠질 수 없으니, 비록 비참하기 짝이 없고 악이 뒤섞여 있지만 신의 선함을 찬미하기 위해 필요한 증거들을 무한히 많이 제공해준다는 점에서 [신의] 지혜와 능력 그리고 선함에 너무도 훌륭하게 합치하는 것일세. 그런고로 신의 작품에 시초부터 악이 삽입되었다 해서 신이 악 그 자체를 지향했다거나 의도적으로 불러일으켰다고 생각하면 안 되네. 왜냐하면 신은 선을 염두에 두고 있었으며 만약 근거를 제거한다면 선이 남아 있지 않으리라[14]는 것을 인식하고 있었으니, 그것을 해로운 가라지와 함께 뽑아내버리는 것이야말로 최고의 지혜에는 어울리지 않는 일이었을 것이네. 그뿐만 아니라 인간은 자발적으로 정신의 내적인 정념에 따라 죄를 짓는 것이니, 선행적 근거들의 질서는 [인간을] 억지로 떠밀고 강요하는 것이 아니고 단지 유혹할 뿐이네. 그런 근거들의 유혹을 사람이 따르리라는 것이 아무리 확실하게 [신의 정신 속에서] 미리 인식되어 있다 하더라도 그 악 I 405 의 기원이 내적인 자기 결정의 원리 속에 있는 것이라면, 그 악의 책임이 죄를 지은 자들 자신에게 귀속되어야 한다는 것은 너무도 명백한 일이네. 또한 그러므로 신적인 의지가 죄악을 묵인함으로써 어떤 식으로든 그것에 동의했기 때문에, 신이 죄악을 그만큼 덜 혐오하리라고 생각해서도 안 되네. 말하자면, 비록 악이 허락되어 있기는 하지만 굳세게 노력해서 그 악을 보다 선한 것으로 바꾸어나감으로써 균형을 추구하는 것이야말로 신이 훈계도 하고, 위협도 하고, 권유도 하는 등 여러 가지 수단을 통해 이루려 애쓰는 것으로서, 이것이야말로 신적인 장인이 목전에 두고 있는 고유한 목적일세. 그러므로 신이 이를 통해 웃자란 악의 가지들을 쳐내고, 인간의 자유를 침해하지 않고 할 수 있는 한에서 그것을 억누르기 때문에, 이를 통해 신은 자신이 모든 결핍을 미워함에도 불구하고 그로부터 이끌어낼 수 있는 완전성을 사랑하는 자임을 밝혀 보여준 것일세. 그러나 우리가 처음의 탐구 계획으로부터 허락될 수 있는 정도보다 다소 멀리 벗어났으니, 이제 원래의 길로 돌아가겠네.

명제 IX의 문제에 대한 보충
만약 미래에 일어날 인간의 자유로운 행위가
자기 자신의 근거에 따라 결정되어 일어나지 않는다면,
그런 행위에 대한 신적인 예지는 불가능할 것이다

우리 원리를 지지하는 사람들은 언제나 이 주장을 적들에 대항해 굳건히 고수했다. 그러므로 나는 [새삼스럽게 동일한 주장을 반복하는] 수고를 생략하고 다만 지극히 명민한 크루지우스가 [우리의] 반대편에서 제시하는 것에 대해서만 대답하면 충분할 것이다. 그는 우리의 의견에 따르는 사람들을 가리켜, 마치 신이 이성적 추론을 사용한다는 듯이 여기는 것과 같다면서, 그러나 이는 신에게 어울리지 않는다고 반박한다. 이런 비판에 대해 [동의하지 않고] 다르게 생각하는 사람들이 있다면, 나는 기꺼이 저 적대자의 진영으로 건너갈 것이다. 왜냐하면 이성추론이라는 돌음길이 신적 지성의 광대무변함과는 어울리지 않는다는 것에는 나도 동의하기 때문이다. 또한 보편개념들을 추상하고 서로 결합하는 일이나, 결론을 이끌어내기 위해 수행하는 비교 따위는 무한한 지성에 필요하지 않다. 하지만 여기서 덧붙여 말하자면, 미래에 일어날 것이 선행적으로 결정되어 있지 않은 일들을 신이 예견할 수 없는 까닭은 그것을 예견하기 위해 필요한 보조수단이 없기 때문은 아니라는 사실이다. 우리가 인정하듯이 신에겐 그런 보조수단이 필요 없다. 도리어 신이 그런 일을 예견할 수 없는 이유는, 그 자체로서든 선행적으로든 현존이 전혀 규정되어 있지 않은 것은 전적으로 아무것도 아니기 때문에, 그렇게 아무것도 아닌[=존재하지 않는] 미래의 일에 대한 예지도 그 자체로 불가능한 일이기 때문이다. 어떤 것이 그 자체로서 무규정적이라는 것은 [그것의] 우연성의 결과이다. 그리하여 반대자들은 그런 우연적 존재자들이 선행적으로도 미결정상태에 있어야 한다면서, 그것들이 그 자체로서 아무런 규정도 되어 있지 않으므로 일어날 수도 없으며, 신적인 지성에 의해서도 [그렇게] 표상되어야만 한다고 주장하는 것이다.

마지막으로 그 칭송할 만한 고상한 적대자는, 여기서 우리의 성찰을 무한히 소급해간다면 몇 가지 문제들이 불가해한 것으로 남으리라는 것을 솔직하게 인정하면서도, 이 불가해함이 [도리어] 우리의 탐구대상의 숭고함과 잘 어울린다고 말한다. 하지만 탁월한 정신이 내적으로 아무리 깊이 인식하려 해도 인간의 지성에 끝내 개방될 수 없는 어떤 지성소(至聖所)가 [또는 어떤 신비가] 보다 심오한 지성에도 여전히 남아 있으리라는 것을 인정한다 하더라도, 여기서 문제는 [미리 규정되지 않은 일이] 어떤 방식으로 일어나느냐 하는 것이 아니고, 그것이 과연 일어나느냐 아니냐 하는 것으로서, 이것이 반대편의 의견과 상충된다는 것은 죽을 수밖에 없는 인간의 인식으로도 얼마든지 쉽게 꿰뚫어볼 수 있는 일이다.

무차별적 자유의 옹호자들이 도움을 청하기 위해 불러들이는 증명의 반박

우리의 반대편을 옹호하는 후견인들은 우리에게 그 무엇보다 가장 명백하게 자유로운 행위를 위한 인간 의지의 무차별성을 증거해주는 것으로 보이는 사례들을 제시하면서 우리가 그에 만족하라고 요구한다. [예를 들면] 홀짝 놀이를 할 때 사람들은 손안에 감추어진 콩알이 홀수인지 짝수인지를 맞추어 콩알을 따게 되는데, 이 경우 우리는 아무런 선택의 근거나 심사숙고 없이 순전히 그냥 어느 한쪽을 말한다. 이와 비슷한 경우로 사람들은 어느 임금의 경우를 제시하기도 하는데, 그는 무게와 형태 그리고 모양에서 완벽히 유사한 두 개의 통 가운데 하나 속에는 납을, 다른 통 속에는 금을 숨겨두고 누군가에게 그 둘 중에서 하나를 자유로이 선택하게 했는데, 이런 경우 둘 중 하나를 취하기 위한 결정은 아무런 근거 없이 일어날 수밖에 없었다는 것이다. 그들은 오른발왼발놀이를 두고도 무차별적 자유에 의해 발을 앞으로 내야 한다면서 비슷한 주장을 반복한다. 이 모든 것에 대해 나는 한마디로, 그러나 내가 보기에 충분하다 싶은 것으로 대답하려 한다. 우리의 원리에 따라 규정근거를 논할 때, 예를 들어 자유로운 행위에서는 의식적 지성에 떠오르는 그런 근거가 문제라는 식으로 우리가 이런저런 [특정한] 근거의 종류를 뜻하는 것은 아니다. 도리어 행위가 어떻게 결정되든지 간에 [그와 상관없이] 그 행위가 일어나기 위해서는 반드시 어떤 근거가 결정되어 있어야 한다는 것이 요체이다. 자의적 의지를 규정하는 경우에 객관적인 근거가 전적으로 결여되어 있을 수는 있다. 그리고 의식에 표상된 동기들 사이에 완벽한 동등성이 성립할 수도 있다. 그럼에도 불구하고 마음을 규정할 수 있는 수많은 근거들이 여전히 남아 있을 여지는 있다. 왜냐하면 이런 동요와 의심이란 문제를 상위의 능력으로부터 하위의 능력으로, 다시 말해 의식과 결합된 표상으로부터 모호한 표상의 영역으로 퇴행하도록 만들 뿐이지만, 그렇다고 해서 이 영역에서 모든 것이 어느 한쪽으로 치우치지 않고 완벽하게 동일하다고는 도저히 말할 수 없기 때문이다. 우리 마음속에 내재한 욕구는 또 다른 지각을 지향하기 때문에 마음이 동일한 상태에 오래 머무는 것을 허락하지 않는다. 그러므로 내적 표상들의 상태가 변화함에 따라 마음은 어느 쪽으로 기울어질 수밖에 없는 것이다.

명제 X. 규정근거의 원리의 몇몇 참된 부가적 결론을 해명함.

1) *근거 속에 있지 않았던 것은 아무것도 근거지어진 것 속에 없다.* 왜냐하면 규정하는 근거 없이는 아무것도 없으므로, 자신의 규정근거를 제시하지 않는 것은 아무것도 근거지어진 것 속에 없기 때문이다.

다음과 같은 반론이 있을 수 있다. 즉 피조물들에게는 한계가 있으므로 이로부터 그것들의 근거를 지니고 있는 신에게도 똑같이 한계가 있으리라는 결론이 도출된다는 것이다. 이런 반론에 대답하자면, 유한한 사물에 붙어 있는 한계는 신적인 창조행위 속에 있는 유한한 존재의 근거도 마찬가지로 제한되어 있음을 보여준다. 왜냐하면 신의 창조행위는 제한된 존재자를 산출하는 방식에서 제한되어 있기 때문이다. 하지만 이런 창조행위는 창조되어야만 할 사물들에 대응할 수밖에 없는 상관적인 신적 규정으로서, 신 자신 속에서 절대적으로 이해되어야 할 내적 규정이 아니므로, 그런 한계들이란 내적인 의미에서는 신과 양립할 수 없음이 명백하다.

2) 서로 아무런 공통점도 지니지 않은 사물들은, 그중 하나가 다른 것의 근거가 될 수 없다. 이는 앞의 명제로 환원된다.

3) 근거지어진 것 속에서는 근거 속에서보다 더 큰 것이 있을 수 없다. 이것도 동일한 규칙으로부터 명백하다.

귀결. 세계 내의 절대적 실재성의 분량은 *자연적으로는* 변하지 않는다. 즉 그것은 늘어나지도 않고 줄어들지도 않는다.

해명. 이 규칙의 자명성은 물체의 변화 속에서 가장 쉽게 밝혀진다. 예를 들어 물체 A가 다른 물체 B와 충돌하여 그것을 밀어낸다고 가정하면, 어떤 힘, 즉 결과적으로 실재성이* 물체 B에 전해질 것이다. 그러나 충돌하는 물체 A는 동등한 운동량을 잃어버릴 것이므로, 따라서 결과에서 힘들의 합계는 원인의 힘과 같을 것이다. 그런데 보다 작은 탄성물체가 보다 큰 물체에 돌진하여 충돌하는 경우에는 지금 말한 법칙이 오류임이 판명되는 것처럼 보이기도 한다. 그러나 실은 전혀 그렇지 않다. 왜냐하면 이 경우 *더 작은* 탄성물체는 자기가 돌진하여 충돌한 *보다 큰* 물체의 반동으로 말미암아 반대 방향으로 일정한 힘을 얻게 되기 때문이다. 이 힘을 *보다 큰* 물체에 전달된 힘과 더하면 당연히 그 합은—기계론에서 알 수 있듯이—충돌하는 [작은] 물체의 양보다 더 클 것이다. 그런데 여기서 이 합을 사람들은 일반적으로 절대적 합이라 부르지만, 보다 정확하게는 상대적 합이라 불러야 할 것이다. 왜냐하면 이 힘들이 상이한 방향을 지향하기 때문이

---

* 가해진 힘[15]은 본래적으로는 내재적 실재성의 제한이나 방향에 다름 아니지만, 여기서는 통상적 의미에 따라 적용된 실재성으로 이해해도 무방할 것이다.

다. 따라서 서로 결합되어 전체로서 일반적으로 작동한다고 간주되는 기계들이 낳는 결과로부터 그 힘들의 총합을 인식하기 위해서는 반대 방향으로 향하는 운동을 빼면 된다. 왜냐하면 그렇게 하면 [상이한] 힘들이 마지막에는 서로 상쇄되어, 중력의 중심의 운동만 남을 것인데, 이 운동은 정역학으로부터 알려져 있듯이 충돌 이후에도 충돌 이전과 동일한 것이기 때문이다. 물질의 저항에 의해 운동이 모두 소멸한다는 것에 관해서 보자면, 이것은 우리가 말한 규칙을 폐지하기보다는 도리어 확증해준다. 왜냐하면 서로 결합된 원인들의 작용에 의해 어떤 [사물이 원래의] 정지상태에서 힘을 얻게 되면, 그것은 자기가 받아들인 것과 같은 크기의 힘을 장애물의 저항에 맞서 사용함으로써 다시 정지상태로 돌아가게 되며, 결과적 상태는 이전과 마찬가지로 지속하게 되기 때문이다. 그러므로 기계적 운동의 소진되지 않는 영속성[=무한히 계속되는 운동]은 불가능하다. 왜냐하면 자신의 힘의 일부를 언제나 저항에 맞서 사용하면서도 자신을 복원하기에 필요한 힘을 온전히 유지할 수 있다는 것은 저 규칙에도 모순될 뿐만 아니라 건전한 이성에도 마찬가지로 어긋나는 일이기 때문이다.

때때로 우리는 무한히 작은 원인이 시원이 되어 엄청나게 큰 힘이 발생하는 것을 본다. 작은 불씨를 화약에 던지면 얼마나 엄청난 폭발력이 생겨나는가? 또는 다른 종류의 가연성물질과 결합해서도 얼마나 큰 불길이 도시를 폐허로 만들고 광대한 삼림을 장기간동안 태워 황폐하게 하는가? 그러므로 하나의 지극히 작은 불씨의 자극이 너무도 거대한 물체의 조직을 해체해버리는 것이다! 하지만 여기서 물체들의 조직 내에 깊숙이 감추어져 보존되고 있는 거대한 힘들의 작용원인, 즉 말하자면 탄성물질은—(헤일스[16]의 실험에 따라) 화약의 경우처럼 에테르 물질이든, 아니면 임의의 다른 가연성물체의 경우에 I 408

서처럼 불의 물질이든—참으로 미세한 자극에 의해 (만들어진다기보다는) 드러나게 된다. 탄성물질이 압축되어 내부에 저장되어 있다가 아주 작은 자극만 주어지더라도 상호적인 견인과 반발력에 비례하여 힘을 발산하는 것이다.

확실히, 정신적 존재들의 힘이나, 그들의 보다 더 큰 완전성을 향한 부단한 전진은 이런 법칙에서 제외된 예외처럼 보이기도 한다. 그러나 내가 확신하기로는 그들 역시 동일한 법칙에 매여 있다. 비록 모호하기는 하지만 언제나 영혼의 내면에 현전하고 있는 전체 우주에 대한 무한한 개념은 곧 보다 더 큰 빛에 의해 밝혀져야만 할 사유 속에 내재하고 있어야만 할 모든 실재성을 이미 자기 자신 속에 포함하고 있음이 분명하다. 그런데 정신은 나중에 오직 특정한 실재성들에만 주의를 기울이고, 어떤 것들로부터 동등한 정도를 취함으로써 그 실재성들을 보다 강렬한 빛으로 조명하면서, 보다 큰 인식을 백일하에 얻게 된다. 하지만 그렇다고 해서 절대적 의미에서 정신이 실재성의 외연을 확장하는 것은 아니며(왜냐하면 우주 전체와의 연관성 속에서 출현하는 모든 관념의 질료는 동일하게 지속하기 때문이다), [단지] 개념들의 결합이나 그것들의 차이와 일치에 주목하는 관심에 따라 달라지는 [인식의] 형식에서 다양한 변화가 명백하게 일어날 뿐이다. 이와 마찬가지로 우리는 사물들의 힘 속에 내재하는 상황도 유사함을 알 수 있다. 왜냐하면 운동이란 엄밀하게 탐구하자면 실재성들이 아니고 현상이지만, 내재하는 힘은 외적 물체의 충격에 의해 변양되며, 충돌해오는 방향에서 얻은 힘과 같은 크기의 힘으로 내적 작용원리에 따라 충돌해오는 물체에 저항하기 때문에, 아무리 물체의 내적 능력이 정지상태에서는 방향에 관해 규정되어 있지 않고 오직 외적 충격에 의해 방향을 취하게 될 뿐이라 하더라도, 운동 현상 속의 모든 실재적 힘은 정지된 물체에 이미 내재하고 있었던 것과 동등한 것이다.

지금까지 우주 내에서 절대적 실재성의 불변적 분량에 대해 우리가 말한 것은 모든 일이 자연적 질서에 따라 일어나는 한에서 그렇게 이해되어야 한다. 왜냐하면 신의 작용에 의해 물질적 세계의 손상된 완전성이 복구되고, 자연을 통해 가능한 것보다 더욱 순수한 빛이 하늘로부터 지성적 존재에게 밝혀지며, 만물이 보다 높은 완전성의 길로 인도될 수 있다는 것은 누가 감히 부인할 수 있겠는가?

명제 XI. 아무런 정당성도 없이 규정근거의 원리로부터 연역한 그릇된 부가결론들을 제시하고 반박함.

1. *어떤 것도 근거지어진 것이 없을 수는 없다.* 또는 존재하는 모든 것은 자신의 결과를 갖는다. 이것은 결과의 원리라고 불린다. 내가 아는 한, 이 원리의 창시자는 형이상학자들의 우두머리인 바움가르텐이라고 알려져 있다. 그런데 그는 이 원리를 규정근거의 원리와 같은 방식으로 증명함으로써 그것과 똑같은 오류에 빠져들었다. 만약 여기서 논의 되고 있는 것이 오직 인식의 원리라면, 저 원리의 진리는 손상될 수 없다. 왜냐하면 임의의 존재자의 개념은 보편적이거나 개별적일 것이기 때문이다. 만약 전자라면 유개념으로부터 정립된 것들은 같은 개념 아래 포섭되는 모든 하위 개념들과 양립할 것이며, 따라서 저 유개념이 이 하위개념들의 근거를 포함하리라는 것은 인정할 수 있는 일이다. 만약 후자의 경우라면, 우리는 일정한 연관 I 409 속에서 이 주어에 부여될 수 있는 술어들은, 같은 근거들이 정립되면 언제나 주어와 결합해야 한다고 추론할 수 있다. 또한 그것은 주어진 경우에 비슷한 것들 가운데서 진리를 규정하며, 따라서 인식적 피근거자를 갖게 된다. 그러나 만약 여기서 우리가 존재의 피근거자를 의

미한다면 존재자는 무한히 생산적일 수는 없다. 이것을 우리는 예를 들어 이 논의의 마지막 절에서도 살펴보게 될 것인데, 거기서 우리는 모든 변화로부터 벗어난 실체의 상태는 다른 실체와의 관계에서도 벗어나 있다는 것을 논박할 수 없는 근거를 통해 증명하게 될 것이다.

2. *전 우주 내의 사물들 가운데 어떤 것도 다른 것과 전적으로 같지는 않다.* 이것은 식별 불가능성의 원리라 불리는데, 이는 일반적으로 대단히 광범위한 의미로 사용되고 있으나, 동시에 진실에서는 가장 멀리 벗어난 원리이다. 사람들은 이 원리를 대부분 두 가지 방식으로 증명하는데, 첫 번째 증명 방식은 너무 성급하게 [논의] 대상을 가벼운 도약으로 뛰어넘는 까닭에 상세히 평가할 만한 가치가 없다. [하지만] 그 추론은 다음과 같다. 어떤 사물들이 모든 개념[적 규정]에서 완벽하게 합치하고 어떤 차이도 식별할 수 없다면, 모두 하나요 동일한 존재자라고 간주되어야 할 것으로 보인다. 그러므로 모든 면에서 완벽하게 같은 것은 모두 하나의 동일한 존재자일 뿐이며, 다만 이것에 여러 상이한 위치가 주어질 수 있을 뿐이다. 하지만 그들은 이것이 건전한 이성에 위배되므로 그런 생각은 자기 모순적이라고 주장한다. 그러나 이런 논변에 감추어진 오류를 알아차리지 못할 사람이 과연 누가 있겠는가? 두 사물의 모든 징표 또는 규정의 완벽한 동일성을 위해서는 내적인 것들의 동일성뿐만 아니라 외적인 것들의 동일성까지도 요구된다. 그렇다면 이런 철저한 규정으로부터 과연 누가 장소를 배제할 수 있겠는가? 그러므로 [어떤 두 사물이] 아무리 내적인 징표에서 합치한다 하더라도 적어도 장소가 다르다면, 그것들은 하나의 동일한 존재자가 아니다. 도리어 우리는 그 증명이 충분근거의 원리를 잘못 받아들여 적용했다고 강력히 논박해야만

할 것이다.

사람들은 반복해서 말하기를 만약 두 실체가 다른 모든 면에서 완벽하게 합치한다면 신이 그 두 실체에 상이한 장소를 지정했을 까닭이 아무것도 없으리라고 한다. 이 얼마나 불합리한 생각인가! 나는 그토록 위대한 인물들이 근거에 관한 이런 허튼 소리를 듣고 좋아하는 데에 놀라지 않을 수 없다. 하나의 실체를 A라 부르고, 다른 실체를 B라 부르자.

그리고 A가 B의 위치를 차지한다고 가정하자. 그러면 A는 내적 개념상으로는 B와 전혀 구별되지 않으므로, B의 장소까지 점유함으로써 B와 완벽하게 같아질 것이며, 따라서 이전에 A라고 불렸던 것은 이제 B라고 불러야 할 것이다. 반대로 이전에 이름이 B였던 것은 지금은 A의 자리로 옮겨졌으므로 A라고 불러야 할 것이다. 왜냐하면 이런 기호의 차이는 오직 장소의 상이성만을 나타낼 뿐이기 때문이다. 그러므로 만약 당신의 견해에 따라 신이 장소들을 규정했다면, 신이 무슨 다른 일을 했겠는지 생각해 보라! [A와 B]가 모두 완벽하게 같은 것이라면, 당신이 상상했던 변화는 아무 것도 없으니[無], 도리어 [이 상황은] 무(無)에는 아무런 근거도 없다는 나의 견해와 잘 들어맞는 것이다.

이 거짓된 법칙은 우주 만물은 물론이거니와, 신적인 지혜의 위엄과도 현저히 모순된다. 왜냐하면 유사하다고 불리는 물체들, 즉 물, 수은, 금, 매우 단순한 소금[입자] 등은 동질적인 내적 징표로 말미암아 자신의 원초적 부분, [이를테면, 분자의 차원]에서 완벽하게 서로 일치하며 그것이 수행하도록 규정된 효용이나 기능의 동일성에서도 일치한다. 또한 우리는 결과를 통해서도 이런 사정을 알 수 있는데, 같은 것들로부터 언제나 유사한 결과가 아무런 특기할 만한 차이도 없이 출현해 나오는 것을 경험하기 때문이다. 또한 여기서 우리

[는 인간]의 감각에 포착되지 않는 어떤 감추어진 차이가 [동일한 입
I 410 자들 사이에] 있어서, 마치 신이 그것을 통해 자신의 작품의 부분들
을 스스로 구별하기라도 한다는 듯이 추측해서도 안 될 것이다. 왜
냐하면 이것은 갈대에서 마디를 찾는 것과 마찬가지일 것이기 때문
이다.

　우리는 이 원리의 창시자인 라이프니츠가 유기체의 구조에서나
또는 [유기체가 아니라도] 단순성으로부터 가장 멀리 떨어진 다른
사물들의 조직에서 나타나는 참으로 놀라운 상이성에 주목하고, 비
슷한 종류의 다른 모든 사물들에서도 그런 상이성을 기대한 것이 정
당한 일이었음을 얼마든지 인정한다. 왜냐하면 어떤 것을 합성하기
위해 여럿이 모여 완전히 조화를 이루어야 하는 경우에, 언제나 같은
규정들만을 낳을 수는 없으리라는 것은 분명한 일이기 때문이다. 그
런 까닭에 사람들은 동일한 나무에서 완벽하게 같은 잎사귀를 발견
할 수는 없을 것이다. 하지만 우리는 여기서 이 원리의 형이상학적
보편성만은 부정하지 않을 수 없다. 더불어 자연적 물체의 형태 속에
서도 우리가 때때로 원본과 동일한 것들을 발견할 수 있다는 것은 결
코 부인할 수 없는 것처럼 보인다. 예를 들어 결정화된 물질들이 무
한히 분화되면서도 하나가 다른 것을 완벽한 유사성 속에서 베낀 것
처럼 [같아] 보인다는 것을 부정할 사람이 누가 있겠는가?

제3절
규정근거의 원리로부터 도출되는 지극히 생산적인 두 가지 형이상학적 인식 원리의 개방

I
후속의 원리

명제 XII. 만약 실체들이 다른 실체들과 관계 맺으면서 그들 사이의 상호의존성이 서로 상태의 변화가 일어나도록 규정하지 않는다면 어떤 변화도 실체에 일어날 수 없다.

그러므로 단순한 실체가 모든 외적 관계로부터 벗어나서, 자기 속에 고립되어 있다면, 그것은 그 자체로는 전적으로 불변적이다.

더 나아가 그것이 다른 실체들과 관계를 맺고 있다 할지라도, 만약 그 관계가 변하지 않는다면, 역시 그 실체 자체 내에서는 내적인 상태 변화가 일어날 수 없다. 그러므로 세계 내에서 아무런 운동도 일어나지 않는다면 (운동은 관계의 변화가 나타난 현상이므로) 실체들의 내적 상태에서도 역시 아무런 후속이 발견되지 않을 것이다.

따라서 실체들 사이의 관계가 전적으로 제거된다면, 후속과 시간도 마찬가지로 사라져버릴 것이다.

증명

　어떤 단순한 실체가 다른 실체와의 관계에서 벗어나 홀로 고립되어 현존한다고 가정해보라. 단언하건대, 이 경우 어떤 내적인 상태의 변화도 그 실체에는 일어날 수 없을 것이다. 왜냐하면 그 실체에 이미 귀속하고 있는 내적인 규정들은 그와 반대되는 규정들을 배제한 채 어떤 내적 근거들에 의해 정립되어 있을 것이므로, 만약 사람들이 이 실체에 다른 규정이 후속하도록 하고 싶다면 사람들은 다른 근거를 정립해야 한다. 하지만 그 실체 내부에는 이미 반대되는 규정이 정립되어 있으므로, 외부적으로도 아무런 [새로운] 근거가 일어나지 않는다면, 전제에 따라, 그 [다른 규정이] 그 존재자에게 도입될 수 없다는 것은 너무도 분명하다.

1411　　같은 것을 다르게 증명함. 규정근거에 의해 정립되는 것은 모두 그 규정근거와 함께 동시에 정립되어야만 하다. 왜냐하면 규정근거가 정립되었음에도 불구하고 피규정자가 정립되지 않는다면, 이는 불합리한 일이기 때문이다. 그러므로 임의의 단순실체의 상태 속에 어떤 규정자들이 있다면, 이들과 함께 단적으로 모든 피규정자들이 동시에 있어야만 한다는 것은 필연적이다. 하지만 변화는 규정들의 후속이므로 그리고 이전에는 존재하지 않았던 어떤 규정이 일어나는 경우에는 그 존재자에게 귀속되어 있는 어떤 규정과 반대되는 방식으로 그 존재자가 규정되는 것이므로, 이런 반대되는 규정은 실체 속에서 내재적으로 발견되는 것으로부터는 결코 일어날 수 없다. 그러므로 만약 이런 일이 일어난다면, 그것은 실체의 외적 관계로부터 출현할 수밖에 없다.

　계속해서 조금 다른 방식으로 증명함. 앞서 말한 조건들 아래서 변화가 일어난다고 가정해보라. 그렇다면 이전에는 존재하지 않았던 것이 현존하기 시작할 것이다. 다시 말해 그 실체는 이미 반대로 규정되어 있었을 것이다. 그런데 내적인 근거들 외에 다른 곳으로부터 그 실체를 [새롭게] 규정할 근거가 일어난다고 가정할 수 없으므로, 실체를 이미 확실한 방식으로 규정하고 있는 동일한 내적 근거들에 의해 같은 실체가 반대로 규정되어야 할 것이다. 그러나 이것은 불합리하다.

해명

이 진리가 알기 쉽고 틀림없는 근거들의 연쇄에 의존하고 있음에도 불구하고 볼프철학의 추종자들은 그 진리에 주목하기보다는 도리어 단순한 실체가 활동성의 내적 원리에 의해 연속적인 변화를 겪게 된다고 주장한다.[1] 나는 그들의 주장을 잘 알고 있으나, 마찬가지로 그것이 얼마나 쓸모없는지도 확신하고 있다. 왜냐하면 그들은 *규정근거*를 포함하는 것을 힘이라고 정의해야 옳을 것을, 임의적으로 정의하여 그것이 *변화*의 근거를 포함하고 있는 것을 의미한다는 식으로 표현함으로써 너무도 쉽게 오류에 빠져들었기 때문이다.

더 나아가 만약 누군가가 우주 내에서 발견되는 온갖 변화들이 어떻게 해서 일어나게 되는지를 알고 싶어 하더라도, 변화가 고립된 것으로 간주된 임의의 실체의 내적 규정들로부터 일어날 수 [없으므로 변화의 원리를 이해할 수] 없다면, 그는 사물들의 관계를 통하여, 즉 사물들의 규정들상의 상호의존성으로부터 어떤 일이 결과적으로 일어나는지에 대해 주목하는 것이 좋을 것이다. 그러나 이런 문제를 더 길게 여기서 설명하는 것은 우리의 논문의 한계를 다소 넘어가는 일이 될 것이므로, 여기서는 사태 자체가 이와 다를 수 없다는 것을 우리의 증명으로부터 확실히 말해두면 그것으로 충분할 것이다.

[원리의] 적용

1. 지금까지 건전한 철학이 관념론에 대항하여 물체의 실재적 현존을 주장할 때 오직 개연성의 길을 통해서만 [그 근거를] 통찰할 수 있었으나, 우리가 말한 원리로부터 이제 처음으로 [외부 사물의 현존이] 지극히 명백하게 도출된다는 것을 알 수 있다. 왜냐하면 마음이 (내적 감각을 통해) 겪는 내적 변화는 마음의 본성상 [마음이] 다른 사물들과의 관계에서 벗어나 고립되어 홀로 있다고 간주된다면 일어날 수 없는 변화라는 것이 증명되었기 때문이다. 그러므로 마음이 상호관계를 맺을 수 있는 많은 타자들이 마음의 외부에 있어야만 한다. 또한 마찬가지로 외적인 변화와 유사한 방식으로 지각의 변화가 이로부터 일어나야 하리라는 것도 분명하다. 그리고 이로부터 만약 마음과 결합하여 육체와 동종적인 표상을 마음에 집어넣어줄 참된 사물이 존재하지 않는다면, 우리가 다양한 방식으로 규정 가능한 어떤 육체의 표상을 가지고 있지도 않을 것이라는 결론이 도출되므로, 이로부터 우리가 육체라고 부르는 합성체가 우리에게 주어져 있어야만 한다고 쉽게 결론 내릴 수 있다.

2. 우리의 원리는 라이프니츠의 예정조화를 철저히 전복시키는데, 이는 일반적으로 생각하듯이 목적론적 근거를 통해 불확실한 방식으로 [세계의 진행에] 개입하는 것이 신에게 어울리지 않는 일이라고 생각해서가 아니고, 그 이론 자체의 자기 내적 불가능성 때문이다. 왜냐하면 만약 사람의 마음이 외적 사물과의 실재적인 관계에서 벗어나 있다면, 내적인 상태의 변화도 없으리라는 것이 우리의 증명으로부터 직접 도출되기 때문이다.

3. 이로부터 우리는 모든 유한한 정신에 어떤 유기적 신체가 주어

져야만 한다는 견해의 확실성에 대해 중요한 증거를 얻는다.

4. 우리는 신의 본질적 불변성을 신의 무한한 본성으로부터 얻어낸 인식근거로부터가 아니라 그 본성 자신의 참된 근거로부터 연역할 수 있다. 왜냐하면 최고의 의지는 모든 의존성으로부터 전적으로 벗어나 있으므로, 그것에 귀속하는 규정들은 결코 외적인 관계에 의해 확립된 것이 아니기 때문에 단적으로 상태의 변화로부터 벗어나 있으리라는 것이 우리가 말한 것으로부터 너무도 분명하게 밝혀지기 때문이다.

주해. 우리의 원리에 따르면 인간의 영혼이 이런 방식으로 물질과 뗄 수 없이 얽매인 상태에서 내적 사유 능력을 발휘한다는 점 때문에, 어떤 사람들에게는 무언가 도착된 견해라는 혐의를 받을 수도 있을 것이다. 왜냐하면 그런 결속이 유물론자들의 해로운 의견으로부터 그다지 멀리 떨어져 있지 않은 것처럼 보이기 때문이다. 하지만 영혼이 외적 관계로부터 전적으로 단절되어 있다면 [영혼에는] 아무런 변화도 없고 [표상들의 상태 역시] 언제나 서로 지극히 유사한 상태에 있으리라는 것을 내가 아무리 인정한다 하더라도, 그렇다고 해서 [내가] 영혼으로부터 표상들의 상태를 제거하는 것은 아니다. 만약 누군가 나에게 시비를 걸려고 한다면, 나는 그런 시비의 자리를 최근에 영혼과 유기적 신체의 필연적 결합을 마치 한 입으로 말하듯이 일치단결하여 고백하는 사람들에게 양보하려 한다. 그들 가운데 한 사람을 증인으로 소환하자면, 저 유명한 크루지우스의 이름을 들 수 있겠다. 내가 알기로 그는 나의 의견에 적극적으로 동의하여 영혼이 다음과 같은 법칙에 매여 있다는 것을 공공연히 주장했는데, 그가 말한 법칙에 따르면, 표상을 향한 [영혼의] 충동은 어떤 외적인 운동을 향한 실체의 충동과 언제나 결합되어 있는 까닭에, 만약 실체의 충동이 장애물에 의해 방해를 받으면 영혼의 충동 역시도 방해를 받는다는 것이다.[2] 그러나 그가 비록 이 결합의 법칙을 신이 원한다 하더라도 해체할 수 없을 정도로 그렇게 필연적이라고 생각하지는 않지만, 그럼에도 불구하고 그는 영혼의 본성이 이 법칙 자체에 매어있다는 것을 인정하고 있으므로, 영혼의 본성 역시 지성과 결합되어야[3] 한다는 것을 인정할 수밖에 없을 것이다.

II
공존의 원리

명제 XIII. 만약 유한한 실체들이 자기 현존의 공통적 원리인 신적 지성에 의해 상호적 상관성에 따라 조화 속에서 보존되지 않는다면, 그것들 자신의 현존만을 통해서는 서로 간에 어떤 관계도 맺지 못할 것이며 단적으로 어떤 공동체도 이루지 못할 것이다.

증명. 개별적 실체들 가운데 어떤 것도 다른 것의 현존의 원인이 아니라면, 그것들의 현존은 [서로] 분리되어 있고, 각각의 실체는 다른 모든 실체들과 무관하게 온전히 이해될 수 있을 것이다. 그러므로 어떤 실체의 현존이 단순하게 정립되었다면, 그 단순한 실체 속에는 자기와 구별되는 다른 실체들의 현존을 드러내는 흔적이 전혀 없을 것이다. 그러나 관계는 상관적 규정이며, [다른 모든 존재자로부터] 절대적으로 분리되어 있다고 간주된 존재자의 경우에는 관계라는 것이 이해 불가능한 것이므로, 어떤 실체의 현존이 그 자체 내에서 [아무런 관계도 맺지 않은 채] 정립된다고 한다면, 우리는 관계 및

I 413

그것의 규정근거도 역시 인식할 수 없을 것이다. 그러므로 실체 외부에서 다가오는 것이 전혀 없다면, 모든 실체들 사이에 아무런 관계도 없을 것이며, 단적으로 아무런 교통도 없을 것이다. 그런데 이처럼 개별적 실체들이 서로 다른 실체로부터 독립된 현존을 지니고 있다면, 그들 사이에 상호관계는 가능하지 않을 것이고, 더구나 유한한 존재자들이 어떤 경우에도 다른 실체들의 [존재 그 자체의] 원인이 아니므로, [그들 사이에 존재근거에 입각한 상호관계가 성립될 수도 없지만] 그럼에도 불구하고 만물이 보편적 상호관계 속에서 서로 결합되어 있다는 것도 분명한 일이므로, 우리는 이 관계가 어떤 공통원인, 즉 [만물의] 현존의 보편적 원리인 신에게 의존하고 있음을 인정해야 할 것이다. 그러나 신이 단적으로 만물의 현존을 정립해 주었다는 것만으로는 실체들 사이의 상호관계를 연역하기에 충분하지 않다. 이를 위해서는 실체들에 현존을 부여하는 동일한 신적 지성의 도식이 실체들의 현존을 서로 관계 맺고 있는 것으로 파악하면서 그것들의 상관성도 확립해놓았어야 할 것이다. 그러므로 우리는 모든 사물들의 보편적 교통을 오로지 [이 보편적 교통에 대한] 신적 관념이라는 개념에 근거해서만 이해할 수 있다는 것을 너무도 명백하게 알 수 있다.

해명

우주 내에서 실체들 사이의 관계를 확립하기 위해서는 실체들 사이의 공존만으로는 충분하지 않으며, 그에 더하여 어떤 공통적 원천과 이 기원에 근거한 [사물들의] 조화로운 [상호]의존 관계를 탐구해야 한다. 나는 이것을 지극히 명증적인 근거들로부터 최초로 증명했다고 생각하지만, 여기서 증명의 몇 가지 핵심을 다시 한번 정리하려 한다. 만약 실체 A가 현존하고 있고, 이것 외에 B가 현존하고 있다고 하자. 이 경우 사람들은 B가 A 속에 아무것도 정립하지 않는다고 생각할 수도 있다. 이를테면 B가 A 속에 무엇인가를 규정한다고 해보자. 즉 B가 C라는 규정의 근거를 포함하고 있다고 해보자. 이 C는 어떤 상대적 술어로서 만약 B 외에 A가 없다면 인식될 수 없을 것이므로, 실체 B는 C의 근거가 됨으로써 실체 A의 현존을 전제하게 될 것이다. 그러나 실체 B가 만약 홀로 현존한다면 그것의 현존을 통해서는 A라는 어떤 것이 현존해야 할 것인지 아닌지가 전혀 결정되지 않을 것이며, B의 현존만으로는 그것이 어떻게 자신과 구별되는 것들 속에 무엇인가를 정립할 수 있는지 이해할 수도 없을 것이므로, 아무런 관계도 교통도 전혀 없을 것이다. 그러므로 만약 신이 실체 A 외에 다른 실체 B, D, E 등을 무한히 창조했다 하더라도, 그것들의 현존이 주어진 것만으로는 그 실체들의 규정상의 상호의존성이 곧바로 따라 나오는 것은 아니다. 왜냐하면 A 외부에 B, D, E도 현존하고 또 A가 어떤 식으로든 자체 내에서 규정되어 있다는 이유만으로는 B, D, E가 A에 상응하는 현존의 근거를 가지고 있다고 하는 결론을 이끌어낼 수는 없기 때문이다. 그러므로 실체들이 현존을 위하여 신에게 공통적으로 의존하고 있는 것과 같은 방식으로 실체들 사이에도 상호의존의 근거가 있어야만 한다. 그런데 이것이 어떤 방식으로 일

I 414 어날지를 인식하는 것은 쉬운 일이다. [실체들의] 현존의 원천인 신적 지성의 도식은 지속적 활동으로서(사람들은 그것을 보존이라 부른다), 그 속에서 만약 어떤 실체들이 규정들의 관계없이 홀로 고립되어 신에 의해 파악되고 있다면, 그 실체들 사이에는 아무런 관계도 또한 어떤 상호연관성도 일어나지 않을 것이다. 하지만 신의 지성 속에서 실체들이 상관적으로 파악된다면 이 관념에 합치하여 현존의 연속성 속에서 나중의 규정들 역시 언제나 서로 관계 맺을 것이니 다시 말해 작용하고 또 반작용할 것이며, 개별적 실체들의 어떤 외적인

상태가 비로소 가능해질 것이다. 그러나 이런 외적 상태는 만약 사람들이 이 원리를 외면한다면, 단지 실체들의 현존만으로는 결코 있을 수 없는 것이다.

적용

1. 장소와 위치, 공간은 실체들의 관계로서, 이를 통해 실체들은 서로 실재적으로 구별되는 다른 실체들과 상호적 규정을 통해 관계 맺으며, 이런 방식으로 외적 관계를 통해 서로 결속한다. 더 나아가 실체들의 현존은 그 자체만으로는 다른 실체들과의 관계를 함의하지 않는다는 것이 증명을 통해 밝혀졌으므로, 사람들이 다수의 실체들이 현존한다고 가정하더라도, 이로부터 장소와 위치 그리고 이런 모든 관계들이 중첩되어 있는 공간이 동시에 규정되지는 않는다는 것은 분명하다. 실체들의 상호관계는 신적 지성의 작용적 표상 속에서 상관적으로 파악된 구도를 필요로 하지만, 이런 표상은 전적으로 신의 자의적 선택에 달려 있는 일이므로, 신이 마음먹기에 따라 용납할 수도 있고 마찬가지로 제거할 수도 있는 것이다. 결과적으로, 이런 법칙에 따르면 실체들은 어떤 장소 가운데도 있지 않고 우리들의 우주에 대하여 아무런 관계도 맺지 않은 채 존재할 수도 있다.

2. 다수의 실체들이 신의 자의(恣意)에 따라 우리들이 맺고 있는 보편적 관계로부터 벗어나 존재하면서도, 자기들 서로 간에는 어떤 규정들의 연결 관계에 따라 결속하고 있을 수 있는데, 이 경우 그들 사이에는 장소와 위치 그리고 공간이 생겨날 것이다. 이런 경우 그런 실체들은 우리가 그것의 부분이 되는 이 세계의 범위를 벗어나 홀로 고립된 세계를 구성할 것이다. 그런 까닭에 신이 원하기만 한다면, 다수의 세계들이 존재할 수 있다는 것은 형이상학적 의미에서는 그

렇게 불합리한 일은 아니다.

3. 그러므로 실체들의 단순한 현존은 상호적인 교통과 규정들의 상관성을 위해서는 전혀 불충분하므로, 결과적으로 실체들은 외적 관계들을 통해[=실체들이 외적 관계들 속에 있다면] 실체들의 현존을 상관적으로 형성해주는 만물의 공통적 원인을 드러내준다. 이런 원리의 공유가 없다면 [실체들 사이의] 보편적 관계는 생각할 수 없을 것이다. 그러므로 이로부터 우리는 모든 사물에 대한 최고의 원인, 다시 말해 신, 그것도 유일한 신에 대한 가장 명증적인 증거를 얻는 것이다. 내 생각으로는 이 증거야말로 [세계의] 우연성에 의한 [신 존재] 증명보다 훨씬 더 탁월한 증명인 것처럼 보인다.

4. 그뿐만 아니라 세계의 지배권을, 서로 전혀 의존하지 않는 동등하게 으뜸가는 두 개의 원리에 위임하는 마니교도들의 잘못된 견해 역시 우리의 원리에 의해 철저히 분쇄된다. 왜냐하면 어떤 실체가 우주의 사물들과 어떤 식으로든 교통하기 위해서는, 그 실체가 그 사물들의 공통된 원인이거나, 아니면 그 사물들과 같은 원인으로부터 생겨났어야만 할 것이기 때문이다. 그런데 만약 사람들이 [마니교가 말하는] 그 두 원리들 가운데 하나가 모든 실체들의 원인이라고 말한다면, 다른 하나는 그 실체들 속에서 결코 아무것도 규정할 수 없을 것이며, 만약 둘 중 하나의 원리를 적어도 어떤 실체들의 원인이라고 간주한다면, 이 실체들은 다른 나머지 실체들과는 아무런 교통도 가질 수 없을 것이다. 그렇지 않다면 사람들은 두 원리 가운데 하나가 다른 것에 의존하거나 아니면 둘 다 공통의 원인에 의존한다는 것을 인정해야 하겠지만, 이 역시 그들의 전제에 모순될 것이다.

I 415

5. 더 나아가 실체들의 규정들은 서로 관계하므로, 다시 말해 서로 상이한 실체들이 상호적으로 작용하기 때문에(왜냐하면 하나가 다른 것에 대하여 여러 가지를 규정하기 때문이다), 실체들의 작용들 및 그에 언제나 수반될 수밖에 없는 반작용이 밀접하게 결합되어 공간의 관념이 생겨난다. 물체들이 그 속에서 서로 관계 맺는 공간의 모든 범위를 통해 일어나는 그 작용과 반작용의 외적 현상이 만약 물체들 상호 간의 접근으로 나타난다면, 그것은 인력이라 불린다. 그런데 이것은 [실체들의] 공존을 통해서만 실현되는 것으로서 아무리 먼 거리까지도 확장되는 것이므로, *뉴턴의 인력* 또는 보편적 중력이기도 하다. 그러므로 중력은 실체들이 공간을 규정하는 것과 동일한 관계를 통해 생성되는 것처럼 보이며, 물질을 단단히 묶고 있는 가장 원초적인 자연법칙인 것처럼 보인다. 이 법칙은 신이 그것을 직접 지탱해주지 않는다면 결코 굳건히 지속할 수 없을 것인바, 이런 모든 것에 대해서는 뉴턴의 추종자라고 스스로 고백하는 사람들의 견해도 마찬가지이다.

6. 모든 실체들이 동일한 공간 속에 포함되어 있는 한, 그들 사이에는 상호교통이 성립할 것이므로, 우리는 이로부터 또한 규정들에서의 상호의존성에 따라 정신의 육체에 대한 그리고 육체의 정신에 대한 보편적 작용을 이해할 수 있다. 그러나 임의의 실체가 자기에게 내적으로 귀속하는 것들을 통해서는 자기와 다른 실체들을 규정하는 능력을 얻을 수는 없고(증명에 의해), 오직 무한한 존재자의 관념 속에서 실체들을 결합시켜주는 그런 관계의 힘을 통해서만 그런 영향력을 행사할 수 있는 것이므로, 임의의 실체 속에서 발견되는 일체의 규정과 변화는 언제나 외적인 사태에 관계하게 마련이다. 하지만 이것은 사람들이 흔히 말하는 물리적 영향은 아니며, 도리어 사

물들의 보편적 *조화*라고 할 것이다. 그러나 그렇다고 해서 이로부터 저 유명한 라이프니츠의 예정조화가 생겨나는 것도 아닌데, 왜냐하면 이것은 원래 실체들 상호 간의 일치를 도입했을 뿐, 상호*의존성*을 도입한 것은 아니기 때문이다. 또한 신이 실체들의 화합을 산출하기 위해 장인들이 그렇게 하듯이 서로 결합된 근거들의 연쇄 속에서 조율된 기술을 사용하는 것도 아니며, 더 나아가 신의 상시적인 특수한 영향, 즉 *말브랑슈의 기회원인*[4])을 통한 실체들의 교통이 여기에 정립되는 것도 아니다. 왜냐하면 실체들을 존재하게 하고 보존하는 것과 동일한 개별적 작용이 실체들 상호 간의 보편적인 의존성을 낳는 것이므로, 신의 행위가 매 경우마다 다른 방식으로 규정되어야 할 필요는 없기 때문이다. 도리어 실체들이 서로서로 작용을 가하는 실재적인 행위 또는 참된 작용원인들에 의한 교통이 실재하는 까닭은 사물들의 현존을 확립하는 원리가 실체들 자신을 같은 원리에 따라 상호연결된 상태로 산출하기 때문이다. 그러므로 실체들 자신의 원천에 뿌리를 두고 있는 그런 규정들을 통하여 [실체들 사이의] 상호교통이 확립되어 있는 것이다. 그러므로 우리는 실체의 내적 상태에서 일어나는 일이 실체의 내적인 힘에—비록 이것의 작용력 역시 실체들 사이의 외적 관계들의 결속매체와 마찬가지로 신적인 보존에 의존하고 있다 하더라도—기인한다고 말하는 것과 마찬가지로, [실체의] 외적인 변화도 [실재적인] 작용원인에 의해 산출되는 것이라고, 동등한 권리로 말할 수 있을 것이다. 그런데 실체들의 보편적인 교통의 체계를 이런 방식으로 파악하는 것이 일반적으로 말하는 *물리적 영향*[5])의 체계보다 확실히 좀더 올바른 체계인 까닭은 우리의 체계가 사물들의 상호관계의 근원 그 자체를 고립된 실체들의 원리 외부에서 찾고 또 드러내주기 때문이다. 그에 반해 저 닳아빠진 작용원인들의 체계야말로 진리에서 가장 멀리 벗어난 것이다.

I 416

주해. 그러므로 자비로운 독자여, 보다 심오한 형이상학적 인식의 원리가 두 가지 있으니, 이들의 도움으로 우리는 진리의 영역에서 무시할 수 없는 능력을 얻을 수 있다. 만약 참으로 우리가 이 학문을 이런 방식으로 세심하게 육성해나간다면, 우리는 그 학문의 토양이 결코 불모지가 아니라는 것을 발견하게 될 것이며 또한 비판자들이 그 학문에 가하는 비판, 곧 그것이 모호하고 쓸데없고 복잡하기만 한 일이라는 비방도 보다 고귀한 인식의 풍성한 결실에 의해 반박할 수 있을 것이다. [세상에는] 남의 저술에서 왜곡된 결론들을 끌어내고, 남들의 견해에서 언제나 어떤 약점을 찾아내는 법을 배운 매우 날카로운 사냥꾼들이 있다. 나는 그들이 어쩌면 우리의 이 글에서도 여러 가지를 나쁜 뜻으로 왜곡할 수 있음을 부인하지 않지만, 있을 수 있는 남들의 판단착오를 염려하기보다는, 도리어 그들이 뜻대로 하도록 내버려두고, 나는 참된 탐구와 배움의 길에 매진하는 것이 마땅하리라 생각한다. 누구든 진정한 학문에 대한 온전한 관심을 가진 사람이라면, 나의 이러한 노력을 가상히 여겨주시기를 마땅한 존경의 마음으로 간청하는 바이다.

끝

기하학과 결부한
형이상학의 자연철학적 사용과
그 일례로서
물리적 단자론

지극히 관대한 철학부의 동의에 의해
4월 10일 8~12시에
박사[1] 임마누엘 칸트가 변론함.

응답: 루카스 다비드 포겔, 신학부
쾨니히스베르크, 프로이센

반론: 재능 있고 도야된 청년 루드비히 에른스트 보로브스키, 신학부,
쾨니히스베르크, 프로이센

게오르그 루드비히 뮐렌캄프, 신학부,
다르케미아 근처 트렘피아, 프로이센

루드비히 요한 크루제마르크, 신학부,
퀴리츠 마르크 신학부

1756년.

지극히 유명하시고, 관대하시며 또한 존귀하신
남자이시며,
지극히 강력한 프로이센왕의
추밀 국무장관 및 국방장관이시고,
프로이센의 최고 항소법원의
지극히 탁월한 원장이시며,
우리 알베르티누스대학교의 지칠 줄 모르는 수호자이시며
또한
기숙 학교의 존엄한 교장이시고
타라우, 카르샤우 그리고 다른 땅의
상속자이시며
학문과 예술의 비길 데 없는 수호자이시며,
무한한 친절의 영웅이신,

빌헬름 루드비히 폰 그뢰벤 님께

지극히 겸허한 마음으로
이 새로운 저서를 헌정하나이다.

좌장과 응답자

차례

일러두기

자연 탐구에 헌신하는 명민한 철학자들은 적어도 다음에 대해서는 한마음으로 일치한다. 즉 우리는 자유분방한 추측에 따라 되는대로 추론된 결론이 자연과학에 스며들지 않도록 주의해야 할 뿐만 아니라, 경험의 동의도 없고 기하학의 매개도 없이 무엇인가를 부질없이 탐구하지 않도록 세심하게 주의해야 한다는 것이다. 진실로 철학을 위해 이런 결심보다 더 유익하고 유용한 것은 생각할 수 없을 것이다. 그러나 죽을 수밖에 없는 인간이 때때로 이쪽저쪽으로 길을 벗어나지 않고 진리의 곧은길을 따라 굳건하게 전진해 나아가는 것은 참으로 어려운 일이므로, 많은 사람들이 진리를 탐구하는 과정에서 감히 한바다를 향해 나아갈 엄두는 내지 못하고, 언제나 해안을 따라 항해하는 편이 더 좋다고 믿고, 오직 직접적인 경험적 증거를 통해서 알려지는 것 이외에는 아무것도 받아들이지 않기 위한 방편으로만 저 법칙을 승인한다. 물론 이런 길을 통해 우리는 자연의 법칙을 완벽하게 해명할 수는 있지만, 법칙의 원천이나 원인을 해명할 수는 없다. 왜냐하면 오직 자연의 현상만을 추적하는 사람은 제1원인들의 심오한 인식으로부터는 언제나 똑같이 멀리 떨어져 있는 법이어서, 마치 산꼭대기로 점점 더 높이 올라가면 마침내 하늘을 손으로 붙잡을 수 있으리라고 믿는 사람들처럼 물체의 본성 자체에 대한 인식에 도달하지 못하기는 마찬가지이다.

그러므로 대다수 사람들이 물리적 문제에 관해서는 얼마든지 없어도 좋다고 믿는 형이상학이야말로 여기서는 유일한 의지처이며 빛을 밝혀주는 등불이다. 왜냐하면 물체는 부분들로 이루어져 있는데, 어떤 부분들이 어떤 방식으로 중첩되어 있는지 그리고 원초적 부분들이 공존함으로써 물체들이 공간을 채우고 있는지, 아니면 힘들이 서로 얽혀 공간을 채우고 있는지는 결코 사소한 문제가 아니라 명석하게 해명할 만한 가치가 있는 관심사이기 때문이다. 그러나 이 과제에 관해 도대체 어떻게 해야 우리가 형이상학을 기하학과 화해시킬 수 있겠는가? 왜냐하면 선험철학1)을 기하학과 결합하는 것보다 차라리 그리핀2)을 말과 결합하는 것이 더 쉬운 것처럼 보이기 때문이다. 이를테면 선험철학이 공간의 무한한 분할 가능성을 단호히 부정하는 데 반해, 기하학은 그것을 기하학 특유의 확실성에 입각해 옳다고 주장한다. 또한 기하학은 [물체들의] 자유로운 운동을 위해서는 반드시 진공이 있어야 한다고 주장하는 데 반해, 형이상학은 그것을 부정한다. 또한 기하학이 보편적인 인력이나 중력을 기계론적인 원인으로는 설명할 수 없고, 정지상태에서 원격 작용하는 물체들에 내재한 힘들로부터 발현되는 것이라고 증명하는 데 반해,3) 형이상학은 이런 이론이 순전히 상상력의 유희일 뿐이라고 일축하는 것이다.

이런 불화를 화해시키기란 보통 어려운 일이 아닌 듯이 보이지만, [그럼에도] 나는 이 과제를 [해결하기] 위해 필요한 약간의 노력을 기울이려고 하거니와, 내가 여기서 단지 착수하는 것으로 만족할 수밖에 없는 이 과제를 완수하기 위하여, [나보다] 이 연구에 더 적합한 다른 사람들을 [공동의 연구로] 초대하는 바이다.

맺음말을 대신하여 나는 오직 한 가지만 덧붙이고자 한다. 모든 내적 활동의 원리나 원소들의 내재적 힘은 운동력이지 않으면 안 된다. 이 활력이 외부 사물들에 [영향을] 미치는 것으로 미루어볼 때 그 힘이 바깥으로 펼쳐진다는 것은 너무도 분명하다. 그러나 이처럼 공존하고 있는 물체들을 움직이는 힘의 정체가 무엇이냐고 묻는다면, 우리는 물체들을 밀어내려고도 하고 끌어당기려고도 하는 힘 이외에 어떤 다른 힘이 있는지 파악할 수 없다. 그런데 더 나아가 만약 [밀어내려는] 척력만 정립된다면, 우리는 물체들을 합성하기 위해 요구되는 원소들의 결합이 어떻게 가능한지는 이해할 수 없고, 다만 물체들의 확산만 이해할 수 있을 것이다. 반대로 [끌어당기려는] 인력만으로는 원소들의 결합을 이해할 수는 있어도 물체들이 어떻게 한정된 연장과 공간을 차지하는지는 이해할 수 없을 것이다. [이런 것들을 생각해보면, 인력과 척력이라는] 이 두 가지 원리를 원소들의 본성 자체와 원초적 성질로부터 연역해낼 수 있었던 그 인물[4] 이 물체의 내적 본성을 설명하는 데 결코 무시할 수 없는 기여를 했다는 사실을 어느 정도 미리 알 수 있을 것이다.

———

제1절
물리적 단자의 현존이 기하학과
합치할 수 있음을 천명함

명제 Ⅰ. 정의. 단순한 실체는 단자*라고 불리는 것으로서, 한 부분이 다른 부분으로부터 분리되어 현존할 수 있는, 그런 다수의 부분들로 이루어진 실체가 아니다.

명제 Ⅱ. 정리. 물체들은 단자들로 이루어져 있다.

물체들은 서로 분리되어서도 지속 가능한 현존을 유지하는 그런 부분들로 이루어져 있다. 그런데 이러한 부분들에서 합성은 오로지 [외적] 관계일 뿐이며, 그 자체로서는 부분들의 현존과 무관하게 얼마든지 제거될 수 있는 우연적인 규정이다. 그러므로 물체의 모든 합성이 해체되더라도 이전에 합성되어 있었던 모든 부분들은 전과 다름없이 남아 있으리라는 것은 분명하다. 그런데 모든 합성이 제거된 뒤에 남은 부분에는 단적으로 어떤 합성도 없을 것이며 실체들의 모

---

* 나의 집필 의도는 오직 물체의 원초적인 부분들인 단순한 실체들의 종류를 고찰하는 데 있을 뿐이므로, 이하에서 나는 단순한 실체, 단자, 물질의 원소, 물체의 원초적 부분과 같은 용어들을 동의어로 사용할 것임을 미리 알려두는 바이다.

든 다수성으로부터 벗어나 있을 것이므로, 단순하다. 그러므로 어떤 것이든 물체는 절대적으로 단순한 원초적 부분들, 즉 단자들로 이루어져 있다.

주해. 여기 이 증명에서 나는 의도적으로 저 유명한 근거의 원리[1]를 배제하고, 오로지 모든 철학자들이 동의하는 일반적인 개념들을 결합해서만 계획한 일을 완수했다. 이는 그들 가운데 근거의 원리에 동의하지 않는 사람[2]에게는 그런 근거가 그다지 설득력이 없으리라고 염려했기 때문이다.

I 478   명제 Ⅲ. 정리. 물체가 있는 공간은 무한히 분할 가능하며, 따라서 원초적이고 단순한 부분들로 이루어져 있지 않다.

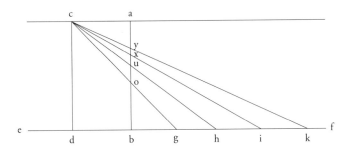

직선 ef가 무한정하게 뻗어 있는 것으로 주어졌다고 하자. 즉 언제나 원하는 대로 더 멀리 선이 뻗어나갈 수 있다고 하자. 그리고 다른 선 ab는 물리적인 선, 곧 이렇게 [말]해도 좋다면, 물질의 원초적 부분들이 접합해 만들어진 선인데, 이 선이 앞의 선 ef에 직각으로 맞서 있다고 하자. 그 선 ab 옆으로는 다른 선 cd가 곧추서 있는데, 이 선은 앞의 선 ab와 동일한 것으로서 비슷하게 서 있을 것이다. 사람들은 기하학적인 의미뿐만 아니라 물리적인 의미에서 이런 경우가 얼

마든지 있을 수 있다는 것을 부인하지 않을 것이다. 우리는 이제 직선 ef 위에 임의의 점을 g, h, i, k …… 이런 식으로 무한정하게 찍을 수 있다. 그렇다면 먼저 누구도 임의의 두 점 또는 이렇게 말해도 좋다면, 주어진 두 단자들 사이에 물리적인 직선을 뻗을 수 있다는 것을 의심하지 않을 것이다. 그러므로 그런 선 cg를 뻗으면 이 선이 수직의 선 ab를 분할하는 지점은 o가 될 것이다. 다시 다른 물리적 선을 점 c와 h 사이에 뻗었다고 가정하면, 두 선 ch와 ab에 공통적인 지점 u는 [o보다] 점 a에 더 가까워질 것이다. 이렇게 계속, [무한정하게 뻗은] 직선 ef 위에 같은 점 c로부터 임의의 점 i, k 등을 향해 선을 뻗으면, ab를 분할하는 점들이 x, y 등으로 점점 더 점 a에 가까워지리라는 것은 기하학을 전혀 모르는 사람에게도 그 자체로서 명백한 일이다. 그리고 만약 사람들이 물리적 선들이 끝내 [그 간격이] 아주 더 좁아져서 서로 접하게 되어 그 결과 서로 병렬해서 공존할 수 없게 되리라고 생각한다면, 우리는 아래에 뻗은 선들을 제거할 수 있을 것이다. 그리하여 어찌되었든 사람들이 무한정하게 뻗은 선 ef 위에 더욱더 멀리 점을 찍어나감에 따라 분할의 지점들은 점 a에 더욱더 가까워질 수밖에 없으리라는 것은 분명하다.* 그러나 이렇게 더욱 멀어지는 점들의 거리는 무한히 연장될 수 있으므로, 분할 지점의 점 a에 대한 근접성 역시 그 무한한 증가분만큼 증대될 수 있을 것이다. 하지만 이런 방식으로 분할점이 점 a와 겹치는 일은 결코 없을 것이다. 왜냐하면 점 c와 a는 선 ef로부터 똑같은 거리에 있고, 점 c와 a를 이어주는 선은 아무리 멀리 계속해서 뻗어나가더라도 아래의 선 ef로부터 언제나 동일한 거리로 떨어져 있을 것이므로 선 ca와 선 ef가 만

---

* 점 y와 x는 결코 겹칠 수 없다. 왜냐하면 그렇지 않다면 직선 cy와 cx 역시 마찬가지로 ck와 직선 ci도 겹치게 될 것이기 때문이다. 그러나 이는 전제에 어긋나는 일이다.

나는 일은 전제에 반하는 것으로서 결코 일어날 수 없기 때문이다. 그러므로 선 oa를 계속해서 분할하더라도 우리는 결코 더 이상 분할할 수 없는 원초적인 부분에 이를 수는 없다. 즉 다시 말해 공간은 무한히 분할 가능하며, 단순한 부분으로 이루어진 것이 아니다.[3]

주해. 내가 이미 수많은 물리학자들에 의해 사용되어 온 이 증명을 여기 불러와, 가능한 한 최대한도로 투명하게 물리적 공간에 적용한 까닭은 일반적인 구별기준을 사용하여 기하학적 공간과 물리적 공간의 상이성을 주장하는 사람들이 어떤 예외를 통해 도망치지 못하도록 하기 위함이다. 동일한 견해에 대해 다른 증명 역시 우리 앞에 널려 있거니와, 그 가운데 오직 하나만을 불러오자면 다음과 같다. 이를테면, 단자들로 이루어진 이등변삼각형이 있다고 가정해보라. 만약 두 변이 무한정하게 뻗어나간다면, 사람들은 그 변이 처음에 주어진 삼각형의 두 변보다 두 배, 세 배, 네 배 또는 백 배 등의 더 긴 길이를 가지리라고 상정할 수 있을 것이다. 그리고 그 두 변의 끝을 물리적 선으로 이을 수 있을 것인데, 이 선은 위의 경우와 같은 방식으로 처음의 삼각형의 세 번째 변[=밑변]보다 길이가 [세 배, 네 배 등으로] 더 길어질 것이며 또한 그만큼 더 많은 수의 단순한 입자들로 이루어지게 될 것이다. 그런데 그 밑변을 이루고 있는 단자들 가운데 임의의 단자와 삼각형의 꼭지점을 이루고 있는 단자 사이에 물리적 선을 뻗는다고 생각할 수 있을 터인데, 이 선들은 [처음에] 주어진 삼각형의 밑변을 무한히 분할할 것이므로, 이로부터 우리는 공간의 무한한 분할 가능성을 분명하게 통찰할 수 있다. 그러나 위에서 제시된 증명을 선입견의 방해를 받지 않고 통찰한 사람이라면,—적어도 내가 생각하기로는—다른 모든 증명은 필요 없으리라 생각한다.

명제 Ⅳ. 정리. 무한히 분할 가능한 합성체는 원초적 부분 또는 단순한 부분으로 이루어져 있지 않다.

무한히 분할 가능한 합성체는 아무리 분할하더라도 모든 합성에서 벗어난[=합성 이전의] 부분에 결코 도달할 수 없다. 이처럼 분할을 통해 제거될 수 없는 합성이란, 합성체의 있음 그 자체가 전적으로 제거되지 않는 한, 결코 제거될 수 없을 것이다. 그런데 어떤 합성체에서 모든 합성이 제거되더라도 남아 있는 부분이 단순한 것이라 불린다(명제 Ⅰ). 그러므로 무한히 분할 가능한 합성체는 그런 단순한 부분으로 이루어져 있지 않음이 분명하다.

주해. 우리는 모든 물체가 원초적인 단순한 부분들로 이루어져 있고, [이에 반해] 물체가 차지하고 있는 공간은 무한히 분할 [가능하다는 것을] 말했으므로, 이제 다음으로 사람들이 단자를 무한히 작은 물질적 입자로 간주하지 않도록 경고하는 것이 우리의 저술의도에 어긋나지 않으리라고 생각한다. 공간은 아무런 실체성도 지니고 있지 않으며, 한데 결합된 단자들의 외적 관계일 뿐이므로 아무리 연속적으로 무한히 분할하더라도 끝이 없다는 것은 이로부터 너무도 분명하게 드러난다. 그러나 모든 합성체에서 합성이란 우연적인 사태일 뿐이며, 무언가 실체적인 것이 합성의 근저에 놓여 있어야 할 것이므로, 합성된 사물이 무한한 분할을 허용한다는 것은 불합리한 일이다. 왜냐하면 만약 그런 경우라면, 물체의 원초적인 부분이라는 것이 비유컨대 다음과 같아지는 결과를 낳을 것이기 때문이다. 즉 임의의 부분이 천 개의 다른 부분과 결합하더라도, 아니 만 개 또는 백만 제곱의 다른 부분과 결합하더라도, 한마디로 말해 아무리 많은 일정한 개수의 다른 부분과 결합한다 하더라도 단 하나의 물질의 입자도 구성하지 못할 것이니, 이는 너무도 명백하게 합성체의 모든 실체성을 제거할 것이요, 따라서 자연적 물체와는 합치할 수 없는 것이다.

부가결론. 그러므로 모든 물체는 한정된 수의 단순한 원소들로 이루어져 있다.

I 480 **명제 V. 정리.** 물체의 단순한 원소, 즉 단자는 모두 공간 중에 있을 뿐만 아니라 공간을 채우고 있으나, 그럼에도 자신의 단순성을 잃어버리지는 않는다.[4]

물체는 모두 한정된 수의 단순한 원소들의 집합인 반면 물체가 채우고 있는 공간은 무한한 분할을 허락하는 것이므로, 이 원소들 각각은 모두 더욱더 계속해서 [무한히] 분할할 수 있는 공간의 일부분을 차지하게 될 것이다. 다시 말해 측량 가능한 [한정된] 공간을 채우게 될 것이다.

하지만 공간의 분할은, 하나가 다른 하나와 분리되어 자족적인 고유한 현존을 유지할 수 있는 것들의 분리가 아니고, 오로지 외적 관계에서 나타나는 어떤 다수성이나 크기를 보여줄 뿐이므로, [공간을 분할할 수 있다고 해서] 이로부터 실체적 부분들의 다수성이 귀결되지 않는다는 것은 분명하다. [그런데] 그런 다수성만이 오로지 단자의 실체적 단순성과 모순될 것이므로, 공간의 분할 가능성이 단자의 단순성과 충돌하지 않는다는 것은 너무도 분명하다.

주해. 원소의 탐구에 있어서 기하학과 형이상학의 결합을 위해 다른 어떤 입장보다 더 방해가 되는 견해는 원소가 차지하고 있는 공간의 분할 가능성이 원소 자체의 실체적 부분들로의 분할 가능성을 증명한다는 선입견이다. 이런 의견은 충분히 검토되지 않았음에도 불구하고 조금도 의심할 필요가 없다고 일반적으로 생각될 정도여서, 급기야 실재적 공간의 무한한 분할을 옹호하는 사람들은 [분할 불가능한] 단자들에 대해서는 하늘이 무너지는 것처럼 기겁을 하고, 단자들을 지지하는 사람들은 [무한히 분할 가능한] 기하학적 공간의 성질들을 공상에 불과하다고 간주하는 것이 자기들의 임무라고 여긴다. 그러나 위에서 증명한 것으로부터 명백히 드러난 것처럼 기하학이 틀린 것도 아니고 형이상학에 기초한 견해가 진리에서 벗어난 것도 아니므로, 이 둘을 분열시키는 견해, 곧 원소가 절대적으로 단순한 실체라면 자신의 단순성을 유지한 채로는 공간을 채울 수 없으리라는 견해가 어떻든 오류임이 분명하다. 어떤 선이나 면이 임의의 작은 공간을 둘로 분할한다는 사실은 어쨌든 공간의 한 부분이 다른 부분의 외부에서 현존한다는 것을 증명해주지만, 그렇다고 하더라도 공간은 실체가 아니고 단지 실체들의 외적 관계가 나타난 것일 뿐이므로, 동일한 하나의 실체의 관계가 [즉 공간이] 둘로 분할된다는 것이 [공간 중의] 그 실체의 단순성이나 또는—만약 이렇게 말해도 좋다면—단일성에 반대되는 것은 아니다. 왜냐하면 [공간을] 분할하는 선의 양쪽에 있는 것은 분할 가능하고 따로 떨어져도 고유의 현존을 유지할 수 있는 그런 실체의 파편이 아니고,—실체의 단순성을 제거하는 실재적 분할이 가능하다면 반드시 그랬어야 할 것이다—단지 하나의 동일한 실체가 모든 방향으로 행사하는 작용이나 관계일 뿐이기 때문이다. 하지만 이 관계 속에서 우리가 어떤 다수성을 발견한다 해서 그것이 실체 자체가 여러 부분들로 쪼개져 있음을 뜻하지는 않는다.

명제 Ⅵ. 정리. 단자는 자기가 현재하고 있는 작은 공간을 자신의 실체적 부분들의 다수성을 통해서가 아니라, 단지 작용의 범위를 통해 한정하는데, 이를 통해 자기 외부에 사방으로 현재하고 있는 다른 단자들이 자기에 더 가까이 접근하지 못하도록 막는다.

I 481 단자 속에는 실체들의 다수성이 있는 것은 아니지만 그럼에도 불구하고 뭇 단자는 홀로[5] 정립되어서도 공간을 채우고 있는바, 앞서 말한 것에 따라 우리는 이처럼 단자가 공간을 채우는 근거를 오로지 실체의 정위(定位)에서 찾을 것이 아니라 그것이 외적 실체들과 맺고 있는 관계에서 찾아야만 할 것이다. 실체는 공간을 채우면서 양쪽에서 서로 직접 인접해 현전하고 있는 다른 실체들을 더 이상 서로 가까워지지 못하게 막고 있으며, 따라서 그것들이 서로 가까이 접근할 수 있는 근접성의 정도를 제한함으로써 실체들의 위치에 있어서 무엇인가를 규정하고 있으므로, 단자는 작용을 행사하되 사방으로 규정된 공간 중에서 행사하는 것이 분명하며, 따라서 자기의 작용의 범위만큼 공간을 채우고 있다는 것을 인정할 수 있을 것이다.

명제 Ⅶ. 문제. 임의의 단자가 자신의 단순성을 잃지 않고도 자기의 작용 범위를 통해 공간을 차지하고 있다는 사실에 관한 또 다른 어려움의 해소

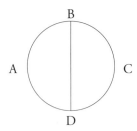

만약 단자가, 우리가 주장하듯이, 한정된 공간을 채우고 있다면, 우리는 그 공간을 제한된 다른 아무 공간으로도 표현할 수 있을 것이다. 그러므로 어떤 단자가 자기의 작용을 통해 차지하고 있는 작은 공간을 원 ABCD로 표시해보자. 그러면 BD는 이 작용의 범위의 지름일 것이다. 이 지름은 이 단자가 B와 D에서 자기 곁에 현전하는 다른 것들이 거기까지만 다가오는 것을 허락할 뿐, 서로 더 가까이 접근하는 것을 허락하지 않는 거리다. 하지만 사람들은 이 작용범위를 단자 자체의 지름이라고 말하지 않도록 주의해야 한다. 그것은 모든 면에서 불합리하거니와, 이보다 더 우리의 입장과 동떨어진 것도 없다. 왜냐하면 공간이란 오로지 외적인 관계에서 비롯되는 것이므로, 무엇이든 실체 내적인 것, 즉 실체 자체, [또는] 외적 규정들의 [근저에 놓여 있는] 기체[6]는 공간을 통해 온전히 한정되지 않으며, 우리는 실체의 규정들 가운데서 오직 외적인 것과 관계된 규정들만을 공간 중에서 발견할 수 있기 때문이다. 그렇다면 사람들은 말할 것이다. 이 작은 공간 중에 실체가 있다면, 같은 공간 중에는 어디서나 그것이 있을 것이므로, 그 공간을 분할하는 사람은 실체를 분할하는 것이 아니겠는가? 나의 대답은 이것이다. 이 공간 자체는 이 원소의 외적 현전의 범위이다. 그러므로 그 공간을 분할하는 사람은 원소의 현전의 외연적 '크기[7]를 [즉 원소의 외적 작용력의 범위를] 분할하는 것이다. 그러나 외적 현전, 즉 실체의 상관적 규정들 이외에도 다른 내적인 규정들이 있다. 만약 이것들이 없다면, 저 외적인 규정들이 귀속할 기체가 없을 것이다. 하지만 내적인 것들은 내적이라는 바로 그 이유 때문에 공간 중에 있지 않다. 또한 그러므로 내적인 것들 자체는 외적 규정들의 분할을 통해 분할되지 않는다. 따라서 기체 자체, 즉 실체가 이런 방식으로 분할되지는 않는 것이다. 이와 마찬가지로 만약 누군가가 신이 [만물을] 보존하는 행위를 통해 모든 피조물에 내적으로 현재하기 때문에, 피조물의 덩어리를 분할하는 사람은 신의 현재성의 범위를 분할하는 것이므로 곧 신을 분할하는 것이라고 말한다면, 이보다 더 불합리한 말은 없을 것이다. 그러므로 단자는 물체의 원초적 원소로서 공간을 채우고 있는 한에서, 어떤 식으로든 임의의 외연적 크기를, 다시 말해 작용의 범위를 당연히 가지고 있겠지만, 하지만 우리는 그 범위 속에서 하나가 다른 하나와 분리되어, 서로 고립되어 홀로 있으면서 각자가 고유의 지속성을 지니는 그런 여럿[=다수의 원소들]을 발견하지는 못할 것이다. 왜냐하면 공간 I 482 BCD에서 발견되는 것과 공간 BAD에 있는 다른 것은 각기 스스로 현존하고 있는 방식으로 그렇게 서로 분리되어 있는 것들이 아니기 때문이다. 왜냐하면 양자는 모두 하나의 동일한 실체의 외적 규정에 다름 아니기 때문이다. 그러나 [이런 규정들은 실체의 속성에 지나지 않는데] 속성들은 자기의 실체와 떨어져서 현존하지는 않는다.*

명제 VIII. 정리. 물체의 단순한 원소가 자신의 공간을 차지하기 위해 필요로 하는 힘은 사람들이 다른 경우에 *불가침입성*이라고 부르는 것과 같은 힘이다. 만약 사람들이 앞의 힘을 도외시한다면, 뒤의 힘 역시 불가능할 것이다.

---

* 우리의 견해에 방해가 되는 모든 어려움 가운데서도 가장 심각한 것은 하나의 동일한 실체의 규정들의 외적 병존에서 비롯되는 것처럼 보인다. 왜냐하면 위의 그림에서 공간 BCD 속의 단자의 작용은 공간 BDA 속에 나타난 단자의 작용 외부에 있으므로, 그것들이 실재적으로 서로 상이한 것으로서 그 실체 외부에서 발견되어야 할 것처럼 보이기 때문이다. 그러나 관계들은 언제나 서로의 외부에 있을 뿐만 아니라 실체의 외부에 있기도 하다. 왜냐하면 어떤 실체가 관계 맺는 존재자들은 그 실체와 상이할 뿐만 아니라, 자기들끼리도 서로 실재적으로 상이하기 때문이다. 그러나 이것이 [상이한 관계들의] 실체적 다수성을 의미하지는 않는다.

불가침입성은 한 물체가 자기가 차지하고 있는 공간으로부터 인접한 다른 물체들을 밀어내는 성질이다. 그런데 앞에서 알려진 대로 물체가 차지하고 있는 공간은 (만약 사람들이 물체의 부분들이 가운데 섞인 진공 없이 가능한 한 빽빽하게 서로 결합되어 있다고 생각한다면) 낱낱의 단순한 원소들이 채우고 있는 작은 공간들의 접합이다. 그리고 이미 차지한 공간으로 침입해 들어오는 외적 물체들을 막아내기 위해서는, 다시 말해 불가침입성을 위해서는 [침입에 대한] 저항이, 따라서 어떤 힘이 요구될 것인데, 앞서 증명한 대로 [물체의] 원소들은 자기 자리로 침입해 들어오려는 다른 원소들을 막아내는 어떤 작용을 통해 자기의 일정한 공간을 채우고 있으므로, 물체들의 불가침입성이 의존하는 힘은 [물체의] 원소들이 다른 원소들을 막아내는 자연적 힘과 다르지 않음이 분명하다. 이것이 첫 번째이다.

다음으로 선 ag가 물질의 원초적 원소, 즉 단자들이 접합되어 이루어진 것이라 하자. 만약 어떤 원소 d가 자기 실체의 현전으로 오로지 위치만을 지시할 뿐 공간을 차지하지 않는다고 가정한다면, 위치 d는 주어진 선 ag를 양분할 것이다. 또한 d는 그 선의 한쪽 절반이 어디서 끝나고 어디서 나른 절반이 시작하는지를 나타내줄 것이므로, 그 선의 양쪽 절반에 공통될 것이다. 그러나 물리적 선들은 오로지 같은 수의 원소들로 이루어져 있을 경우에만 [길이가] 같으며 또한 오직 선 ac와 eg에서만 원소들의 수가 양쪽 모두 같으므로, 단자 d는 선 ac, eg에 공통될 것이다. 다시 말해 방금 말한 두 선은 앞서 언급한 그 위치에서 서로 직접 만날 것이다. 그리하여 원소 d는 인접한 e와 c를 직접적인 접촉으로부터 막아내지 못할 것이므로, 말하자면 그것은 불가침입적이지 않을 것이다. 그러므로 만약 사람들이 단자 d가 차지하고 있는 위치가 선 ac와 eg에 공통된 위치라는 것을 부정한다면, 점 x에서 선 ac와 dg가 서로 직접 만나게 될 것이요, o는 선 ad와 eg가 서로 만나는 점이 될 것이다. 그리하여 단자 d의 위치는 x의 위치와도 다르고 마찬가지로 o의 위치와도 다르기 때문에—그렇지 않다면 [저 세 위치들이] 앞서 말했듯이 언제나 같은 위치가 되어 서로 접촉하게 될 것이기 때문이다—이제 우리는 의심의 여지없이 그 선을 일정하게 규정하는 세 개의 상이한 위치 x, d, o를 얻게 될 것이다.

I 483 그러므로 단자 d의 직접적 현전을 통해 일정한 선이 규정되고, [그 선이] 한정된 공간 속에서 현전하게 된다. 그런데 실체의 단순한 정위만을 통해서는 공간이 아니라 단지 위치만을 차지할 수 있으므로, [하나의 선이 한정되기 위해서는, 한갓 위치 이상의] 무엇인가 다른 것이 실체 속에 있어서, 그것이 양쪽으로 인접한 원소들과의 관계에서 가까움의 정도를 규정하고, 원소 c와 e가 더 가까이 접근하려는 힘을 막아주어야만 할 것이다. 그러나 힘에는 오직 힘만이 맞설 수 있으므로, 물체의 원소가 자기[가 위치한] 공간을 차지하기 위해 사용하는 동일한 힘이 불가침입성의 원인이 되는 것이다. 이것이 두 번째 이다.

제2절
서로 다른 단자들의 서로 다른 성질에도 불구하고 물체의 [보편적] 본성을 인식 가능하게 만들어주는, 물리적 단자들의 가장 보편적인 성질들을 해명함

명제 IX. 정의. 접촉이란 여러 원소들의 불가침입성의 힘이 서로에 대해 적용된 것이다.

주해. 일반적으로 접촉이란 직접적인 현전을 통해 정의된다.[1] 그러나 아무리 *외적*이라는 말을 덧붙인다고 하더라도(왜냐하면 이런 말을 덧붙이지 않는다면, 만물에 직접, 그것도 내면적으로 현전하는 신이 만물과 접촉하고 있다고 생각될 것이기 때문이다[2]), 그것은 모든 면에서 절대적[으로 완전한] 정의가 아닐 것이다. 왜냐하면 다른 사람들이 충분히 증명한 대로, 물체들이 진공을 통해 격리되어 있음에도 불구하고 공존할 수 있고, 그 결과 상호접촉이 없이도 직접적으로 서로 현전할 수 있으므로, 이런 경우 그 정의가 의심의 여지없이 오류임이 판명되겠기 때문이다. 더 나아가 뉴턴학파가 주장한 대로 물체들이 서로 멀리 떨어져 있다 하더라도 인력이 직접 작용한다면—이는 대단히 개연성이 높은 이론인데—이 경우 결과적으로 물체들이 서로 접촉하지 않고서도 같이 현전하게 될 것이다. 그 외에도 만약 사람들이 이 정의를 옹호한다면, 그 정의는 직접적인 공동현전을 접촉의 개념 자체라고 내세우므로, 사람들은 [접촉을 설명하려면] 먼

저 이 현전의 개념을 설명해야 할 것이다. 만약 일반적으로 그렇게 하듯이, 사람들이 그것을 상호작용을 통해 설명한다면,[3] 나는 그 작용이 무엇에 존립하는지 물을 것이다. 의심의 여지없이 물체는 서로를 움직임으로써 작용한다. 그러나 주어진 어떤 점에서 행사되는 운동력은 다른 물체를 같은 곳에서 밀어내거나 끌어당길 것이다. 접촉의 경우에 저 두 힘 가운데 어떤 힘이 [작용한다고] 이해되어야 하는지는 쉽게 밝혀진다. 왜냐하면 어떤 물체가 다른 물체에 더욱더 가깝게 다가가서 이윽고 불가침입성의 힘, 즉 척력이 지각되면, 이 경우우리는 그것들이 서로 접촉하고 있다고 말하기 때문이다. 그러므로 상이한 원소들이 서로에 대해 행사하는 척력의 작용과 반작용이 접촉의 참된 개념을 낳는 것이다.

명제 X. 정리. 물체들은 [척력과] 동등한 내재적 인력이라는 다른 힘이 없다면, 불가침입성의 힘만으로는 한정된 부피를 가질 수 없다. [인력과 척력] 두 힘은 오직 서로 결합해서만 외연의 한계를 한정하게 된다.

I 484 불가침입성의 힘은 임의의 외적 사물을 더 이상 접근하지 못하게 막는 척력이다. 이 힘은 모든 원소에 내재하는데, 우리는 작용이 미치는 거리가 증대함에 따라 작용의 강도가 감소되는 이유를 그 힘의 본성으로부터 인식할 수 있다. 하지만 일정한 거리에 이르면 그 힘이 전혀 작용하지 않는 까닭은 척력 그 자체만으로는 전혀 인식할 수 없다. 그러므로 만약 누군가가 이 힘에만 의지한다면, 물체의 조직은 전혀 존재하지 않게 될 것이다. 왜냐하면 입자들이 서로 밀어내기만 하는 경우에는, 한정된 한계로 둘러싸인 물체의 부피가 존립할 수 없을 것이기 때문이다. 그러므로 척력에 반대되는 다른 힘이 그에 대립

하여 일정한 거리에서 척력과 대등한 힘으로 공간을 차지함으로써 척력의 한계를 규정해주어야만 한다. 이처럼 척력에 반대로 작용하는 힘이 인력이다. 그러므로 모든 원소에는 불가침입성의 힘 외에 다른 것들을 끌어당기는 힘도 있어야 하며, 만약 사람들이 이 힘을 외면한다면, 자연의 물체들의 규정된 부피는 생겨나지 않을 것이다.

주해. 원소들 속에 내재한 척력과 인력이라는 두 힘의 법칙을 탐구하는 것은 대단히 어렵지만 특별히 명민한 정신이 떠맡을 만한 가치가 있는 연구이다. 이 자리에서 나로서는—간결함의 규칙이 허락하는 한에서—저 두 힘의 존재가 지극히 확실하게 증명되어 있다고 간주하는 것으로 충분하다. 그러나 만약 누군가가 보다 멀리서 보듯이 이 물음에 속한 것들을 미리 살펴보려 한다면, 어떤 원소가 차지하고 있는 공간의 내적인 점으로부터 외부로 척력이 작용할 때, 그것의 강도는 그 힘이 퍼져나가는 공간의 거리가 멀어지면 질수록 그에 반비례해서 약해진다고 생각되어야 하지 않겠는가? 왜냐하면 그 힘이 작용해서 일정한 지름의 공간 전체를 채우지 않는다면, 한 점에서 방사된 힘이 한정된 범위 내에서 [전체적으로] 효력을 발휘한다고 생각할 수 없겠기 때문이다. 이것은 다음과 같은 근거에서 분명하다. 즉 만약 사람들이 그 힘이 주어진 표면으로부터 마치 빛처럼 직선으로 방출된다고 생각한다면 또는 케일[4]은 견해에 따라 아예 인력도 그렇다고 생각한다면, 이런 방식으로 작용하는 힘은 그 표면에서 뻗을 수 있는 선의 양에 비례할 것이다. 즉 작용하는 물체 자체의 표면에 비례할 것이다. 그리하여 그 표면이 무한히 작다면, 이 힘도 무한히 작을 것이며, 만약 그것이 마침내 점이 되어버리면, 그 힘도 완전히 무(無)가 되어버릴 것이다. 그러므로 어떤 점으로부터 방사되는 선을 통해서는 일정한 거리에서 측정 가능한 힘이 방사되어 나올 수 없다.

그리하여 오직 힘이 작용하는 공간 전체를 가득 채울 경우에만 그 힘이 효력을 갖는다고 생각될 수 있을 것이다.[5] 그러나 구형의 공간[의 체적]은 [반지름] 거리의 세제곱에 비례한다. 그러므로 동일한 힘이 보다 큰 공간으로 퍼져감에 따라 그 공간의 크기에 반비례하여 줄어드는 것처럼, 불가침입성의 힘은 [입자의] 현전의 중심으로부터 거리의 세제곱에 반비례하게 될 것이다.

이와 반대로 인력은 동일한 원소의 작용이지만 방향이 반대이므로, 주어진 거리 속에서 인력이 작용을 미치는 범위를 이루는 구형의 표면이 인력의 출발점 될 것이다. 그 표면의 점들로부터 잡아당기는 중심을 향하여 선을 뻗을 수 있거니와, 그런 선들의 수량, 그러니까 인력의 분량이 선들의 수량을 통해 한정되므로, 이런 방식으로 우리는 그것을 계량할 수 있으니, 인력은 구형(球形)의 표면에 반비례하여, 즉 거리의 제곱에 반비례하여 줄어드는 것이다.[6]

그러므로 만약 척력이 세제곱의 비율로, 그러니까 인력보다 훨씬 더 큰 비율로 약해지는 것이 사실이라면, 지름의 어떤 점에서 인력과 척력이 같아져야만 할 것이다. 그리고 이 점이 불가침입성의 한계, 곧 외적인 접촉의 범위, 즉 부피를 결정하게 될 것이다. 왜냐하면 인력에 의해 제압되면, 척력은 더 이상 작용하지 않을 것이기 때문이다.

부가결론. 이런 힘들의 내재적 법칙이 타당하다고 간주한다면, 우리는 원소들의 종류가 아무리 다르더라도 모든 원소의 부피가 같다는 것도 알게 될 것이다. 척력과 마찬가지로 인력도 모두 일정한 강도를 지니고 있으므로 서로 다른 원소에 따라 그 강도가 극단적으로 다를 수 있으므로, [그 힘이] 어디서는 강하고 어디서는 느슨하리란 것은 너무도 분명하다. 그럼에도 불구하고 두 배의 척력은 동일한 거리에서는 역시 두 배이며 인력 또한 마찬가지므로, 어떤 원소가 종류상으로 두 배 더 강한 구동력을 가지더라도 모든 힘들이 같은 비율로 더 커질 것이다. 그러므로 우리가 언급한 [인력과 척력이라는 두] 힘이 언제나 동일한 거리에서 같아지리란 것이 당연하다. 그리고 두 힘의 크기가 상이한 원소들 속에서 아무리 달라진다 할지라도 원소의 부피는 반드시 똑같이 정해져 있어야만 한다.[7]

명제 XI. 정리. *관성력이란 임의의 원소마다 정해진 크기가 있으나, 서로 다른 원소에 따라 지극히 상이할 수 있다.*

만약 운동하는 물체가 운동상태를 유지하려 애쓰는 관성력을 지니고 있지 않다면, 다른 물체와 충돌하더라도 아무런 작용력도 발휘하지 못할 것이며, 무한히 작은 저항에도 정지하고 말 것이다. 그런데 어떤 물체의 관성력이란 한데 뭉쳐 그 물체를 이루고 있는 모든 원소들의 관성력들의 총합이다. (그러므로 사람들은 이것을 질량[8]이라 부른다) 그러므로 임의의 원소가 일정한 속도로 운동을 시작했다 하더라도 이 속도가 관성력에 의해 증대되지 않으면 아무런 실효적 운동력도 발휘할 수 없을 것이다. 그런데 무릇, 다른 것[의 양]을 증대시키면서 두 요소들 가운데 어떤 하나에 더 큰 분량을 부여하는 것은 그것 자신이 때로는 다른 것보다 더 크기도 하고 때로는 작기도 하다고 측량될 수 있는 분량이다. 따라서 원소들의 상이한 종류에 따라 관성력이 더 클 수도 있고 더 작을 수도 있는 것도 각 원소의 관성력이 상이하기 때문이다.

부가결론 I. 임의의 원소가 있을 때, 그 원소보다 관성력이—또는 다른 관점에서 보면 같은 것이겠지만, 구동력[9]이—두 배 또는 세 배 더 큰 다른 원소들이 있을 수 있다. 다시 말해 일정한 속도에 대하여 두 배 또는 세 배 더 큰 힘으로 저항할 뿐만 아니라 동일한 속도로 운동하면서도 두 배 또는 세 배의 임페투스[10]를 행사하는 원소들이 있을 수 있다.

부가결론 Ⅱ. 원소들은 아무리 종류가 상이하다 하더라도 어떤 것이든 같은 부피를 지니고 있다는 것이 앞의 부가결론의 명제에서 확인되었거니와, 결과적으로 [물체들이] 정확하게 동등한 공간을 채우고 있을 경우 언제나 같은 수의 원소들을 가지고 있을 것이므로, 우리는 정확히 다음과 같은 결론을 이끌어낼 수 있다. 즉 아무리 사람들이 물체 속에 섞여 있는 진공을 도외시하고 전체 공간이 완벽하게 채워져 있다고 가정한다 하더라도, 같은 부피의 물체가 상이한 질량을 가질 수 있다. 왜냐하면 원소들이 지닌 관성력이 더 클 수도 있고 더 작을 수도 있기 때문이다. 물체의 질량은 오로지 물체의 관성력의 크기일 뿐이다. 그리고 물체는 그것을 통해 때로는 운동에 저항하기도 하고, 때로는 주어진 속도로 운동하면서 일정한 운동의 임페투스를 행사하게 되는 것이다.

I 486 　그러므로 주어진 부피를 지닌 물질의 질량[11]이 작다고 해서 그 밀도도 작다거나, 더 많은 진공이 물체 내에 포함되어 있다고 우리가 언제나 확실하게 추론할 수는 없다. 두 물체가 똑같은 진공을 품고 있을 수도 있고 완전히 밀집되어 있을 수도 있지만, 그럼에도 어떤 것은 다른 것보다 훨씬 더 큰 질량[12]을 가질 수 있으니, 이런 차이가 생겨나는 원인은 바로 원소들의 본성 자체에 내재해 있는 것이다.

명제 Ⅻ. 정리. 이 세계 내에서 관찰 가능한 물체의 밀도의 종별적 차이는 물체 원소들 자체가 지닌 관성의 종별적 차이 때문이 아니라면 전혀 설명할 수 없을 것이다.

　만약 모든 원소들이 동등한 관성력과 부피를 지니고 있다면, 물체들의 희박도의 차이를 이해하기 위해서는 입자들 사이에 섞여 있는 절대적 진공을 상정해야만 할 것이다. 왜냐하면 뉴턴이나 케일 그리고 다른 사람들의 증명에 따르면, 완벽하게 채워진 매질 내에서는 자유로운 운동의 여지가 없기 때문이다.[13] 그러므로 에테르와 공기 또는 물과 금처럼 [상이한] 매질의 무한히 다양한 종별적 밀도를 설명하기 위해서는 비상한 추측의 자유가 허락되어야 할 것이다. 이를 통해 인간의 인식능력으로부터 지극히 멀리 떨어져 있는, 원소들의 조직 자체를 되는대로 자유분방하게 상상하여 때로는 극히 미세한 풍선[14]으로 때로는 나뭇가지나 나선[15] 형상으로 자유롭고도 과감하게 그려봄으로써, 물질이 놀랄 만큼 멀리 당겨질 수 있고 또 지극히 작은 물질로도 얼마나 엄청난 공간을 포괄할 수 있는지를 생각해볼 수 있을 것이다. 하지만 이와 반대되는 주장의 논리도 있는데 이것 역시 들어볼 필요가 있다.

　그 지극히 가는 끈이나 풍선이 광대하게 펼쳐진 얇은 막 속에 그 물질의 분량에 비해 엄청난 진공을 포괄한다면 그것은 물체들의 지속적인 마찰과 마모로 인하여 모두 닳고 닳아서 끝내 잘게 빻아진 가루들이 그 사이의 진공을 완전히 채워버릴 것이다. 그리하여 우주 공간은 사방에서 완벽하게 채워져 강력한 관성에 의해 굳어질 것이며, 모든 운동 역시 금세 정지상태로 되돌아가게 될 것이다. 더 나아가 이런 견해에 따르면 종별적으로 보다 성긴[=밀도가 낮은] 매질은 지극히 크게 잡아당겨지고 커다란 부피를 가진 부분들로 이루어져 있어야만 할 것이거니와, 이런 경우 그것들이, 불이나 자기나 전기의 흐름이 물체에 매우 쉽게 스며드는 것에서 명백히 보듯이, 보다 밀도

가 높은 물체들의—같은 견해에 따르면 이것은 더 촘촘할 것이므로
—사이 공간으로 어떻게 스며들 수 있겠는가? 왜냐하면 어떻게 보다
큰 부피를 지닌 입자들이 자기보다 더 좁은 사이공간을 뚫고 지나갈
수 있는지, 이것을 나로서는 다른 모든 불가사의한 일과 마찬가지로
전혀 알 수가 없기 때문이다.

그러므로 가장 단순한 원소들 자체가 종별적인 상이성을 지니고
있고, 그 결과 원소들이 정확하게 동일한 [크기의] 공간을 채우고 있
더라도 더러는 더 작고 더러는 훨씬 더 큰 질량을 구성할 수 있다는
것을 인정하지 않는다면, 물리학은 언제나 절벽과도 같은 곤경에서
벗어나지 못한 채 사로잡혀 있을 것이다.

명제 XⅢ. 정리. 물체의 원소들은 아무리 홀로 자리 잡고 있을지라
도 원소에 따라 상이한 탄성력을 온전히 지니고 있으며, 자체적으로,
즉 가운데 섞인 진공이 없이도 원초적으로 탄성을 지닌 매질을 구성
한다.

I 487 낱낱의 단순한 원소들은 자기가 현전하는 공간으로부터 외적 실
체들을 막아내는 일정한 힘을 통해 그 공간을 차지한다. 그러나 힘은
어떤 힘이든 그 정도에서 유한하여 다른 더 큰 힘에 의해 제압될 수
있으므로, 특정한 척력에 대하여 더 큰 다른 힘이 맞설 수 있음이 분
명하다. 만약 동일한 거리에서 저 더 큰 힘을 막아내기에는 원소에
내재하고 있는 본래적 힘이 충분하지 않다면, 앞의 힘은 원소가 점유
하고 있는 공간을 분명히 어느 정도 뚫고 들어올 것이다. 그러나 어
떤 힘이 정해진 지점에서 공간적으로 뻗어나갈 때, 거리가 멀어질수
록 약해질 것이므로, 이 척력은 작용의 중심으로 [외적 힘이] 더 가까
이 접근해오면 올수록, 더욱 강력하게 그것에 반작용할 것이 분명하

다. 또한 척력은 반발 중심으로부터 일정한 범위 내에 한정되어 있지만, [외부 사물의] 접근 정도에 일정하게 비례하여 증가하다가 작용점 자체에서는 필연적으로 무한히 커질 것이므로, 우리가 생각할 수 있는 어떤 힘으로도 원소를 완전히 관통할 수 없음이 분명하다. 그러므로 그것은 완벽하게 탄성적일 것이며, 여러 개의 원소들이 이런 식으로 그 탄성력을 결합하여 원초적인 탄성매질을 구성할 것이다. 이 탄력성이 상이한 원소에 따라 상이하리란 것은 명제 X의 부가결론 4, 5행으로부터 분명하다.

부가결론. 원소들은 완벽히 불가침입적이다. 즉 그것들은 아무리 큰 외적 힘으로도 그것들이 차지하고 있는 공간으로부터 완벽하게 몰아낼 수는 없으며, 단지 압축할 수 있을 뿐이다. 그리하여 원소들은 외적인 압축력에 대해 어느 정도 양보하는 그런 물체들을 형성하게 된다. 결국 이것이 원초적인 탄성물체 또는 탄성매체들의 기원이라 하겠는데, 그 가운데 에테르, 즉 불의 물질을 미리 거명해두는 것도 무방할 것이다.

끝

지난해 말 유럽의 서방 국가들을 덮쳤던
비운을 계기로 살펴본 지진의 원인

이남원 옮김

1. 『지난해 말 유럽의 서방국가들을 덮쳤던 비운을 계기로 살펴본 지진의 원인』(*Von den Ursachen der Erderschütterungen bei Gelegenheit des Unglücks, welches die westliche Länder von Europa gegen das Ende des vorigen Jahres betroffen hat*) 번역은 학술원판 (Immanuel Kant, *Vorkritische Schriften I 1747~1756*, in *Kant' gesammelte Schriften*, hrsg. von der Königlich Preußischen Akademie der Wissenschaften, Bd. I, pp.417- 427, Berlin, 1902/10)을 대본으로 사용했다.

지난해 말 유럽의 서방 국가들을 덮쳤던 비운을 계기로 살펴본 지진의 원인

모든 인류의 운명에 영향을 미치는 대사건은 당연히 찬탄할 만한 호기심을 불러일으킨다. 이러한 호기심은 상궤를 벗어난 모든 것에서 일깨워지고, [우리로 하여금] 대개 그러한 사건의 원인들을 탐구하도록 하곤 한다. 이 경우 대중에 대한 책무 때문에 자연철학자[1]는 관찰과 탐구에서 생겨날 수 있는 통찰을 [대중에게] 설명할 수 있게 된다고 한다. [그러나] 나는 이런 의무를 전 범위에서 만족시키는 영예는 포기하고, 장차 대지의 내부를 정밀하게 관찰했다고 자부할 수 있는 사람이 나타난다면 그에게 이 의무를 맡기려고 한다. 내 설명은 단지 개요에 머무를 것이다. 솔직히 말한다면, 이 설명은 지금까지 이 주제에 관해서 개연적으로 말할 수 있는 모든 것을 거의 포함하겠지만, 모든 것을 수학적 확실성이라는 시금석으로 테스트하는 엄밀한 판정을 만족시키지는 못할 것이다. 우리는 평안하게 지상에서 살지만, 지상의 기초는 종종 지진을 만나 흔들리기도 한다. 우리는 별 생각 없이 돔[2] 위에다 무언가를 짓기도 하지만, 그것의 활 모양 상태는 때로는 흔들리고 언제 무너질지 모른다. 아마도 우리에게서 그리 멀리 떨어지지 않은 운명에 무사태평하면서, 우리 발아래에 은폐되어 있는 파멸이 가까이에서 일어나는 황폐를 목도하게 될 때, 우리는 공포에 떨기보다 오히려 동정하게 된다. 아무리 걱정해도 저지할 수 없는 이러한 운명의 공포 때문에 [우리는] 불안해하지 않는다는 사실 그리고 우리가 가능하다고 인식하는 것 앞에서 느끼는 공포 때문에 우리의 현실적 고통이 배가되지 않는다는 사실은 의심할 여지없이 섭리가 주는 은혜다.

I 420 주목해야 할 첫째 사항은 우리가 딛고 있는 대지는 속이 비어 있고, 그것의 돔 형태는 거의 하나로 연결되어 대단히 광범위한 영역을 거쳐 해저 아래까지 이어져 있다는 사실이다. 나는 이것과 연관해서 역사적 사례를 인용하지는 않겠다. 지진의 역사를 서술하는 것은 내 목적이 아니다. 많은 지진과 함께, 마치 지하에서 폭풍이 미친 듯이 날뛰는 또는 짐을 무겁게 실은 차가 자갈길을 통과할 때와 같은 공포를 일으키는 굉음이 들린다는 사실과 대단히 멀리 떨어진 곳, 예를 들어 양 지역이 바다를 끼고 25독일 마일[3] 이상 떨어져 있는 아이슬란드나 리스본까지 동시에 지진의 영향이 계속 미쳐서 하루에 운동이 전해진다는 사실은 이 모든 현상이 하나같이 일치하여 이들 지하의 돔들이 서로 연결되어 있음을 확증하는 부인할 수 없는 증거다.

대지가 형성될 때, 이들 돔 형태[4]를 만들었던 원인들에 대해 이해 가능한 어떤 것을 말하려고 한다면, 혼돈상태였을 때의 지구 역사로 되돌아가야만 한다. 그러한 설명은 만약 신빙성 있는 충분한 근거를 가지고 제시될 수 없다면, 너무나 허구적인 것처럼 보일 것이다. 원인이 무엇이든 한 가지 사실, 즉 이 돔 형태의 방향이 산맥에 대해 그리고 산맥과 자연스럽게 연결되어 있는 큰 강에 대해 평행 관계를 유지한다는 사실은 명백하다. 큰 강은 평행해서 달리는 산들 때문에 양 방향에 끼어 있는 긴 계곡의 가장 낮은 부분을 차지하기 때문이다. 또 이것은 정확하게 지진이 통상 확장되는 방향이다. 이탈리아 대부분에 영향을 미쳤던 지진에서는 교회 샹들리에의 흔들거림으로 거의 정확한 북-남 운동이 발생한다는 사실이 관찰되었다. 최근 지진은 서쪽에서 동쪽 방향으로 발생했지만, 이는 유럽의 최상부를 달리는 산맥의 주요 방향이다.

공포를 일으키는 이러한 대재앙이 일어날 때 예방책을 사용하는 일이 사람들에게 허용된다면, 또 이러한 일반적인 불행에 대해서 이성이 제출하는 예방조치를 강구하는 일이 무모하고 무익한 것으로 간주되지 않는다면, 리스본의 불운한 폐허는 그 지역에서 지진이 자연스럽게 발생할 수밖에 없었던 방향과 같은 방향으로 흐르는 강을 따라서 도시를 건설하는 일에 우려를 품도록 하지 않겠는가? 장티이[*5] I 421 의 주장에 따르면, 거리가 이어지는 방향을 따라 그것과 같은 방향으로 진행되는 지진으로는 도시가 흔들릴 경우 전체 가옥이 무너지는 반면, 가로를 횡단하는 방향에서 그런 일이 일어나면 몇몇 가옥만 무너진다. 그 원인은 분명하다. 지면의 동요는 건물을 수직의 위치에서 움직이게 한다. 그런데 한 줄로 늘어선 건물들이 이런 방식으로 동에서 서로 흔들리면, 각각의 건물은 자기 무게를 지탱해야 할 뿐만 아니라, 동시에 서쪽의 건물은 동쪽의 건물을 덮침으로써 불가피하게 동쪽의 건물을 무너뜨린다. 이것과 다르게 거리가 가로를 횡단하는 방향으로 움직이면 각각의 건물은 자기 무게 균형을 유지하게 되며, 동일한 상황에서 앞선 경우보다 피해가 덜하다. 그리하여 리스본의 대재앙은 타호강[6]둑의 위치 때문에 증대된 것처럼 보인다. 지진을 여러 번 경험했으며, 지진 방향을 경험으로 알 수 있었던 지역에 있는 어떤 도시도 지진의 방향과 같은 방향으로 건설되어서는 안 되는 것은 바로 이러한 이유 때문이다. 그러나 그러한 경우에도 사람은

---

* 장티이의 『세계여행』. 뷔퐁의 인용에 따름. 그는 또 지진이 일어나는 방향이 거의 항상 큰 강의 방향과 평행하다는 사실을 확증했다.

대부분 다른 의견을 제시한다. 공포심은 사람들에게서 [합리적으로] 생각하는 힘을 박탈하기 때문에, 사람들은 그런 광범위한 불운이 일어날 때 자구책을 세우는 데 신중히 대처해야 할 재해와는 완전히 다른 종류의 해악을 지각한다고 믿는다. 그들은 운명의 가혹함을 자신들이 [신에게] 무조건 따르는 맹목적 복종으로 완화할 수 있다고 상상한다.

지진의 주요 방향은 가장 높은 산맥의 방향을 따른다. 그리하여 산맥 가까이에 있는 지역이 주로 지진의 영향을 받게 된다. 특히 나란히 있는 두 산으로 둘러싸인 경우에 그러하다. 이런 경우 양측에서 생겨난 진동이 결합된다. 이것이 바로 페루와 칠레가 세계의 다른 지역보다도 더 빈번하게 지진으로 흔들리는 이유다. 우리는 이 지역 사람들이 이층집에 대한 대비책을 마련하는 모습을 목격한다. 이층집 중 아래층만 석조로 되어 있고, 위층은 갈대나 가벼운 목재로 지어져 있어, 아무도 그 아래에 깔리지 않는다. 이탈리아나 부분적으로는 한대(寒帶)에 위치한 섬인 아이슬란드조차 그리고 그 밖에 유럽의 높은 지역도 이 점을 확증한다. 작년 12월에 서쪽에서 동쪽으로 프랑스, 스위스, 슈바벤, 티롤, 바이에른에 전파되었던 지진은 특히 이 대륙에서 가장 높은 연봉(連峰, 즉 알프스)을 덮쳤다. 그러나 산맥의 모든 주맥이 그것과 교차하는 지맥을 밀쳐냈다는 사실 또한 알려져 있다. 이러한 지맥들에서 지하의 발화가 점차 확대되어 결과적으로 지진은 스위스 산맥의 높은 지대까지 도달했다. 또 라인강과 평행으로 달리는 돔 형태의 굴을 통해서 저지대 독일까지 달려갔다. 자연이 지진을 특히 높은 지대와 결부하는 이 법칙의 원인은 무엇일까? 지하의 발화가 이러한 지진을 일으키는 것이 분명하다면, 다음과 같은 사실을 쉽게 알 수 있다. 즉 산악지대에 있는 돔 형태의 굴은 평지의 그것보다 넓기 때문에, 가연성 증기의 분출도 평지보다 덜 제한적이며,

결국 발화에 불가결한 지하 지역에 갇힌 공기의 공급도 평지보다 자유롭다. 게다가 인간이 발견할 수 있는 한, 대지의 내적 구성에 관한 인식은, 산악지대 지층은 평지의 지층만큼 두껍지 않으며, 지진에 대한 저항도 평지보다 산악지대에서 훨씬 적다는 점을 가르쳐준다. 그러므로 내 조국[프로이센]에서도 앞에서 말한[리스본] 재난을 두려워할 원인이 있느냐고 묻는다면, 나는 다음처럼 답할 것이다. 도덕의 개선을 전도하는 것이 내 천직이라면, 재난은 어디서도 일어날 수 있으며, 지진도 이것을 부인할 수 없기에 나로서는 재난에 대한 사람들의 공포심을 그대로 둘 것이다. 그러나 신앙심을 일으키는 동인 중에서 지진[에 대한 두려움]에서 기인하는 신앙심이 의심할 여지없이 가장 약할 것이다. 이 논문에서 내가 의도하는 바는 단지 지진이 일어날 수 있는 자연적 근거를 제시하는 일이기 때문에, 내가 지금까지 언급한 것에서 다음과 같은 사실을 쉽게 알 수 있다. 즉 프로이센은 산이 없는 국가일 뿐 아니라, 거의 완전한 평지가 계속된다고 간주되지 않으면 안 되기 때문에, 섭리가 준 대책은 우리에게 그렇지 않은 경우보다 희망을 줄 수 있는 더 큰 원인을 부여한다.

이제 지진의 원인에 관해 무언가 언급할 때가 왔다. 자연철학자가 지진현상을 재현하는 것은 쉬운 일이다. 25파운드[7]의 쇳가루와 같은 양의 사황(砂黃)을 보통의 물과 혼합해서 1피트나 1.5피트 깊이의 땅 I 423 에 묻고, 그 위에다 흙을 단단하게 덮는다. 두세 시간 경과한 후 농축된 증기가 솟아오르고, 땅이 흔들리며, 흙속에서 갑자기 불꽃이 발생한다.[8] 쇠와 사황이라는 이 두 물질이 땅속에서 자주 발견된다는 것, 또 틈새나 바위가 갈라진 곳으로 배어나오는 물이 이 두 물질을 끓는 상태로 만든다는 것은 의심할 여지가 없다. 다른 실험에서도 차가운 물질들을 혼합하면 자동으로 발화(發火)해서 가연성 증기가 생겨나는 현상이 관찰된다. 황산 2퀜트[9]와 보통 물 8퀜트를 혼합해서 쇳가루 2퀜트에 넣으면 격렬하게 비등(沸騰)하고 증기가 발생하는데, 이 증기는 자동으로 발화한다. 충분한 양의 황산과 쇳조각이 땅속에서 결합해 있다는 사실을 누가 의심할 수 있겠는가? 그런데 여기에 물이 추가되어 이들 간의 상호작용을 일으킨다면, 이것들에서 증기가 발생한다. 이 증기는 광범위하게 확장되어 지면을 흔들며, 활화산의 화구에서 화염이 되어 갑자기 분출한다.

오랫동안 관찰되었지만, 활화산이 인근에 분화했던 지역에는 둘러싸여 있던 증기가 출구를 발견함으로써 격렬한 지진을 면하게 된다. 잘 알려진 것처럼, 베수비오산[10]이 오랫동안 휴면상태였을 때 나폴리 주변에 가공할 만한 지진이 대단히 자주 발생했다. 이런 방식으로, 우리에게 끔찍스러운 것을 주는 것이 종종 이익을 가져다준다. 만약 포르투갈의 산맥에서 활화산이 화구를 열어놓으면, 그것은 재난이 멀리 물러가는 전조가 될 수 있다.

어느 불행한 만성절(萬聖節)[11]에 많은 해안에서 감지되었던 격렬한 물의 운동[12]은 이 사건과 관련해서 가장 놀랄 만한 관심과 연구 대상이다. 잘 알려져 있듯이 지진이 해저까지 확장되며, 배가 마치 지상의 지진에서 경험하는 것과 같이 해저에서도 격렬하게 진동한다. 그러나 큰 파도가 일어났던 지역에서는 지진의 어떤 흔적도 감지되지 않았다. 적어도 해안에서 어느 정도 떨어진 데서는 전혀 느낄 수 없었다. 그럼에도 이러한 물의 운동은 그 예가 드물지 않다. 1692년에 상당히 광범위하게 영향을 준 지진이 있었지만, 이때도 네덜란드, 잉글랜드, 독일의 해안에서 유사한 것이 관찰되었다. 들리는 바에 따르면 [리스본 가까이에 있는] 해안의 이러한 높은 파도의 기원을 포르투갈 해안의 해수가 지진의 직접적 충격을 받아 계속 진동하는 것이라고 믿는 사람들이 많으며, 그것 또한 이유가 없지는 않다. [그러나] 이러한 설명은 처음에는 어려움에 처한 것처럼 보인다. 나

I 424

는 아주 잘 이해할 수 있는데, 유체(流體)의 전체[13]에 걸쳐 모든 압력이 감지될 수밖에 없지만, 어떻게 해서 포르투갈 바다의 해수 압력이 수백 [독일] 마일 뻗쳐나간 후 글뤼크슈타트와 훔줌[14) 근처의 물을 거의 몇 센티미터 높이로 들어올릴 수 있을까? 거의 눈에 띄지 않을 정도의 파도를 독일에서 일으키는 것만으로도 포르투갈에서는 산 높이의 홍수가 발생해야 한다고는 생각하지 않을까? 이러한 물음에 대한 내 대답은 다음과 같다. 유체가 어떤 장소에서 작용하는 원인에 따라 그 전체에 걸쳐 진동하는 방식에는 두 가지가 있다. 첫째는 상승하고 하강하는 진동운동으로, 즉 파도와 같은 형태로 움직이는 것이고, 둘째는 돌발적으로 생기는 압력이 물을 그 내부에서 흔들어 마치 고체처럼 움직여 물이 상하로 파도를 쳐서 충격을 완화하거나 운동을 서서히 넓혀나가거나 하는 틈을 주지 않는 것이다. 첫째 대안은 의심할 여지없이 이 사건에 대한 설명으로는 불충분하다. 그러나 둘째[대안]에 관해 말한다면, 어떻게 해서 물이 갑작스럽고 격렬한 압력에는 고체처럼 저항하고, 인접해 있는 물이 수평보다 높이 올라가는 것을 허용하지 않도록 이 압력 작용이 격렬하게 옆으로 전달되는지 고려한다면, [그리고] 예를 들어 카레[15] 씨가 『자연론』 제2부(파리 왕립과학아카데미, 549쪽)에서 2인치[16) 판자로 만들어진 상자에 물을 가득 채워 탄환을 발사했는데, 이 타격으로 물이 압축되었으므로 상자는 완전히 파열되었다고 하는 실험에 관해서 보고했지만, 이 실험을 고찰한다면, 물이 지진에 의한 운동의 원인이 되는 방식을 어느 정도 이해할 수 있다. 성 빈센트 갑(岬)에서 피니스테레 갑까지 약 100독일 마일에 걸쳐 포르투갈과 스페인의 서쪽 해안 전체가 지진으로 진동된다는 것 그리고 이 지진이 서쪽의 바다에도 그것과 같은 거리를 떨어져 있는 데까지 미친다고 가정한다면, 해저의 1만 독일 제곱마일이 돌발적인 진동으로 상승하게 되고, 저 지진의 속도가 위에 ⅠⅠ 425

놓여 있는 물체를 15피트 높이로 공중으로 던져버리며, 그리하여 (역학의 원리에 따라) 초속 30피트로 물체를 밀쳐낼 수 있는 지뢰의 운동과 같다고 보더라도 과장된 것은 아니다. 이 갑작스러운 동요에 대해 위에 있는 물은 저항하게 되므로, 그 물은 느린 운동의 경우에 일어나는 것처럼 힘을 잃고, 파도가 되어 오르내리는 것이 아니라, 전 압력을 받아서 주위의 물을 몰아내게 된다. 이렇게 급격한 압박이 있는 경우 물은 고체로 간주될 수 있을 정도이며, 이 물체가 향하는 측의 끝은 이쪽 끝을 몰아붙이는 것과 완전히 같은 속도로 밀쳐낸다. 따라서 (이러한 표현을 써도 좋다면) 액체상태의 모든 들보[17]에서는, 가령 이 들보가 200독일 마일 길이든 300독일 마일 길이든 관계없이 이것이 향하는 측의 끝과 이쪽 끝에서 개구부(開口部)의 폭이 같고 관(管) 안에 밀폐되어 있다고 간주한다면, 운동의 감소는 전혀 생겨나지 않는다. 그러나 향하는 쪽의 개구부가 더 크다면, 개구부를 통과하는 운동은 반비례해서 감소할 것이다. 계속된 물의 운동은 자신의 주위에서 원처럼 퍼져 나간다고 생각하지 않으면 안 되지만, 이것의 범위는 중심에서 멀어지면서 감소하게 된다. 그래서 그것의 한계에서 물의 흐름이 그만큼 더 감소한다. 그 때문에 진원이라 생각되는 지점에서 300독일 마일 떨어져 있는 홀슈타인 해안에서 물의 흐름은, 앞서 말한 진원에서 약 50독일 마일 떨어져 있는 포르투갈 해안의 그것보다 6분의 1 크기일 것이다. 그러므로 홀슈타인 해안과 덴마크 해안의 운동은 1초간 충분히 5피트를 나아가겠지만, 이것은 유속이 대단히 빠른 강의 힘[18]에 필적한다. 이러한 추정에 이의를 제기할 수도 있다. 즉 북해의 수역에 수압이 전파되는 데에는 칼레의 해협을 통과하지 않으면 안 되지만, 그것의 동요는 넓은 바다로 퍼져나갈 때 현저하게 약해지지 않을 수 없다고 이의를 제기할 수도 있다. 그러나 해협에 도달하기 전에 프랑스 해안과 잉글랜드 해안 사이의 수압은 양쪽 해안 사이에 끼여서 압축된 결과, 이어서 확장에 따라 감소될 뿐 증대될 수 없다는 사실을 고려한다면, 홀슈타인 해안에서 동요의 크기는 앞서 고려한 것과 큰 차이가 없을 것이다.

이러한 수압 현상에서 가장 의외인 것은 수압이 바다와 시각적으로 전혀 연결될 수 없는 육지의 호수, 예를 들면 템플린[19] 근교의 호수나 노르웨이의 호수에서조차 감지된다는 사실이다. 이 점은 육지 I 426 에 둘러싸인 호수와 바다 사이에 지하에서 연결되어 있다는 사실을 증명하기 위해 과거에 제시된 모든 증거 가운데 거의 가장 유력한 것인 것처럼 보인다. [물의] 균형이라는 점에 근거한 난점을 회피하려면, 호수의 물은 호수를 바다와 연결하는 수로를 통해 부단하게 아래쪽으로 흘러간다고 생각하지 않으면 안 된다. 그러나 지하의 이런 수로는 좁기 때문에 그리고 이런 방식으로 유실되는 물은 흘러들어오는 작은 내[川]나 강에 의해 충분히 보충되기 때문에 식별될 수 없다.

그럼에도 그러한 드문 사건에 대해서는 너무 성급한 결론을 내려서는 안 된다. 내륙에 있는 호수의 교란은 다른 원인들에서 귀결하는 일이 불가능하지 않기 때문이다. 즉 지하의 공기가 맹렬한 불을 통해 운동하게 되고, 맹렬한 폭발이 일어나는 경우가 아니라면 공기의 모든 통로를 막고 있는 지층의 균열로 앞으로 나아갈 수 있기 때문이다. 자연은 자신을 단지 서서히 드러낼 뿐이다. 우리는 자연이 우리에게 숨기고 있는 것을 허구에 따라 성급하게 발견하려 해서는 안 되고, 자연이 명료한 활동에서 자신의 비밀을 드러낼 때까지 기다려야 한다.

지진의 원인은 대기권까지 영향을 확대하는 것처럼 보인다. 지진이 발생하기 몇 시간 전에 종종 하늘이 붉게 되고 대기 모습이 변화하는 등 다른 전조가 관찰되었다. 동물은 지진이 일어나기 직전에 공포를 느낀다. 새는 집에서 달아나고, 쥐와 생쥐는 굴에서 달아난다. 이 순간 의심할 여지없이 발화점에 도달한 뜨거운 증기가 대지의 외피 상층의 돔을 돌파한다. 어떤 결과가 예상되는지 나는 감히 정확하게 이야기할 수 없다. 그러나 적어도 그것들은 자연철학자에게 즐거운 일은 아니라고 [말할 수 있다]. 다음과 같은 의문이 생겨나기 때문이다. 즉 지하의 대기가 지상의 대기와 혼합해서 작용할 때 대기권의 변화가 일어나게 하는 법칙을 탐구하겠다는 어떤 희망이 자연철학자에게 있을 수 있을까? 그리고 이러한 일이 종종 발생하지 않으면 안 된다는 사실을 의심할 수 있을까? 만약 그것을 의심한다면, 기후 변화의 원인은 어떤 경우에는 항상적이고 어떤 경우에는 주기적이라서 이런 변화에서 규칙성이 존재하지 않는다는 사실을 어떻게 설명할 수 있겠는가?

I 427   주해. 앞선 호[20]에서 기술된 아이슬란드의 지진 날짜는 『함부르크 잡지』 제199호의 보고에 따라서 11월 1일이 아니라 9월 11일로 정정해야 한다.

이 고찰은 최근에 발생했던 기억할 만한 자연 사건에 관한 작은 예비적 과제로 간주해야 한다. 이번 지진은 중요하고 여러 가지 면에서 독특하기 때문에, 그것의 상세한 내용, 유럽 여러 나라에 이 지진이 전파되었다는 것, 이번에 나타났던 주목할 만한 것들, 이런 것들로 나타난 여러 고찰을 자세한 논문으로 공중(公衆)에게 전달하고자 한다. 이 논문은 며칠 후 왕립왕궁학술인쇄소에서 출판될 것이다.

1755년 말
지구의 상당한 부분을 강타했던 지진에서
가장 주목할 만한 사건들에 관한
역사와 자연기술

일러두기

1. 『1755년 말 지구의 상당한 부분을 강타했던 지진에서 가장 주목할 만한 사건들에 관한 역사와 자연기술』(*Geschichte und Naturbeschreibung der merkwürdigsten Vorfälle des Erdbebens, welches an dem Ende des 1755sten Jahres einen großen Theil der Erde erschüttert hat*) 번역은 학술원판(Immanuel Kant, *Vorkritische Schriften I 1747~1756*, in *Kant' gesammelte Schriften*, hrsg. von der Königlich Preußischen Akademie der Wissenschaften, Bd. I, pp.429-461, Berlin, 1902/10)을 대본으로 사용했다.

1755년 말
지구의 상당한 부분을 강타했던 지진에서 가장 주목할 만한 사건들에 관한 역사와 자연기술

자연이 도처에 희귀한 것들의 보고(寶庫)를 펼쳐놓아 우리에게 관 찰과 찬탄을 일으키는 것은 헛된 일이 아니다. 대지의 가정(家庭)을 위임받았던 인간은 그것을 아는 능력과 알고자 하는 욕구를 가지고 있으며, 자신의 통찰로 창조자를 찬양한다. 육지의 동요, 해저까지 흔들리는 바다의 광포함, 활화산처럼 인류에게 재난을 가져다주는 끔찍스러운 도구조차 인간에게 관찰하라고 촉구한다. 또 이런 것들은 오직 더 친숙하기 때문에만 더욱 자연스럽게 생각되는 재난의 다른 익숙해진 원인 못지않게 불변적 법칙들의 정당한 귀결로서 신이 자연 안에 심어놓은 것들이다.

이러한 끔찍한 사건들에 대한 관찰은 도움이 된다. 그러한 관찰은 인간에게는 어떠한 권리도 없다는 사실을, 또 적어도 인간은 신이 명령한 자연법칙에서는 유쾌하기만 한 결과를 기대할 수 없다는 사실을 인간이 알 수 있도록 해줌으로써 인간을 겸손하게 만들어준다. 이렇게 함으로써 아마도 인간은 자신의 욕망이 꿈틀거리는 이러한 활동무대[1]가 자신이 지향하는 목적을 합당하게는 포함하지 않을 것이라는 사실을 깨닫는 법도 배울 것이다.

예비적 고찰[2)]
대지 내부의 성질에 관하여

우리는 지표의 넓이에 관한 것이라면 완전히 알고 있다. 그러나 우리 발아래에는 현재 우리가 거의 알지 못하는 다른 하나의 세계가 있다. 측심용 추로는 측량할 수 없는 협곡을 드러내 보이는 산악의 균열, 산악 내부에서 발견하는 동굴, 수세기에 걸쳐 확장해온 가장 깊이 있는 광산의 갱도(坑道) 정도로는 우리가 거주하는 거대한 덩어리[3)]의 내부구조에 관해 명료한 인식을 가지기에는 턱없이 부족하다.

인간이 육지의 가장 상부의 지표에서 출발하여 도달했던 가장 깊은 지점은 500길[4)]에 미치지 못한다. 즉 [인간은] 지구 중심까지 거리의 6,000분의 1에도 도달하지 못한다. 그러나 이들 동굴은 산악 속에 있으며, 심지어 전체 육지조차 하나의 산악이다. 여기에서 우리는 단지 해저와 같은 깊이에 도달하는 데만 적어도 [500길의] 3배 더 깊이까지 내려가야 한다.

그러나 자연은 우리 눈이나 직접적 탐구에서 은폐하는 것들을 여러 작용[5)]으로 드러낸다. [최근의] 지진은 지표가 돔이나 동굴로 가득 차 있으며, 우리 발아래에는 은폐된 갱도가 다양한 미로의 형태를 띠며 도처에 지나간다는 사실을 보여준다. 지진의 역사가 드러내는 과정을 따라가보면 이것은 의심할 여지가 없다. 우리는 이들 동굴을 해저를 야기했던 것과 동일한 원인에 귀속시켜야 한다. 왜냐하면 다음은 확실하기 때문이다. 즉 대양(大洋)이 이전에 육지 곳곳을 덮어버림으로써 남아 있었던 유물, 산악 내부에서도 발견된 광대한 넓이의 조개껍질 퇴적, 가장 깊은 갱도에서 발굴된 화석화한 해양생물에 관해 단지 어느 정도 알게 되면, 다음 사실이 쉽게 이해될 수 있다. 첫째로 대양이 일찍이 장기간에 걸쳐 전체 육지를 덮었다는 것, 둘째로 이런 범람상태가 오랜 시간 지속되었고, 이것이 노아의 홍수보다 앞서 발생했다는 것, 마지막으로 해저가 때때로 깊은 동굴 밑으로 함몰되고, 물이 흘러들어가는 깊은 저수지를 형성하여 그 기슭으로 둘러싸여 결국 물이 퇴각하게 되었다는 것이 그것들이다. 동시에 이렇게 함몰된 주위의 고지가 육지로 되었고 육지 내부 도처에 동굴이 생겼다. 육지는 가파른 봉우리들로 덮였는데, 우리는 그것들을 산맥이라고 한다. 이 봉우리들은 육지의 가장 높은 지대에서 육지가 상당한 길이로 뻗어 있는 것과 같은 방향을 따라 달린다.

이 모든 동굴은 타오르는 불 또는 적어도 가연성 물질을 포함한다. I 433 이 물질은 약간의 자극으로도 격렬하게 반응해서 자기 주위를 산산이 파괴하거나 심지어 동굴을 덮은 지면을 뒤흔들어 산산조각 낸다.

이 지하에 있는 불의 전체 영역의 범위를 고찰한다면, 우리는 불의 작용을 때로 감지하지 못하는 육지는 지상에서 거의 없다는 점을 인정해야 한다. 가장 멀리 떨어진 북쪽에서는 아이슬란드섬이 가장 격렬하고 빈번하게 지진에 노출되어 있다. 잉글랜드와 심지어 스웨덴에서도 미진이 약간 있었다. 그럼에도 지진은 남방의 육지, 즉 적도 가까이에 있는 육지 쪽이 북방보다 빈번하고 격렬하게 일어난다. 이탈리아와 적도 인근 모든 바다의 섬, 특히 인도양의 섬은 지면의 동요에 빈번하게 노출되어 있다. 인도양의 섬 중에는 현재 여전히 불을 뿜거나 적어도 과거에 뿜었던 산악이 없는 섬은 거의 하나도 없으며, 불을 뿜는 지진에 거의 빈번하게 노출되어 있다. 이런 이유 때문에 휘브너[6]의 보고를 신뢰할 수 있다면 네덜란드 사람들은 멋진 예방책을 사용한다. 반다와 암보니아[7]라는 두 섬에서만 재배하도록 허용된 육두구와 정자나무[8]에서 나오는 고가의 향신료를 두 섬 중 하나가, 예를 들면 지진에 괴멸되는 운명을 겪는 경우 절멸 위험에 노출되지 않도록 그들은 신중하게 대처하여 이들 섬에서 아주 멀리 떨어진 다른 섬에 늘 두 식물의 모를 재배해둔다. 적도 가까이에 있는 페루나 칠레는 세계의 어떤 곳보다도 이런 비운을 빈번하게 겪는다. 페루에서는 가벼운 진동이라도 몇 번 감지하지 못하고서 지나가는 날은 거의 하루도 없다. [그러나] 이것을 북방보다 훨씬 큰 태양열이 이들 양국의 토양에 작용하는 결과로 간주할 수 있다고 상상해서는 안 된다. 40피트 깊이도 안 되는 지하실에서도 여름과 겨울의 온도차는 거의 감지되지 않기 때문이다. 마찬가지로 태양열은 발화 물질을 유발하고 운동시킬 만큼의 토양 깊이까지 침투할 수는 없다. 오히려 지진은 지하 동굴의 성질에 따라 결정된다. 그리고 지진은 지표의 가장 상층

I 434부 지각(地殼)의 함몰을 최초로 일으켰던 법칙에 따른다. 또 함몰은 적도에 가까이 있으면 있을수록 더 깊고 더욱 다양한 만입(灣入)을 형성했지만, 이로써 지진의 원인이 되는 불 잘 붙는 물질[9]을 포함하는 갱도가 더 확장되며, 결과적으로 점화도 좀더 쉽게 된다.

지하도가 이러한 형태를 지닌 것은 지진이 거대한 육지로 광범위하게 확장되는 일, 지진이 연이어 뒤따르는 진로의 범위, 지진이 가장 빈번하게 발생한 장소와 최초로 시작된 장소에 관해서 다음과 같은 것을 이해하는 데 적지 않게 중요하다.

이제 나는 가장 최근의 지진 자체에 관해 이야기하고자 한다. 이로써 내가 이해하고자 하는 것은 사람들이 그 지진이 일어난 결과 겪었던 불운한 예들에 대한 이야기도 아니고, 지진의 파편더미에 파괴된 도시와 주민들의 기록도 아니다. 상상력이 눈에 그릴 수 있는 모든 끔찍스러운 것은 다음을 위해서 전부 함께 취합할 필요가 있다. 즉 그것은 바로 대지가 사람들의 발아래서 동요할 때, 그들 주위의 모든 것이 지면에서 붕괴될 때, 해저가 동요를 일으킴에 따라 물이 범람함으로써 불운에 박차를 가할 때, 더 나아가 죽음에 대한 공포와 전 재산을 잃은 데서 생겨나는 절망감으로 결국에는 다른 사람의 비참함

을 목격하고 나서 어떤 의연한 용기도 좌절하게 될 때 사람들이 경험하지 않으면 안 되는 공포를 조금이나마 이해하기 위해서다. 그러한 사건들을 이야기하면, 그것은 사람들의 마음을 움직일 테고, 마음에 그러한 영향을 주어 아마도 사람들의 마음을 개선하는 결과를 가져올 것이다. 그러나 나는 이러한 이야기는 나보다 솜씨가 정교한 사람들에게 맡겨놓겠다. 나는 여기에서 자연이 하는 일과 끔찍스러운 사건을 수반한 불가사의한 자연적 사태와 그 원인들을 서술하는 일만 하겠다.

최근 지진의 전조에 관하여

뒤이어 나타난 결과 그렇게 끔찍스러운 일로 증명된 지하 발화의 서곡을 나는 스위스 로카르노에서 작년[즉 1775년] 10월 14일 아침 8시에 지각된 대기 현상 중에서 보았다. [그 지역 위에] 마치 오븐에서 발하는 것처럼 더운 증기가 확산되더니 두 시간 안에 붉은 안개로 변모했다. 저녁 무렵에는 진홍색 비로 발전했는데, 이 비는 그것이 쌓여서 [그 부피의] 9분의 1의 붉은 점착성 침전물을 만들어냈다. 동시에 6피트 깊이의 눈도 비슷하게 붉은색이 되었다. 이 붉은 비는 40시간 동안 목격되었고, 약 20독일 평방 마일 지역에 퍼졌으며, 스바비아까지 퍼져나갔다. 이런 대기 현상에 이어 자연스럽지 않게 억수 I 435 같은 비가 쏟아졌으며, 3일 만에 수위가 23인치[10]나 되었는데, 이것은 보통 정도의 습도를 나타내는 한 지방의 1년 강수량을 넘어선다. 이 비는 전 기간에 동일하게 격렬하지는 않았지만 14일간 계속되었다. 스위스의 산지를 수원으로 하는 롬바르디아의 여러 하천이나 론 강도 범람했다. 그 이후 끔찍스러운 폭풍이 대기를 덮치더니 도처에서 잔인하게 맹위를 떨쳤다. 11월 중순처럼 늦은 시기에도 울름에서는 여전히 진홍색 비가 내렸으며 대기의 교란, 이탈리아의 회오리바람, 극도로 습한 기후가 계속되었다.

이러한 현상의 원인과 결과를 이해하려면, 이런 일이 발생하는 장소의 지면이 어떤 성질인지 주목해야 한다. 스위스 산악지대는 모두 그 아래에 광범위한 동굴을 가지고 있으며, 그것은 의심할 여지없이 가장 깊은 지하의 길과 연결되어 있다. 슈이처[11]는 특정한 시기가 되면 바람을 일으키는 거의 20개의 틈을 벌린 심연을 셀 수 있었다. 그런데 이러한 동굴 내부에 은폐되어 있는 광물이 비등의 원인이 되는 액체와 혼합되어 내부에서 발효하게 되고, 그렇게 됨으로써 이 광물이 발화하기 위해 가연성 물질을 준비해서 며칠 안에 완전하게 폭발하게 된다고 가정해보자. 예를 들면 초산의 성질 안에 포함되어 있으면서 자연에 반드시 구비되어 있는 산(酸)이 불이 유입되거나 아니면 다른 원인으로 운동하게 되고, 철광석과 충돌하여 그것을 부식시킨다고 가정해보자. 이 물질들은 그것들이 혼합될 때 발화하여 붉은 색깔의 뜨거운 증기를 산악지대의 균열된 틈으로 분출한다. 이때 비등은 격렬해지고, 붉은 철광석 입자들이 혼합됨과 동시에 이들 증기에 의해 위로 운반되며, 이것이 원인이 되어 앞서 언급했던 점착성의 진홍색 비가 내리게 된다. 그러한 증기의 본성은 대기의 확장력[12]을 약화시켜 대기 중에서 표류하는 수증기를 모아서 유동화하는 경향이 있다. 또 기압이 내려가는 지역을 향해서 자연스럽게 기우는 기압의 계곡 때문에 대기 주변에서 표류하는 습한 모든 구름이 응축되면, 이것이 원인이 되어 방금 언급한 지방에서 비가 격하게 지속적으로 내리게 된다.

I 436 이런 방식으로 지하의 비등은 은폐된 깊은 장소에서 준비해두었던 재앙을 분출하는 증기로 예고했던 셈이다.* 그런 다음 운명은 서

서히 완성을 향해 발을 내디뎠다. 비등한다고 해서 곧바로 발화하지는 않는다. 비등하고 열을 받은 물질이 발화하려면 가연성 기름, 유황, 천연 아스팔트 또는 그것과 유사한 어떤 것과 만나야만 한다. 뜨거워지는 과정은 장기간에 걸쳐 그때그때 지하의 길로 확대되며, 용해되었던 가연성 물질이 다른 물질과 혼합되어 발화점에 이르기까지 가열된 순간에 대지의 돔은 흔들리게 되며, 재앙은 완결을 맺게 된다.

1755년 11월 1일의 지진과 물의 운동

이러한 충격이 일어난 순간은 리스본에서는 정확하게 9시 50분이었다. 이 시간은 마드리드에서 관찰된 시간, 즉 양 도시 간 거리 차이를 시간 차이로 환산한 10시 17분에서 18분과 정확하게 일치한다. 동일한 시간에 수역(水域)은 놀랄 만큼 광범위한 지역에서 흔들렸는데, 대양과 가시적으로 연결되어 있는 수역뿐만 아니라 비가시적으로 대양과 연결되어 있는 수역까지 미쳤다. 핀란드의 아보에서 서인도제도의 아르키펠라구스[13]에 이르기까지 흔들리지 않은 해안은 거의 없었거나 전혀 없었다. 흔들림은 동시에 거의 1,500마일에 걸쳐 밀어닥쳤다. 엘베 강가의 글뤼크슈타트에서 흔들림이 감지된 시간이 공식 뉴스 보도로 오전 11시 30분이었다는 사실이 신뢰할 만하다면, 물의 운동은 리스본에서 홀슈타인 해변까지 가는 데 15분 정도 걸렸다고 결론 내릴 수 있다. 흔들림은 동시에 지중해의 모든 해안에

---

* 지진 8일 전 카디즈 근처의 대지는 땅속에서 기어나온 많은 벌레로 뒤덮였다. 이들 벌레는 위에서 언급했던 원인으로 기어나왔다. 여러 다른 지진은 격렬한 번개와 동물 속에서 관찰된 두려움이 전조였다.

서 정확하게 이 시간 안에 감지되었다. 흔들림이 미친 범위가 전부 어디까지인지는 아직 알려지지 않았다.

바다와 연결이 완전히 끊어진 것처럼 보이는 육지 안에 있는 샘이나 호수와 같은 수역은 멀리 떨어져 있는 육지들에서 의외로 동시에 흔들거렸다. 스위스의 호수 대부분, 브란덴부르크 템플린 인근의 호수, 노르웨이나 스웨덴의 몇몇 호수는 폭풍에서보다 파도에서 훨씬 더 격렬하고 혼란스러웠다. 그러나 대기는 그때 조용했다. 보고가 신뢰할 만하다면 노이체텔 근교의 호수는 숨어 있는 틈 속으로 흘러들어갔으며, 마이닝겐 근교의 호수[14]는 마찬가지로 이처럼 되었으나 곧바로 회복되었다. 또 몇 분 후 뵈멘의 퇴플리츠[15] 광천수가 갑작스럽게 흐름을 멈추었고, 잠시 뒤 진홍색이 되어 흘렀다. 물은 밀치는 힘으로 이전 수로를 확장하여 점점 더 강하게 유입되었다. 그 도시 주민들은 기쁘게 「하느님 우리는 주를 찬양합니다」[16]를 노래 불렀지만, 리스본 주민들은 완전히 다른 톤으로 노래를 불렀다. 인류를 강타한 사건의 성질은 그런 것이다. 어떤 사람들의 즐거움과 다른 사람들의 불행은 가끔 동일한 원인에 기인한다. 아프리카의 페즈 왕국에서는 지하의 맹위가 산을 파열했고, 그것은 심연에서부터 진홍색 흐름을 쏟아 부었다. 프랑스의 앙글램 근교에서는 지하에서 굉음이 들렸고, 깊은 지하의 틈이 지상으로 입구를 열었으며, 깊이를 측량할 수 없는 물이 분출되었다. 프로방스의 제메노에서는 샘이 돌연히 탁해지고, 그다음에는 적색으로 되어 분출한 것이 보도되었다. 이들 모두는 지진이 포르투갈 해안을 황폐하게 했던 몇 분 안에 발생했다. 바로 같은 짧은 시간 안에 멀리 떨어진 육지에서도 여러 번 지진이 발생했다. 그러나 그들 중 거의 모두는 해안 근처에 집중되었다. 아일랜드의 콕에서는 글뤼크슈타트와 바다 근처에 자리 잡은 다른 여러 지역에서처럼 미진(微震)이 있었다. 밀라노는 그날 해안에서 가장 멀리 떨어져서 지진을 경험한 지역일 것이다. 같은 날 오전 8시에 나폴리 근교의 베스비오산이 분출하다가 지진이 포르투갈에서 발생했을 때 정지했다.

이러한 물 운동의 원인에 관한 고찰

유럽의 수역과 육지 대부분을 광범위하게 교란했으며, 불과 몇 분안에 동시에 감지된 지진은 역사상 유례를 찾아볼 수 없다. 그래서 이러한 독특한 사건에서 지진의 원인을 밝혀내는 데 신중할 필요가 있다. 앞서 언급했던 것과 같은 자연의 사건을 산출할 수도 있는 다 I 438 음과 같은 원인에 특히 주목할 수 있다. 우선 그중 하나는 바다의 일반적 흔들림은 어디에서든 그 장소의 바로 아래인 해저의 흔들림에 따른 것이다. 그러나 이러한 지진을 일으켰던 화맥(火脈)이 해저의 아래서만 달리고 있고, 바다와 밀접하게 연결되어 가끔 이들을 차단하고 있는 육지까지 연장되지 않는 이유는 무엇인지 지적해야 한다. 북해 해안의 글뤼크슈타트에서 발트해의 멕클렌부르크 만안(灣岸)의 뤼벡까지 뻗쳐나간 육지의 이러한 흔들림이 어떻게 해서 홀슈타인에서는 감지되지 않는지를 설명하기는 어려울 것이다. 홀슈타인은 북해와 발트해 사이에 있는데, 그곳에서는 해안에서 단지 대단히 작은 떨림만이 감지되었을 뿐이고 내륙에서는 전혀 감지되지 않았다. 그렇지만 가장 설득력 있는 논지는 템플린 근교의 호수나 스위스와 기타 다른 곳 호수에서 발생했던 것과 같은, 바다에서 아주 멀리 떨어진 곳의 물이 파도를 일으켰다는 사실이다. 용이하게 알 수 있는 사실이지만, 물을 그렇게 심하게 흔들리게 하려면 충격은 상당할 정도가 되어야 한다. 그렇다 하더라도 무엇 때문에 이 강력한 지진이 그 밑에 화맥이 당연히 달리는 것이 틀림없는 주변 육지에서 감지되지 않았을까? 쉽게 알 수 있는 것은 모든 증거가 이러한 견해에 반한다는 사실이다. 화약고가 폭발할 때 어느 정도 거리에 있는 대지가 흔들리는 것처럼, 어떤 장소에서 발생한 격렬한 타격에 대지 주위 고체 덩어리 자체에 흔들림이 전달된다는 생각은, 위와 같은 경우에는 당연하겠지만, 이미 언급했던 이유 때문에 그리고 아마도 범위가 넓기 때문에 개연성을 상실하게 된다. 이 범위는 그것을 육지의 전 범위와 비교한다면 상당한 부분을 이루기 때문에 이러한 흔들림은 필연적으로 전 지구의 흔들림을 일으키지 않으면 안 된다. 그런데 뷔퐁[17)]이 가르치는 바에 따르면, 길이 1,700마일, 폭 400마일의 산맥을 높이 1마일까지 던질 수 있는 지하 불이 폭발하더라도 지구의 위치는 1인치도 움직이지 않는다.

I 439   그리하여 우리는 이 물이 운동하는 넓이를 광범위한 흔들림을 전달하는 데 더 적합한 중간물질에서 찾지 않으면 안 된다. 여기에서 중간물질이란 해수역 자체로 해저의 직접적 흔들림으로 급격하게 흔들리는 것과 결합해 있다.

『쾨니히스베르크 주간소식』에서 나는 해저에서 비롯된 흔들리는 타격으로 전체 바다가 흔들리게 되는 힘[18)]을 측정하고자 했다. 이때 나는 흔들렸던 영역이 단지 정사각형으로 보았을 때 그 한 변이 성 빈센트 갑(岬)과 피니스테르 갑 사이의 거리, 즉 포르투갈과 스페인 서해안의 길이와 같다고 가정했고, 갑자기 동요하는 해저의 힘을, 그 위에 존재하는 물체를 높이 15피트까지 상승시킬 수 있는 지뢰의 힘과 같은 것으로 간주했다. 유체 중에서 운동을 전달하는 장소의 법칙에 따라서 볼 때 홀슈타인 연안에서 보여준 힘이 가장 빠른 속도로 충돌하는 흐름보다도 더 강하다는 사실을 발견했다. 여기서는 이러한 원인에 기초해서 발휘했던 힘을 다른 관점에서 고찰해본다. 마르시글리 백작[19]은 지중해의 최저 심층부가 8,000피트 이상이라는 점을 측심용 추를 사용하여 발견했다. 육지에서 상응해서 떨어져 있는 대양이 더욱 깊다는 것은 확실하지만, 우리는 여기에서 그것을 단지 6,000피트, 즉 1,000길이라고 가정했다. 그렇게 높이 기둥을 이루는 해수가 해저에 가하는 압력은 기압의 거의 200배 이상을 넘는 것이 틀림없다. 또 이 압력은 무거운 대포[20]에서 탄환을 발포할 때 100길의 거리를 나는 발화의 위력을 훨씬 상회함이 틀림없다는 사실을 알고 있다. 이 거대한 하중은 지하의 불이 해저를 재빠르게 압력을 가해 상승시키는 힘을 억제할 수 없었다. 따라서 이 상승시키는 운동의 힘[21]은 더 크게 증가했다. 그런 다음 갑자기 사방으로 물이 튀어 나가려면 그 물에 어느 정도 압력을 가해야 할까? 그것도 몇 분 안에 핀란드와 서인도제도에서 동시에 그 충격이 느껴진다면, 그것은 불가사의한 일이 아닐까? 이 직접적인 흔들림의 영역이 얼마나 큰지는 전혀 알 수 없다. 그것은 우리가 상상했던 것보다 훨씬 클 것이 틀림없다. 그러나 물의 운동이 지진 없이 감지되었던 데에서는, 즉 독일, 영국, 노르웨이 해안과 발틱해에서는 확실히 해저에서 그것이 발견되지 않았다. 만약 해저가 흔들렸다면, 육지도 또한 의심할 여지없이 I 440 그 내부에 이르기까지 흔들리겠지만, 그러한 사실은 전혀 관측되지 않았다.

나는 대양의 상호결합된 모든 부분의 격렬한 진동을 일정한 영역의 해저에 가하는 단 하나의 충격[22]에 귀속시키지만, 그렇다고 해서 지하의 불이 거의 전 유럽의 육지 아래에서 실제로 확대되고 있다는 사실을 부정하고 싶지는 않다. 이 두 사건은 대개 동시에 발생했고, 잇따라 일어나는 현상들에서 이 두 사건은 일정한 분담을 했다. 따라서 어느 쪽도 개별적으로는 전체 결과의 유일한 원인이 되지는 못했다. 갑작스러운 충격을 느끼게 했던 북해의 물의 동요는 지하에서 발생한 지진의 결과가 아니었다. 동요가 그러한 결과를 가져오려면 대단히 격렬했어야 하며, 필연적으로 육지에서 쉽사리 감지되었어야 했다. 그러나 모든 육지에서조차 그 지하에서 타오르는 증기 또는 다른 원인의 약한 힘에 경미하게 흔들렸다는 사실을 부정하고 싶지 않다. 이러한 사실은 같은 날 [즉 1755년 11월 1일] 전체적인 붕괴라는 모진 위험에 처했던 밀라노에서 분명하게 드러난다. 이런 의미에서 육지가 약하게 움직인다고 가정해보자. 이 운동은 100라인랜드 루테[23]에 걸쳐서 지면을 1인치[24] 정도 앞뒤로 흔들기에 충분한 크기였다. 이 운동은 높이 4루테의 건물이 반 그란[25] 정도, 즉 나이프 칼의 반분 (半分) 정도도 수직 위치에서 그 운동에 따라 움직이지 않을 만큼이어서 감지하기가 어렵다. 이 운동은 최고의 탑 위에서조차 거의 감지될 수 없다. 그러나 호수에서라면 이런 감지될 수 없는 운동도 감지될 수밖에 없다. 왜냐하면 어떤 호수의 길이가 단지 2독일 마일이더라도 호수의 물은 호수 바닥의 아주 경미한 운동만으로도 반드시 상당히 강한 파도를 일으켰을 것이기 때문이다. 이 경우 물은 1만 4,000인치에서 약 1인치 낙차로 파리 센강의 배수 장치가 우리에게 가르칠 수 있는, 실로 빠른 흐름의 진행 속도보다 조금도 작지 않은 진행 속도를 가지고 있기 때문이다. 이것은 몇 번에 걸친 왕복 운동 후 아마 엄청난 운동을 일으킬 수 있을 것이다. 그러나 우리는 육지의 운동을 앞에서 가정했던 크기 정도라고 볼 수 있으며, 다만 육지에서는 그것이 감지되지 않을 뿐이다. 따라서 내륙의 호수 운동은 더욱 명확히 눈에 띄게 된다.

I 441

그리하여 스위스, 스웨덴, 노르웨이, 독일의 모든 내륙에 있는 호수가 육지의 흔들림을 느끼지 않은 채로 이처럼 거칠게 파도가 생겨난다는 사실을 발견하게 되더라도 더 놀랄 일은 아니다. 오히려 놀라운 것은 어떤 호수는 이 교란상태가 계속되는 동안 완전히 사라져버린다는 사실이다. 노이차텔, 코모, 마이닝겐의 호수가 그러했으며, 이들 중 어떤 것은 다시 한번 이미 물로 가득 채워졌는데도 그렇게 되었다. 그러나 이러한 사건은 항상 같은 것은 아니다. 육지의 어떤 호수는 일정한 시간 은폐된 운하를 통해서 사라졌다가, 일정한 시간이 되면 규칙적으로 다시 나타났다. 크라인공국의 치르크니츠호수[26]가 좋은 예다. 이 호수 바닥에 일부 구멍이 나 있는데, 그곳으로 갑자기 물이 빠져나가버렸고 모든 고기가 완전히 사라졌다. 이 일은 성 야고보 축일[27] 전에는 회복되지 않았다. 그곳은 3개월 동안 경작하기에 좋은 땅으로 활용된 후 11월경 갑자기 다시 물이 나타나 호수가 되었다. 이 자연스러운 현상은 수압장치 이중배(二重杯)[28]와 비교하면 잘 설명할 수 있다. 그러나 우리가 논하는 사례에 관해서 다음과 같은 사실을 쉽게 간파할 수 있다. 많은 호수는 그 바닥에 있는 샘을 통해 물을 빨아들이는데, 이 샘의 수원은 주위의 더 높은 곳에 있다. 이 샘의 수원은 물을 가두는 장치인 동굴 안 지하의 가열과 증발 분출로 공기가 소멸됨으로써 동굴로 빨려 들어가지 않을 수 없게 되고, 호수를 빨아들이는 강력한 흡인 장치 역할을 하지 않을 수 없다. 그리고 공기의 평형이 회복되면, 호수는 다시 본래의 출구를 발견한다. 공식적인 뉴스 보도가 마이닝겐의 호수에 관하여 애써 설명하고자 했던 것처럼, 그 호수에는 하천에서 외적으로 유입되지 않기 때문에, 그 호수가 바다와 지하로 연결됨으로써 물높이를 유지한다는 것은 명백히 불합리한 일이다. 평형의 법칙과 바닷물의 염분이 그러한 견해를 반박하기 때문이다.

　지진의 공통 특징은 이 지진이 수원을 교란하는 원인이라는 사실이다. 여기서 나는 일단 막히면서 다른 장소에서 갑자기 분출한 수원이나 매우 높은 곳에서 분출한 수원, 다른 지진에 관한 기록에서 유 　I 442 사한 사건들에 대한 전체 목록을 인용할 수 있지만, 나의 주제에 머물기로 한다. 프랑스에서는 어떤 수원이 막혔던 반면에 다른 수원은 물을 과다하게 방출했던 몇몇 장소에 관한 보고가 있었다. [보헤미아] 퇴플리츠의 광천수가 멈추었으므로, 주민들은 걱정했다. 그러나 그다음 물은 다시 나오게 되었는데, 처음에는 물에 진흙이 섞여 있으며, 그다음에는 진홍색이 되었다. 마지막에는 원래대로 되었는데, 오히려 이전보다도 더 강렬하게 되었다. 페즈 왕국이나 프랑스에서조차 여러 장소에서 물의 변색은 내 생각으로는 또한 수원이 지나는 지층을 통과하는 물과 유황이나 쇳조각이 혼합되어 비등한 증기 때문에 생겨난 것이다. 이 증기는 수원을 포함하는 저수지 내부까지 도달할 때, 상당히 강한 힘으로 샘물을 밀어 넣거나 이 물을 다른 통로로 밀어 넣어서 물의 유출구를 바꾸어버린다.

이상이 11월 1일에 있었던 사건과 이와 동반하여 발생한 희유의 물 운동에 관한 매우 주목할 만한 점이다. 나에게는 완전하게 확실한 듯이 보이는데, 대양 인근에서 발생한 지진이나 아일랜드의 콕, 글뤼크슈타트, 스페인의 여러 장소에서 있었던, 대양과 연결된 수역의 육지 인근에서 발생한 지진은 주로 압축된 해수의 압력에서 기인한다. 또 그것의 강도[29]는 해수가 격돌하는 격렬함이 그것이 만나게 되는 육지의 면적에 배가되는 경우에는 가공할 정도로 커진다는 것이 분명하다. 내 생각으로는 리스본의 재앙은 유럽 서해안 인근 도시의 재앙과 마찬가지로 대양이 교란하는 지역과 관련해서 리스본이 점한 위치에 기인한다. 해수 전체의 위력은 타호강 입구에서는 만이 좁아짐으로써 더 커지고 육지를 이상할 정도로 흔들어버렸음이 틀림없기 때문이다. 만약 물의 압력이 육지의 흔들림에 관여하지 않았다면, 지진은 단지 해안에 있는 도시에서만 분명히 감지될 뿐 내륙에서는 그렇게 분명하게 감지되지는 않았을 것이라는 점을 이상의 사실에서 판단할 수 있다.

이 큰 사건의 최후 현상[30]은 주목할 만한 가치가 있다. 게다가 지진 이후 상당한 시간, 즉 1시간에서 1시간 30분이 지난 후 대양의 물이 무섭게 많아졌고 타호강 수위가 높아졌다. 타호강 수위는 만조 때 최고 높이보다 6피트 더 높은 것으로 나타났으며, 바로 그 직후에는 간조 때의 최저 높이보다 같은 정도 낮게 떨어졌다는 사실이 관찰되었다. 지진 이후 그리고 첫 번째 끔찍스러운 수압 이후 상당한 시간 발생한 대양의 이 운동은 또 결과적으로 도시 세투발[31]의 파멸을 가져왔다. 해수가 그 도시를 폐허로 만들었으며, 지진 피해를 면했던 모든 것을 완전히 파괴해버렸다. 해저 운동으로 닥친 해수의 끔찍스러움을 미리 올바로 이해했다면, 해수의 압력이 거대한 주변 지역에 밀어닥친 후 또 거대한 힘을 갖고 복귀할 수밖에 없다는 사실을 쉽게 이해할 수 있다. 복귀 시간은 해수가 영향을 주었던 지역의 범위에 따라 달라진다. 해안에서 조수의 파도가 영향을 미치는 끔찍한 범위는 또 그것이 덮였던 지역의 범위에 따라 달라진다.*

I 443

11월 18일의 지진

이달 17일부터 18일 사이에 공식 뉴스 보도는 포르투갈과 스페인의 해안에서 그리고 아프리카에서 상당히 큰 지진이 발생했다고 보고했다. 17일 정오에는 지진이 지중해 입구인 지브롤터해협에서 감지되었고, 저녁경에는 잉글랜드 요크의 화이트하벤에서 감지되었다. 그것은 17일에서 18일에 걸쳐 아메리카의 영국 식민지에서 감지되

---

* 후줌항에서는 이 조수의 높은 파도는 12시와 1시 사이에, 즉 북해수역에서 첫 번째 충격보다 1시간 늦게 관찰되었다.

었다. 또한 18일에는 이탈리아의 아쿠아펜덴트 지방과 델라 그로타 지방에서 강하게 감지되었다.*

12월 9일의 지진

뉴스 보도에 따르면, 리스본에서는 11월 1일 이래 피해를 주었던 지진 중에서도 12월 9일 지진만큼 큰 것은 없었다. 이 지진은 스페인과 프랑스 남해안, 스위스 산맥 전역, 스바비나, 티롤을 거쳐 바이에른에서도 감지되었다. 그것은 남서쪽에서 북동쪽에 걸쳐 약 300독일 마일까지 미쳤으며, 유럽 대륙의 최고 높은 지역의 높이를 따라서 달리는 산맥이 이어진 방향으로 움직였기 때문에, 옆으로는 그렇게 멀리까지 미치지 못했다. 매우 신중한 지리학자 바레니우스,[32] 뷔퐁, 룰로프[33]는 다음 사실을 지적했다. 폭에서보다 길이에서 연장되어 있는 모든 육지가 하나의 주요 산맥에 따라 길이 방향으로 달리는 것과 꼭 마찬가지로, 유럽 산맥의 주선은 주봉, 즉 알프스부터 서쪽으로는 프랑스 남부지방을 관통하고, 스페인의 중심부를 달리며, 유럽의 가장 서쪽 해안까지 이르지만, 그 도중에 상당할 정도로 옆으로 가지를 쳐서 마찬가지로 동쪽 방향으로는 티롤산맥이나 그것보다 소규모의 다른 몇 개 산맥을 통과해서 결국 카르파티아산맥과 만나게 된다.

지진은 그날 이 방향을 따랐다. 흔들리는 시간을 각 지역에서 정확하게 주목했더라면, 전파 속도가 어느 정도까지 측정될 수 있었

I 444

---

* 마찬가지로 헤르트포드주의 글로손에서도 굉음을 동반한, 대단히 깊은 물을 담고 있는 심연이 열렸다.

을 테고, 아마도 그것의 진원지도 확실히 할 수 있었겠지만, 뉴스 보도 내용이 거의 일치하지 않아서 거기에 관해서 신뢰할 수 있는 것은 없다.

나는 이미 다른 곳에서 다음과 같은 사실을 지적했다. 지진이 전파될 때, 통상 가장 높은 산맥의 선을 따른다. 게다가 산은 해안에 가까우면 가까울수록 낮아지지만 지진은 산맥의 범위 전역에 걸쳐서 일어난다. 긴 강의 방향은 산맥 방향의 대단히 훌륭한 지시기다. 왜냐하면 이 강들은 평행해서 달리는 산맥 사이, 즉 긴 계곡의 가장 낮은 부분을 달리기 때문이다. 이러한 지진 전파의 법칙은 사변이나 판단의 문제가 아니라 지진에 관한 다수 관찰로 알려지게 된다. 이러한 이유 때문에 우리는 레이,[34] 뷔퐁, 장티이 등의 증언을 존중해야 한다. 그러나 이 법칙은 쉽사리 사람들의 동의를 얻기에는 너무나 많은 내적 개연성이 있다. 지하 불의 출구가 되는 개구 부분은 산 정상의 장소 이외에는 없다는 것, 평야에서는 어디서도 화구가 발견되지 않았다는 것, 지진이 강렬하고 빈번한 육지에서는 대부분 산이 넓은 심연을 포함해서 불의 분출 역할을 한다는 것, 우리 유럽 산맥들에 관해서 말하자면, 의심할 여지없이 서로 결합해 있는 광대한 동굴들은 그런 산맥들 이외에는 어디에서도 발견되지 않는다는 것을 고려한다면, 추가해서 상술했던 것처럼 모든 지하 동굴의 산출에 관해 고찰 I 445 해보면, 주로 유럽을 종주하는 산맥의 지하에서 생겨난 발화가 열려 있고 자유로이 다닐 수 있는 길을 어떻게 발견해서 다른 지역에서보다 거기에서 더 빨리 전파될 수 있었는지를 알기는 어렵지 않다.

11월 18일의 지진이 넓은 해저를 거쳐 유럽에서 아메리카로 전파되었다는 사실조차 산맥들 간의 연결에서 알 수 있다. 산맥들이 전파 도중에 너무나 낮아서 해상에 잠긴다고 하더라도 그것들은 여전히 틀림없이 산맥이다. 우리는 대양의 해저에서 육상과 동일한 산맥이 발견된다는 사실을 알고 있으며, 그리하여 포르투갈과 북아메리카의 중간에 있는 아조레스제도[35]도 이러한 산맥과 연결되어 있음이 틀림없다는 사실을 알기 때문이다.

12월 26일의 지진

광물이 열을 받게 되면서 유럽의 가장 높은 산맥의 주봉, 즉 알프스를 관통하게 되었는데, 그 이후 그 주봉은 남에서 북으로 수직으로 달리는 산맥 아래로 비교적 좁은 지하의 길을 열었다. 또 모든 강이 그러한 것처럼 두 산맥 사이에 긴 계곡을 점하는 라인강 방향으로 나아가 스위스에서 북해까지 도달했다. 그리하여 지진이 강타한 지역은 라인강 서안에서는 알자스, 알자스로렌, 쾰른 선제후국, 브란반트, 피카르디이고 동안에서는 클레버, 베스트팔리아 일부, 아마도 같은 라인강 동안에 있는 여러 지역이겠지만, 뉴스 보도는 이들 지역에 대해서는 특별히 언급하지 않았다. 지진이 이 큰 강의 방향과 평행선을 유지했으며, 양안에서 그렇게 멀리까지는 전파되지 않았다는 사실은 분명하다.

지진이 이러한 산맥이 없는 네덜란드에 도달했다는 사실은 앞에서 이야기했던 사실과 조화될지 의문이 생길 수도 있다. 그러나 지하의 발화가 이런 저지대까지 전파되려면 육지가 산맥의 어떤 계열과 직접 맞닿아 있으며, 그 육지가 산맥의 연장이라 간주될 수 있다는 것만으로 충분하다. 일련의 동굴이 이들 저지대 아래까지 확장되어 있다는 것은, 이미 설명한 것처럼 그것이 대양의 해저까지 계속된다는 것과 마찬가지로 확실하기 때문이다.

계속되는 지진을 주의 깊게 고찰해보면, 감히 추측해보건대 발화 상태가 일정한 시간 가라앉은 후 새롭게 일어나는 주기를 알아낼 수 있다. 우리는 11월 1일 이후 9일에 포르투갈에서 여전히 매우 강력한 지진을 목격했으며, 게다가 동일한 형태의 지진을 18일에도 목격했다. 이것은 잉글랜드, 이탈리아, 아프리카 심지어는 아메리카까지 전파되었다. 27일에는 강력한 지진이 스페인의 남해안, 주로 말라가에서 발생했다. 지진이 포르투갈에서 바이에른까지, 남서에서 북동에 걸쳐 전 지역을 강타했지만, 여기에는 앞의 27일에서 12월 9일까지 13일이 걸렸다. 또 이날보다 18일이 지난 후, 즉 12월 26일에서 27일에는 남부유럽에서 북부에 걸쳐 지진이 강타했다.* 이처럼 우리가 육지의 산맥 중 가장 내부까지 도달하고, 12월 9일 알프스 및 그것과 연결되어 있는 전 지역을 움직이기 위해 요구되는 시간을 제외하고 고려한다면, 발화가 반복되는 사이에는 9일간이든가 아니면 9일의 2배가 되는 아주 정확한 기간이 경과했다. 내가 이것을 인용하는 것은 지금 지적했던 시간 경과에서 어떤 결론을 도출해내기 위해서가 아니다. 이에 관한 여러 뉴스 보도가 신뢰할 만하지 않기 때문이다. 오히려 그것은 유사한 사고가 발생했을 경우 정확한 관찰과 반성의 기회를 제공하기 위해서다.

나는 여기에서는 단지 번갈아가면서 약해지고 재발하는 지진에

---

* 지진은 21일 리스본에서 매우 격렬했고, 23일에는 로실론 근처 산맥에서도 그러했는데, 거기에서는 27일까지 계속되었다. 여기에서 알 수 있는 것은 이 지진이 다시 서남부에서 시작하여 퍼져나가는 데에는 장시간이 필요하다는 사실이다. 지진의 전체 경과에서 명확히 나타나듯, 진원지가 포르투갈 서쪽 대양이라고 가정한다면, 이 지진의 개시 시기는 앞에서 언급했던 주기와 거의 일치한다.

관해 몇 마디만 언급하고자 한다. 파리 왕립과학아카데미 회원으로 페루에 파견된 적이 있는 부저[36] 씨는 활화산이 뿜어내는 굉음 때문에 안정을 취할 수 없었기에 활화산 인근 지역에 체류하는 것을 불편해 했다. 그러나 그가 이 현상에 대해 했던 관찰은 스스로 어느 정도 만족스러웠다. 그가 산이 항상 일정한 간격을 두면서 정지하게 되고, 그것의 맹위가 규칙적으로 정지 시기와 반복하면서 계속된다는 사실을 알았기 때문이다. 석회 가마에 대해 행한 마리오테[37]의 관찰에 따르면, 가마가 열을 받으면 곧바로 열린 창으로 공기가 분출되고, 또 바로 뒤에 다시 원래대로 돌아오지만, 그것은 어떤 점에서는 동물의 호흡과 흡사하다. 마리오테의 이 관찰은 부저가 관찰했던 현상과 매우 유사하다. 둘 다 다음 원인들을 공통적으로 가지고 있다. 지하의 불은 발화할 때 동굴 내의 공기를 모두 주위를 향해 분출한다. 불의 입자로 가득 찬 이 공기가 개구부를 발견할 때, 예컨대 활화산 화구에서는 공기를 분출하고 산이 불을 내뿜는다. 그러나 공기가 발화가 일어난 자리에서 내몰리자마자 발화는 약화된다. 공기가 공급되지 않으면 불은 꺼지기 때문이다. 그런 다음 공기를 내몰았던 원인이 작용을 멈추었기 때문에 내몰렸던 공기는 다시 원래 장소로 돌아와 꺼져가는 불을 다시 지핀다. 이런 식으로 활화산의 분화는 일정한 간격을 두고 규칙적으로 반복된다. 지하의 발화는 이와 같은 구조를 가지고 있으며, 심지어 팽창되는 공기가 산의 틈을 통한 출구를 확보할 수 없는 경우에도 그러하다. 발화는 대지의 동굴 중 어떤 장소에서 발생한다면 공기를 격렬하게 그리고 그 동굴과 연결되어 있는 지하 돔형의 전체 통로로 내몰기 때문이다. 이 순간 불은 공기 부족으로 꺼져버리게 된다. 그리고 이처럼 공기 팽창력이 감소하자마자, 모든 동굴에 퍼져 있던 공기는 큰 힘을 가지고 되돌아오며, 죽은 불을 부채를 부치듯 살려 새로운 지진의 원인이 된다. 주목해야 할 점은 지하 내부에서 비등이 일어나기 시작할 때 그것의 분화구를 통해 분출된 공기의 유출로 활동하게 되고 발화하게 된 베수비오산은, 리스본에서 지진이 발생한 직후 갑자기 진정되었다는 사실이다. 그 순간 이들 돔과 연결되었던 모든 공기, 심지어 베수비오산 정상에 있던 공기조차 모든 경로를 통해 발화의 진앙지[리스본]로 돌진했다. 이 진앙지에서는 공기의 확장력이 감소되면서 [베수비오산에서] 공기가 유입되었기 때문이다. 얼마나 놀라운 일인가! 200독일 마일이나 떨어진 공기구멍이 하나로 연결되어 있는 난로를 상상해보라.

정확하게 동일한 원인 때문에 대지의 동굴에서 지하의 폭풍도 생겨난다. 그 폭풍의 위력은 여러 동굴의 위치와 그것의 연결 상태에 따라 우리가 지표에서 감지하는 일체의 폭풍을 훨씬 능가할 것이다. 추측건대 지진이 진행될 때 발아래에서 감지되는 굉음은 바로 이 원 I 448 인에 기인할 것이다.

이상의 사실에서 아마도 다음을 추측해볼 수 있을 것이다. 모든 지진이 흔들리는 지면의 바로 아래에서 발생하는 발화에 기인하는 것은 아니며, 지하 폭풍의 맹위가 폭풍 위의 돔을 움직이게 할지도 모른다. 이것은 지표의 공기보다 훨씬 조밀한 공기가 지표의 공기보다 훨씬 더 돌발적인 원인으로 움직이고, 공기의 팽창을 막는 지하의 여러 통로 사이에서 강화되며, 말로 다할 수 없는 위력을 발휘할 수 있다는 점을 고려한다면, 더욱 의심할 여지가 있을 수 없다. 따라서 다음과 같이 추측해볼 수 있다. 11월 1일 격렬히 발화하는 동안 유럽 대부분 육지에서 발생한 미진은 아마도 이렇게 강력하게 흔들린 지하의 공기 이외에 어떤 것으로도 야기되지 않았으며, [이때] 이 지하의 공기는 강력한 폭풍의 팽창을 저지하는 지면을 이 폭풍으로 약하게 흔들었다.

지하 발화의 발생지와 가장 빈번하고 제일 위험한
지진에 노출되어 있는 장소에 관하여

[지진이 발생했던] 시간[들]을 비교하면, 11월 1일의 지진이 발생한 장소는 해저라는 사실을 알게 된다. 지진 전에 이미 타호강 수위가 상승했다는 사실, 지진이 있었던 해저에서 선원들이 측심용 추로 유황을 채취했던 사실, 이들이 배 위에서 격렬한 충격을 감지했다는 사실이 이 점을 확증한다. 이전의 지진 역사에서도 분명하게 알 수 있는 점이지만 가장 끔찍스러운 지진은 항상 해저에서 발생하며, 해안이나 해안에서 멀지 않은 곳이 그다음으로 끔찍스럽다. 전자를 증명하려고 나는 지하의 발화가 종종 새로운 섬을 해저에서 융기시킨 경우 엄청난 맹위가 발생했다는 사실을 인용하고자 한다. 예를 들어 1720년 아조레스제도의 하나인 성(聖) 미첼섬 부근에서 60길 해저에서 물질이 분출해 하나의 섬이 융기되었는데, 이 섬의 길이는 1마일, 높이는 수 길에 달했다. 금세기 많은 사람이 목격했던 것처럼 깊은 해저에서 융기한 지중해 산토리니에 있는 섬이나 간략히 논의하기 위해 내가 생략한 다른 많은 예는 이에 대한 논의의 여지가 없는 예증이다.

I 449

선원들이 바다의 지진으로 고통받은 일은 아주 빈번할 것이다! 어떤 지역에서, 특히 특정한 섬들의 부근에서 바다는 대양의 해저를 관통하면서 산산이 부서졌던, 불의 분출에 따른 경석(輕石)이나 그 밖의 다른 분출물들로 충분히 뒤덮여 있다. 해저에서 빈번하게 발생하는 지진을 목격하게 되면서 다음과 같은 의문이 자연스럽게 생겨난다. 육지의 모든 장소 중 해안에서 멀리 떨어지지 않은 장소만큼 격렬하고 빈번하게 지진이 일어나는 장소가 없는 이유는 무엇일까? 이 마지막 진술은 의심할 여지없이 옳다. 만약 지진 역사를 고려한다면, 우리는 해안 근처의 도시들, 국가들에 지진이 강타한 무수하게 많은 재앙을 발견하게 된다. 이에 반해서 육지 한가운데서 감지된 지진들은 조금밖에 없으며, 매우 사소한 것에 불과하다. 고대 역사는 이미 이런 재앙이 소아시아나 아프리카의 해안에서 가져왔던 끔찍한 황폐를 기록으로 남겼다. 그러나 우리는 고대 역사에서도 비교적 새로운 역사에서도 육지의 한가운데서 발생한 대규모 지진을 발견하지 못한다. 반도인 이탈리아, 바다의 섬 대부분, 페루의 연안 지역은 이 해악의 가장 큰 고통을 겪었다. 우리 시대에 와서도 포르투갈과 스페인의 서해안과 남해안의 전체 지역이 내륙 지역보다도 훨씬 격렬하게 지진을 겪었다. 나는 이 두 문제에 다음의 해결을 제시한다.

지표의 바로 아래 서로 연결되어 있는 모든 동굴 중 해저 아래를 달리는 동굴이 가장 협소하다는 것은 의심할 여지가 없다. 해저에서는 단단한 육지에서 계속 이어지는 지면이 가장 깊숙이 침하해 있고, 내륙 중심부에 있는 장소보다 훨씬 낮으며, 지면의 가장 아래층에 있음이 틀림없기 때문이다. 그러나 협소한 동공(洞空)에서 발화되어 팽창하는 물질이 [자유롭게] 팽창할 수 있는 곳보다도 훨씬 격렬하게 팽창한다는 사실은 알려져 있다. 더 나아가 지하에서 발열이 발생할 경우 비등하는 광물질과 가연성 물질은 대단히 자주 액체상태가 된다. 그런 까닭에 이들 물질은 지하 동굴을 덮고 있는 지면의 자연스 I 450 러운 경사로 해저 가장 아래에 있는 동굴 쪽으로 항상 흘러갈 것이다. 이것은 종종 활화산에서 쏟아져 나오는 유황의 흐름이나 용암이 증명한다. 따라서 연소하기 쉬운 물질을 풍부히 축적한 여기서는 비교적 빈번하게 강력한 지진이 발생할 수밖에 없다.

부저 씨가 정확하게 가정하는 것처럼, 해저의 몇몇 균열이 생겨난 간극에 해수가 침투하고, 원래 열을 띠는 경향이 있는 광물질은 더할 나위 없이 왕성하게 가열된다. 물의 유입만큼 뜨거워진 광물질을 자극하여 격렬한 연소를 일으키는 일은 있을 수 없다는 사실을 우리는 잘 알기 때문이다. 물은 모든 방향으로 확장되지만, 그것의 격렬함이 모든 토양의 물질을 분출해 개구부를 막아버림으로써 물이 더 유입되는 것을 차단하는 지점까지 계속 그 활동을 증가시킨다.

내가 보기에 해안 근처에 있는 토지를 대단히 격렬하게 흔드는 원인의 일부는 이 땅에 인접해 있는 지면을 해수가 누르는 무게에 따른 완전히 자연스러운 결과다. 지하의 불이 놀라울 정도의 무게를 지탱하는 해저 아래의 돔을 들어 올리는 위력은 당연히 억제되지 않으면 안 되며, 불이 확장되는 어떤 공간도 발견할 수 없으므로, 불의 전체 위력은 그것의 해저에 가장 가까이 연결되어 있는 육지의 지면으로 향하지 않으면 안 된다는 사실을 누구도 쉽게 알 것이기 때문이다.

지진으로 지면이 흔들리는 방향에 관하여

지진이 광범위한 지역까지 전달되는 방향은 지면이 지진의 위력으로 흔들리는 방향과는 다르다. 발화 물질이 확장되는 은폐된 지하 동굴의 최상층을 덮고 있는 것이 수평 방향이라면, 지면은 수직 방향으로 상승하고 하강하는 것을 반복하지 않을 수 없다. 한쪽 측면을 다른 쪽 측면보다 더 많이 움직이게 하는 것은 아무것도 없기 때문이다. 그러나 지하의 돔을 덮고 있는 지층에 경사가 나 있다면, 지하 불의 파괴적인 힘은 이 돔을 수평에 대해 경사진 각도의 높이까지 밀칠 것이다. 따라서 지하에서 불의 저장소가 있는 지층이 경사를 이루는 방향을 명확하게 알고 있다면, 지면의 진동이 각각의 경우에 어떤 방향에서 일어나는지를 추정할 수 있게 된다. 흔들리는 지면의 최상층 경사는 돔이 그것의 전체 두께에서 가지고 있는 경사의 확실한 지표

I 451

는 아니다. 표면의 대지는 다양한 경사와 융기를 형성할 수 있지만, 최하층의 지반은 결코 그쪽으로 향해 있지 않으니 말이다. 뷔퐁의 믿음에 따르면, 지상에서 발견되는 모든 상이한 지층은 하나의 공통적인 암반을 기초로 하는데, 이 암반은 그 아래 모든 폐쇄된 동굴을 덮고 있다. 그 암반의 일부는 통상 산 정상에 노출되어 그곳에서 비와 폭풍에 완전히 씻겨내려 가버린 모습을 보인다. 이러한 의견은 지진이 보여준 증거로 강한 지지를 받는다. 지진으로 야기될 정도의 맹위라면, 그것의 반복된 습격으로 바위에서 만들어진 것 외의 어떤 돔도 오래전에 박살내 침식시켰을 테니 말이다.

이 돔의 경사는 해안에서는 의심할 여지없이 바다 쪽으로 경사를 이루고 있다. 그리하여 육지에서 바다 방향으로 경사가 나 있다. 큰 강의 제방에서 돔은 물의 흐름에 따라서 하구 쪽으로 경사를 이루고 있음이 틀림없다. 웅덩이나 호수를 도중에 형성하지 않고 육지 위를 흘러가며, 길이가 매우 길게 뻗어 종종 수백 마일이 넘는 강을 고려해보자. 아마도 강이 다양하게 흘러내려가지 않고 한 가지 방식으로 해저를 향해 흘러내려가는 상황은 경사면을 이루는 매우 단단한 지반을 들어 설명하는 것 말고는 다른 방법이 있을 수 없다. 이 때문에 지진이 진행되는 동안 큰 강에 위치한 도시의 지반 동요는 타호강의 경우 동쪽에서 서쪽으로 진행되었던 것처럼 그 강의 방향으로 진행되었다. 반면,* 해안에 위치한 도시의 지반 동요는 해안이 바다를 향해 경사가 나 있는 방향으로 진행되리라 추측할 수 있다. 나는 다른 곳에서[38] 지진이 발생할 때 어떤 육지의 상태가 지면의 경사와 동일 I 452

---

* 강이 바다를 향해 경사를 이루는 것처럼, 강둑의 토지는 하상을 향해 경사를 이루고 있다. 후자가 전체 지층에 적용되고, 가장 깊은 곳에서도 전체 지층이 그러한 경사를 이룬다면, 지진의 방향도 이 경사를 통해 규정할 수 있을 것이다.

한 방향으로 거리가 이어지는 도시를 완전히 파괴하는 데 기여하는 지를 지적한 바 있다. 이러한 지적은 단지 추정한 것만은 아니다. 그 것은 경험의 문제다. 다수 지진에 관해 정확한 정보를 수집할 기회가 있었던 장티이는 다음 사실을 많은 실례를 들어 확증된 관찰로 보고 했다. 즉 지면의 동요 방향이 도시가 건설된 방향과 일치하는 경우에 는 그 도시는 완전히 파괴되는 반면, 전자가 후자를 직각으로 횡단하 는 경우에는 손해가 적었다.

파리 왕립아카데미의 보고에 따르면, 지중해 동해안에 있는 스미 르나[39]는 1688년 지진이 발생했을 때 동서 방향에 있던 모든 벽은 파 괴되었지만, 남북으로 건설된 벽은 그대로 남아 있었다.

지면을 흔든 반복된 진동은 그 지면 위에서 흔들리는 방향과 동일 한 방향으로 건설된 모든 것을 가장 강하게 움직이게 한다. 쉽게 흔 들리는 모든 물체는, 예를 들면 교회의 샹들리에는 통상 지진이 일어 나는 방향을 보여준다. 따라서 도시가 건설되어야 할 방향을 결정하 려면 이미 언급했던 더욱 의심스러운 요소들보다 훨씬 신뢰할 만한 지표가 된다.

지진과 계절의 연관에 관하여

이미 몇 번이나 언급한 프랑스의 학자 부저 씨는 『페루 여행기』에 서 지진은 이 나라에서 매우 빈번하게 그리고 모든 계절에 발생했는 데도, 가장 끔찍스럽고 제일 빈번한 지진은 가을에서 연말까지 감지 되었다고 보고했다. 이러한 관찰은 아메리카의 다수 사례에서만 확 증된 것이 아니다. 10년 전 리마시 파괴와 앞선 세기의 인구가 조밀 한 다른 도시의 파괴는 물론이고 그 밖에 대단히 많은 실례가 기록되었을 뿐만 아니라, 우리 대륙[유럽]에서도 최근 지진은 말할 것도 없고 지진이나 활화산 분화의 다른 많은 역사적 사건조차 그해의 어떤 다른 계절보다도 가을에 발생했기 때문이다. 이러한 일치를 가져온 공통 원인은 있는가? 또 페루에서는 큰 산맥[안데스산맥] 사이의 긴 협곡에서 9월부터 4월까지 지속하고, 우리 대륙에서는 가을경에 가장 빈번하게 내리는 비가 생각할 수 있는 다른 어떤 것보다도 적절한 원인은 아닌가? 우리는 지하에 화재를 일으키려면 대지의 동굴 안에 있는 광물질을 끓게 만들어야 한다는 사실을 알고 있다. 그러나 이런 역할을 하는 것은 물이다. 빗물이 산맥의 갈라진 틈으로 침투하고, 깊은 지하에 있는 통로를 거쳐 퍼져가는 경우 이것이 가능하게 된다. 우선 비가 비등을 유발했으며, 이 비등이 10월 중순쯤 그렇게 많은 이상한 증기를 대지 내부에서 분출한다. 그러나 당연하지만 이 증기가 대기권으로 점점 습기를 유입시키고, 물이 바위의 갈라진 틈을 통해 가장 깊은 공동으로 침투해 들어가 발화시키고, 결국 지진을 발생시키는 것이다.

I 453

지진이 대기권에 미치는 영향에 관하여

우리는 앞에서 지진이 대기에 미치는 작용의 한 가지 예를 살펴보았다. 지하의 열을 품고 있는 증기의 분출이 통상 생각되는 것 이상으로 많은 자연현상을 발생시킨다는 것은 개연성이 있다. 외부의 원인이 때때로 우리 대기 안에 들어와서 대기 규칙의 정연한 변화를 교란하는 일이 일어나지 않는다면, 기후의 그러한 대단히 큰 불규칙성과 부조화가 일어나는 일은 거의 가능하지 않다. 태양과 달의 운행이 항상 동일한 법칙에 따르고, 물과 대지도 전체적으로 보면 늘 항상성을 유지하는 데 반해서, 왜 기상학적 변화의 추이는 여러 해에 걸친 예에서 거의 늘 달라지는 양상을 보이는지에 대해 합당한 이유를 생각할 수 있을까? 이 불행한 지진이 발생한 이래 그리고 그 지진 직전에도 유럽 전역에 걸쳐 불규칙적인 기상이 발생했기 때문에, 그것은 지진 때문에 일어나지 않았는지 추측하는 것이 허용될 수 있다. 지진이 선행하지 않더라도 겨울이 따뜻하게 되는 전례가 있었다는 것은 사실이다. 그러나 비등으로 지구 내부에서 증기가 빈번하게 바위틈을 통과하고 지층에 있는 물체를 통과하며, 심지어 지층에 있는 부서지기 쉬운 물체를 통과하는 일들이 과연 대기 중에 현저한 변화를 I 454 일으킬 수 없다고 확신할 수 있겠는가? 뮈스헨브룩[40]은 금세기에만, 그것도 1716년 이래 대단히 밝은 오로라를 유럽에서 남쪽 나라들에 이르기까지 볼 수 있었다는 사실을 지적한 후 다음과 같은 것을 대기권에 이런 변화가 일어나는 가장 개연성 높은 원인으로 간주했다. 즉 수년 전 빈번하게 맹위를 떨쳤던 활화산과 지진이 발화성과 휘발성을 띤 증기를 분출하고, 최상층의 대기가 북쪽으로 자연스럽게 흘러감에 따라 이 증기도 북쪽으로 이동한다. 그 이후 너무나 자주 관찰되었지만 공중의 발화 현상을 일으킨다. 이 증기는 아마도 점차 세력을 잃어버릴 수밖에 없지만, 머지않아 새로운 발산이 생겨나서 손실을 만회한다.

이들 원리에 따라 우리가 경험했던 기후의 이상 변화가 이러한 재앙의 결과라는 사실이 자연에 적합한지 어떤지를 탐구해보기로 한다. 맑은 겨울 날씨와 이에 수반된 차가움은 이 계절에 태양이 우리의 천장에서 평소보다 크게 떨어진 데 따른 결과만은 아니다. 그럼에도 대기가 대단히 온난하다는 사실을 우리는 종종 느끼기 때문이다. 겨울의 차가움은 오히려 북쪽의 공기 흐름이 때로는 동풍으로 될 수 있고, 북극권이 유럽 수역을 얼음으로 채우고, 우리로 하여금 북극 겨울의 일부를 느끼도록 하는 냉기를 가져옴으로써 생겨난다. 이처럼 대기가 북쪽에서 남쪽으로 흘러가는 것은 가을이나 겨울에는 다른 원인들이 그 흐름을 중단시키지 않는 한 자연적이다. 모든 육지에서 충분히 떨어져 있는 대양[대서양]에서는 이 북풍 내지 북동풍은 이 시기에 중단되지 않고 계속 불어온다. 이런 바람은 자연스럽게 태양의 작용에 따라 생겨난다. 즉 이 때문에 남반구 위의 대기가 희박하게 되고, 바로 이것이 북반구에서 대기가 흘러나오는 원인이 된다. 그래서 이것은 안정된 법칙이라 생각하지 않을 수 없다. 이 법칙은 비록 육지의 여러 특성에 따라 어느 정도 변할 수는 있겠지만, 뒤집힐 수는 없다. 그런데 지하의 비등으로 열을 지닌 증기가 남쪽에 있는 여러 나라 어딘가로 분출된다면, 이 증기는 탄력성이 약해지며 호우, 허리케인 등을 일으켜 처음에는 그것이 일어나는 지역에서 대기권의 고도[41]를 낮출[저기압이 될] 것이다. 그러나 그다음에 대기의 이 부분은 이렇게 많은 증기로 짓눌려 있기 때문에 인접한 대기를 밀도로 움직이게 해서 남에서 북으로 흐르는 원인이 될 것이다. 우리 지역에서 대기가 북에서 남으로 흐르는 것은 이 계절에는 자연스러운 일이며, 이들 서로 대립되는 두 운동은 서로서로 반작용을 한다. I 455 처음에는 응집된 증기 때문에 잔뜩 찌푸리고 비를 머금은 공기를 가져오지만, 이때 기압은 높은 수준*이 될 것이다. 두 바람의 항쟁에 압력을 받아온 대기가 높은 공기 기둥[氣柱]을 형성하기 때문이다. 이 때문에 기압계가 높은 수준인데도 비가 오는 경우 우리는 기압계가 명백히 오류라는 데에 익숙해질 것이다. 이 경우 이 동일한 대기의 습기는 두 상충하는 대기 흐름의 결과다. 이 흐름이 증기를 응집하면서 대기를 상당히 농밀하고 더욱 무겁게 만들 수 있다.

---

* 이러한 높은 기압은 최근 습한 겨울 기후에서 거의 항상 관찰되었다.

나는 만성절(11월 1일) 끔찍스러운 날에 아우크스부르크에서 자석이 붙어 있는 물건들을 내동댕이치고, 자침(磁針)이 지시하는 방향이 엉터리가 되었다는 사실을 침묵하고 넘길 수 없었다. 보일[42]은 이미 나폴리 지진 후 동일한 일이 발생했다고 보고했다. 그러나 우리는 이러한 현상에 관해 이유를 설명할 수 있을 만큼, 자석의 숨겨진 본성에 관해 충분할 만큼 지식을 갖고 있지 못하다.

지진의 효용에 관하여

사람들은 인간에 대한 이 끔찍스러운 징벌이 유용성이라는 측면에서 추천된다는 사실을 알고는 경악할 것이다. 유용성과 결부되어 있는 위험과 두려움을 면하기만 한다면, 사람들은 유용성이 없더라도 그것을 기꺼이 받아들일 거라고 나는 확신한다. 그것이 바로 우리 인간의 본성이다. 우리는 생활의 모든 쾌적함을 부당하게 요구하는 일에 일단 익숙하게 되면, 어떤 이득에도 대가를 지불하려 하지 않는다. 우리는 대지가 그 위에서 영원히 거주하기를 희망할 수 있도록 만드는 모습을 지녀야 한다고 요구한다. 더 나아가 만약 신의 섭리가 이 문제에 대해 우리 목소리를 듣고자 한다면, 우리는 일체를 자신의 이익을 위해 더욱더 뜻대로 이용하면 더 좋을 것이라고 상상한다. 그리되면 예를 들어 우리는 비를 우리 뜻대로 할 수 있게 된다. 그래서 우리 편의에 따라 비를 1년에 걸쳐서 균등하게 분배할 수 있으며, 날씨가 찌푸린 날 사이에서도 항상 쾌청한 날을 향유할 수 있을 것이다. 그러나 자신이 살아가는 데서는 빼놓을 수 없는 수원(水源)이 이런 식으로 해서는 결코 유지될 수 없다는 사실을 망각한다. 마찬가지로 우리는 지진이 우리를 두렵게 만들었던 동일한 원인들이 우리에

I 456

게 줄지도 모르는 효용을 알지 못하지만, 효용이 어쨌거나 우리는 지진을 없애는 방법을 알고 싶어 할 것이다.

죽을 운명을 타고난 인간인 우리는 어떤 사람들이 지진 때문에 죽었다는 사실을 인내할 수 없다. 인간은 이 땅에서는 이방인이며, 어떤 재산도 소유하지 않았는데도, 우리는 재산을 잃어버린 데 절망한다. 재물은 머지않아 자연의 일반적 추세에 따라 어디론가 사라져버릴 텐데 말이다.

발화될 수 있는 물질들로 가득 차 있는 대지 위에 건물을 짓는다면, 그 건물을 아무리 호화롭게 짓는다 하더라도, 조만간 그것이 지진에 파괴될 수 있다는 사실을 추측하기는 쉽다. 그러나 섭리의 이치를 참을 수 없어야 하는가? 오히려 지진은 대지에서 종종 일어날 필요가 있지만, 그 위에 호화스러운 건물을 짓는 것은 불필요하다고 결론 내리는 것이 더 낫지 않을까? 페루 주민은 약간 높은 돌벽을 쌓고 나머지는 갈대로 만들어진 집에서 산다. 인간은 자연에 순응하는 방법을 배우지 않으면 안 되는데도, 자연은 인간이 순응하기를 희망한다.

지진이 한편으로는 인간에게 아무리 피해를 준다 하더라도, 다른 한편으로는 쉽게 이익으로 되돌릴 수 있다. 따뜻한 목욕은 시간이 지나감에 따라 상당한 사람의 건강을 증진하는 역할을 했겠지만, 온천에 광물의 성질과 열이 있는 것은 대지의 내부에 열을 간직하고 대지를 움직이는 것과 정확하게 같은 원인을 따랐다는 사실을 우리는 알고 있다.

오래전에 추측되었지만, 산맥에서 광물이 층을 이루는 것은 지하의 열이 천천히 작용한 결과다. 이 열은 암석의 내부로 증기를 침투시킴으로써 금속에 점차 열을 가하여 금속이 형체를 이루는 과정에서 금속을 단련한다.

우리의 대기권에는 그것이 내장하고 있는 조잡하고 죽은 물질 외에 이들 물질을 움직이고 발육시키는 어떤 활성화 소인(素因)들이 필요하다. 이 소인이란 휘발성의 염(鹽), 통합되어 식물이 되는 성분들이다. 항상 이 소인의 대부분을 지속적으로 소비하는 자연 형성과 모든 물질이 궁극적으로 분해와 합성을 거쳐 겪게 되는 변화는, 때에 맞추어 새로 공급되지 않는다면 언젠가는 매우 활성적인 이 입자들을 완전히 사용하여 소진해버리지 않겠는가? 적어도 토양은 영양이 듬뿍 필요한 식물을 키운다면 점점 덜 비옥해지겠지만, 휴경과 강우가 토양을 원상태로 되돌린다. 결국 영양이 풍부한 물질은 도대체 어디에서 오겠는가? 이 물질은 이 물질을 유지하기 위한 다른 공급원이 없다면, 보충되지 않고 사용되고 마는 셈이다. 이 공급원은 아마도 지하 동굴이 보유하고 있는, 극히 활성적이고 휘발성이 매우 높은 물질들을 비축한 것이며, 지하 동굴은 이들의 일부를 때때로 지상으로 배분한다. 또 나는 헤일스[43]가 감옥과 공기가 동물의 악취로 영향을 받은 다른 모든 장소를 유황으로 훈증 소독하여 냄새를 없애는 데 성공했다는 사실을 주목한다. 활화산은 유황을 함유한 측량할 수 없을 만큼 많은 양의 증기를 대기권으로 분출한다. 대기권이 담고 있는 동물의 악취는, 만약 활화산이 그것들을 막는 강력한 해독제를 제공하지 않았다면, 결국 유해하게 되어버리지 않는다는 것을 누가 보장하겠는가?

마지막으로, 내 생각에는 지구 내부의 열은 깊은 지하 동굴에서 발생하는 발열 작용과 큰 효용성에 대한 강력한 증명을 제공하는 것처럼 보인다. 매일의 경험이 보여주듯이, 인류가 산악 내부에 도달했던 큰, 실로 가장 큰 깊은 장소에서 태양의 작용에 귀속할 수 없는 지속적인 열이 존재한다. 보일은 상당한 양의 증거를 열거하면서 다음과 같은 사실을 보여주고자 했다. 가장 깊은 모든 수갱(竪坑) 안에서는 맨 윗부분이 여름에 바깥 공기보다 훨씬 차갑다는 사실이 발견되지만, 깊이 내려가면 내려갈수록 땅속은 더 따뜻해진다. 그래서 가장 깊은 곳에 오면 광부들은 채굴하는 동안 작업복을 벗지 않으면 안 된다. 태양열은 아주 얕은 깊이까지만 대지를 침투하기 때문에, 가장 아래에 있는 동굴에서는 어떤 작은 작용도 더는 미칠 수 없다는 사실은 누구나 쉽게 알 것이다. 게다가 거기에 있는 열이 가장 깊은 곳에서만 지배적인 원인의 결과라는 사실은 여름에도 아래쪽에서 위쪽으로 올라가면 갈수록 열이 감소한다는 사실에서 쉽게 간파할 수 있다. 보일은 수행된 실험을 조심스럽게 비교하고 검토한 후, 우리가 도달할 수 없는 가장 낮은 동굴 안에서는 지속적인 가열 과정과 그렇게 함으로써 유지되는 꺼질 수 없는 불이 존재하지 않으면 안 되며, 이 불이 가장 지표까지 열을 전달한다는 대단히 합리적인 주장을 제시했다.

우리가 인정할 수밖에 없듯이 이것이 실로 사실과 부합한다면, 우리는 이 지하의 불에서 가장 유익한 결과를 기대할 수 있지 않을까? 이 지하의 불은 태양이 우리에게 태양열을 앗아갈 때 대지에 항상 부 I 458 드러운 열을 유지해주고, 식물의 성장과 자연계의 질서를 촉진할 수 있다. 유용성이 너무 많다는 사실이 분명하지만, 이런저런 화산 폭발로 인류에게 생겨나는 불이익 때문에 이들 효용의 모든 준비를 하신 신의 섭리에 우리가 가져야 하는 감사하는 마음을 잊어버릴 수 있을까?

[그러한 감사를] 촉진하기 위해 내가 열거한 이유들은 당연히 가장 큰 확신과 확실성을 주는 것은 아니며 추측에 불과할 것이다. 그렇더라도 추측들은, 징벌의 경우라 하더라도, 존경하고 사랑할 가치가 있는 최고 존재자에게 감사하고자 하는 마음을 사람들에게 불러일으킬 목적이 있다면, 받아들일 가치가 있다.

주해

지진이 발생할 때 유황이 대지의 돔을 통해 분출되지 않을 수 없다는 것을 나는 위에서 이미 언급했다. 작센산맥의 광산 수갱에 관한 최근의 뉴스 보도는 이 점을 새로운 예로 확증해준다. 현재 이 수갱은 유황 증기로 가득 차 있어서 광부들이 그곳에서 퇴거하지 않으면 안 되었다. 아일랜드의 투암에서 발생한 사건도 마찬가지로 이에 대한 새로운 확증이다. 이곳에서 번쩍이는 대기의 현상들은 삼각기(三角旗)나 기함기(旗艦旗) 형태로 해상에 출현했지만, 색깔이 변하면서 마지막으로는 밝은 빛을 발산하고, 뒤이어 격렬한 지진이 발생했다. 가장 어두운 푸른색이 적색으로 변하고 결국 밝은 흰색 빛으로 변화한 이유는 용출했던 증기가 처음에는 매우 희박했지만 점차 더 많은 증기가 빈번하게 유입됨으로써 그 세력을 증가시킨 데에 있다. [왜냐하면] 이 유입되는 증기는 자연과학에서는 이미 잘 알려져 있듯이, 푸른색에서 적색으로, 결국에는 백색으로 변화해간 빛의 모든 단계를 거칠 수밖에 없기 때문이다. 이 모든 대기 색깔의 단계적 변화는 지진의 충격 이전에 발생했다. 또 이것은 지진 자체가 주로 해안에서 감지된 것처럼 발화의 진원지가 해저였다는 사실의 증거이기도 했다.

가장 빈번하고 제일 격렬한 지진을 항상 경험했던 지구상 여러 장소의 목록을 더 보완하고자 한다면, 서해안이 언제나 동해안보다 훨씬 많이 지진의 고통을 겪었다는 점을 추가할 수도 있다. 이탈리아, 포르투갈, 남아메리카에서 그리고 심지어 최근에 아일랜드에서도 이러한 일치가 경험으로 확증되었다. 신세계의 서해안에 있는 페루에서는 거의 매일 지진이 발생하는 데 반해, 동쪽에 대서양이 있는 브라질에서는 어떤 지진도 감지되지 않았다. 이러한 기묘한 유사

I 459

점의 원인을 일부 추측하고자 한다면, 아마도 화가인 고티에[44]와 같은 사람의 발언을 참작할 수 있을 것이다. 그는 지진의 원인을 자신의 색과 예술의 원천인 태양의 광선에서 찾았으며, 이 광선이 서해안을 더 강하게 누름으로써 지구를 서쪽에서 동쪽으로 회전하게 한다고 상상했다. 그 때문에 서해안은 이렇게 많은 지진으로 걱정하게 된다고 그는 강변했다. 그러나 건전한 자연과학의 눈으로는 그러한 생각은 거의 논박할 가치도 없다. 내게는 이 법칙의 근거가 아직까지는 충분히 설명되지 않았던 다른 법칙과 연관되어 있는 것처럼 보인다. 즉 그 법칙이란 다음과 같다. 거의 모든 나라의 서해안과 남해안은 동해안과 북해안보다 급경사로 되어 있다. 지도를 봄으로써 또는 바다 여행을 하면서 이것이 일반적이라는 사실을 발견한 댐피어[45]의 보고에서 확증된다. 육지의 침하(沈下)가 함몰에서 유래했다고 본다면, 지표가 단지 완경사만 있는 곳에서보다 이러한 급경사 지역에서 더 깊은 동굴이 좀더 많이 발견되어야 한다. 그러나 이것은 우리가 위에서 보았듯이 지진과 자연스럽게 연결된다.

결론

이번의 재앙이 우리의 동료 시민에게 일으켰던 그렇게 비참한 모습을 목격하게 되면, 인간에 대한 사랑이 생겨나게 되고 그들이 정말 잔혹하게 마주쳤던 불운의 일부만이라도 느끼게 되는 것은 당연한 일이다. 그러나 이러한 운명을, 파괴되었던 도시가 그들의 악한 행동 때문에 받게 되는 당연한 천벌로서 늘 간주하거나, 이러한 불운을 정의(正義) 때문에 자신의 분노를 털어놓는 신의 복수의 목표로 간주한다면, 인간애를 저버리는 일이다. 이러한 판단은 신의 결정 배후에 있는 의도를 통찰할 수 있고, 자신의 통찰에 따라 [이들을] 해석할 수 있다고 사칭하는, 용서할 수 없는 뻔뻔함이다.

I 460 　인간은, 마치 신의 활동이 세계 통치의 적절한 조치를 설계하기 위해 오직 인간에게만 주목할 것처럼, 자신만을 신이 활동하는 목적이라고 보는 자만한 태도를 지니고 있다. 우리는 자연의 전체[46]가 신의 지혜와 활동의 가치 있는 대상이라는 점을 알고 있다. 우리는 자연의 일부이지만 전체가 되고자 한다. 대체로 자연은 완전하다는 규칙은 부적절하다고 간주되며, 모든 것은 오직 우리 인간과 적절한 관계 안에서만 고려된다고 사람들은 말한다. 세계 안에서 안락과 쾌락을 주는 모든 것은 우리 자신을 위해서만 존재한다고 사람들은 상상하며, 자연은 우리를 벌주거나 협박하거나 우리에게 복수를 하는 일 말고는 무언가 인류에게 재앙이 되는 어떤 변화도 시도하지 않는다고 상상한다.

　그럼에도 무한한 수의 악인이 영면하고, 지진은 어떤 국가에서 옛날부터 옛 주민이든 새 주민이든 상관없이 강타했다. 그리스도교 국가가 된 페루는 이교의 국가였던 시대만큼 지진에 자주 시달리며, 다른 도시들보다 결코 벌을 덜 받을 수 있다고 생각될 수 없는 도시들이 처음부터 지진에 따른 황폐를 면하고 있다는 사실을 우리는 알고 있다.

　그렇기 때문에 사람들은 신이 세계를 통치할 때 구상하는 의도를 추측하고자 할 때 암중모색할 수밖에 없다. 그러나 섭리의 이러한 이치를 그것의 목적에 맞게 사용한다면, 불확실성은 사라져버린다. 인간은 덧없는 이 세상에서 영원한 집을 짓고 살도록 태어나지 않았다. 인간의 전체 삶에는 더욱 고귀한 목적이 있기 때문에, 우리에게는 가장 크고 중요하게 생각되는 것 가운데서도 이 세상의 무상(無常)을 보도록 허용하는 파괴는 모두 훌륭하게 이러한 목적에 얼마나 잘 합치할까! 이러한 합치는 이 세상의 부가 행복을 희망하는 우리의 충동을 결코 만족시킬 수 없다는 사실을 잘 상기해줄 것이다.

그렇다고 해서 내가 인간이 그 자신의 탁월함[47]과 관계없이, 마치 자연법칙의 불변적인 운명에 종속된다고 시사하는 것은 아니다. 최고 지혜는 자연의 과정을 어떤 개선도 필요하지 않을 만큼 정확하게 만들었지만, 또 그 지혜는 더 차원이 낮은 목적을 좀더 차원이 높은 목적에 종속시키며, 자연의 수단을 훨씬 능가하는 무한히 높은 목적 I 461 에 도달하려고 참으로 그러한 의도에 근거해서 가끔은 일반적인 규칙에 극히 중요한 예외를 만들었다. 인류의 지도자도 신의 지혜가 가지고 있는 의도에 따라 세계를 통치할 때 자연의 경과에 법칙을 지시할 것이다. 신의 섭리가 자신들이나 인접한 자들을 경악하게 만드는 재앙을 한 도시나 한 국가가 목격하게 될 때, 위협적인 파괴를 방지하려면 [인간에 대한 사랑 측면과 인간의 사랑에 대한 반대 측면 중] 어느 측면에 지지를 보내는 것이 좋을까 하는 것이 도대체 의심이 될 수 있을까? 또 섭리의 이치가 모두 만장일치로 인류를 초대할 의도가 있는지 내쫓을 의도가 있는지를 해명할 징후는 도대체 애매할까?

인류의 이러한 고통을 목격하면서 모든 면에서 가혹한 재앙으로 위협받는 사람들을 전쟁의 비참함에서 구원하려는 고귀한 마음을 행사하는 군주는 신의 호의적인 손에 있는 자선의 도구이며, 그 가치가 얼마나 큰지를 결코 측량할 수 없는 지상의 여러 민족에게 보내는 신의 선물이다.

최근 경험했던 지진에 관한 후속 고찰

일러두기

---

1. 『최근 경험했던 지진에 관한 후속 고찰』(*Fortgesetzte Betrachtung der seit einiger Zeit wahrgenommenen Erderschütterungen*) 번역은 학술원판(Immanuel Kant, *Vorkritische Schriften I 1747~1756*, in *Kant' gesammelte Schriften*, hrsg. von der Königlich Preußischen Akademie der Wissenschaften, Bd. I, pp.463-472, Berlin, 1902/10)을 대본으로 사용했다.

최근 경험했던 지진에 관한 후속 고찰

지하 돔의 불은 아직 진정되지 않았다. 지진은 최근까지 계속되었고, 이러한 해악을 지금까지 알지 못했던 나라들을 위협했다. 대기의 무질서[따뜻한 겨울]는 세계의 반쯤 되는 지역에서 계절을 바꾸었다. 비할 바 없이 무지한 사람들은 이러한 기상의 원인을 추정하려고 했다고 주장했다. 지구는 위치를 이동했으며 태양 가까이 왔다고 반성이나 이해 없이 주장하는 말을 누군가는 들을 수 있겠으나, 지구가 태양 가까이 왔다고 말하더라도, 나는 그것이 어느 정도인지 알지 못한다. 킨더만[1]이 정신착란자의 꿈을 관찰이라고 칭하면서 팔고 돌아다니기 위해 다시 등장했다면, 그것은 그에게만 가치 있는 판단일 것이다. 휘스턴[2] 자신이 철학자들에게 혜성을 두려워하라고 가르친 이후 또다시 혜성을 끌어들인 사람들도 이에 속한다. 재해의 기원을 인근에서 발견할 수 있는 데도 수천 마일 떨어진 데에서 가져오는 것은 터무니없이 조잡한 일이다. 이것은 터키 사람들이 페스트에 대해서 하는 짓이다. 이것은 사람들이 메뚜기에 대해서, 가축의 전염병에 대해서, 다른 해악에 대해서 했던 짓이다. 사람들은 단지 가까이 있는 그 무언가를 알기를 꺼린다. 무한히 멀리 떨어져 있는 원인들을 발견하는 일이야말로 뛰어난 지성의 유일하고 적절한 증명이다.

공식적인 뉴스에서 알토나의 프로페[3] 교수의 것이라고 보도한 사상은, 올바른 자연과학의 규칙에서 크게 벗어났을 때 그 규칙을 검증할 줄 모르는 몇몇 사람이 쉽게 수용할 수 있는 많은 억측에 해당한다. 지상의 큰 사건을 관찰할 때, 천상의 행성에 의혹을 던진 지는 벌써 오래되었다. 우리의 사랑하는 조상, 점성술가들이 이러한 별들에 대해 했던 거친 비난의 기록들은 요정 이야기, 디그비[4]나 발몽[5]의 교감에 따른 기적, 블록스베르크산[6]에서 밤에 일어난 사건과 함께 이미 낡아빠진 환상의 보관소에 수록되어 있다. 그러나 자연과학은 이러한 종류의 어리석은 생각들에서 정화되어왔기 때문에, 뉴턴 같은 사람이 가장 멀리 떨어진 행성조차 서로서로 작용하고 또 지구에도 작용을 미치는 실제의 힘을 발견했고, 경험적으로 이를 확증했다. 그러나 이런 주목할 만한 성질을 터무니없는 데까지 적용하기를 원하는 사람들에게는 불운한 일이지만, 이 힘의 크기나 작용 방식은 기하학의 도움으로 그리고 그 힘의 발견에서 감사해야 하는 관찰로 명확하게 된다. 그럼에도 힘의 작용에 관해서는 아무리 그렇게 하려고 해도 더는 오인할 수 없다. 우리는 특정한 원인에 대한 여러 작용을 측정할 수 있는 천칭저울을 우리 손에 가지고 있기 때문이다.

달이 지구의 물을 끌어당기고, 이로써 우리가 조수의 간만이라고 하는 대양의 팽창과 침하가 야기된다는 사실, 더 나아가 모든 행성이 동일한 인력을 갖추었다는 사실 그리고 이들이 지구와 태양 사이에 그어진 직선에 가까이 있을 때 이들의 인력이 달의 인력과 결합한다는 사실[7]을 들었던 사람, 말하자면 문제를 좀더 면밀하게 조사하려는 소명을 갖고 있지 않은 사람이, 하나로 합성된 이 힘이 지구의 물을 우리가 11월 1일[리스본 대지진이 있었던 날]에 목격한 것처럼 격렬한 운동으로 끌고 들어올 수 있었을 뿐만 아니라, 지하의 공기에까지 어떤 영향을 미침으로써 은폐된 인화 물질에 불을 붙여 지진을 발생시켰다고 추측한다면, 그런 사람에게는 그 이상의 것을 요구할 수 없을 것이다. 그러나 자연과학자[8]에게는 그 이상의 것을 기대할 수 있다. 결과와 어떤 유사성이 있는 원인을 발견했다는 것만으로는 충분하지 않고, 그 원인을 양에서 비례적으로 나타내지 않으면 안 된다. 나는 하나의 예를 들겠다. 다른 점에서는 우수한 런던의 왕립협회회원 리스터[9] 박사는 바다 편두(扁豆)라 부르는 해초가 대단히 강력한 향내를 가지고 있다는 사실을 관찰했다. 그는 그것이 자주 열대의 해안에서 발견된다는 사실에 주목했다. 그런데 강력한 향내는 아마도 공기를 약간 움직일 수 있기 때문에, 그는 다음처럼 추론했다. 즉 이 해역에서 항상 불고 있고 육지에서 1,000마일 이상까지도 미치는 통상적인 동풍은 이 향기에서 유래했으며, 이 식물은 태양이 도는 방향[동에서 서로]과 같기 때문에 특히 그러하다. 이 견해가 불합리한 것은 원인과 결과 사이에 어떤 관계도 없기 때문이다. 행성의 힘 I 467 에 관해서도 그 힘을 이것과 동일한 힘에서 유래한다고 가정되는 결과와 비교한다면, 즉 행성의 힘이 바다를 움직이게 하여 지진을 일으킨다고 보게 되면, 사정은 같아진다. 아마도 사람들은 다음처럼 말할 것이다. 이들 천체가 지구에 미치는 힘의 크기를 우리는 알고 있을까? 이 물음에 나는 짤막하게 답할 것이다.

프랑스의 유명한 아카데미 회원인 부저[10] 씨가 설명하는 바에 따르면, 자신이 페루에 체류했을 시절 리마대학교의 수학 교수가 되고 싶어 했던 어떤 학자가 『지진의 천문시계』라는 제목의 책을 썼는데, 그는 그 책에서 달의 궤도로 지진을 예측하려고 시도했다. 페루에서는 예언자가 지진을 잘 예측할 수밖에 없다는 점을 쉽게 추측할 수 있다. 거기서는 지진이 거의 매일 발생하며, 단지 지진 강도만 차이나기 때문이다. 부저 씨는 다음처럼 덧붙였다. 달의 상승점과 하강점, 지구의 근일점(近日点)과 원일점(遠日点), 행성의 합(合)과 충(衝)

에 대한 생각들을 깊이 고려하지 않고 툭툭 던지는 사람은 나중에 보면 이미 사건에 의해 확증되어 있는 사항을 때때로 우연히 말하는 것일 뿐이다. 또 그가 인정하듯이 그 페루 작가의 예언이 항상 부정확한 것도 아니다. 그 자신이 추측하는 바로는 대양의 물을 그렇게 강력하게 움직이는 달이 지진에 어떤 영향을 미친다는 것은 전혀 있을 수 없는 일은 아니다. 달이 물을 이상하다고 느낄 수준까지 상승시켜 평소라면 도달할 수 없을 정도의 지표 틈으로 유입시키고, 그것이 깊은 동굴 안에서 거친 운동을 일으키거나 무언가 다른 종류의 연관에 따라 그렇게 되는 일은 충분히 가능하다.

천체의 인력이 물질의 가장 내부에까지 작용할 수 있다는 것, 그리하여 땅속 가장 깊고 접근하기 제일 어려운 지하의 길에까지 공기를 움직이게 하는 일도 있을 수 있다는 것을 고려한다면, 달이 지진에 어떤 영향을 미친다는 것을 완전히 부정하기는 어렵다. 그러나 이러한 힘이 작용하더라도, 그것은 기껏해야 땅속에 있는 발화 물질을 자극하는 정도에 그칠 것이다. 그 나머지 것, 즉 진동, 물의 운동은 단지 발화 물질의 작용일 것이다.

만약 달보다 더 멀리 떨어진 행성들의 천계까지 올라가서 생각한다면, 이들의 거리가 증가하면 할수록 지구에 이들이 미치는 영향의 가능성은 점차 사라져버릴 것이고, 모든 행성의 힘을 합치더라도 그것이 발휘하는 위력은 우리 가까이에 있는 단 하나의 달과 비교하더라도 그것보다 무한히 작을 것이다.

뉴턴은 찬탄할 만한 인력의 법칙을 발견했다. 이 법칙은 인류의 지성이 자연의 이해에서 지금까지 수행한 가장 행운이 있는 시도로 간주하지 않을 수 없다. 뉴턴은 주위에 달을 가지는 행성들의 인력을 계산하는 방법을 가르쳤으며, 전체 행성 중 가장 큰 행성, 즉 목성은 인력 크기가 아마도 태양 인력의 1,000분의 1보다 작을 것이라고 상정했다. 이 힘으로 우리 지구에 변화를 가져오는 능력은 지구에서 거리의 세제곱[11]에 반비례하여 감소한다. 그래서 목성은 지구에서 거리가 지구와 태양 간 거리의 다섯 배 이상이기 때문에, 목성의 인력과 태양의 인력의 비율을 구해보면, 지구에 대한 목성의 인력의 힘은 태양의 인력이 단독으로 지구에 미칠 수 있는 힘보다 13만 배 작다. 그런데 다른 한편 태양의 인력은 계산과 합치한 경험에서 알 수 있듯이 대양의 물을 약 2피트 높일 수 있다. 따라서 목성의 인력은 태양의 그것과 합치할 때에도 데시말 스크루플[12]의 65분의 1을 앞의 2피트에 추가할 뿐이지만, 그것은 머리카락 폭의 30분의 1 정도일 것이다. 누군가가 화성과 금성이 목성보다 훨씬 작은 천체이며, 인력이 그것들의 질량에 비례한다는 점을 고려한다면 그리고 화성과 금성을 합친 인력이 우리 지구에 미치는 능력을 근사치로 목성의 두 배라고 생각한다면 너무 과대하게 계산하는 셈이 된다. 두 행성은 목성보다 지구에 세 배 가까이 있지만, 목성보다 수백 배 작은 물체 내용, 즉 인력을 가지고 있다. 그러나 내가 관대하게 그 힘을 10배 더 크게 하더라도, 그 합한 힘은 바다를 머리카락 폭의 3분의 1 정도도 높일 수 없을 것이다. 나머지 행성, 수성과 토성을 추가해서 모두를 합해 고려한다 해도, 명백하게 이 천체들은 머리카락 폭의 2분의 1만큼도, 달과 태양이 공동으로 상승시키는 물의 팽창만큼도 증가시킬 수 없을 것이다. 달과 태양이 물을 상승시키는 높이가 머리카락 폭의 2분의 1 증가할 때 달과 태양의 인력으로 일어나는 물의 굉장한 운동을 두려워하면서, 이것들이 없었다면 더는 위험을 걱정하지 않는다면 우스꽝스러운 일이 아니겠는가? 다른 모든 사정도 지금 서술한 원인을 완전히 반박한다. 달이 태양과 지구 사이에 그려진 [상상의] 직선에 가 I 469 장 가까이 접근하는 순간뿐만 아니라 2, 3일 전후에도 만조가 최고에 달하는 것과 마찬가지로, 행성들의 결합[된 힘]은, 만약 그것이 물의 운동이나 지진에 관여했다면, 여러 날에 걸쳐서 그리고 각각의 날에 여러 시간에 걸쳐서 물의 운동과 지진을 일으켰을 것이다.

천구라고 하는 아주 먼 곳까지 끌고 나온 데 대해 독자에게 사과드린다. 그렇게 해야만 우리가 지구에서 생겨난 사건을 올바로 판단할 수 있기 때문이다. 오류의 출처를 없애려는 노력은 또한 우리에게 정화된 인식을 가져다준다. 이하에서는 자연의 큰 사건으로서 괄목해야 할 현상들을 고찰하고자 한다. 이것들은 내가 다른 논문[13]에서 설명하려고 시도했던 것이다.

행성은 지진이 일어날 때 우리에게 닥친 참화에 관여한 것으로 고소된 이성의 법정에서 그 죄를 면했다. 지금부터 어느 누구도 이와 관련하여 행성에 혐의를 두어서는 안 된다. 한때 여러 행성이 합(合)의 상태가 되었지만 지진은 감지되지 않았다. 가상디[14]의 증언에 따르면, 페리에스크[15]는 800년에 한 번씩 발생하는 상층의 세 행성[화성, 수성, 토성]의 매우 희귀한 합을 관찰했지만, 지구는 안전했다. 달만으로 어느 정도 개연성이 있고 그런 추측이 가능하겠지만, 만약 달이 지진에 관여한다면, 아주 약한 외적 영향이라도 변화를 일으킬 만큼 충분한 보조 원인이 존재하지 않으면 안 된다. 달은 최대 작용을 지상에 미칠 위치에 자주 이르게 되지만, 그렇게 자주 지진을 유발하지는 않기 때문이다. 11월 1일의 지진[리스본 대지진]은 최후의 현(弦) 직후 발생했지만, 뉴턴의 이론과 관찰이 보여주듯이 그때 달의 영향은 가장 미약했다. 그러므로 오직 우리가 거주하는 자체에서 원인을 찾아보기로 하자. 그 원인은 우리 발아래 있기 때문이다.

이전에 이미 언급했던 지진들 이후 2월 18일의 지진만큼 광범위하게 퍼진 지진은 없었다. 이 지진은 프랑스, 잉글랜드, 독일, 네덜란드에서 감지되었다. 그것은 베스트팔렌에서 그리고 하노버, 마그데부르크의 인근 지역에서 보고된 것처럼, 타는 물질의 충격보다도 오히려 격렬한 지하 폭풍에 의해 움직였던 토양의 미진과 아주 유사했다. 동요한 건물의 최상층에 있는 사람들만 그것을 감지했고, 아래쪽 지상에서는 누구도 알아채지 못했다. 18일에 앞서 13일과 14일에 네덜란드와 그 인근 지역에서 지진이 감지되었다. 며칠 후, 특히 16일에서 18일에 걸쳐 폭풍이 광범위하게 독일, 폴란드, 잉글랜드에서 사납게 불었으며, 번개와 뇌우가 동반했다. 간단하게 이야기하면 대기가 일종의 비등상태로 되었다. 이것은 우리가 이미 다른 곳[16]에서 주목했던 것, 즉 지진 또는 그것의 원인인 지하의 발화가 이질적인 증기를 지상의 대기 중에 분출함으로써 대기를 변화시킨다는 것을 확증하는 역할을 했다.

때로는 토양의 침하가 발생했다. 산의 암괴가 부서져 끔찍스러운 위력을 가지고서 계곡으로 굴러떨어졌다. 게다가 그러한 사건들은 종종 선행하는 지진이 없는데도 발생한다. 계속되는 비로 수로에 물로 가득 차서 종종 지반이 침식하고, 물이 토양을 씻어낸다. 특히 서리와 습기가 함께 작용할 때 산 정상에 있는 암괴를 산산조각 낸다. 스위스나 다른 곳에서 입구를 열었다가 통상 다시 닫는 큰 균열이나 갈라진 틈은 지하에서 광범위하게 팽창하는 위력의 더욱 명료한 증거이며, 이 위력의 결과로 밀도가 낮은 지층에는 금이 생겨났다. 우리가 딛고 있는 지반이 취약하다는 것, 아마도 도처에 발화 물질, 석탄층, 수지(樹脂), 유황을 끊임없이 연소할 수 있는 (마치 석탄 광산이 저절로 공기와 접해서 발화할 때, 종종 여러 세기에 걸쳐 작열하고 퍼져나가는 경우처럼) 지하의 열을 비축하고 있다는 것을 고려한다면, 즉 지하 동굴의 이러한 구조를 고려한다면, 우리 발아래의 돔을 작열하는 유황의 바다 전체로 던져버리는 것에 대해, 또 용암이 흘러내려가 사람들이 에트나[17]의 산기슭에 평화롭게 살면서 세웠던 마을을 황폐하게 만들 듯이, 우리 주거지를 연소하는 물질의 흐름 속에서 유린하

는 하는 것에 대해 우리가 충분히 수긍할 수 있지 않을까? 폴[18] 박사
가 지진에 관한 짧은 논문에서 수증기를 팽창시킴으로써 지하에서
영원히 타는 불티를 작동시키고 대지를 진동시키는 데 물이 있는 것
만으로 충분하다고 이야기했을 때, 그의 생각은 옳았다. 그러나 그가
레므리의 실험[19]에 대해서 (이것은 유황과 철의 줄밥을 혼합한 후 물
을 추가함으로써 지진을 설명한다) 어떤 순수한 철도 땅 속에서 발견
되지 않고 단지 철광석만 발견되기 때문에, 이 실험에서 원하는 결
과를 얻을 수 없다고 말함으로써 이 실험의 유효성을 부정하고자 한
다면, 나는 그에게 다음과 같은 점을 고려하라고 요구하겠다. 가열의
다양한 원인, 즉 황철광의 풍화나 비가 내린 후 분출된 용암에서 발
견되고 마찬가지로 피에트라 말라의 영속적인 불에서 발견되는, 물
의 혼합에 따른 비등이 깊은 장소에 있는 철광석을 융해하고 입자상
태의 철 또는 심지어 자철광(磁鐵鑛)으로 만들지만, 이러한 가열의
다양한 원인은 이 실험을 큰 규모로 수행하기에 충분한 물질을 제공
할 수 없는 것은 아닌지 고려하라고 요구하겠다. 여기서 자철광은 순
수한 철의 본성과 매우 가깝고, 의심할 여지없이 땅속 깊은 곳에서
풍부하게 발견된다. 스위스에서 보고된 매우 희귀한 관찰에 따르면
자석은 지진이 발생하는 동안 그것의 수직 방향에서 그것이 매달려
있는 실이 다양한 정도로 이탈했지만, 그러한 관찰은 지진이 발생할
때 자기를 띤 여러 물질이 함께 작용한다는 사실을 확증하는 것처럼
보인다.

저마다 새로운 탐구의 길을 개척하기 위해 제안된 모든 가설 그리
고 바다의 파도처럼 다른 가설의 자리를 차지하기도 하는 모든 가설
을 언급하고 조사하는 일은 방대한 작업이 될 것이다. 자연과학에서
는 어떤 좋은 양식이 있으면, 한편으로는 새로운 것을 갈망해서 제어
할 수 없을 정도로 과도한 것과 다른 한편으로는 경험의 증거와 합리

적 신뢰성을 가진 안전하고 조심스러운 판단을 구별하는 방법을 바로 안다. 비나[20] 신부, 또 극히 최근에는 크뤼거[21] 교수가 지진의 현상이 전기의 현상과 동일한 원인을 따른다고 간주했다. 홀만[22] 교수의 제안에서 더 기발한 점이 보인다. 그는 발화 물질에 발화된 토양에서조차 공기구멍이 유용하다는 사실을 활화산이 없다면 나폴리왕국도 시실리왕국도 결코 존재하지 못했을 것이라고 하는 활화산의 예를 가지고 입증했다. 그리고 지표의 최상층에서 연소하는 가장 깊은 심연까지 파고 내려가 불의 탈출구를 마련해주어야 한다고 주장 I 472 했다. 내부 지층이 단단하면서 매우 두껍지 않았다면 그렇게 끔찍한 지진의 공격은 이와 같은 나라를 오래전에 분쇄하고 말았겠지만, 이 내부 지층의 단단함과 두꺼움, 또 모든 굴삭을 곧바로 차단할 지하수, 마지막으로 인간의 무능은 앞의 제안을 아름다운 꿈으로 만들었다. 천둥의 위력을 완화하려 했던 근대의 프로메테우스인 프랭클린[23] 씨에서부터 불과 대장장이의 신인 불카누스의 작업장 불을 끄려고 했던 사람[홀맨 교수]까지 이러한 모든 노력은 인간의 대담성, 그것과 정반대로 너무나 작은 능력과 결합해 있는 대담성이다. 이런 노력은 결국 인간은 인간 이상의 것은 절대로 아니라는 겸손한 자성으로 이끈다. 인간은 이러한 자성에서 일을 시작하면 좋을 것이다.

자연과학의 제1근거에서
운동과 정지 그리고
그와 결부된 귀결들에 관한 새로운 이론

김상현 옮김

일러두기

1. 『자연과학의 제1근거에서 운동과 정지 그리고 그와 결부된 귀결들에 관한 새로운 이론』(*Neuer Lehrbegriff der Bewegung und Ruhe und der damit verknüpften Folgerungen in den ersten Gründen der Naturwissenschaft*)은 1758년 발표된 원전을 대본으로 사용했고, 학술원판(Immanuel Kant, *Vorkritische Schriften* Ⅱ *1757~1777*, in *Kant' gesammelte Schriften*, hrsg. von der Königlich Preußischen Akademie der Wissenschaften, Bd. Ⅱ, pp.13-25, Berlin, 1912)과 바이셰델판(*Vorkritische Schriften bis 1768*, in *Immanuel Kant Werke in Zehn Bänden*, hrsg. von Wilhelm Weischedel, Bd. Ⅱ, pp.567-581, Darmstadt, 1983)을 참조했다.

자연과학의 제1근거에서
운동과 정지 그리고
그와 결부된 귀결들에 관한 새로운 이론

만약 어떤 철학적 물음에서 철학자들의 일치된 판단이 하나의 장 애이며, 이 장애를 넘어서는 것은 레무스[1])가 저지른 범법과 동일하게 처벌받아야 할 범법으로 간주되어야 한다면, 나는 존중받아 마땅한 위대한 대중들의 지배적인 의견에 반하는 내 착상들에, 그럼에도 오직 건전한 이성으로만 정당화되는 자유를 허용하는 당돌함을 기꺼이 감행하려 한다. 만약 내가 이미 수세기 전부터 철학자들의 저작에서 관례에 따라 당연한 소유권을 주장하는 어떤 법칙을 반박할 생각이었다면, 그 생각을 애초부터 제시할지 아니면 철회해야 할지 망설였을 것이다. 그러나 나는 내 주변에 있는 수많은 진취적인 사람이 권위 있는 법칙을 가졌음에도 아무것도 시도하지 않으려 하고, 사람들이 이 진취적인 사람들의 의견을 매우 주의 깊게 검토하고 숙고할 정도로 많이 배려하는 모습을 목도한다. 그래서 나는 이제 한결같은 호의적 운명에 따라 그들에게 섞여 들어가 운동과 정지 그리고 후자와 결부되어 있는 관성력에 관한 개념들을 감히 검증하여 거부하려고 한다. 비록 모든 사상을 볼프의 이론체계나 어떤 다른 저명한 이론체계의 제분소에 보관할 필요도 없는 쓸모없는 왕겨로 여겨버리는 데 익숙한 저 고매한 자들이 첫눈에 검증의 노고를 불필요하다고,

전체 연구를 부당하다고 천명할 것임을 알고 있음에도 나는 이 일을 행하려 한다.

운동과 정지에 관한 새로운 개념들

나는 내 독자들이 데카르트가 정당한 통찰들을 얻기 위해 그토록 필수불가결한 것으로 간주한 마음상태로 잠시 태도를 바꾸어 생각해볼 수 있기를 그리고 지금 내가 하는 것처럼 말하자면 내 독자들이 이 연구가 진행되는 동안만이라도 자신들이 익혀온 모든 개념을 잊고 어떤 다른 인도자도 없이 오직 순전히 건전한 이성 자체의 인도에 따라 진리의 길로 들어서길 원한다.

여기에서 나는 운동을 장소[2]의 변화로 규정한다. 그러나 또한 나는 한 사물의 장소는 그 사물의 위치나 배치를 통해 또는 그 사물이 다른 대상들과 맺고 있는 외적 관계를 통해 인식된다고 생각한다. 가령 나는 어떤 한 물체를 우선 그 물체를 에워싸고 있는 특정한 외적 대상들과 관계에서 고찰할 수 있다. 그런 다음 만약 그 물체가 이 관계를 변화시키지 않는다면, 나는 그 물체가 정지해 있다고 말하겠다. 그러나 내가 그 물체를 더 광범위한 영역과 관련하여 고찰한다면, 즉시 그 물체는 이 영역과 관련하여 자신과 근접해 있는 대상들과 함께 자신의 배치를 변경하는 것이 가능하다. 이런 관점에서라면 나는 그 물체가 운동하고 있다고 기술하겠다. 이제 나는 내 시선의 범위를 내가 원하는 만큼 확장할 수 있고 물체를 점점 더 먼 주변과 관계에서 고찰할 수 있는 자유로운 상태에 있다. 그래서 나는 물체의 운동과 정지에 대한 내 판단이 결코 고정되어 있지 않고 오히려 새로운 관점에서 항시 변경될 수 있다는 사실을 알게 된다. 예를 들어 내가 프레겔강에 정박해 있는 선박에 타고 있다고 해보자. 내 앞의 탁자 위에는 공이 놓여 있다. 내가 이 공을 탁자, 벽 그리고 배의 다른 부분들과의 관계에서 관찰한다면, 나는 그것이 정지해 있다고 말할 것이다. 그런 다음 곧바로 배에서 강가로 시선을 옮겨 배를 고정했던 닻줄이 풀려 있고 배가 천천히 하구 쪽으로 이동하고 있음을 알게 된다면, 나는 즉각 그 공이 운동하고 있으며, 특히 물결의 방향을 따라 동쪽에서 서쪽으로 운동하고 있다고 말할 것이다. 그런데 누군가가 나에게 지구는 엄청나게 빠른 속도로 서쪽에서 동쪽으로 자전운동을 한다고 말한다면, 그 즉시 나는 생각을 바꾸어 공은 천문학으로 쉽게 규정할 수 있는 일정한 속도로 완전히 반대 방향으로 운동한다고 할 것이다. 그런데 누군가 지구라는 커다란 공은 행성계와 관련하여 서쪽에서 동쪽을 향해 좀더 빠른 속도로 운동한다고 나에게 상기시킬 수도 있다. 그렇다면 나는 이 속도를 내 공에 부과하지 않을 수 없고, 내가 이전에 그 공에 부여했던 속도를 변경할 것이다. 마지막으로 브래들리는 나에게 전체 행성계는 태양과 더불어 아마도 항성계와 관련해 위치를 변경한다고 가르칠 수도 있다. 내가 그것이 어느 방향으로 어떤 속도로 운동하는지 묻지만, 그는 아무런 대답도 주지 않는다. 이제 나는 혼란스러워져 내 앞의 공이 정지해 있는지 또는 어디로 그리고 어떤 속도로 운동하는지 더는 알지 못하게 된다. 이제야 나는 운동과 정지라는 표현에 어떤 결함이 있음을 깨닫기 시작한다. 나는 이 표현을 결코 절대적 의미로 사용해서는 안 되고 오히려 항상 상대적으로[3] 사용해야 한다. 한 물체가 어떤 사물과 관련하여 정지해 있는지가 결정되지 않는다면, 나는 그 물체가 정지해 있다고 결코 말해서는 안 된다. 마찬가지로 그것들과 관련하여 그 물체의 관계가 변화되는 대상들을 지목하지 않는다면, 나는 결코 그 물체가 운동하고 있다고 말해서는 안 된다. 심지어 내가 모든 피조물이 텅 비어 있

Ⅱ 17

는 수학적 공간을 물체들을 담는 용기일 뿐이라고 상상하고자 할지라도, 이것은 나에게 아무런 도움도 주지 못할 것이다. 도대체 나는 무엇으로 그 어떤 물체적인 것으로도 채워지지 않는 공간의 부분들과 상이한 장소들을 구별해야 하는가?

이제 두 물체를 상정해보자. 그중 한 물체인 B는 나에게는 현재 알려진 모든 다른 대상과 관련하여 정지해 있는 반면, 다른 물체 A는 특정 속도로 B를 향해 돌진하고 있다. 이제 공 B는 다른 외부 대상들과는 여전히 불변하는 관계를 유지할 수도 있겠지만, 우리가 공 B를 운동하고 있는 공 A와 관련하여 고찰한다면, 공 B는 불변하는 관계에 있지 않다. 그것들의 관계는 상호적이라서 그 관계의 변화 또한 상호적이기 때문이다. 특정 객체들과 관련하여 정지해 있다고 언급된 공 B는 공 A와 상호적 관계의 변화에 동일하게 관여하고, 그 공들은 둘 다 서로 접근한다. 언어의 일체 고유 의미에도 나는 도대체 왜 II 18 다른 외부 대상들과 관계에서 공 B가 비록 정지해 있을지라도 운동하고 있는 공 A와 관련해서는 동일한 정도로 운동한다고 말해서는 안 되는가?

충돌하는 두 물체가 상대에 행사하는 작용에 관한 것이 관건이라면, 이 경우에는 다른 외부 사물들과의 관계는 아무런 상관이 없다는 내 주장을 당신들은 인정할 것이다. 따라서 만약 여기에서 발생하는 A 4 변화를 두 물체 A와 B의 관계에서만 고찰해야 한다면 그리고 그런 고찰에서 모든 외부 대상에 대한 고려를 배제해야 한다면, 양자 사이에서 발생하는 것에서 둘 중 하나는 정지해 있고 단지 다른 하나만 운동하고 있다고 추정할 수 있겠는가? 그리고 양자 중 어떤 것이 정지해 있고 어떤 것이 운동하고 있는지 사람들은 나에게 말해줄 수 있겠는가? 운동을 양자에 그리고 더욱이 동일한 정도로 양자에 부과해서는 안 되는가? 두 공이 서로 접근하는 경우, 운동은 어느 하나에 부과되는 그만큼 다른 하나에도 부과된다. 3파운드 질량의 공 A가 주변 공간과 관련하여 정지해 있는 2파운드 질량의 공 B를 향해 운동하고 있고, 양자 사이의 5피트 공간은 1초에 도달된다고 가정해보자. 그리고 만약 내가 이 두 물체 사이에서 발생하는 변화만을 관찰한다면, 나는 3파운드 질량의 공과 2파운드 질량의 공이 초당 5피트로 서로 접근한다는 것 이상의 다른 어떤 것도 말할 수 없다. 이제 나는 이 변화에서 이 두 물체 중 어느 하나에 나머지 다른 하나보다 더 많은 몫을 부여할 어떤 사소한 이유도 가지고 있지 않기 때문에, 양 측면에 완전한 동등성을 유지하기 위해 초당 5피트의 속도를 질량에 반비례하여 분배해야만 한다. 즉 3파운드 물체는 속도 2를, 반면에 2파운드 물체는 속도 3을 그 몫으로 얻게 될 것이다. 그리고 그것들은 충돌에서 실제로 이 힘들을 가지고 상호작용할 것이다. 따라서 물체 B가 공간상 가장 인접한 다른 대상들과 관련하여 완전히 정지해 있다는 것을 무시할 수 있을지라도, 그럼에도 자신에게 접근하는 각각의 물체와 관련해서 보면, 이 물체 B는 정말로 운동하고 있으며, 더욱이 접근하는 물체들과 동등하게 운동하고 있다. 그래서 두 운동량의 합은, 물체 B가 절대적인 정지상태에 있다고 가정한다면, 오직 물체 A에서만 고려되어야 하는 운동량의 합과 동일하다.

만약 사람들이 이런 것을 무시하고 언어의 고유한 의미를 문제 삼고자 한다면, 나는 그 사람들이 일관되게 말을 하는지 숙고하도록 할 것이다. 만약 파리 부근에서 포탄 12파운드가 어떤 성벽을 향해 동쪽 Ⅱ 19 에서 서쪽 방향으로 발사된다면 철학자조차도, 비록 지구가 이 위도에서 서쪽에서 동쪽으로 거의 같은 속도로 운동하기 때문에 이 화약의 힘은 포탄의 이 [지구 자전에 따른] 운동을 상쇄하는 것 외에 다른 어떤 일도 하지 않는다는 것을 그가 인정할지라도, 포탄은 초당 600피트 속도로 운동한다고 말할 것이다. 그럼에도 지구의 자전 또는 공전 운동 때문에 혼동하지 않기 위해, 사람들은 포탄과 벽이 가깝든 멀든 주위를 둘러싸고 있는 공간과 관련하여 맺은 관계들이 여기에서는 어떠한 쟁점이 되는 것이 아니고, 오히려 이 두 물체가 서로 맺은 관계만 중요하다는 사실을 암암리에 인정할 것이다. 그러나 그러한 인정에서도 양자 중 어느 것이 다른 것에 대해 상대적으로 정지해 있다고 해야 하는가? 만약 사람들이 두 물체가 상대를 향해, 즉 포탄은 벽을 향해 벽은 포탄을 향해 운동한다는 것, 특히 하나가 다른 하나와 동일한 힘을 가지고 운동한다는 것을 인정하지 않는다면, 변화라는 현상은 단지 두 물체가 상호접근한다는 것 외에 다른 어떤 것도 알려주지 않기 때문이다.

말하자면 사람들은 두 물체 사이에 놓여 있는 공간을 시간으로 나눠서 양자의 속도 총합으로 간주할 수도 있다. 그리고 사람들은 질량 A와 질량 B의 총합이 물체 A의 질량에 관계하듯이 주어진 속도는 물체 B의 속도와 관계한다고 말할 수 있겠다.[4] 만약 상정된 전체 속도에서 물체 B의 속도를 뺀다면 A의 속도만 남게 될 것이다. 그렇다면 진행된 모든 변화는 두 물체에 동일하게 분배될 것이고 이 동일한 힘들을 가지고 두 물체는 또한 상호충돌할 것이다. 여기에서 나는 내 목적을 위해 다음 두 가지 귀결만 도출한다.

(1) 각각의 물체는, 그것과 관련하여 다른 물체가 운동한다면, 이 다른 물체와 관련하여 그 자신도 운동하는 것이다. 따라서 어떤 한 물체가 절대적으로 정지해 있는 다른 물체를 향해 돌진한다는 것은 불가능하다.

(2) 물체들 간의 충돌에서 작용과 반작용은 항상 동일하다.

관성력에 대하여

모든 물체가 정지상태로 간주되는 상태에서 물체는 모두 그것에 작용하는 각각의 물체에 동일한 정도로 반작용한다는 것이 경험으로 해명되지 않는다면, 한 물체는 이 물체를 향해 돌진하는 다른 물체가 아직 이 물체와 부딪치지 않은 한에서, 완전히 정지해 있거나 여러분이 그렇게 말하기를 원한다면 힘의 균형상태에 있을 것이다. 그럼에도 충돌하는 순간 즉각적으로 충돌하는 물체에 대항하는 운 II 20 동을 스스로 발생시킨다고 또는 스스로 힘의 초과상태로 전환되어 그 결과 대립하는 힘을 자기 안에서 상쇄시킨다고 주장하는 일은 아마 어느 누구도 결코 생각하지 못할 것이다. 그러나 나는 지금 충돌하는 물체와 관련하여 정지상태에 있다고 잘못 생각한 물체가 사실은 그 충돌하는 물체와 관계 맺는 방식에서 보면 운동상태에 있다는 것을 증명했다. 그러므로 다음은 자명하게 이해된다. 즉 이러한 관성력은 불필요하게 고안되었으며, 모든 충돌에서 한 물체의 운동은 동일한 정도로 그것과 대립하여 운동하는 다른 물체와 맞부딪친다. 그리고 이것은 어떤 특별한 종류의 자연력을 상정할 필요 없이, 작용과 반작용의 등가성을 매우 쉽게 이해할 수 있게 설명해준다. 그럼에도 이 가정된 힘은 모든 운동법칙을 그것에서 매우 정확하고 쉽게 도출하는 데에 대단히 유용하다. 그러나 이를 위해서 이 가정된 힘은, 우주의 거대한 운동들을 설명하기 위해 사용되는 뉴턴의 만유인력과 마찬가지로, 말하자면 경험으로 알려진 보편적 현상에 대한 법칙으로만 유용한데, 이 경우 우리는 그 현상의 원인을 알지 못한다. 따라서 이 현상을 곧바로 법칙을 목표로 삼고 있는 내적 자연력에 성급하게 전가해서는 안 된다.

내 이론체계의 정당함에 조금도 손상을 입히지 않고도 이런 이해를 바탕으로 나는 다음을 기꺼이 승인할 수 있다. 즉 모든 물체는 자신을 향해 운동하는 다른 물체와 관련하여 관성력을, 다시 말해 작용에 동일한 정도로 대립하여 작용하는 어떤 힘을 가지고 있다. 이것은 경험법칙 이외의 다른 어떤 것도 아니기 때문이다. 하지만 모든 물체는 완전한 정지상태에서도 그런 힘을 내적 힘으로 그 자체에 가지고 있는 것 같다. 그것들은 사실상 오직 자신을 향해 돌진하는 물체에 대해 현실적이고 동일하게 운동하기 때문에 그런 힘을 가질 뿐이고, 그것들이 어떤 한 물체와 관련하여 정지해 있는 한에서는 결코 그와 같은 운동을 하지 않기 때문이다.

또 다른 근거에서 관성력이라는 가정된 개념을 반박하는 것은 그리 어려운 일이 아니다.

왜냐하면 1) 한 물체는, 그것이 아무리 많은 힘을 가지고 있을지라도, 그 물체가 정지해 있다면 이 힘들은 확실히 그 물체 안에서 균형상태에 있어야만 하기 때문이다. 그런데 충돌하는 물체가 이 정지해 A 6 있는 물체에 접촉하자마자 후자가, 자신 안에서 돌진하는 물체의 힘의 일부를 사라지게 하려고 즉각적으로 이 돌진하는 물체를 압도하는 운동이나 힘을 발휘하는 상태로 스스로 전환되는 일이 도대체 어 II 21 떻게 일어날 수 있는가? 만약 이 물체의 내적 힘이 충돌하는 순간에도 여전히 항상 균형상태로 있다면, 그것은 이런 균형상태에서는 어떠한 저항도 수행할 수 없을 것이기 때문이다. 그리고 또한

2) 이렇게 즉각 발생하는 힘을 발휘하는 상태가 가능하다는 것이 성립된다고 할지라도, 피충돌체 자체는 이 충돌에서 어떠한 운동도 획득하지 못할 것이다. 충돌과 반작용은 상쇄되므로 이것에서는 피충돌체가 충돌 이후 운동하게 된다는 것이 아니라, 두 물체가 상호작용하기를 중지할 거라는 사실 이외의 다른 어떠한 것도 도출되지 않을 테니 말이다. 그리고 이것과는 별개로, 관성력은 하나의 자연력이

기 때문에, 비록 균형상태가 충돌로 깨질지라도, 관성력은 충돌한 그 순간 스스로 다시 복원되어야만 한다. 다시 말해 피충돌체는 충돌 직후 다시 정지해야만 한다.

나는 관성력이라는 개념에 반대하여 기꺼이 제공할 수 있는 좀더 많은 근거를 언급하는 일은 자제하려고 한다. 마찬가지로 나는 사람들이 직면해 있는 형이상학적 증명을 해명할 수도 있다. 그러나 여기에서 나는 책을 한 권 쓰는 것이 아니라 단지 몇 쪽짜리 글을 작성하는 데 불과하고, 이 적은 분량 때문에 이러한 풍부한 주제를 제한할 수밖에 없다.

관성력의 개념과 분리될 수 없는 한에서 연속성의 법칙에 관하여

운동의 통속적 개념을 변호하는 사람들을 가장 많이 곤경에 처하게 하는 것은 그들이 자신들의 학술개념에 따라 운동의 법칙을 설명하려면, 자신들의 의도에 반하는 다른 자의적 법칙을 제기하지 않을 수 없다는 사실이다. 이 보조가설이 연속성의 법칙이다. 이 법칙에 대해서는 아마도 몇몇 역학자만이, 설사 그들이 이 법칙에 반대하고자 할지라도, 물체들의 충돌을 저 가정된 운동 개념을 들어 설명하려면, 여전히 이 법칙을 암암리에 상정해야만 한다는 사실을 인지했을 것이다. 그러나 나는 이것을 토대로 해서는 결코 증명할 수 없지만, 분명히 반증할 수는 있는 연속성의 물리 법칙만을 이해할 뿐이다. 논리적 의미*에서 본다면, 그것이 판단을 위한 제아무리 적절하고 타 Ⅱ 22 당한 규칙일지라도, 현재 주제에는 그 어떤 것도 기여하는 바가 없기 때문이다. 따라서 물리적 의미에서 이 규칙은 라이프니츠의 견해에 따르면, 한 물체가 다른 물체에 그 어떤 힘도 한 번에 전달하지 않고 오히려 정지에서 특정 속도에 이르는 모든 무한히 적은 중간량을 통해 자기 힘을 다른 물체에 전이하는 방식으로 전달한다는 것을 의미한다. 이제 충돌의 법칙을 저 가정된 운동 개념들에 따라 설명하려는 모든 사람이 라이프니츠의 이러한 법칙을 어떻게 철저하게 사용하는지 들어보자. 왜 완전히 단단한 물체[5]가 충돌할 때 같은 종류의 동일한 다른 물체에 자신의 전체 힘을 전달하지 않을까? 왜 그것은, A7 정역학으로 알려져 있듯이, 항상 단지 절반만 전달할까? 사람들은 충돌체가 자기 경로에 있는 물체를 양자가 동일한 속도를 가질 때까지 밀어붙이기 때문에, 말하자면 만약 두 물체의 질량이 동일하다면, 두 물체가 각각 충돌체 속도의 절반에 이를 때까지 밀어붙이기 때문에 그런 일이 발생한다고 말한다. 그 경우 피충돌체는 충돌체의 어떤 추가 작용에도 영향을 받지 않기 때문이다. 그런데 이 경우 돌진하는 물체가 정지해 있는 물체에 행사하는 모든 작용은 압력의 무한히 많은 작은 계기[6]의 연속에 따라 순차적으로 발생한다고 가정하는 것은 아닐까? 충돌체가 자신의 모든 힘을 가지고 한 번에 작용한다면, 자신의 모든 운동을 피충돌체에 전달하고 자신은 정지하게 될 텐데, 이것은 완전히 단단한 물체들의 충돌법칙과는 반대되기 때문이다. 가령 정지해 있는 물체가 충돌체의 전체 운동 경로에 놓여 있어서 만약

---

* 나는 여기에서 이 규칙의 정식을 제시하지 않고, 다만 그것에 대한 몇 가지 사례만을 언급하려고 한다. 한 물체가 다른 운동하는 물체에 충돌할 때 일반적으로 타당한 것은 또한 그 물체가 정지상태에 있는 물체에 충격을 줄 때에도 타당하다. 정지란 무한히 작은 운동으로 간주되기 때문이다. 만약 어떤 힘의 단위가 현실적 운동 일반에 타당하다면, 그것은 또한 순전한 압력에도 타당해야만 한다. 압력은 무한히 작은 공간을 통해 작용하는 현실적 운동으로 간주될 수 있기 때문이다. 나는 연속성에 관한 이 논리적 규칙을 다른 기회에 상세하게 설명하고 적절하게 밝히기 위해 지금은 유보하려고 한다.

이 충돌체가 자신의 모든 힘을 가지고 한 번에 작용할 수 있다면, 그렇게 될 것은 확실하다. 그리고 전체 힘에 대해 타당한 것은 또한 그 힘의 절반, 4분의 1 등등에도 타당할 것이다. 그러므로 충돌체는 어떤 유한한 힘을 가지고 결코 한 번에 작용하는 것이 아니라 오히려 단지 일체의 무한히 작은 계기들을 통해 순차적으로 작용할 것이며, 이것이 바로 연속성의 법칙이 말하는 것이다.

따라서 여기에서 우리는, 만약 사람들이 운동과 정지에 대한 통속 개념들을 버리려 하지 않는다면, 연속성의 법칙을 철저히 가정해야만 한다는 것을 알 수 있다. 그런 까닭에 나는 왜 가장 저명한 자연과학자들이 연속성의 법칙을 가설로나마 단 한 번이라도 간주하려고 하지 않았는지를 간략하게 보이고자 한다. 왜냐하면 우리는 어떤 것이 증명될 수 없다는 이유로 그것이 더 낫다고 결코 주장할 수 없기 때문이다.

만약 내가 한 물체는, 일체의 가능한 미소 중간량을 사전에 관통하 II 23 지 않는다면, 다른 물체에 특정량의 힘을 가지고 결코 한 번에 작용할 수 없다고 주장한다면 그 물체는 다른 물체에 전혀 작용할 수 없을 거라고 말하는 셈이다. 그것이 설사 무한히 작은 계기일지라도, 이 계기를 가지고 물체는 어느 한순간에 작용할 것이고, 또 이 계기는 일정한 시간 주어진 속도에 이를 때까지 누적될 텐데, 그렇다면 이 계기는 연속성의 법칙에 따르면, 무엇보다도 모든 무한한 양의 미세한 계기들을 두루 거쳐야만 하고 또한 거칠 수 있는, 항상 그런 즉각적 작용일 것이기 때문이다. 다시 말해 주어진 계기에서 항상 더 작은 다른 계기가 생각될 수 있고, 이보다 작은 계기들의 총합에서 저 주어진 계기가 생겨나기 때문이다. 예를 들어 중력의 계기는 물체들이 충돌할 때 나타나는 작용의 계기보다 확실히 무한히 더 작은데, 후자는 실로 무시해도 될 만한 시간에 엄청난 양의 속도를 야기할 수 있는 반면, 중력은 이런 속도를 훨씬 긴 시간이 흘러야 산출할 수 있다. 따라서 충돌할 때 나타나는 작용의 계기조차 즉각적이며 연속성 법칙과는 반대된다. 사람들은 또한 자연에는 완전히 단단한 물체가 결코 존재할 수 없다는 핑계를 대서도 안 된다. 여기에서는 완전히 단단한 물체를 단지 생각하고 그런 물체의 운동법칙을 규정하는 것만으로 충분하기 때문이다. 또 이는 완전히 단단한 물체를 매개로 해서만 부드러운 물체들이 상호충돌할 때 따르는 운동법칙이 발견될 수 있다. 게다가 모든 연한 물체도 일정한 정도의 응집력을 가지고 있으며, 그 응집력 덕분에 연한 물체도 충돌체의 힘에서 자신과 동일한 또는 더 작은 계기들과 관련해서는 단단한 물체로 간주될 수 있다. 그리고 이 단단한 물체와 관련해서만 즉각적 작용이 가능하다면, 이 작용은 더 큰 정도의 응집력을 지닌 물체와 관련해서도 발생할 수 있을 것이다.

운동과 정지의 새로운 개념에 따른 충돌법칙을 해명하기 위한 실마리

상호작용하는 두 물체 간의 충돌에서 어떤 일이 생기는지는 우리의 학술개념에 따른다면 앞서 언급한 것에서 이미 명백하다. 말하자면 이는 순전히 다음과 같은 사실에서 성립한다. 즉 작용과 반작용은 양 측면에서 동일하며, 만약 두 물체가 말하자면 곧바로 상호충돌하되 일체의 탄성력이 무시된다면 두 물체는 충돌 후 서로 관계하는 방식에서 보면 정지하게 된다. 오직 운동법칙이라는 명칭 아래서만 충돌하는 물체들 중 하나가 다른 하나와 관련하여 얻게 되는 관계의 규칙뿐만 아니라 무엇보다도 물체들이 현존하는 공간과 연관하여 이 물체들의 외적 상태 변화도 이해된다. 이것이 충돌하는 물체들 사이에서 직접 발생되는 것의 외적 현상만 고유하게 말하는 것이고, 바로 A 8 우리가 알고자 하는 것이다.

마지막으로, 물체 A와 물체 B가 있는데, 전자는 3파운드 질량을, 후자는 2파운드 질량을 가지고 있으며, 이 후자는 자신이 존재하는 공간과 관련하여 정지해 있는 반면, 전자는 그 공간과 관련하여 물체 B를 향해 똑바로 속도 5로 운동한다고 가정해보자. 이제 우리의 원리들에 따라 A와 관계 맺는 방식에서 보면 물체 B에는 속도 3이, B를 향한 A에는 속도 2가 부과되어야만 한다. 따라서 충돌하는 경우 이 두 물체의 동일한 힘들은 상쇄될 것이고, 양자는 서로 상대적으로 정지하게 될 것이다. 그러나 B는 다른 대상들과 관계 맺는 방식에서 보면 정지상태였고, A와 관련해서만 2의 상대적 운동을 하기 때문에,[7] 바로 이 2의 상대적 운동은 또한 [물체 B의] 주변 공간에 대해서도 물체 B와 병행하여 같은 속도를 지닌 것으로 인정되어야만 한다.[8] 이제 A의 충돌은 B의 이 운동량 2를 상쇄하겠지만, 주변 공간의 운동량을 상쇄하지는 않는다. 즉 주변 공간에서는 아무런 작용도 일어나지 않는다. 따라서 이 공간은 물체 B가 이전에 진행하던 방향을 따라 계속 운동할 것이다. 또는 같은 말이 되겠지만 충돌 후에 물체 B는 반대 방향으로, 즉 충돌체 A의 방향으로 주위 공간과 관련하여 2의 속도로 진행할 것이다. 따라서 물체 A 또한 동일한 방향으로, 동일한 속도로 진행할 것이다. 물체 A는 물체 B와 관련하여 정지해 있기 때문이다. 두 물체는 충돌 후에 2의 속도로 운동을 진행할 것이다. 여기에서 사람들은 다음을 알 수 있다. 즉 한 물체에서 상쇄된 속도는 충돌체와 관련해서만 피충돌체에 정립되며, 이 피충돌체가 주변 공간과 관련해서 가지지 않았던 정립된 속도는 이제 충돌 방향에 있는 그 공간과 관련해서도 이 피충돌체에 고유하게 동일한 양의 운동을 산출한다.

만약 두 물체 A와 B가 이전과 동일한 질량을 가지되, A는 3의 양을, B는 2의 양을 가지고 상대를 향해 돌진한다면, 이 물체들이 상대를 향하는 운동의 상호관계만 고찰하는 경우, 속도 3과 속도 2는 합산되어야만 한다. 그리고 앞에서 언급한 바에 따라 이 총합은 두 물체에서 질량에 반비례하여 분배되어야만 한다. 그래서 A는 속도 2를 획득하는 반면 B는 속도 3을 획득하고, 그럼으로써 결과적으로 양자는 상반된 힘의 동등성 때문에 서로 상대적으로 정지상태에 놓이게 된다. 이제 상대를 향한 이 두 물체의 상대적 운동으로 B에는 속도 3이 부과되었는데, B는 외부 공간과 관련해서는 이 속도를 전체적으로 가지지 않고 오히려 그중 단지 속도 2를 가지기 때문에, 바로 앞에서 언급한 바에 따라 저 공간과 관련해서 이 물체에 부과되지 않았던 속도의 상쇄는 바로 그 동일한 공간과 관련해서도 반대 방향으로 운동을 정립할 것이다. 다시 말해 B는 1의 속도를 가지고 계속 운동하게 될 것이고, 마찬가지로 A도 상대적으로 B에 의존하기 때문에 동일한 1의 속도를 가지고 A가 충돌했던 방향으로 계속 운동하게 될 것이다.

상이한 속도를 가지고 한 방향으로 운동하는 물체들이 서로 충돌하는 경우의 운동법칙을, 이와 마찬가지로 탄성체들의 충돌 규칙을 그 근저에 놓여 있는 개념에서 도출하는 것은 아마도 쉬운 일일 듯하다. 또 여기에서 제시된 것을 더욱 진전된 설명을 붙여 더 분명하게 하는 일은 필수적이다. 이 모든 일은, 상당히 풍부한 소재와 매우 엄밀하게 제한된 영역에서 내용에서는 완전하게 그리고 표현에서도 풍부하게 하는 일이 가능하다면, 성취될 수 있을 것이다.

———

이번 학기 내 강의 계획은 다음과 같다. 나는 마이어의 발췌본을 도움삼아 이성학을 강의할 것이다. 지금 나는 바우마이스터의 소책자에 따라 형이상학을 설명할 생각이다. 수요일과 토요일 강좌에서는 전날에 다룬 명제들을 논쟁적으로 고찰할 예정인데, 이는 내 생각으로는 근본적인 통찰에 이르는 최선의 길 중 하나가 될 것이다. 수학은 볼프의 개관을 도움삼아 시작할 것이다. 만약 여러분이 에버하르트 소책자를 사용한 자연과학에 대한 강좌를 들을 의향이 있다면, 나는 여러분의 요구를 충족하려 노력하겠다. 지난 학기에는 나 자신의 소논문들에 맞추어 자연지리학을 강의했다. 그리고 나는 다시 한번 이 유용하고 관심을 끄는 학문을 새롭고 다양하게 확장해 강의할 예정이다.

낙관주의에 관한 몇 가지 시론적 고찰

일러두기

1. 『낙관주의에 관한 몇 가지 시론적 고찰』(*Versuch einiger Betrachtungen über den Optimismus*)은 1759년 발표된 원전을 대본으로 사용했고, 학술원판(Immanuel Kant, *Vorkritische Schriften II 1757~1777*, in *Kant' gesammelte Schriften*, hrsg. von der Königlich Preußischen Akademie der Wissenschaften, Bd. II, pp.27–35, Berlin, 1905/1912)과 바이셰델판(*Vorkritische Schriften bis 1768*, in *Immanuel Kant Werke in Zehn Bänden*, hrsg. von Wilhelm Weischedel, Bd. II, pp.583–594, Darmstadt, 1983)을 참조했다.

낙관주의에 관한 몇 가지 시론적 고찰

사람들이 신에 대한 적절한 개념을 형성해온 이래, 만약 신이 선택 A 3; II 29
한다면 신은 오직 최선만 선택할 거라는 생각보다 더 자연스러운 것
은 아마 없을 것이다. 알렉산더대왕에 대해 '대왕은 자신에게 아직
해야 할 어떤 일이 남아 있는 한, 자신은 아무것도 하지 않았다고 믿
었다'고 사람들이 말한다면, 이것은 모든 존재자 중 가장 자비롭고
최고 권능을 지닌 존재자에게는 무한히 더 큰 정당성을 가진다고 말
할 수 있다. 라이프니츠가 이 세계가 가능한 모든 세계 중 최선의 세
계라고, 또는 같은 말이 되겠지만, 신이 자신의 외부에 창조해온 모
든 것의 전체는 오직 창조될 가능성이 있었던 최선의 것이라고 주장
했을 때, 라이프니츠 역시 이것으로 새로운 어떤 것을 제시했다고 믿
은 것은 아니었다. 새로운 것은 악의 기원과 관련한 난제에서 그토록
풀기 어려웠던 매듭을 끊으려고 이 원리를 적용했다는 것뿐이다. 쉽
고 자연스러워서 마침내 자주 회자되어 통속적으로 되고, 취향이 고
상한 사람들을 역겹게 하는 사상은 오랫동안 존중받을 수 없다. 다수
대중과 함께 생각하고 너무나도 쉽게 증명될 수 있는 명제를 주장한
다면, 여기에서 도대체 무슨 명예를 얻을 수 있겠는가? 섬세한 오류
조차 자신의 강렬함을 곧잘 느끼게 해주는 자기애를 위한 하나의 자

극이 된다. 이에 반해 뻔한 진리는 너무나 쉽게 그리고 지극히 통속적인 상식으로도 이해될 테니, 결국 그 진리는 대중들의 입에서 애창되자마자 더는 들어줄 수 없는 유행가처럼 되고 말 것이다. 한마디로 말하면, 사람들은 흔히 어떤 인식을, 그것이 정당하기 때문에 높게 평가하는 것이 아니라 우리에게 뭔가를 지불하게 만들기 때문에 높게 평가하며, 가격이 저렴한 진리를 기꺼이 갖고자 하지 않는다. 그

래서 사람들은 '신은 모든 가능한 세계 중에서 이 세계를 선택하길 원했는데, 그것은 이 세계가 그의 권능에 따라 가능했던 나머지 세계

보다 더 좋았기 때문이 아니라 요컨대 그가 원했기 때문이다'는 주장은 처음에는 특이하다고, 다음에는 그럴 듯하다고 그리고 마침내는 정당하다고 생각했다. 이에 나는 공손하게 '더 좋은 것보다 더 열등한 것을 선호하는 일이 도대체 왜 영원한 존재자인 당신이 원하는 것인가?' 하고 묻는다. 그러면 사람들은 '그것이 나에게 흡족하며, 따라서 그것으로 충분하다'는 말을 지고한 존재자의 대답이라고 한다.

나는 이제 약간 서둘러 이에 관해 제기된 논쟁에 대한 판단을 명확하게 할 수 있는 주의를 제시하려 한다. 내 존경하는 청중은 아마도 이 주의가 이 문제에 관한 강의에서 내가 했던 강연을 이런 맥락에서 더 잘 이해하는 데 도움이 된다는 사실을 알게 될 것이다. 따라서 나는 이에 대한 추론을 시작하겠다.

만약 그보다 더 좋은 세계를 생각할 수 없는 세계를 생각할 수 없다면, 최고 지성도 모든 가능한 세계를 인식하는 것은 불가능하다. 그런데 후자는 거짓이다. 따라서 전자도 역시 거짓이다. 대전제의 정당성은 다음과 같이 해명된다. 만약 내가, 사람들이 세계에 대해 만들고 싶어 하는 각각의 개별적 관념에 관해, 여전히 더 나은 관념에 대한 표상이 가능하다는 것을 말할 수 있다면, 신적 지성 안에 있는 세계들의 모든 관념에 관해서도 역시 이렇게 말할 수 있다. 그러므로

신이 더 좋은 세계라고 인식한 모든 세계보다 더 좋은 세계들이 가능하며, 신은 모든 가능한 세계를 알지 못했다. 나는 소전제는 모든 진정한 믿음을 가진 자들이 인정할 것이라고 여기며, '그보다 더 좋은 세계를 생각할 수 없는 세계를 생각할 수 없다'는 주장은 거짓이라는 결론을 내린다. 또는 같은 말이겠지만, 그보다 결코 더 좋을 수 없는 세계를 생각하게 하는 그런 세계는 가능하다.[1] 이제 여기에서 물론 모든 가능한 세계 중 하나의 세계만 가장 완전한 세계여야 한다는 것이 귀결되지는 않는다. 둘 또는 그보다 더 많은 세계가 완전성에서 동일하다면, 두 세계 중 어느 한 세계보다 더 좋은 세계를 생각할 수 없을지라도, 두 세계 중 어떤 세계도 최선의 세계일 수는 없을 테니 말이다. 두 세계에는 동일한 정도의 선이 있다.

이 둘째 결론을 도출하려고 나는 내게 새로운 것처럼 보이는 것을 다음과 같이 고찰해보려 한다. 무엇보다 먼저 한 사물의 절대적 완전성은,* 그 완전성을 아무런 의도 없이 그것 자체로 고찰하는 경우 실재성 정도에서 정립된다는 것을 인정해야 한다. 이 가정에서 최고 철학자들도 내 편에서 동의할 것이며, 나는 이 개념을 매우 쉽게 정당화할 수 있다. 이제 나는 실재성과 실재성은 실재성으로는 결코 구별할 수 없다고 주장한다. 사물들이 상호구별된다면, 그런 일은 한 사물에는 존재하지만 다른 사물에는 존재하지 않는 것으로 일어날 테니 말이다. 그러나 실재성들이 실재성으로만 고찰된다면, 실재성에

Ⅱ 31

A 5

---

* 상대적인 의미에서 완전성은 그 규칙이 무엇이든 간에, 하나의 규칙에 다양이 합치하는 것을 말한다. 이런 의미에서 수많은 사기꾼, 수많은 도둑은 그들의 방식에서 완전할 수 있다. 그러나 절대적인 의미에서는 한 사물은 다양이 실재성의 근거를 자신 안에 포함하는 한에서만 완전할 수 있다. 이 실재성의 크기가 완전성의 정도를 결정한다. 그리고 신은 최고 실재성이므로, 이 개념은 어떤 것을 그것이 신적 속성과 합치하는 한에서 완전하다고 말하므로, 신에 대해서만 꼭 들어맞을 것이다.

있는 모든 표징은 긍정적일 것이다. 이제 이 실재성들이 실재성들로 상호구별되어야 한다면, 다른 실재성에는 존재하지 않는 긍정적인 어떤 것이 이 실재성에는 존재해야만 한다. 그래야 이 실재성에서 한 실재성을 다른 실재성과 구별되도록 해주는 부정적인 어떤 것이 생각될 수 있다. 다시 말해 그런 비교가 요구될지라도, 실재성들은 실재성으로 상호비교되는 것이 아니다. 따라서 실재성과 실재성은 무를 통해서, 즉 둘 중 하나에만 속하는 부정, 부재, 제한으로 상호구별될 뿐이다. 즉 실재성과 실재성은 그것들의 성질2)이 아니라 크기3)와 관련하여 상호구별된다.

따라서 만약 사물들이 서로 구별된다면, 그것들은 항상 그것들의 실재성 정도로만 구별되며, 구별되는 사물들은 결코 동일한 정도의 실재성을 가질 수 없다. 따라서 구별되는 두 세계에는 결코 동일한 정도의 실재성이 있을 수 없다. 즉 동일하게 선하고 동일하게 완전한 두 세계가 존재하는 일은 가능하지 않다. 라인하르트 경은 낙관주의에 대한 수상논문4)에서 '한 세계는 다른 세계와 다른 종류의 실재성을 가질지라도 동일한 실재성의 총량을 가질 수 있으며, 그 경우 상이한 세계들이면서도 여전히 동일한 완전성을 가질 수 있다'고 말했다. 그러나 그는 실재성들이 동일한 정도를 가지면서도 그것들의 성질에서는 여전히 상호구별될 수 있을 듯이 생각하는 오류를 범했다. 다시 말하면, 실재성들이 그런 것이라고 가정한다면, 다른 실재성에는 존재하지 않는 어떤 것이 이 실재성에는 존재할 것이다. 따라서 실재성들은 그중 하나는 항상 진정한 부정인 A와 −A라는 규정으로, 즉 실재성의 성질이 아니라 실재성의 제한과 정도로 구별될 것이다. 부정은 결코 실재성의 성질에 속할 수 없고 오히려 실재성을 제한하고 실재성의 정도를 규정할 뿐이기 때문이다. 이 고찰은 추상적이어서 아마 약간 해명이 필요하겠지만, 나는 이 해명을 다음 기회로 미

238

루고자 한다.

우리는 모든 가능한 세계 중 하나의 세계만 가장 완전하고 그런 한 에서 어떤 한 세계가 탁월성에서 그 세계를 능가하지도, 다른 한 세계가 그 세계와 동일하지도 않다는 것을 근본적으로 통찰해야 한다. 이제 이 세계가 현실적으로 존재하는지 아닌지를 바로 검토하여 이제까지 논의한 것을 더 분명하게 해보자.

어떤 크기에 대해 여전히 더 큰 크기를 생각할 수 있다는 것을 생각하게 해주는 크기가 있다. 모든 수 중 최대수, 모든 운동 중 최고속이 바로 이런 종류의 크기다. 신적 지성조차 이런 크기는 생각할 수 없는데, 그것은 라이프니츠도 언급했듯이, 기만적 개념[5]이기 때문이다. 즉 이 개념은 그것을 통해 어떤 것을 생각할 수 있는 듯 보이지만, 사실 아무것도 표상하지 않는 개념이다. 그런데 낙관주의의 반대자[6] 들은 다음과 같이 말한다. 즉 모든 세계 중 가장 완전한 세계도 모든 수 중 최대수처럼 하나의 모순 개념인데, 수에서 단위들의 총량에 다른 단위들을, 그때마다 최대인 어떤 것을 산출하지 않고도 보탤 수 있는 것과 꼭 마찬가지로, 세계에서도 실재성의 총량에 더 많은 실재성을 보탤 수 있기 때문이라고 말이다.

나는 어떤 수를 그 단위와 비교하는 것처럼 한 사물의 실재성(의) 정도를 그보다 더 작은 실재성을 가진 것과 비교하여 이해하는 일이 부적절하다는 사실을 여기에서는 언급하지 않겠다. 다만 상기한 사례가 적합하지 않다는 점을 밝히기 위해 다음과 같은 사실을 제시하고자 한다. 가장 큰 수는 결코 가능하지 않지만, 실재성의 가장 큰 정도는 가능하며, 이것은 신에게서 발견된다. 이와 관련하여 사람들이 수 개념을 잘못 사용하는 첫째 이유를 살펴보자. 최대 유한수라는 개념은 단지 다수성의 추상개념일 뿐이다. 그 수는 유한하지만 그럼에도 유한함을 멈추지 않은 채 그 수에 계속 보태어 생각할 수 있다. 따라서 최대 유한수에서 크기의 유한성이 정립하는 것은 특정한 제한이 아니라 보편적 제한이다. 그렇기 때문에 '최대'라는 술어가 그와 같은 수에는 부가될 수 없다. 사람들은 원하는 만큼 어떤 특정량을 생각할 수 있어서 그와 같은 각각의 유한수는 그 유한함이 손상되지 않은 채 추가로 증가될 수 있기 때문이다. 이에 반해 세계의 실재성 (의) 정도는 전적으로 규정되어 있는 어떤 것이다. 세계의 최대 완전성을 가능하도록 정립하는 제한들은 단지 일반적인 것이 아니라 오히려 그 세계에 필연적으로 결여되어 있어야만 하는 정도로 확정된다. 자존성, 자족성, 편재성,[7] 창조 능력 등은 어떤 세계도 가질 수 없

는 완전성이다. 여기에서 이는 수학적 무한성의 경우와 사정이 다른데, 수학적 무한성에서는 유한한 것이 끊임없이 전진하고 언제나 가능한 증가를 통해 연속성의 법칙에 따른 무한한 것과 합치하게 된다. 여기에서 무한한 실재성과 유한한 실재성 간의 간극은 그것들을 구별할 수 있게 해주는 특정한 크기를 바탕으로 확정된다. 그리고 존재자 사다리의 꼭대기 디딤판에 있는 세계가, 영원한 존재자가 모든 피조물을 넘어 우뚝 서게 하는 측정 불가능한 완전성의 정도를 포함하는 심연이 시작되는 바로 이 세계가, 내가 말하는 유한한 모든 세계 중 가장 완전한 세계다.

이제 사람들은 적어도 반대자들이 이에 반하는 더 강력한 어떤 것도 제기할 수 없다는 확신을 가지고 다음을 통찰할 수 있으리라는 것이 내게는 분명해 보인다. 즉 가능했던 모든 유한한 세계 중 가장 큰 탁월성을 지닌 세계가 유한한 최고선이고, 그 세계만이 모든 존재자 가운데 최상의 존재자가 선택할 가치가 있다. 그래서 무한한 것과 결합하여 존재할 수 있는 최대 총량을 형성한다.

사람들이 내가 위에서 증명한 것을 인정한다면 그리고 모든 가능한 세계 중 하나의 세계가 필연적으로 가장 완전한 세계라는 내 생각

에 동의한다면, 나는 이제 더는 [이에 관해] 논쟁하고 싶지 않다. 사람
들의 터무니없는 견해에 일일이 신경을 써서 답변할 필요는 없다. 만
약 누군가가 지고한 지혜는 가장 좋은 것보다 좀더 열등한 것을 더 잘
발견할 수 있었을 것이라고, 또는 지고한 선은 큰 선도 작은 선과 똑같
이 자신의 권능 아래 있는데도 큰 선보다 작은 선을 더 좋아했을 것이
라고 감히 주장한다 해도,[8] 나는 개의치 않겠다. 만약 철학이 건전한
이성의 원칙에 어긋나게 사용된다면, 이는 철학을 상당히 잘못 사용
하는 것이다. 그리고 그런 잘못을 반박하려고 불가피하게 철학이라는
무기를 동원한다면, 이는 이성의 명예를 훼손하는 일이 될 것이다.

  이제까지 우리가 제기하고 대답해왔던 이 모든 정교한 물음을 차
근차근 쫓아오기가 힘들었던 사람일지라도 약간만 배우면 아마도
지성을 올바르게 사용하여 적절하게 판단함으로써 그와 같은 진리
를 훨씬 분명하게 납득하게 될 것이다. 그 사람은 이렇게 추론할 것
이다. 즉 가장 완전한 세계는 가능한데, 그것이 실제로 존재하기 때
문이다. 또 그 세계는 실제로 존재하는데, 그것이 지극히 지혜롭고
가없이 은혜로운 사려로 창조되었기 때문이다. 나는 선택에 대한 어
떠한 개념도 전혀 형성할 수 없거나 아니면 사람들이 임의로 선택하
는 것이다. 그런데 임의대로 한다는 것은 마음에 든다는 얘기다. 그
러나 마음에 든다는 것, 좋다고 여기는 것, 더 임의대로 한다는 것, 더
마음에 든다는 것, 더 좋다고 여기는 것은 내 생각에는 단지 말의 구
별에 불과하다. 신은 자신이 알고 있는 모든 가능한 세계 중 오직 이
세계를 선택했다. 그렇기 때문에 신은 이 세계를 최선의 세계로 생각
했음이 틀림없다. 그리고 신의 판단에는 결코 오류가 있을 수 없으므
로, 이 세계야말로 진정한 최선의 세계다. 설사 최상의 존재자가 몇
몇 사람이 유통해온 자유라는 허구적 방법에 따라 선택할 수 있었다
는 것이 가능했을지라도 그리고 나는 그것이 어떤 무조건적 임의인

지 모르겠지만, 수많은 것 중에서 더 좋은 것보다 더 열등한 것을 선호할 수 있었다는 것이 가능했을지라도, 이런 일은 결코 행해지지 않았을 것이다. 우화에나 등장하는 어떤 하급신을 몽상해볼 수도 있겠지만, 신들 중 신에게는 자신에게 어울릴 만한 것, 즉 모든 가능한 것 중 최선 외에는 어떤 작품도 적절하지 않다. 아마도 신적 속성들과 훨씬 더 일치한다는 것이, 이 세계의 특별한 내적 우월을 염두에 두는 일 없이, 이 세계에 현존을 부여했던 사려 깊은 선택의 근거일 것이다. 이제 그렇다면 이 세계가 다른 가능한 모든 세계보다 더 완전하다는 것 또한 확실하다. 결과적으로 보면, 모든 다른 세계는 신의 의지의 속성들과 덜 일치했으며, 모든 실재성이 신 안에 있기는 하지만 자체로 더 큰 실재성을 갖는 것만이 신적 의지와 더 큰 조화를 이루었으므로, 하나의 세계에 귀속될 수 있는 가장 큰 실재성은 현존하는 세계 외에 다른 어떤 세계에서도 발견할 수 없을 것이 틀림없기 때문이다. 게다가 이것은 아마도 의지의 강제이고 하나의 필연성이다. 이 필연성은 우리가 최선이라고 분명하고 올바르게 인식한 것을

A 8   선택하는 자유를, 자유는 바로 그런 것을 선택할 수밖에 없겠지만, 지양한다. 확실히 필연성과 반대되는 것이 자유라면, 즉 여기 풀기 어려운 문제의 미로 속에 두 가지 갈림길이 있고, 거기에서 내가 잘못될 위험을 무릅쓰고 어느 한 길을 결정해야 한다면, 나는 오래 망설이지 않겠다. 지혜의 모든 요구에도 열등한 것에 명령하여 그것이 어떤 것이 되도록 하려고 창조가 가능했던 것 중 최선의 것을 영원한 무로 추방해버리는 자유에 감사해야 한단 말인가? 만약 내가 전적으로 오류들 중에서 선택해야 한다면, 차라리 저 자비로운 필연성을 찬양할 것이다. 저 필연성에서 사람들은 만족할 테고 저 필연성에서는 최선의 것 외에는 그 어떤 것도 산출될 수 없을 것이다. 그러므로 나는 확신하며, 아마도 내 독자들 중 일부도 나와 더불어 확신할 것이

다. 동시에 내가 이보다 더 좋을 가능성이 없는 이 세계의 한 시민이라는 사실에 기뻐할 것이다. 모든 존재자 중 최고 존재자에서 모든 가능한 기획 중 가장 완전한 기획에 이르기까지 하나의 보잘것없는 항으로서 내게는 그 자체로 과분하며 전체 덕분에 선택되기는 했지만, 나 자신의 현존을 한층 더 고귀하게 평가하겠다. 나는 가장 좋은 $\text{II}\,35$ 기획의 한 일원으로 선택되었기 때문이다. 자기 자신을 스스로 가치 없는 자라고 하지 않는 모든 피조물을 향해 나는 이렇게 외친다. "이 얼마나 행복한가, 우리가 존재한다는 것이! 창조주 역시 우리를 기뻐하신다." 측정할 수 없는 공간들과 영원성들은 그것들의 전체 범위에서 피조물의 풍부함을 아마도 전지자의 눈앞에서만 드러낼 것이다. 하지만 나는 내가 서 있는 이 지점에서 시작하여 나의 빈약한 지성에 부여된 통찰을 무기삼아 할 수 있는 데까지 멀리 내 주위를 둘러볼 것이다. 그리고 항상 다음을 더 많이 통찰하여 새길 것이다. 전체가 최선이고 모든 것은 전체 덕분에 좋은 것이다.

———————

　　다음 학기에 나는 여느 때처럼 마이어의 판본을 교재로 한 논리학과 바움가르텐이 저술한 형이상학과 윤리학을 강의하겠다. 자연-지리학 강좌에는 내 강의안을 사용해 강의할 예정이다. 내가 처음 강의하게 될 순수수학에 대해 특별한 시간에 강의할 예정이지만, 역학은 별도로 시간을 내서 강의하겠다. 이 두 과정은 볼프에 의존할 것이다. 시간 배분은 따로 공지할 것이다. 이미 알고 있는 바와 같이 나는 이 각각의 과정을 한 학기에 끝마치려고 한다. 그러나 이렇게 하는 데 시간이 부족하다면, 다음 학기 초에 몇 시간을 별도로 낼 생각이다.

삼단논법의 네 가지 격에서 나타난
잘못된 정교함

일러두기

1. 『삼단논법의 네 가지 격에서 나타난 잘못된 정교함』(*Die falsche Spitzfindigkeit der vier syllogistischen Figuren erwiesen*)은 1762년 발표된 원전을 대본으로 사용했고, 학술원판(Immanuel Kant, *Vorkritische Schriften* II *1757~1777*, in *Kant' gesammelte Schriften*, hrsg. von der Königlich Preußischen Akademie der Wissenschaften, Bd. II, pp.45-61, Berlin, 1905/1912)과 바이셰델판(*Vorkritische Schriften bis 1768*, in *Immanuel Kant Werke in Zehn Bänden*, hrsg. von Wilhelm Weischedel, Bd. II, pp.595-615, Darmstadt, 1983)을 참조했다.

삼단논법의 네 가지 격에서 나타난
잘못된 정교함

§1
이성추리의 본성에 관한 일반적 개념

　속성[1]으로서 어떤 것을 한 사물과 비교하는 것을 판단이라 한다. A 3; Ⅱ 47
사물 자체는 주어이며, 속성은 술어다. 양자의 비교는 연결사 '……
이다'로 표현된다. 이 연결사는 단독으로 사용되면 술어를 주어의 속
성으로 제시하지만, 부정기호와 결합되면 술어가 주어에 대립하는
속성임을 알려준다. 전자의 판단은 긍정적이고 후자의 판단은 부정 A 4
적이다. 술어를 속성이라고 명명한다고 해서 술어가 주어의 속성이
라고 말하는 것은 아니라는 점을 우리는 쉽게 이해할 수 있다. 이는
단지 긍정판단에서만 그러할 뿐 부정판단에서는 설사 술어가 그 판
단의 주어와 모순될지라도, 어떤 다른 사물의 속성으로 간주된다고
말할 수 있기 때문이다. 그래서 정신이 내가 염두에 두고 있는 어떤
사물이고 합성된 것이 어떤 다른 사물의 속성이라면, 정신은 합성된
것이 아니다는 판단은 이 속성이 저 사물 자체와 대립함을 제시한다.
　어떤 속성이 어떤 한 사물의 속성에 대한 속성이라면, 우리는 이
속성을 그 사물의 간접 속성이라고 한다. 그래서 필연은 신의 직접적

속성이지만, **불변**은 필연의 속성이자 신의 간접적 속성이 된다. 우리는 직접적 속성이 먼 속성[간접적 속성]과 사태 자체를 연결하는 매개속성[2]의 위치를 차지한다는 점을 쉽게 알 수 있다. 오직 직접적 속성을 통해서만 먼 속성은 사태 자체와 비교될 수 있기 때문이다. 그러나 어떤 속성이 어떤 한 사태의 직접적 속성과 대립된다는 점을 인식함으로써 우리는 또한 그 속성을 매개속성을 바탕으로 이 사태와 부정적으로 비교할 수도 있다. 우연은 하나의 속성으로서 필연과 대립한다. 그런데 필연은 신의 속성이다. 따라서 이 매개속성을 매개로 해서 우리는 우연이 신과 모순된다는 사실을 알게 된다.

지금 나는 이성추리에 대한 나의 실질적 정의[3]를 세우고 있다. 간접적 속성을 통한 모든 판단은 이성추리다. 또는 다른 말로 하면, 이성추리는 어떤 한 속성을 매개속성을 매개로 해서 어떤 한 사태와 비교하는 것이다. 삼단논법[4]에서 이 매개속성은 또한 흔히 매개 중심개념(매개념)[5]이라 하고, 그 밖의 다른 중심개념들이 어떤 것인지는 충분히 잘 알려져 있다.[6]

인간 영혼은 정신이다는 판단에서 사태와 속성의 관계를 분명하게 알기 위해 나는 **이성적인 것**이라는 매개속성을 채택했다. 그럼으로써 나는 이 매개속성을 매개로 해서 **정신이다**를 인간 영혼의 간접적 속성으로 간주했다. 여기에서는 필연적으로 세 가지 판단이 나타나는데, 그것은 다음과 같다.

> 1. 정신이다는 이성적인 것의 속성이다.
> 2. 이성적인 것은 인간 영혼의 속성이다.
> 3. 정신이다는 인간 영혼의 속성이다.

먼 속성을 사태 자체와 비교하는 일은 이러한 세 판단작용 이외의 다른 어떠한 방식으로도 가능하지 않기 때문이다.

　판단의 형식으로 구성하면 이것은 다음과 같이 된다. 모든 이성적인 것은 정신이다. 인간의 영혼은 이성적이다. 그러므로 인간의 영혼은 정신이다. 이제 이것은 긍정 삼단논법이다. 부정 삼단논법과 관련해서는 다음과 같은 것이 쉽게 눈에 띈다. 내가 술어와 주어의 대립 A 7
을 항상 충분히 분명하게 인식하는 것은 아니기 때문에, 내 통찰을 매개속성으로 분명히 하기 위해, 가능한 한 보조수단을 이용해야만 한다. '신의 지속은 그 어떤 시간으로도 결코 측정될 수 없다'는 부정판단이 나에게 제시되었다고 가정해보자. 그리고 이 술어가 주어와 직접 비교되었기에 나에게 충분히 분명한 대립 관념으로 주어져 있다는 점을 내가 알지 못한다고 가정해보자. 그렇다면 나는 이 주어에서 직접 표상될 수 있는 어떤 한 속성을 이용할 테고, 저 술어를 이 속성과 비교하고 이 속성을 매개로 해서 사태 자체와도 비교할 것이다. 시간을 통해 측정될 수 있음은 모든 불변적인 것과 대립한다. 그러나 불변적인 것은 신의 속성이다. 그러므로 등이다. 이것을 형식적으로 표현하면 다음과 같이 되겠다. 어떠한 불변적인 것도 시간으로 결 Ⅱ 49
코 측정될 수 없다. 신의 지속은 불변적이다. 그러므로 등등[신의 지속은 시간으로 결코 측정될 수 없다].

§2
모든 삼단논법의 최고 규칙에 관하여

　위에서 언급한 것에서 모든 긍정 삼단논법의 첫째 보편적 규칙은 A 8
속성의 속성은 사물 자체의 속성이다[7]는 것을 알 수 있다. 그리고 모든 부정 삼단논법의 첫째 보편적 규칙은 어떤 사물의 속성과 모순되는 것은 이 사물 자체와도 모순된다[8]는 것이다. 이 규칙들 중 어떤 것도 더는 증명이 불가능하다. 증명이란 하나 또는 그 이상의 삼단논법으로만 가능하기에 모든 삼단논법의 최고 정식을 삼단논법으로 증명하려면, 이런 시도는 순환논증에 빠지기 때문이다. 그런데 이 규칙들이 모든 종류의 이성적 추론유형[9]에 대한 보편적이고 궁극적인 근거를 포함한다는 것은 다음과 같은 이유에서 명백해진다. 즉 지금까지 모든 논리학자가 모든 삼단논법의 첫째 규칙으로 간주한 것은 삼단논법의 진리성에 대한 유일한 근거를 우리 규칙들에서 차용해야만 했기 때문이다. 이 때문에 전칭 긍정판단의 규칙,[10] 즉 모든 긍정 삼단논법의 최고 근거가 어떤 하나의 개념으로 보편적으로 긍정되는 것은 또한 그 개념에 포함되어 있는 각각의 개념으로도 긍정됨을 의미한다. 이에 대한 증명 근거는 분명하다. 자신 안에 다른 개념들이 포

A 9

함되어 있는 개념은 항시 하나의 속성으로서 이 다른 개념들과 구별된다. 이제 이 다른 개념에 속하는 것은 이 하나의 속성의 속성이며 또한 그것과 구별되어 있는 사태들 자체의 속성이다. 말하자면 그것은 저 개념 아래 포함되어 있는 하위개념에 속한다. 논리학을 조금이라도 배운 사람이라면 이 전칭판단의 규칙이 바로 이 때문에 참이며, 따라서 전칭판단의 규칙은 우리의 첫째 규칙 아래에서 성립한다는 점을 쉽게 이해할 수 있다. 전칭 부정판단의 규칙[11]은 우리의 둘째 규칙과 정확하게 같은 방식의 관계를 이룬다. 어떤 하나의 개념으로 보편적으로 부정되는 것은 또한 그 개념 아래 포함되어 있는 모든 것으로도 부정된다. 자신 안에 다른 개념들이 포함되어 있는 개념은 단지 그 다른 개념들에서 분리된 속성일 뿐이기 때문이다. 그런데 이 분리된 속성과 모순되는 것은 또한 그 사태 자체와도 모순된다. 결과적으로 상위 개념들과 모순되는 것은 또한 그 상위개념 아래에서 성립하는 하위개념들과도 틀림없이 모순된다.

순수 삼단논법과 혼합 삼단논법에 대하여

한 판단에서 다른 판단의 진리를 매개념 없이 직접 인식할 수 있기에 직접 추론이 있다는 것은 누구나 알고 있다. 이 때문에 그와 같은 추론은 삼단논법이 아니다. 예를 들어 '모든 물체는 변화한다'에서 '변화하지 않는 것은 물체가 아니다'는 명제가 직접 도출된다. 논리학자들은 이와 같은 직접 추론의 귀결[12]에 대한 상이한 종류들을 열거하는데, 그것들 중에서 논리적 환위를 통한 그리고 마찬가지로 대당(對當)을 통한 추론이 의심할 여지없이 가장 중요한 추론이다.

그런데 만약 하나의 이성추리가 이제까지 설명해온 모든 삼단논법의 규칙에 따라 단지 세 명제로 성립한다면, 나는 그것을 순수 삼단논법[13]이라고 하겠다. 그러나 만약 이성추리가 세 개보다 더 많은 판단이 상호결합함으로써만 가능하다면, 그것은 혼합 삼단논법[14]이 A 11 라 하겠다. 말하자면 세 중심명제 사이에 그 중심명제들에서 귀결되는 직접 추론이 삽입되어야만 한다면, 그럼으로써 순수 삼단논법에 허용되는 것 외에 또 다른 하나의 명제가 그것에 추가되어 있다면, 그것은 혼합 삼단논법이다. 예를 들어 누군가가 다음과 같이 추리한다고 생각해보자.

> 가멸적이지 않은 것은 단순하다.
> 따라서 단순하지 않은 것은 가멸적이다.
> 인간의 영혼은 단순하다.
> 그러므로 인간의 영혼은 가멸적이지 않다.

그러면 이 추리는 고유한 의미에서 성립된 삼단논법은 아니다. 이것은 더 많은 이성추리로 구성되어 있기 때문이다. 즉 이것은 삼단논법에 요구하는 것 외에 여전히 대당을 통한 직접 추론도 포함하며, 그래서 명제를 네 개 가지고 있다.

그러나 설사 단지 세 판단만이 실제로 표현되었을지라도, 이 판단에서 결론명제[15]의 귀결[16]이 합당한 논리적 환위, 대당 또는 이 앞선 판단들 중 한 판단의 논리적 변형으로만 가능하다면, 이런 삼단논법은 여전히 혼합 삼단논법일 수밖에 없다. 여기에서 중요한 사항은 결코 표현된 것이 아니라 오히려 하나의 타당한 추론의 귀결이 성립해야만 한다면 불가피하게 필연적인 어떤 것이 그 경우에 생각되어야 한다는 점이기 때문이다. 다음과 같은 삼단논법을 고려해보자.

가멸적이지 않은 것은 단순하다.
인간의 영혼은 단순하다.
그러므로 인간의 영혼은 가멸적이지 않다.

내가 오직 대전제의 타당한 환위로 '가멸적이지 않은 것은 단순하다. 따라서 단순하지 않은 것은 가멸적이다'라고 말할 수 있는 한에서만 이것이 하나의 타당한 귀결이라면, 이 삼단논법은 여전히 혼합된 추론일 것이다. 이 추론이 결론을 도출할 수 있는 힘[17]은 적어도 반드시 생각되어야만 하는 저 직접 추론[18]의 암묵적 추가에 의존하기 때문이다.

삼단논법의 제1격에서만 유일하게
순수 삼단논법이 가능하고, 나머지 세 가지 격에서는
단지 혼합 삼단논법만이 가능하다

만약 하나의 삼단논법이 앞에서 언급한 우리의 두 최고 규칙 중 하나에 따라 직접 구성된다면, 그것은 항상 제1격에서만 성립된다.[19] 그러므로 첫째 규칙은 다음과 같다. 즉 한 사물 A의 속성 C가 있고, B가 속성 C의 속성이라면, 이 속성 B는 사물 A의 속성이다. 여기에서 다음과 같은 세 가지 명제가 도출된다.

C는 속성 B를 갖는다.	이성적인 것(C)은 정신(B)이다.
A는 속성 C를 갖는다.	인간 영혼(A)은 이성적인 것(C)이다.
그러므로 A는 속성 B를 갖는다.	그러므로 인간 영혼(A)은 정신(B)이다.

많은 유사한 명제가 이 최고 규칙에 합당하다면, 그것들은 언제나 제1격에서 성립한다는 것을 확신하기 위해 이 명제들을 적용해보는 것 그리고 그중에서 또한 부정 추론의 규칙에 적용해보는 것이 매우 용이한 일일 것이기에 나는 여기에서 당연히 장황하고 지루한 설명을 피하려 한다. 사람들은 또한 다음을 매우 쉽게 알 수 있을 것이다. A 14 즉 삼단논법의 이 규칙은, 논증을 타당하게 만들기 위해 이 [세 가지] 판단 외에 그 판단들 중 하나 또는 다른 판단에서 도출된 어떤 직접 추론의 귀결이 이 판단들 사이에 삽입되어야만 한다는 것을 요구하

지 않는다. 그런 까닭에 삼단논법은 제1격에서 순수한 종류의 삼단논법이 된다.

제2격에서는 혼합 삼단논법 이외의 다른 어떤 삼단논법도 가능하지 않다

제2격의 규칙은 다음과 같다. 한 사물의 속성과 모순되는 것은 그 사물 자체와도 모순된다. 이 명제는 바로 다음과 같은 이유로 참이다. 즉 어떤 한 속성과 모순되는 속성은 또한 이 속성과도 모순된다. 그런데 어떤 한 속성과 모순된다는 것은 사태 자체와도 모순된다는 것이다. 따라서 어떤 한 사태의 속성과 모순되는 속성은 그 사태 자체와도 모순된다. 이제 부정명제인 대전제가 단지 환위될 수 있다는 바로 그 이유 때문에, 소전제를 매개로 결론에 이르는 추론의 결과가 가능하다는 것은 여기에서 매우 분명해진다. 이에 따르면 그 경우 이러한 환위는 틀림없이 암묵적으로 사유된다. 그렇지 않다면 내 명제들은 추론을 형성하지 못할 것이다. 그런데 환위를 매개로 도출된 명제는 첫째 명제에서 직접 도출되어 삽입된 귀결이다. 따라서 이 이성추리는 네 가지 판단을 가지며 그래서 혼합 삼단논법이 된다. 예를 들어 내가 다음과 같이 말한다면,

> 정신이 아닌 것은 분할 가능하다.
> 모든 물체는 분할 가능하다.
> 결과적으로 물체가 아닌 것은 정신이다.

그러면 나는 타당하게 추론한 것이다. 이 경우 결론을 도출하는 힘은 다음과 같은 점에 숨어 있다. 즉 정신이 아닌 것은 분할 가능하다는 첫째 명제에서 직접적 추론을 통해 결과적으로 분할 가능하지 않은 것

은 정신이다는 명제가 도출되고 이에 따라 모든 것이 모든 삼단논법을 지배하는 보편적 규칙에 의거하여 타당하게 귀결된다는 점에 있다. 그러나 첫째 명제에서 도출되는 이 직접적 추론의 힘만이 논증에서 결론을 가능하게 하는 힘[20]이므로, 이 직접적 추론도 논증에 함께 속해야 하고, 따라서 이 삼단논법은 다음 네 가지 판단을 가지게 된다.

정신이 아닌 것은 분할 가능하다.
그리고 그런 까닭에 분할 가능하지 않은 것은 정신이다.
모든 물체는 분할 가능하다.   A 16
따라서 물체가 아닌 것은 정신이다.

제3격에서는 혼합 삼단논법 이외의
다른 어떤 삼단논법도 가능하지 않다

제3격의 규칙은 다음과 같다. 한 사태에 속하거나 모순되는 것은 이 사태의 다른 속성에 포함되어 있는 어떤 속성에도 속하거나 모순된다. 이 명제 자체가 참인 이유는, 다른 어떤 속성이 이 사태에 속한 Ⅱ 53 다고 주장하는 판단이 있을 때, 나는 그 판단을 환위할 수 있고,[21] 이로써 그 판단이 모든 삼단논법의 규칙에 적합해지도록 만들 수 있기 때문이다. 그것은 예를 들면 다음과 같다.

모든 인간은 죄인이다.
모든 인간은 이성적이다.
그러므로 어떤 이성적 존재자는 죄인이다.

이 결론은 내가 소전제에서 환위를 매개로 부수적으로 '결과적으로 어떤 이성적 존재자는 인간이다'는 것을 추론할 수 있기 때문에 도출된다. 그런 후 개념들은 모든 삼단논법의 규칙에 따라 비교된다. 그러나 삽입된 직접 추론을 매개로 해서만 비교되어 다음과 같은 혼합 삼단논법을 얻을 수 있다.

> 모든 인간은 죄인이다.
> 모든 인간은 이성적 존재자다.
> 따라서 어떤 이성적 존재자는 인간이다.
> 그러므로 어떤 이성적 존재자는 죄인이다.

이 제3격의 부정적 유형에서도 사정은 정확히 동일하다는 것이 매우 쉽게 제시될 수 있기에, 나는 장황함을 피하기 위해 추가 설명을 생략하겠다.

제4격에서는 혼합 삼단논법 이외의 다른 어떤 삼단논법도 가능하지 않다

이 형식의 추론유형은 너무나 부자연스럽다. 그리고 이 추론유형은 삽입되었다고 간주되어야만 하는 너무 많은 가능한 매개추론에 의존한다. 그래서 내가 이 추론유형에 대해 보편적으로 제시할 수 있는 규칙은 매우 모호하고 이해하기 힘들 수도 있다. 이런 이유로 나는 어떤 조건 때문에 결론을 도출하는 힘이 이 4격에서 성립하게 되는지만 말하고자 한다. 이 삼단논법의 부정 유형에서는 다음과 같은 이유로 타당한 추론이 가능하다. 즉 나는 중심개념의 위치를 논리적 환위나 대당을 통해서 변경할 수 있으며, 따라서 각각의 전제에 따라 도출되는 직접 추론의 귀결들을 생각할 수 있다. 그럼으로써 나는 이 추론의 귀결들이 삼단논법에서 보편적 규칙 일반에 따라 가져야만 하는 관계를 획득할 수 있다. 그러나 나는 삼단논법의 긍정 유형에서는 이 유형이 제4격에서는 결코 가능하지 않다는 점을 보이겠다. 이 격에 따른 부정 삼단논법은, 그것이 고유한 의미에서 사유되어야 한다면 다음과 같이 서술될 수 있다.

어리석지 않은 사람은 학식이 있다. Ⅱ 54
결과적으로 학식이 없는 사람은 어리석다.
어떤 학식이 있는 사람은 신앙심이 깊다.
결과적으로 어떤 신앙심이 깊은 사람은 학식이 있다.
그러므로 어떤 신앙심이 깊은 사람은 어리석지 않다.

둘째 유형의 삼단논법은 다음과 같다.

모든 정신은 단순하다. A 19
모든 단순한 것은 불멸적이다.
그러므로 어떤 불멸적인 것은 정신이다.

여기에서는, 제시된 것처럼 결론판단이 전제들만으로는 결코 도출될 수 없다는 사실이 명약관화하다. 이는 매개 중심개념을 결론판단과 비교하자마자 곧바로 알게 된다. 말하자면, 나는 '불멸적인 것이 단순하기 때문에, 어떤 불멸적인 것은 정신이다'라고 말할 수 없다. 어떤 것이 단순하다고 해서 그것이 곧 정신이라고 할 수는 없기 때문이다. 게다가 말하자면 모든 격에서 일찍이 확립된 규칙에 따라 중심개념들이 자신들의 위치를 가져야 한다. 그래서 대전제에서는 대중심개념이, 소전제에서는 소중심개념이 등장한다면 결론명제[22]는 물론이고 이 결론명제를 직접적 귀결로 이끌어내는 다른 명제도 도출될 수 있다. 그런데 위의 경우에는 그 어떤 가능한 논리적 변형

으로도 전제들이 위와 같은 방식에서 정돈될 수 없을 것이다.* 그리
A 20 고 내가 중심개념의 위치를 완전히 전도해서 이전에 대중심개념이
었던 것을 이제는 소중심개념이 되게 하고 반대로 이전에 소중심개
념이었던 것을 이제 대중심개념이 되게 하여 주어진 결론을 도출하
는 하나의 추론명제[23)]가 귀결되도록 할 수 있다고 할지라도, 이 경
우에도 역시 전제들의 완전한 위치변동은 필수적이다. 그리고 이렇
게 해서 얻은 이른바 제4격의 삼단논법은 결론을 도출할 수 있는 내
용을 포함하기는 하지만, 결론을 도출할 수 있는 형식을 갖지는 않는
II 55 다. 그러므로 네 가지 격의 구분만 가능하다는 논리적 질서의 관점에
서 볼 때, 이것은 결코 삼단논법이 아니다. 하지만 이 동일한 격에서
부정 추론유형은 사정이 완전히 다르다. 그와 같은 부정 삼단논법은
말하자면 다음과 같이 표시되어야만 한다.

모든 정신은 단순하다.
모든 단순한 것은 불멸적이다.
따라서 모든 정신은 불멸적이다.
그러므로 어떤 불멸적인 것은 정신이다.

이것은 완전하게 타당한 추론이다. 그런데 이러한 삼단논법은 제1
격의 삼단논법과는 다른데, 이는 매개 중심개념이 다른 위치에 있기

---

* 이 규칙은 종합적 질서에 기초를 두었는데, 이에 따르면 우선 먼 속성이 주어
A 21 와 비교되고 그런 다음 가까운 속성이 주어와 비교된다. 비록 이 규칙이 매우
임의적인 것처럼 보일지라도, 네 가지 격을 갖고자 한다면, 곧바로 이 규칙은
불가피하게 필연적임이 드러난다. 내가 결론의 술어를 대전제로 가져오든 소
전제로 가져오든 이것이 동일하다면, 그 즉시 제1격은 제4격과 전혀 구별될
수 없기 때문이다. 유사한 실수가 크루지우스의『논리학』600쪽 주에서 발견
된다.

때문이 아니라 전제들의 위치*와 결론명제에서 중심개념의 위치가
변경되었기 때문이다. 여기에서는 전혀 아무런 격의 변화도 발생하
지 않는다. 이런 종류의 오류는 앞서 언급한 크루지우스의 논리학에
서도 발견된다. 이 논리학에서는 전제들의 위치를 자유롭게 변경할
수 있다고 생각했기 때문에 사람들이 제4격에서 추론하고 있고 더욱   A 22
이 그 추론이 너무나 당연하다고 믿었다. 그러나 위대한 정신이 이를
받아들여 아무런 가치가 없는 일로 수고한다는 것은 정말로 가엾은
일이다. 유일하게 할 수 있는 유익한 일은 그것을 근절하는 것이다.

§5
삼단논법의 네 가지 격에 대한 논리적 구분은
잘못된 정교함이다

이 모든 네 가지 격에서 타당한 결론이 도출될 수 있다는 것을 부
정할 수는 없다. 그러나 이제 제1격을 제외한다면, 그것들은 모두 우
회로와 장황하게 삽입된 매개추론으로만 결론[24]을 규정한다는 것
과 나아가 이 동일한 결론명제가 제1격에서는 이른바 매개념에서 순
수하게 그리고 혼합되지 않고서 도출될 수 있다는 것은 논쟁할 여지
가 없다. 이제 여기에서 사람들은 나머지 세 격이 그런 까닭에 기껏
해야 무용하긴 하지만 거짓은 아니라고 생각할 수도 있다. 그러나 만

---

* 만약 결론의 술어가 등장하는 명제가 대전제라면, 여기에서 전제에서 직접
  귀결되는 고유한 결론에 따라 둘째 명제는 대전제이고 첫째 명제는 소전제가
  된다. 그러나 그런 다음에는 모든 것이 제1격에 따라 추론되고, 오직 그렇게
  만 추론되므로 사유된 판단으로부터 우선 귀결되는 명제에서 제시된 결론명
  제는 논리적 환위로 도출된다.

약 사람들이 그것들을 고안해내고 나아가 제시하고자 한 의도를 고려해본다면, 그들은 다르게 판단할지도 모른다. 만약 중심판단들 속에 섞여 있는 많은 추론을 이 중심판단들과 뒤섞어놓고, 일부는 드러나게 하고 다른 것은 감춤으로써 그것들이 추론을 위한 규칙과 일치하는지 판정하는 데 많은 기술을 사용하도록 하는 것이 중요하다면, 더 많은 격을 고안할 것이 아니라 두통을 일으키기에 충분한 수수께끼와도 같은 더 많은 추리를 고안해냈어야 한다. 그러나 뒤섞어놓으려는 것이 아니라 풀어서 해결하려는 것, 감추려는 것이 아니라 어떤 것을 명백하게 드러내려는 것이 바로 논리학의 목적이다. 그런 까닭에 이 네 추론유형은 단순하고 섞여 있지 않아야 하며 감추어진 보조추론이 없어야 한다. 그렇지 않다면 논리적 진술에서 이성추리를 가장 명료하게 표현하는, 정식으로 자처할 수 있는 자유가 이 네 추론유형에 부여되지는 않을 것이다. 또 이제까지 모든 논리학자가 이 네 추론유형을 다른 판단들의 필연적인 추가 삽입이 필요하지 않은 단순한 이성추리로 간주해왔음은 분명하다. 그렇지 않다면 이 추론유형에 결코 이러한 시민권이 부여되지 않았을 것이다. 따라서 나머지

세 추론유형이 이성추리 일반의 규칙으로 정당하기는 하지만 단순하고 순수한 추론을 포함하는 것으로는 오류다. 모든 것을 가장 단순한 방식으로 인식하고자 하는 논리학의 고유한 목적 대신에 통찰을 혼란스럽게 만들기를 허용하는 이러한 부당성은, 그러한 일탈에서 스스로 다리가 꼬이지 않기 위해 더 많은 특수한 규칙(각각의 격은 이 규칙들 중에서 고유한 규칙을 몇 개 갖는다)이 필요해질수록 점점 더 심해질 것이다. 사실 완전히 무용한 어떤 일에 명민함을 한 번이라도 적용하여 아주 그럴싸한 박식함을 낭비하는 일이 있다면, 이것이 바로 그런 경우다. 모든 격에서 가능하고 제1격으로 변경시키기 용이한 교묘한 기술로 감추어진 문자들을 포함하는 기묘한 언어로 지시된

이른바 이 양상들은, 장차 유물의 존중할 만한 부식이 훗날 더 잘 교육받은 후손들에게 이 전승물에 담겨 있는 조상들의 성실하긴 했지만 무익한 노고를 경탄스러워하면서도 애석하다고 가르칠 때, 인간 지성의 사유방식에 관하여 희소한 가치를 지녔다고 평가될 것이다.

이와 같은 궤변으로 이끄는 최초 동기를 발견하는 일 또한 어렵지 A 25 않다. 마치 체스판을 내려다보는 사람처럼 하나 위에 다른 하나를 정렬하여 세 계열로 이루어진 삼단논법을 처음으로 써내려간 다음 매개념의 위치를 바꾸면 어떤 일이 일어나는지를 알아내려고 시도한 사람은 그런 전치가 어떤 이성적인 유의미함을 도출한다는 사실을 II 57 발견하고는 단어에서 애너그램[25]을 발견해낸 사람처럼 엄청나게 고무되었을 것이다. 하지만 이것은 무엇보다도 명료성에 관해서는 아무런 새로운 것도 양산하지 않은 채 오히려 모호성만 증가시킨다는 사실을 망각한 것이기 때문에, 이런 일에 기뻐한다는 것은 후자와 마찬가지로 전자에서도 똑같이 유치한 일이었다. 그런데 이런 일이 일단 행해지면, 인간 지성은 꼬치꼬치 파고들어 기이한 관념에 사로잡히거나 엄청난 대상을 대담하게 추적하여 허공에 성을 건설하는 운명이 된다. 수많은 사상가 중에는 666이라는 숫자를 선택한 자가 있는가 하면, 동물과 식물의 기원을 선택한 자도 있으며 섭리의 오묘함을 선택한 자도 있다. 그들이 빠져든 오류는 그들의 두뇌가 다른 것처럼 그렇게 매우 상이한 취향에서 비롯했다.

우리 시대는 알 만한 가치가 있는 것들이 축적되는 시대다. 우리 A 26 능력이 더 유약해지고 수명이 더 짧아져야 우리는 비로소 그것들의 유용성을 알게 될 것이다. 그와 같은 과잉이 풍요함을 제공하기는 하지만, 이 풍요함을 소유하려면 우리는 수많은 불필요한 쓰레기를 다시 버려야만 한다. 처음부터 성가신 것들과 전혀 함께하지 않는 편이 훨씬 더 좋았을 것이다.

만약 내가 단 몇 시간 노고로 머리를 엄청난 유물의 구름 속에 숨기고 발은 흙으로 된 엄청나게 대단한 거인을 무너뜨릴 수 있다고 믿는다면, 나는 분명히 나 자신을 지나치게 치켜세운 셈이 될 것이다. 내가 모든 것을 내 통찰에 적합하게 정돈할 수 없었고 오히려 많은 부분에서 만연한 취미에 호의를 베풀어야만 했던 이 논리적 논의에서 내 의도는 단지 이 문제들을 간략하게 다룰 수밖에 없었던 이유를 해명하고자 한 것뿐이었다. 그리고 그렇게 함으로써 내가 획득할 수 있는 시간을 유용한 통찰의 실제적 확장에 사용하기 위해서다.

A 27   삼단논법에는 또 다른 유용성이 있다. 그것은 삼단논법으로 학문적 논법으로 논쟁에서 부주의한 적대자들을 무너뜨릴 수 있다는 점이다. 그러나 이것이 현학성을 자랑하는 것으로 이용되어 하나의 기술로 전락한다면, 다른 경우라면 제법 유용한 기술일 수도 있겠지만, 진리의 진전에 아무런 기여도 할 수 없으므로, 나는 그것을 여기에서는 침묵 속에 버려두겠다.

§6
결론적 고찰

위에서 언급한 것에 따라서 우리는 다음을 알게 되었다. 즉 모든 삼단논법의 최고 규칙은 제1격이라고 불리는 개념들의 질서로 직접적으로 귀착된다. 그리고 매개념의 모든 다른 전치는, 그것들이 간단한 직접 추론[26]을 통해 제1격이 지니는 간결한 질서와 [합당하게] 결합된 명제들로 귀착하는 경우에만, 타당한 추론의 귀결을 도출한다. 또 하나의 격보다 더 많은 격에서 단순하고 혼합되지 않은 방식으로 추론하는 것은 불가능하다. 항상 제1격만이 추론력을 보유하는데, 이것도 하나의 이성추리에서 숨겨진 추론들로 은폐되어 있을 수도 있고, 개념들의 변경된 위치는 결론[27)]을 통찰하기 위해 경유해야만 하는 큰고 작은 우회로들을 야기할 뿐이다. 마지막으로 도대체 격을 구분 한다는 것은, 그 격들이 순수해야 하며 매개판단들과 전혀 혼합되지 않은 추론을 포함해야 하는 한 오류이고 불가능하다. 어떻게 모든 삼 단논법을 지배하는 우리의 보편적 근본 규칙이 동시에 이른바 제1격 의 특수한 규칙을 포함하는지, 이와 마찬가지로 어떻게 주어진 결론 명제들과 매개 중심개념에서 나머지 격들 중 어느 한 격에서 비롯한 모든 삼단논법을 환원정식의 무익한 장황함 없이 곧바로 제1격이자 단순한 추론유형으로 변경할 수 있고, 그럼으로써 결론 자체나 이 결 론을 직접 추론으로 이끌어내는 명제가 도출될 수 있는지 우리 해명 에서 쉽게 납득될 수 있겠지만, 나는 여기에 머물러 있지 않겠다.

나는 또한 다른 관계에서라면 상당히 유용할 수 있는 몇 가지 주석 을 덧붙이면서 이 고찰을 끝맺고자 한다.

첫째, 나는 판명한 개념은 판단으로만 가능한 반면, 완전한 개념은 삼단논법을 통하는 방법 외에 다른 방법으로는 가능하지 않다고 주 장한다. 말하자면 판명한 개념을 위해서는 내가 어떤 것을 한 사물의 속성으로 분명하게 인식하는 것이 필요하다. 그러나 이것은 하나의 판단이다. 물체에 대한 판명한 개념을 갖기 위해 나는 분명히 불가입 성을 그 물체의 속성으로 표상한다. 그러나 이 표상은 **물체는 불가입 적이다**는 생각 이외의 다른 것은 아니다. 여기에서 주목해야 할 것은 이 판단은 그 자체로 판명한 개념이 아니라 하나의 작용이며, 이 작 용으로 판명한 개념이 현실화된다는 점이다. 이런 작용에 따라 사태 자체에서 생겨나는 표상은 판명한 것이기 때문이다. 완전한 개념은 이 논문의 첫째 장을 잘 살펴보기만 해도 삼단논법을 통해서만 가능 하다는 것을 쉽게 알 수 있다. 이런 이유로 또한 판명한 개념은 판단

A 28

A 29

으로 분명해지는 개념이라고 할 수 있다. 반면에 완전한 개념은 삼단 논법으로 판명해지는 개념이라고 할 수 있다. 만약 완전성이 제1격에 따랐다면, 이 삼단논법은 단순한 삼단논법일 것이다. 만약 완전성이 제2격이나 제3격에 따랐다면, 그것은 지성이 분류 방식에 따라 축약한 일련의 연쇄추론으로만 가능할 것이다. 여기에서 또한 논리학의 본질적 오류, 즉 판명한 개념과 완전한 개념이 판단과 삼단논법으로만 가능함에도, 논리학이 이 판단과 삼단논법을 다루기 전에 논리학이 통상 그렇게 취급하는 것처럼, 저 판명한 개념과 완전한 개념을 먼저 다루는 오류가 밝혀진다.

둘째, 그럼에도 판명한 개념과 꼭 마찬가지로 완전한 개념을 위해서도 영혼의 어떤 다른 근본 능력이 전혀 요구되지 않는다는 것은 명백하다(어떤 것을 직접 한 사물의 속성으로 인식하는 바로 그 능력이 또한 이 속성에서 다시 다른 속성을 표상하는 능력이고, 따라서 그 사태를 먼 속성을 통해 사유하게 하는 바로 그 능력이기 때문이다). 또한 **지성**과 **이성,** 즉 판명하게 인식하는 능력과 이성추리를 수행하는 능력은 상이한 **근본** 능력이 전혀 아니라는 것도 마찬가지로 쉽게 눈에 띈다. 양자는 판단하는 능력을 이룬다. 다만 우리가 매개적으로 판단할 때, 그것을 추론한다고 말할 뿐이다.

셋째, 위와 같은 고찰에서 또한 상위의 인식능력은 오직 판단하는 능력에만 기인한다는 것이 도출될 수 있다. 이에 따르면 한 존재자가 판단할 수 있다면, 그 존재자는 상위의 인식능력을 보유한 것이다. 만약 우리가 그에게서 이 후자를 부정할 만한 이유를 발견한다면, 그는 판단 또한 할 수 없다. 이러한 고찰의 태만으로 저명한 학자들마저 동물들도 판명한 개념을 가진다고 생각하게 된 것이다. 말하자면, 소는 외양간에 대한 자신의 표상에서 또한 문이라는 외양간의 속성에 관한 분명한 표상도 가지고 있다. 따라서 외양간에 대한 판명한 개념을

A 30; II 59

A 31

264

가지고 있다고 하는 것이 그것이다. 여기에서 나타나는 혼란을 방지하기는 어렵지 않다. 한 개념의 판명성은 사물의 속성인 것이 분명하게 표상된다는 점에서가 아니라 오히려 그것이 그 사물의 속성으로 인식된다는 점에서 성립한다. 비록 문이 외양간에 속하는 어떤 것이 A 32 라서 외양간의 속성으로 여겨질 수 있을지라도, '이 문은 이 외양간에 속한다'는 판단을 내리는 사람만이 외양간 건물에 대한 판명한 개념을 소유하며, 이것은 확실히 이 가축의 능력을 넘어서는 것이다.

더 나아가 나는 사물들을 상호구별하는 것과 이 사물들의 구별을 인식하는 것은 전혀 다른 것이라고 말하고 싶다. 후자는 판단으로만 가능할 뿐이고 이성이 부여되지 않은 동물에서는 결코 나타날 수 없는 것이다. 다음 구분은 매우 유용할 것이다. 논리적으로 구별한다는 것은 Ⅱ 60 사물 A가 사물 B가 아니라고 인식하는 것을 의미하며, 이것은 항시 부정판단이다. 물리적으로 구별한다는 것은 상이한 표상으로 상이한 행동이 야기된다는 것을 의미한다. 개는 빵과 고기를 구별한다. 그 개가 고기에 자극받는 것은 빵에 자극받는 것과 다르기 때문이다(상이한 사물은 상이한 감각을 야기한다). 그리고 고기로 야기된 감각은 개의 충동이 이 표상과 자연적으로 결부됨으로써 빵으로 야기된 감각과는 다른 욕망의 근거가 된다.* 이런 고찰은 사람들에게 이성적 동 A 33 물과 이성이 없는 동물 간의 본질적 차이에 대해 더 적절하게 숙고하도록 하는 동기를 제공한다. 만약 사람들이 도대체 어떤 신비로운 힘이 판단작용을 가능하게 하는지를 통찰하게 된다면, 그들은 그 매듭

---

* 동물의 본성을 탐구할 때 이 점을 고려하는 것은 정말로 가장 중요하다. 동물을 관찰할 때 우리는 다만 외적 행동에만 주목하며, 그 행동의 상이성이 그들의 욕구를 구별할 수 있는 규정을 알려준다. 동물이 한 감각에 있는 것이 다른 감각에 있는 것과 일치한다거나 대립한다는 것을 의식해서 판단한다고 하더라도, 그 동물의 내면에 인식능력의 저 동일한 작용이 일어나는지는 그것에서는 결코 확인할 수 없다.

을 풀 수 있을 것이다. 현재 내 견해는 이 힘 또는 능력은 다름 아니라 내감의 능력, 말하자면 자신의 고유한 표상을 자기 사유의 대상으로 만드는 능력 이외의 다른 것이 아니라는 것이다. 이 능력은 어떤 다른 능력에서 도출될 수 없다. 이것은 고유한 의미에서 근본 능력이며, 내가 보기에, 순전히 이성적 존재자에게만 고유한 것일 수 있다. 모든 상위의 인식능력은 바로 여기에 기초를 둔다. 나는 인간 인식에서 발견되는 통일성에 즐거움을 느낄 수 있는 자들에게 다음과 같은 것이 틀림없이 만족을 줄 것이라고 생각하면서 이 논의를 끝맺고자 한다. 모든 긍정판단은 하나의 공통 정식, 즉 동일률(술어가 주어 전체에 속한다면, 그 술어는 주어와 동일하다)[28]에 기초를 두고 있고, 모든 부정판단은 모순율(술어가 그 어떤 주어에도 속하지 않는다면, 그 술어는 주어와 모순된다)[29]에 기초를 두고 있다. 모든 긍정 삼단논법은 속성의 속성은 사물 자체의 속성이다[30]는 규칙에 종속되어 있고, 모든 부정 삼단논법은 속성과 모순되는 것은 사물 자체와 모순된다[31]는 규칙에 종속되어 있다. 동일률과 모순율에 직접 종속되어 있는 모든 판단은 말하자면, 동일성과 모순이 매개속성을 통해서 이해되는 것이 아니라(따라서 개념의 분석으로 이해되는 것이 아니라) 직접 이해되는 경우의 모든 판단은 증명될 수 없는 판단들이다. 동일성과 모순이 간접적으로 인식될 수 있는 경우의 판단들은 증명될 수 있다. 인간 인식은 그와 같이 증명 불가능한 판단들로 가득 차 있다. 모든 정의에 앞서서 우리가 정의에 도달하기 위해 한 사물에서 가장 먼저 그리고 직접적으로 인식한 것을 그 사물의 속성으로 표상하자마자 몇몇 정의가 먼저 제시된다. 전혀 그 어떠한 증명도 불가능한 근본 진리는 오직 하나밖에 없는 것인 양 그렇게 사유를 진행한 자들은 잘못된 길을 가는 것이다. 충분한 보장도 없이 지나치게 관대해서 다양한 명제에 이런 특징을 인정하는 자들 역시 그에 못지않게 잘못된 길을 가는 것이다.

신의 현존을 입증하기 위한
유일하게 가능한 증명 근거

이남원 옮김

차례

일러두기

1. 『신의 현존을 입증하기 위한 유일하게 가능한 증명 근거』(*Der einzig mögliche Beweisgrund zu einer Demonstration des Daseins Gottes*)는 1763년 발표된 원전을 대본으로 사용했고, 학술원판(Immanuel Kant, *Vorkritische Schriften* Ⅱ *1757~1777*, in *Kant' gesammelte Schriften*, hrsg. von der Königlich Preußischen Akademie der Wissenschaften, Bd. Ⅱ, pp.63-163, Berlin, 1911)과 바이셰델판(*Vorkritische Schriften bis 1768*, in *Immanuel Kant Werke in Zehn Bänden*, hrsg. von Wilhelm Weischedel, Bd. Ⅱ, pp.617-738, Darmstadt, 1983)을 참조했다.

머리말

그대가, 신실한 열정으로 그대에게 주어진 내 선물을, 그것이 이해
되기도 전에 무시하고 떠나지 않도록.

　　루크레티우스[1]

나는 현재 내가 하는 노력이 대단히 유용하다는 과장된 견해, 마치
우리 인식 중 가장 중요한 인식, 즉 신이 존재한다는 인식이 깊은 형이
상학적 탐구의 도움이 없다면 흔들린다거나 위험에 빠지기라도 하
는 것처럼 이러한 노력에 대단한 이점이 있다는 과장된 견해를 가지
고 있지는 않다. 신의 의지에 따르면, 행복하게 되기 위해 가장 필요　A Ⅳ
한 우리의 통찰은 세련된 추론의 정밀함[2]에 의존해서는 안 되고, 오
히려 우리의 자연스러운 상식[3]에 직접적으로 주어진다. 우리가 이
상식을 거짓된 기술에 따라 혼란스럽게 하지 않는다면, 이 상식은 우
리가 끈덕지게 추구하는 진리와 효용으로 우리를 인도한다. 그리하
여 여전히 통속적인 고찰의 한계에 머무르는 상식[4]을 사용하더라도,
이 실재[5][신]의 현존과 속성에 충분히 설득적인 증명[6]을 줄 수 있다.
그러나 정성들인 탐구자는 정밀하게 규정된 개념이나 규칙적으로
연결된 이성 추리의 입증[7]과 정확성이 결여되었다는 점을 곳곳에서
느낄 것이다. 그럼에도 우리는 입증이 어디선가 나타나지는 않을지
입증을 찾고자 애쓰지 않을 수 없다. 이러한 중요한 인식에서 완전하　A Ⅴ
고도 판명하게 이해된 그 무언가를 획득하고자 하는 이성적 욕구, 즉
탐구에 익숙해진 지성이 결코 포기할 수 없는 정당한 욕구를 언급하

지 않더라도, 사람들은 일단 이 통찰을 얻게 되면, 바로 그 동일한 통찰에 따라 이 대상에 대해 더 많은 것이 밝혀질 수 있기를 여전히 바

랄 것이기 때문이다. 그러나 이 목적을 달성하려면 사람들은 형이상학의 그 깊이를 잴 수 없는 심연에 다가가지 않으면 안 된다. 연안도 등대도 없는 아득한 대해에서 사람들은 미답의 바다 위에 있는 항해자처럼 해야 한다. 그런 항해자는 어디엔가 육지에 발을 들여놓자마자 자신의 항해를 검토하여, 항해 기술이 언제나 요구하는 모든 주의를 기울였음에도 혹시나 감지되지 않은 조류로 자신의 항로가 이탈되지는 않았는지 조사한다.

그러나 이 입증은 아직 발견되지 않았으며, 이와 같은 실패는 이미 다른 사람들도 주목했다. 실로 내가 여기서 제시하는 것은 그런 입증을 위한 증명 근거[8]일 뿐이다. 그것은 건물을 짓기 위한 재료[9]일 뿐

이다. 이 재료들은 어렵사리 모은 것이며, 내구성과 조화로운 적용[10]의 규칙에 따라서 건물을 지으려고 전문가들의 평가를 받기 위해 제공된 것이다. 나는 내가 [여기서] 제공하는 것이 입증 자체로 간주되기를 원하지 않는 것과 마찬가지로, 내가 [여기서] 사용하는 개념의 분석[11]이 결코 정의(定義)[12]로 간주되기를 원하지 않는다. 내 생각으로는, 이런 개념의 분석은 내가 다루는 문제에 대한 올바른 특성들이며, 정확한 정의[13]에 도달할 수 있도록 해준다. 개념의 분석은 진리와 판명성에 도달하기 위해서 그 자체로 유용하지만, 개념의 분석이 정의로 취급되려면 아직 전문가의 마지막 손을 기다려야 한다. 형이상학과 같은 학문에서는 [자신감을 가지고] 모든 것을 정의[14]하고 입증하고자 감행할 때도 있지만, 또한 단지 두려움과 주저함을 가지고 그런 일을 감행할 때도 있다.

내가 여기서 제시하는 고찰은 긴 반성의 결과물이다. 그러나 나 자신 다양한 관심으로 그것을 위해 필요한 시간을 낼 수 없었기 때문

에, 이 고찰을 위해 제시된 방법은 일을 불완전하게 마무리했다는 인상을 준다. 그러나 어떤 이유에서든 독자에게 보잘것없는 것을 제공했다는 데에 용서를 구하는 것은 아주 무익한 환심 사기일 것이다. 어떠한 변명을 하더라도 독자는 용서하지 않을 것이다. 그러나 이 작품이 온전치 않은 모습을 갖게 된 것은 부주의한 태만 때문이라기보다는 의도적인 빠뜨림 때문이다. 나는 초고의 윤곽만 묘사하고 싶었을 뿐이다. 만약 나보다도 숙련된 손에 의해 각 부분이 좀더 정확성을 얻게 되고 전체적으로 완전한 규칙성을 얻게 된다면, 이러한 윤곽에 따라 훌륭한 건물이 완성될 수 있으리라고 믿는다. 이런 의도를 A Ⅷ: Ⅱ 67
지녔기에, 각 특정한 부분의 모든 특징을 엄격하게 그리는 데 꼼꼼한 주의를 기울이는 일은 불필요했을 것이다. 우선 전체적 윤곽이 이 방면의 대가들[15]의 엄격한 판단을 기다리지 않으면 안 되었을 테니 말이다. 그러므로 나는 종종 증명의 근거[16]만 제시할 것이며, 현재로서는 이들 근거와 결론의 연결을 보여줄 수 있다고 주장하지 않겠다. 나는 때때로 상식적인 판단들을 도입했지만, 이들 판단에 하나의 체계가 가지는 구성 요소들이 반드시 갖춰야 할 엄밀성을 주기 위한 논리 기술은 사용하지 않았다. 그 이유는 여러 가지다. 내가 그것이 어렵다고 생각했기 때문이거나, 필요한 준비가 계획된 작품 크기와 비례하지 않았기 때문이거나 아니면 여기서 입증한다고 선언하지 않았기에 체계적인 저술가들에게나 해당할 법한 요구에서 자유롭다고 느꼈기 때문이다. 정신적인 저작에 관해 판단을 내리고자 하는 사람 중 소수만이 저서 전체의 의도에 대담하게 눈을 돌리고, 일단 다소간 결함이 보완되고 오류가 수정된 후에는 견고하게 구축된 건물과 그것의 주요한 부분의 가능한 관계를 특별히 고려한다. 이런 유형의 독 A Ⅸ
자가 내린 판단은 인간 인식에 특히 유용하다. 다른 사람들은 전체 연관을 개관할 수 없어서 이런저런 작은 부분에 극단적으로 세밀하게 눈을 고정하고, 일부에 아마 마땅히 받게 될 비난이 전체 가치에 어떤 영향을 주지나 않는지 어떤지의 문제나, 세세한 부분을 조금 개선하는 일이 부분적으로 결함이 있을 뿐인 전체 계획을 구할 수 있는지 어떤지의 문제에는 관심을 가지지 못한다. 그들은 어떤 건축물이 완성되기도 전에 그 건물을 줄여 없애는 데 관심을 기울인다. 이런 사람들의 수가 다수이기 때문에 그 존재를 두려워할 수는 있겠지만, 그들의 판단은 어떤 저작의 참된 가치 평가가 문제될 때에는 분별력 있는 사람들의 눈으로 본다면 큰 의미를 갖지 못한다.

A X 다른 사람의 저서를 이단이라고 맹렬하게 비난[17]을 퍼붓기 위한 외관상 핑계만 구하는 사람들이 있지만, 내 이 저서 중에는 이러한 사람들의 기회를 완전히 봉쇄할 만큼 상세하게 설명했다고 생각할 수 없는 곳이 몇 군데 있다. 그러나 아무리 준비하더라도 그러한 일을 막지는 못할 것이다. 나는 다른 사람의 저서에서 저자가 주입하고자 했던 의도 이외의 어떤 것을 찾고자 하지 않는 사람들에 대해서는 충분할 정도로 명백하게 이야기했다고 생각한다. 나는 내 주장이 다른 사람의 주장과 아무리 다르다 하더라도, 가능한 한 다른 사람의 주장을 반박하는 일은 하지 않았다. 다른 사람의 주장과 대결하는 일은 두 가지 전부를 이해한 독자들의 판단에 맡겨두는 것이 좋다. 공

II 68 명한 변호사는 다투는 양측의 논의를 비교 분석하고, 그 논의를 가능한 한 견고하게 하려고 그런 논의를 하는 사람 처지에 자신을 두고서 생각한다. 그런 다음에는 어느 쪽을 변호할지 결정한다. 만약 여러 사상가가 가지고 있는 건전한 이성이 내린 판단을 검토한 변호사의 솔직함을 두고 음미한다면, 철학자들의 의견 불일치는 훨씬 줄어들

A XI 것이다. 그리고 반대편 의견에도 가능한 한 즐겁게 귀를 기울이는 공정함[18]이 이루어진다면, 연구자들은 곧 하나의 길로 합쳐질 것이다.

나는 지금과 같은 어려운 고찰에서는 많은 명제가 올바르지 않고,

많은 해명이 불충분하며, 전개한 많은 설명[19]이 논파되기 쉽고 결함이 있게 될 것이라는 점을 이미 각오하고 있다. 나는 독자에게 제한 없는 찬성을 요구하지는 않는다. 나 자신도 어떤 저자에게 그런 무조건적 찬성을 보낼 수는 없을 것이다. 따라서 많은 부분을 다른 사람이 개선한다 하더라도 놀라지 않을 것이며, 그러한 가르침을 즐겁게 받아들일 것이다. 누군가가 논거를 제출할 때, 처음에 확신을 가지고 올바른 것으로 제시한 주장을 철회하기는 어렵다. 그러나 그 주장이 조심스럽고 불확실하며 겸손하다면 철회하기가 그렇게 어렵지 않다. 사실상 세련된 허영심조차 자신을 적절하게 이해한다면, 설득 A XII 되는 것은 설득하는 것만큼이나 가치 있다. 그리고 아마도 전자가 훨씬 명예로운 일이라는 점에 주목할 것이다. 전자가 후자보다 큰 단념과 자기 단련을 요구하기 때문이다. 이곳저곳에서 제법 상세한 자연과학적 설명이 등장하는 것은 문제를 고찰할 때에 준수해야 하는 통일에 손상을 끼친다는 인상을 줄지도 모른다. 그러나 나는 여기서는 자연과학으로 신의 인식에 도달하는 방법에 특히 초점을 맞추고자 의도했기 때문에, 이 목적을 달성하려면 이러한 예들이 꼭 필요했다. 그 때문에 제2부의 일곱째 고찰에는 다소 큰 아량이 필요하다. 이것 Ⅱ 69 은 그 내용이 실은 내가 이전에 익명으로* 출간했던 책에서 차용했기 때문에 특히 그러하다. 이 책에서는 지금과 같은 문제를 여러 대담한

---

* 이 책의 제목은『일반 자연사와 천체이론』[20]이다. 이 책은 거의 알려지지 않 A XIII; Ⅱ 68 았지만[21] 그중에서도 저 유명한 람베르트에게도 주목받지 못했다. 이 책보다 6년 후인 1761년에 출간된 람베르트의『우주론에 관한 서한』[22]에서 우주의 조직적인 천체구조, 은하, 성운 등의 이론은 상술했던 내 천체론의 제1부와 머리말에서 서술한 이론 그리고 이 책의 154-158쪽[23]에서 간략하게 서술한 Ⅱ 69 이론과 똑같다. 이 사려 깊은 인물의 사상이 내가 그때 서술했던 사상과 일치했다는 사실, 게다가 그것의 세부에 이르기까지 서로 일치한다는 사실은 내 기도가 마침내 성공할 것이라는 희망을 가져다준다.

가설과 연관해서 취급한다. 그러나 그러한 설명을 대담하게 시도해 보고자 하는 자유로운 정신과 나의 현재 의도 사이에는 적어도 어떤 친근성이 있다. 마찬가지로 가설 중 어떤 측면을 전문가 판정에 맡겨 두고자 하는 희망 때문에, 이 일곱째 고찰을 삽입했다. 이 고찰은 그 것의 근거를 완전하게 이해하고자 하는 사람들에게는 너무 간단하 다. 다른 한편, 형이상학 이외의 어떤 것도 기대하지 않는 사람들에 게는 아마도 너무 길 것이다. 따라서 이 후자의 사람들은 이 고찰을 편의를 위해 빠뜨리고 읽어도 좋다. 이 논문의 진의에 영향을 줄 수 있는 인쇄상 오자 몇 개는 그것을 정정한 내용이 권말에 있으므로 이 책을 읽기 전에 우선 정정할 필요가 있다.[24)]

이 저서는 3부로 구성되어 있다. 제1부에서는 증명 근거 자체를 서술하고, 제2부에서는 이것의 광범위한 이점(利點)을 보여주며, 제 3부에서는 신의 존재를 입증할 다른 어떤 증명 근거도 있을 수 없는 이유를 서술한다.

제1부
여기에서 신의 현존을 입증하기 위한
증명 근거를 제시함

첫째 고찰
현존[1] 일반에 관하여

가장 깊이 있는 논문에서조차 사용되는 모든 개념이 전개되거나 정의[2]되어야 한다고 철저함의 규칙이 항상 요구하는 것은 아니다.[3] 명석하고 일상적인 개념만으로 그것이 사용되는 문맥에서 어떤 오해도 불러일으킬 수 없다는 확신이 든다면 그러한 요구는 결코 나타나지 않는다. 그리하여 기하학자는 자신의 일을 수행하면서 단순히 공간이라는 통상적인 개념을 사용하지만 가장 큰 확실성을 가지고 연장물의 가장 비밀스러운 속성과 관계를 드러낸다. 하나의 경우를 더 들면, 가장 심원한 학에서조차 '표상'이라는 용어는 그 의미가 정 　A 2 의로는 결코 분석될 수 없지만,[4] 충분할 만큼 정확성을 가지고서 이해되고 확신을 가지고서 사용된다.[5]

그리하여 이들 고찰에서 나는, 존재의 개념을 다루지 않는 것이 혼란과 중대한 잘못을 가져오는 경우가 아니라면, 대단히 단순하고도 잘 이해되는 이 존재의 개념을 분석하는 데까지 나아가지는 않을 것이다. 확실하게 말해서 이 존재의 개념은 철학의 나머지 전체 영역에서 통상의 사용에서 나타나는 식의 발전되지 않은 방식으로 숙고 없이 사용될 수 있다. 단 하나의 예외는 절대적으로 필연적인 존재와 우연적인 존재에 관한 것이다. 이 경우 더 정교한 탐구가 불행하게도 부자연스럽지만, 그렇지 않았다면 대단히 순수한 개념에서 거짓된 결론들을 이끌어냈을 것이다. 이 결론들은 철학의 숭고한 부분들 중 하나에까지 확산되었다.

Ⅱ 71

　사람들은 내가 존재에 대한 형식적 정의[6]를 내리는 일에서 시작하리라고 기대해서는 안 된다. 이러한 절차는 올바로 정의되었던 일이 너무나 불확실한 경우에는[7] 항상 바람직스럽지 못한 결과로 나타난다. 게다가 이런 일은 생각보다 훨씬 자주 일어난다. 나는 철저하게 정의를 찾는 사람처럼 일을 진행할 것이다. 그런 사람은 정의[8]의 대상이 되는 개념을 아직 상세하게[9] 확립하지는 못했지만, 그 대상에 관해 긍정적으로든 부정적으로든 어떤 것을 명료성을 가지고 이야기할 수 있는지 확인한다. 사람들이 자신의 대상에 대해 정의[10]를 내리기 훨씬 전부터 그리고 도대체 정의를 내릴 용기가 없을 때라 하더라도, 문제시되는 그 대상에 관해서는 가장 높은 정도의 확실성으로 말할 수 있는 것이 여전히 상당수 있다. 예컨대 나는 누가 되었든 공간이 무엇인지 적절하게 정의[11]내릴 수 있는 사람이 있을지 의심스럽다. 그러나 공간의 본질에 관해 설명하지 않더라도, 공간이 있는 곳에서 외적 관계가 있음이 틀림없다는 것을 그리고 그것이 삼차원을 가진다는 것 등을 확신할 수 있다. 욕망의 본질이 무엇인가에 대한 대답은 유보하더라도, 욕망이 어떤 종류의 표상에 근거를 둔다는 것, 욕망은 욕망의 대상 안에 있는 쾌를 전제로 한다는 것 등은 확실하다. 일체의 정의에 앞서서 사태에 관해 확실히 알고 있는 것에서, 우리가 연구 목적으로 삼는 것이 무엇인지 완벽한 확신을 가지고서 추론할 수 있는 경우는 자주 있다. 바로 정의하는 일을 추구한다면,

A 3

불필요한 어려움을 무릅쓰게 된다. 잘 닦인 길을 따라 안전하게 나아가는 수학자를 모방하여 방법에 매달리는 것은 형이상학이라는 미끄러운 지반 위에서는 많은 실패를 초래한다.[12] 사람들은 이 실패를 끊임없이 목격했지만, 사람들이 이 실패로 주의를 받거나 더 신중할 것을 배우리라는 희망은 거의 없다. 이 방법으로만 나는 내가 다른 경우에는 헛되게 추구했던 해명에 도달하리라는 희망을 갖게 된다. 더 큰 영리함으로 다른 사람보다 훨씬 잘 적중한다는, 우쭐거리는 생각과 관련해서 말하면, 이것은 다른 사람의 오류에서 그들 자신의 오류로 우리를 인도하고자 했던 사람들이 항상 말했던 것이라는 사실을 이해하는 것이 좋겠다.

1

존재는 무언가의 술어 또는 규정[13]이 아니다

이 명제는 기묘하고 부조리하게 보이지만 의심할 여지없이 참이다. 예를 들어 카이사르라는 주어를 고려해보자. 생각할 수 있는 한 그에게 속한 모든 술어를 시간이나 장소의 술어도 배제하지 않고 작성해보기로 하자. 그럴 경우 여러분은 곧바로, 이 모든 규정[14]을 가지고서 그가 실존할 수 있거나 전혀 실존하지 않을 수도 있다는 사실을 알게 될 것이다. 이 세계를 그리고 세계 안의 그 영웅을 존재하게 했던 실재[신]는 이 모든 술어를 가진 개인을 빠짐없이 인식할 수 있지만, 이 영웅은 여전히 단순히 가능한 것으로 간주될 수 있으며, 신이 그를 창조하기로 결정하지 않았다면 그는 실제로 실존하지 않는다. 현실적으로 존재하지 않는 무수히 많은 것은, 만약 그것들이 실존했을 경우 가지게 될 모든 술어를 가졌다 하더라도, 가능적으로만 존재할 수 있다. 또 최고 실재[신]가 이들에 대해 가지고 있는 표상 안에는 단 하나의 규정[15]도 빠뜨리지 않았지만, 존재가 그들 가운데 없더라도 결코 놀랄 일은 아니다. 최고 실재는 그들을 단지 가능적인 것으로만 인식하기 때문이다. 따라서 만약 그들이 실존했다면 한 가지 술어를 더 가졌을 거라는 것은 있을 수 없는 일이다. 그것은 가능적으로 존재한다고 하더라도 완전한 규정을 가지고 있는 한 어떤 술어도 결코 빼놓지 않기 때문이다. 신이 설령 사물의 다른 계열, 즉 다른 세계를 창조하려고 했다면, 그 세계는 모든 규정을 가지고 실존할 것이며, 비록 그 세계가 단지 가능할 뿐이라 하더라도, 신이 그 세계를 인정한 추가 규정을 더는 가지고 실존하지는 않을 것이다.

A 6   그럼에도 '존재'라는 말은 보통 술어로 사용된다. 사람들이 절대적으로 필연적인 실존을 증명할 때 흔히 하는 것처럼 단지 가능한 개념에서 존재를 도출하고자 하지 않는다면, 이러한 일은 안전하게 그리고 염려할 오류 없이 행해질 수 있다. 이러한 가능적인 실재의 술어 중에서 존재를 탐구하는 것은 헛된 일이다. 존재는 그러한 술어 중에서는 결코 발견되지 않기 때문이다. 그러나 존재가 일상의 관용에서 술어로 사용되는 경우에 그것은 사물 자체의 술어라기보다는 그 사물에 관해 사람이 가지는 사고의 술어다. 예를 들면 바다 일각수(일각 고래)에는 실존이 속해 있지만, 육지 일각수[16]에는 실존이 속해 있지 않다. 이것은 바다 일각수의 표상이 경험 개념이라는 것, 즉 실존하는 사물의 표상이라는 것 이외에 다른 것을 의미하지 않는다. 이 때문에 그 사물의 존재에 대한 이 명제의 진위를 입증하려고 주어 개념을 탐색하지는 않는다. 주어 개념에는 단지 가능적인 술어만 포함될 수 있다. 만약 사람들이 그 명제의 진위를 입증하기를 원한다면, 그 대상에 대해 사람들이 가지고 있는 인식의 원천을 검토한다. 사람들은 '나는 그것을 보았다' 또는 '나는 그것을 보았던 사람들에게서 들었다'고 말한다. 그러나 '바다 일각수가 실존하는 동물'이라는 것은 완전히 옳은 표현은 아니다. 오히려 거꾸로 '내가 일각

Ⅱ 73

A 7

수에 대해 집합적으로 품고 있는 모든 술어가 어떤 실존하는 바다 동물에 속해 있다'고 하는 것이 올바른 표현이다. '정육각형은 자연 안에 존재한다'고 말해서는 안 되고, 오히려 '사람들이 정육각형을 생각할 때 집합적으로 생각하는 술어들이 자연 안에 존재하는 것에, 예컨대 벌집이나 수정과 같은 것에 속해 있다'고 말해야 한다. 인간의 언어는 모두 그 기원의 우연적 조건 때문에 아무리 해도 피할 수 없는 부정확한 결함이 다수 있다. 그러나 일상의 관용에서 어떤 오해도 생겨나지 않는다면, 그 언어를 지나치게 세련되게 만들고 제한을 가하는 것은 현학적인 짓이며 무익한 일이다. 더 세밀하고 깊은 고찰이 필요한 경우에만, 그것에 상응하는 세밀한 구별을 제시하면 그뿐이다. 지금 서술한 것은 이하에서 서술하는 내용을 읽은 뒤라야 충분히 이해되리라 생각한다.

2

존재는 사물의 절대적 정립[17]이며, 그 때문에 모든 술어와 구별된다. 그리고 술어 자체는 언제나 단지 다른 사물과의 관계에서만 정립된다

정립[18]이라는 개념은 매우 단순하며 있음 일반[19]의 개념과 동일하다. 그런데 무언가는 단지 관계적 방식으로만 정립되거나 차라리 무언가가 하나의 징표[20]로서 하나의 사물과 단순히 관계하는 것[21]으로만 생각된다. 이때 존재, 즉 이러한 관계의 정립은 판단에서 계사[22]일 뿐이다. 단순히 이러한 관계가 아니라 사물이 그 자체로 정립되었다고 간주되는 경우 이 있음은 존재와 동일하게 된다.[23]

이 존재 개념은 너무나 단순하기 때문에 어떤 설명[24]도 추가할 필요가 없으며, 단지 이 존재를 사물이 그것의 속성에 대해 가지는 관계와 혼동하지 않도록 주의하면 그것으로 족하다.

A 9 만약 사람들이 우리의 모든 인식은 결국 분석 불가능한 개념에서 끝을 맺게 된다는 점을 통찰한다면, 거의 분석 불가능한 개념도 존재

Ⅱ 74 한다고 생각해야 할 것이다. 다른 말로 하면 이 경우 특징[속성]들이 사물 자체보다 대단히 근소하게 더 명석하고 단순하다.[25] 그것은 지금 문제되는 실존에 대해 정의[26]를 내리는 경우다. 내가 기꺼이 인정하듯이, 정의되는 것의 개념을 우리 정의로는 조금밖에 판명하지 못한다. 그러나 대상의 본성은 우리 지성의 능력과 관계에서 그 이상의 판명성은 허용하지 않는다.

'신은 전능하다'고 말할 때 생각되는 것은 단지 신과 전능 간의 논리적 관계일 뿐이다. 후자는 전자의 속성이기 때문이다. 여기에는 그이상의 어떤 것도 정립되지 않는다. 신이 존재하는지, 즉 절대적으로 정립되어 있을지는 이 안에 결코 포함되어 있지 않다. 그러므로 '있음'은 실재하지 않는 것들[27]의 상호관계에서도 사용될 수 있다. 예를 들면 '스피노자가 말하는 신은 끊임없는 변화에 종속해 있다'고 하는 명제가 바로 그러하다.

A 10 신이 가능적 세계에 '있게 하라'는 전능의[28] 명령을 내렸다고 하자. 신은 그의 지성 안에 표상되는 전체에 어떤 새로운 규정도 주지 않고 어떤 새로운 술어도 부가하지 않는다. 오히려 사물의 이 계열을 모든 술어에 절대적으로 그리고 무조건적으로 정립했을 것이다. 신의 명령이 없었다면 이 계열에서 모든 것은 단지 이 전체와의 관계에서만 정립되었을 것이다. 모든 술어의 주어에 대한 관계는 결코 실존하는 어떤 것을 지시하지 않는다. 실존을 드러낸다면, 주어는 이미 그 자체가 실존하는 것으로 정립되어 있어야만 한다. '신은 전능하다'는 명제는 신의 존재를 인정하지 않는 사람의 판단에도, 내가 신의 개념을 어떻게 파악하는지 그 사람이 이해한다면 틀림없이 참된 명제가 된다. 그러나 신 존재는 신의 개념이 정립되는 방식에 직접

속해 있지 않으면 안 된다. 신 존재는 술어 자체 안에서 발견되지 않을 것이기 때문이다. 만약 주어가 실존하는 것으로 이미 전제되지 않는다면, 어떠한 술어도 그것이 실존하는 주어에 속하는지 아니면 단지 가능한 주어에만 속하는지 결코 결정할 수 없다. 따라서 존재는 결코 술어일 수 없다. '신은 실존하는 것이다'라고 말하면 그것은 주어와 술어의 관계를 표현하는 것처럼 보인다. 그러나 이 문장은 정확하지 않다. 엄밀하게는 이렇게 말해야 한다. '실존하는 어떤 것은 신 A 11 이다.' 다른 말로 하면 '어떤 실존하는 것에 신이라는 표현으로 총칭되는 모든 술어가 귀속한다.' 이 술어들은 주어와의 관계에서 정립되지만, 사물 자체는 자신의 모든 술어와 함께 절대적으로 정립된다.[29]

그렇게 단순한 관념을 너무 상세하게 설명함으로써 분명한 것이 오히려 분명하지 않게 되어버릴까 우려된다. 또 무미건조함을 혐오하는 사람들의 기분을 거슬리지나 않을까 걱정된다. 그러나 나는 이 Ⅱ 75 러한 비난을 하찮은 것이라고 무시하고 싶지는 않다. 그럼에도 또한 이번 기회에 독자에게 인내를 요구해야만 하겠다. 나는 확실하고 쓸모 있는 개념을 논리적 도가니 안에서 오랫동안 증류하고 정제해 마침내 증발시키고, 기화시켜 사라지게 만들어버리는 사람들의 세련벽(洗練癖)을 누구보다도 심하게 미워한다. 그러나 나의 당면한 고찰 대상은 입증 가능한 확실성[30]에 도달하는 것을 완전히 포기해야 하는지, 아니면 그 개념을 최소 요소[31]에 이르기까지 분석하는 일을 참을성을 가지고 받아들여야 하는지를 요구하는 종류다.

3
A 12
단순한 가능성 안에보다 존재 안에 더 많은 것이 있다고 말하는 것이 정당할 수 있을까?

이 물음에 답하려면 정립되는 것이 무엇인가와 그것이 어떠한 방식으로 정립되는가의 구별에 우선 주목해야 한다. 전자와 관련해서 본다면, 현실적인 것 안에 정립되어 있는 것이 단순히 가능적인 것 안에 정립되어 있는 것보다 더 많지 않다. 현실적인 것의 모든 규정이나 술어는 그 사물의 단순한 가능성에서도 발견되기 때문이다. 그러나 후자와 관련해서 본다면, 물론 현실성[32]을 통해 좀더 많은 것이 정립된다. 만약 내가 '이 모든 것이 단순히 가능성일 뿐인 경우에서 어떠한 방식으로 정립되지?'라고 묻는다면, 정립이라는 것은 단지 주어와의 관계에서만 일어나리라는 사실을 깨닫게 되기 때문이다. 예를 들어 하나의 삼각형을 고찰해보면, 거기에는 세 변, 그것에 둘러싸인 공간, 세 각 등이 있다. 좀더 올바로 이야기하면, 삼각형과 같은 것과 이들 규정의 관계는 단순히 정립되어 있을 뿐이다. 그러나 삼각형이 실재한다면, 이 삼각형의 모든 것은 절대적으로 정립되어 있다. 다른 말로 하면, 사물 자체는 이들 모든 관계와 함께 정립되어 있어서 훨씬 더 많이 정립되어 있다. 그러한 미묘한 개념에서 생겨나

A 13 는 혼란을 방지하도록 모든 것을 요약해보면 이렇다. '단순히 가능적인 것 안에 정립되어 있는 것보다 실존하는 것 안에 더 많은 것이 정립되어 있지 않다(이 경우 그 사물의 술어들이 언급된다). 그러나 단순히 가능적인 것보다 존재하는 것에 더 많은 것이 정립되어 있다. 존재하는 것을 통한 정립은 사물 자체의 절대적 정립을 포함하기 때문이다.' 분명히 단순한 가능성에서는 사물 자체가 정립되어 있는 것이 아니라 오히려 어떤 것과 다른 어떤 것의 관계가 모순율에 따라 정립되어 있을 뿐이다. 그리고 존재가 본래 어떤 것의 술어가 아니라는 것은 확고하게 성립한다. 논쟁에 빠져드는 것이 여기서 내 목적은

Ⅱ 76 아니지만, 내 생각으로는 만약 어떤 저자가 편견 없는 정신을 가지고서 다른 사람의 사상을 읽고, 그것과 연관된 숙고를 해서 그것을 자기 것으로 만든다면, 그는 자신의 새로운 그리고 이설[33]의 이론에 관

한 판정을 독자에게 안심하고 맡겨버릴 수 있을 것이다. 그럴 경우라 하더라도 이와 관련해 나는 두세 가지 짤막한 언급을 추가하겠다.

존재에 대한 볼프의 정의[34]에 따르면, 존재는 가능성의 보완[35]이지만 매우 불명료하다. 사물의 가능성이라는 말에서 생각할 수 있는 것이 무엇인지 미리 알지 못한다면, 이 정의를 통해서는 존재라는 것 A 14 을 알 수 없다. 바움가르텐은 일관된 내적 규정[36] 개념을 끌고 들어와서 단순한 가능성 안에보다 존재에 더 많은 것이 있다고 주장했다.[37] 이 내적 규정이 본질 안에 놓여 있는 또는 본질에서 생겨나는 술어로는 규정되지 않은 채 남아 있는 것을 보완하기 때문이다. 그러나 사물과 단순한 가능성의 차이가 사물과 그 사물 안에서 생각될 수 있는 모든 술어의 결합 안에 있지 않음을 우리는 이미 살펴보았다. 게다가 가능적인 것은 그것이 가능적인 것으로 고찰되는 한, 많은 술어에 관해서 무규정적[38]이라고 하는 명제는, 그것이 문자에 따라 취해진다면 중대한 오류를 범할 수 있다. 모순되는 두 술어 사이에 매개적 규정은 존재하지 않는다고 주장하는 배중률이 그것을 금하기 때문이다. 예를 들면, 일정한 신장, 연령, 시간적·공간적 위치 등을 가지지 않는 인간은 있을 수 없다. 오히려 이 명제[단순히 가능한 것은 무규정적이라는 명제]는 다음과 같은 의미로 해석되어야 한다. 즉 하나의 사물에서 함께 생각된 술어들이 그 사물의 다른 많은 술어를 규정하는 일은 결코 가능하지 않다. 가령 인간 자체의 개념 안에서 함께 생각된 것으로는 연령, 장소 같은 특수한 술어에 관한 어떤 나열도 가능하지 않다. 그러나 이때 이러한 종류의 무규정성은 가능 A 15 적인 것 안에서만큼이나 실존하는 것 안에서도 발견되기 때문에, 양자를 구별하는 것으로 사용될 수 없다. 저 유명한 크루지우스는 '어딘가에'와 '언제인가에'를 존재의 절대 확실한 규정이라고 생각했다.[39] 그러나 현재 존재하는 모든 것은 '어딘가에'와 '언제인가에'의 규정성을 가지지 않으면 안 된다는 명제를 검토하지 않는다 하더라도, 이들 술어는 단순히 가능적인 사물에도 여전히 귀속해 있다. 그리하여 많은 사람은 어떤 주어진 시간의 많은 일정한 장소에서 실존할 수 있다. 설령 현실로 실존하지 않는 인간이라도, 전지전능한 신은 만약 그 인간이 실존한다면 있는 그대로 그의 모든 규정을 당연히 안다. 영원한 유대인 아하수에루스[40]는 모든 땅을 돌아다니고, 모든 시간을

Ⅱ 77 계속 산 이후에도 의심할 여지없이 가능적 인간이다. 그러나 나는 사람들이 '어딘가에'와 '언제인가에'가, 사물이 현실적으로 거기에 있거나 그때에 있을 때에만, 존재의 충분한 징후가 된다는 점을 요구하

A 16 지 않기를 희망한다. 거기에서 사람들은 적절한 징후로 더 명료하게 하고자 지칭했던 것을 이미 용인하기를 요구할 것이기 때문이다.

둘째 고찰
현존을 전제하는 한에서 내적 가능성에 관하여[41]

1
가능성 개념에서 필요한 구별

자기 모순적인 것은 모두 내적으로 불가능하다. 이것이 참된 정의[42]인지 어떤지를 결정하지 않은 채 남겨놓는다 하더라도, 이것은 참된 명제다. 그러나 모순이 있는 경우에는[43] 분명히 어떤 것이 다른 것과 논리적 대립 관계에 있지 않으면 안 된다. 즉 동일한 어떤 것이 동일한 명제 안에서 동시에 긍정되는 것을 부정한다. 크루지우스 씨는 이 대립을 내적 모순에 귀속하는 것은 물론, 더 나아가 지성을 통해서 지성 특유의 법칙에 따라서 지각된다고 주장했다. 이러한 사고방식

A 17 에 따르더라도, 불가능한 것은 정립되는 것과 그것을 폐기하는 것의

결합을 항상 포함한다.[44] 이 불일치를 나는 사고의 불가능함이나 불가능성의 형식적 요소[45]라고 한다. 질료적 요소,[46] 즉 여기에 주어져 있고 그런 식의 대립에 놓여 있는 것은 그 자체로 어떤 것으로 사유될 수 있다. 네모난 삼각형은 절대적으로 불가능하다. 그러나 삼각형이 어떤 것인 것처럼 네모난 것도 어떤 것이다. 이 불가능성은 사고 가능한 어떤 것과 사고 가능한 다른 것의 논리적 관계에 의존한다. 하나가 다른 하나의 속성이 될 수 없기 때문이다. 마찬가지로 어떤 가능성에서도 다음 두 가지를 분명하게 구별해야 한다. 즉 한편으로 사고된 그 무엇과 다른 한편으로 그것 안에서 사고된 것이 모순율과 일치하는 것을 구별해야 한다. 하나의 직각을 가지고 있는 삼각형은 그 자체로 가능하다. 이 가능적인 사물 안에서 삼각형과 직각은 소여 또는 질료적 요소다. 그러나 이 양자의 모순율에 따른 일치는 가능성의 형식적 요소다. 나는 이 후자를 가능성에서의 논리적 요소[47]라고 Ⅱ78 하겠다. 진리의 법칙[즉 모순율]에 따라서 주어와 술어의 일치를 검 A18 토하는 것은 논리적 관계 이외와 다름없기 때문이다. 사물 또는 일치를 이루는 것은 때로는 가능성의 실질적 요소라고 하겠다. 어쨌든 내가 여기서 논의할 것은 내적 가능성이나 불가능성, 또는 무조건적이며 절대적인 가능성이나 불가능성일 뿐 그 밖에 다른 것이 아니다.

2
모든 사물의 내적 가능성은 어떤 존재를 전제로 한다

위의 서술에서 명백해지는 것은 논리적인 불가능성으로서 내적 모순이 나타날 때만 가능성이 소멸하는 것이 아니라, 사고해야 할 질료 또는 소여가 존재하지 않을 때에도 가능성은 소멸한다는 사실이다. 그 경우 생각될 수 있는 어떤 것도 주어지지 않는데, 가능적인 것은 모두 사고될 수 있는 어떤 것이고, 논리적 관계는 바로 이 사고될 수 있는 어떤 것에 모순율에 따라 귀속되기 때문이다.

그런데 모든 존재가 폐기된다면,[48] 어떤 것도 절대적으로 정립되지 않게 되고, 도대체 어떤 것도 주어지지 않으며, 어떠한 사고의 재료도 주어지지 않아서 모든 가능성은 완전히 사라지게 된다.[49] 확실히 모든 존재의 부정 안에 내적 모순은 존재하지 않는다. 내적 모순이 생겨나려면 어떤 것이 정립되면서 동시에 폐기되는 일이 필요하기 때문이다. 그러나 현재의 경우 어떠한 것도 정립되지 않아서 모든 실존을 부정하는 것이 내적 모순을 포함한다고는 말할 수 없다. 이에 반해 무엇인가 가능성이 존재하지만 그럼에도 현실적인 것이 결코 실존하지 않는다는 것은 모순이다. 어떤 것도 실존하지 않는다면, 사고 대상이 되는 어떤 것도 주어지지 않으며, 그럼에도 무언가가 가능하다고 주장하려면, 우리는 자기모순을 범할 것이기 때문이다. 존재 개념의 분석에서 이해할 수 있듯이 있음 또는 절대적으로 정립된 것[50]은, 만약 이 말들이 주어와 술어의 논리적 관계를 표현하려고 사용된 것이 아니라면, 존재와 정확하게 같은 것을 의미한다. 따라서 '어떤 것도 실존하지 않는다'는 문장은 '절대적으로 어떤 것도 실존하지 않는다'는 문장과 같은 의미다. 이러함에도 '어떤 것이 가능하다'는 문장을 덧붙이는 것은 분명히 자기모순이다.

3
어떤 것도 실존하지 않는다는 것은 절대적으로 불가능하다

모든 가능성 일반을 폐기하는 것은 절대로 불가능하다. 이것이 의미가 동일한 표현들로 이루어졌기 때문이다. 그런데 우선 모든 가능성의 형식적 요소, 즉 모순율과 일치하는 자기모순으로 폐기된다. 그러므로 자기모순적인 것은 절대로 불가능하다. 그러나 이것은 모든 존재의 완전한 박탈을 고려해야 하는 경우가 아니다. 증명되었듯이, 이 경우에는 어떤 내적 모순도 발생하지 않기 때문이다. 모든 가능적인 것을 위한 질료와 소여를 폐기하는 것으로도 모든 가능성은 부정된다. 그런데 이는 모든 존재의 폐기로 생겨난다. 따라서 모든 존재가 부정되면 모든 가능성도 폐기된다. 그러므로 어떤 것도 실존하지 않는다는 것은 절대적으로 불가능하다.

4
모든 가능성은 현실적인 어떤 것 속에서 주어지되, 그 현실적인 것 안에 존재하는 규정으로서 주어지거나 현실적인 것에서 나오는 귀결로서 주어진다

모든 가능성 일반과 각각의 특수한 가능성은, 그것이 하나이든 다수이든 간에 현실적인 어떤 것을 전제로 한다는 것이 증명되어야 한다. 그런데 모든 가능성이 이런저런 존재에 대해서 가지는 관계에는 두 유형이 있다. 첫째 유형은, 가능적인 것이 사유될 수 있으려면 그 자신이 현실로 존재하고 그다음 그것이 존재 안에 있는 규정으로 주어져야 한다. 둘째 유형은, 자기 말고 다른 무언가가 현실적이기 때문에 그것이 가능하게 된다. 다른 말로 하면, 내적 가능성은 다른 존재를 통한 귀결로 주어진다. 현재로서는 명료한 예가 충분히 주어질 수 없다. 이 고찰에서 예로 사용될 수 있는 유일한 주체의 본성을 우선 숙고하지 않으면 안 된다. 그러는 동안 나는 다음 사실만 고찰하겠다. 즉 나는 현실적인 것, 즉 그것으로 다른 현실적인 것의 내적 가 능성이 근거로 주어지는 현실적인 것[51]을 이 절대적 가능성의 제1의 실재 근거[52]라고 명명하겠다. 이것은 모순율이 그러한 내적 가능성의 제1의 논리적 근거가 되는 것과 같다. 가능성의 형식적 요소는 모 순율과 일치해야 주어지기 때문이다. 동일한 방식으로 실재적인 것은 사고될 수 있는 것의 질료나 소재를 공급한다.

이 고찰에서 제시되는 명제들은, 해명을 하기 위해 필요한 설명을 상당히 추가하지 않는다면, 충분히 명석하게 되지 않는다는 사실을 나는 잘 알고 있다. 그러나 대상 자체의 본성이 가지고 있는 매우 높은 추상성 때문에 더 명료화하려는 일체의 노력은 장애물을 만나게 된다. 마치 이것은 현미경을 이용해서 볼 경우[53] 대상의 상을 확대하여 매우 미세한 부분까지 식별할 수 있지만, 거기에 비례해서 인상의 밝기와 활발함이 감소하는 것과 같다. 그럼에도 나는 할 수 있는 한, 항상 내적 가능성의 기초에 놓여 있는 이 존재의 개념을 상식의 더 일상적인 개념 가장 가까이로 가져오고자 한다.

A 23 당신은 불이 활활 타는 물체나 성격이 간악한 인간 등이 가능하다는 것을 안다. 이들에 내적 가능성 이상의 것이 요구되지 않는다면, 물체나 불 등이 그것들의 재료로서 반드시 실존해야 할 필요는 없다. 그것은 사고가 가능하면 그것으로 충분하기 때문이다. '불타고 있다'라는 술어와 '물체'라는 주어가 모순율에 따라서 일치한다는 것은, 그것들이 현실적인 것이든 단지 가능적인 것이든 관계없이, 이들 개념 자신 안에서만 성립한다. 물체나 불이 현실적이 아니라 하더라도, 불에 타는 물체는 내적으로 가능하다고 단언할 수 있다. 계속해서 나는 '그렇다면 물체 자체는 가능한가?'라고 묻는다. 이 경우 경험에 의거해서는 안 되기 때문에, 당신은 그 물체의 가능성의 재료, 즉 연장성, 불가침입성, 힘 등을 나에게 열거할 테고, 더 나아가 여기에는 내적 모순이 없다는 사실을 덧붙일 것이다. 나도 이 모든 것을 인정한다. 그러나 왜 당신은 연장 개념을 그렇게 곧바로 재료로 보는지 나에게 설명해야 한다. 연장 개념이 지시하는 대상이 전혀 존재하지 않는다면, 당신이 앞서 주장한 물체의 가능성은 환상에 불과하기 때문이다. 그러나 이 재료와 연관해서 경험에 호소하는 것도 부당하

A 24 다. 지금 바로 문제가 되는 것은, 설사 현실적으로 아무것도 실존하

지 않는다 하더라도, 불에 타는 물체의 내적 가능성이 성립할 수 있는
지 어떤지 하는 것이기 때문이다. 당신이 연장 개념에서 모순이 없다
는 것을 보여주기 위해서, 연장 개념을 더 단순한 재료로 나눌 수 없
다고 가정해보자. 당신은 결국 가능성이 더는 분석할 수 없는 무언가
에 틀림없이 이르게 되며,[54] 그렇게 되면 여기서 문제가 되는 것은 공 Ⅱ 81
간과 연장이 공허한 말에 불과한지, 아니면 그것들이 어떤 것을 지칭
하는지 하는 것이다. 모순이 없다는 것만으로는 현재 문제가 결정되
지 않는다. 공허한 말은 모순된 어떤 것도 지시하지 않을 것이다. 공
간이 실존하지 않는다거나 적어도 어떤 다른 실존의 귀결로 주어지
지 않는다면, 공간이라는 말은 아무것도 지시하지 않는다. 당신이 모
순율로 가능성을 증명하고자 하는 한, 당신은 사물 속에서 사고 가능
한 것으로 당신에게 주어진 것에 의존하게 되고, 이 논리적 규칙에 따
른 결합만을 고려할 뿐이다. 그러나 이 사고 가능한 것이 어떻게 해서 A 25
주어지는지 고려할 때, 결국 호소할 수 있는 유일한 것은 현존이다.

　그러나 우리는 이 고찰 과정을 기다리기로 하자. 그것이 사고의 근
거에 놓여 있는 궁극적인 것에 관계하기 때문에, 스스로 타개하지 않
고는 결코 명료하게 될 수 없는 개념을 이해하려면 실제로 응용이 필
요할 것이다.

셋째 고찰
절대적으로 필연적인 현존에 관하여

1
절대적으로 필연적인 실존 일반의 개념

절대적으로 필연적인 것은 그것의 반대가 불가능한 것이다. 이것

은 매우 정당한 명목적 정의[55]다. 그러나 '어떻게 해서 어떤 것의 비존재가 절대적으로 불가능한 일이 발생할까?'라고 묻는다면, 내가 찾고자 하는 것은 실질적 정의[56]다. 그리고 이 실질적 정의만 현재의 목적에 이용할 수 있다. 가능적 사물의 속성들에 있는 내적 필연성의 개념은 모두, 이들이 어떤 것이든 간에, 그 반대가 모순을 포함한다는 사실에 귀착된다. 그러나 절대로 필연적인 실존을 문제로 삼을 때, 이 동일한 모순율을 사용해서 어떤 것을 이해하고자 한다면 결코 많은 성공을 거두지 못할 것이다. 존재는 결코 술어가 아니며, 존재의 폐기는 술어의 부정이 아니다. 술어의 부정으로 사물 속에 있는

어떤 것이 폐기되며 내적 모순이 일어날 수 있다.[57] 실존하는 사물의 폐기는 그 존재를 통해 무조건적으로 그리고 절대적으로 정립되는 것의 전면적 부정과 다름없다. 이러한 부정에도 가능한 것으로서 사물과 그것의 술어 간의 논리적 관계는 여전히 존속한다. 그러나 이 논리적 관계는 사물의 존재가 그것의 술어들과 함께 그 속에서 성립하는 절대적 정립과는 완전히 다르다. 그리하여 사물 속에서 정립되

는 것은 그것의 비존재를 통해서 폐기되는 것이 아니라, 다른 그 무엇이 그 비존재를 통해서 폐기된다. 따라서 이러한 폐기에서는 모순이 일어나지 않는다. 이 작업의 마지막 고찰에서 이 모든 것이 더 명료해질 것이다. 즉 절대적으로 필연적 실재를 실제로 모순율을 통해서 파악하고자 생각한다면, 그것은 깊이 있게 검토한 결과 매우 잘못된 생각이고 유지될 수 없다는 사실을 우리는 알게 될 것이다.[58] 그럼에도 단순히 가능적 개념의 술어에 내재하는 필연성을 논리적 필연성이라 부르기로 하자. 그러나 내가 궁극적 근거[59]로서 추구하는 필연성, 즉 존재의 필연성은 절대적인 실재적 필연성[60]이다. 우선 알게 되는 점은 내가 절대적으로 무라고 그리고 불가능하다고 생각하는 것은 모든 사고를 근절하는 것이라는 사실이다. 사고할 수 있는

것이 아직 남아 있다면, 그것은 완전히 사고 불가능하다거나 절대로 불가능한 것은 아닐 테니 말이다.

그런데 왜 모순되는 것이 절대적으로 무이고 불가능한지 잠시 고찰한다면, 모순율을 폐기해버릴 경우 사유될 수 있는 모든 것의 궁극적·논리적 근거[61]가 폐기되고, 그 때문에 일체의 가능성이 소멸되며, 이 경우 사고할 아무것도 남아 있지 않게 된다는 사실이 드러난다. 여기에서 다음 결론이 곧바로 도출된다. 즉 모든 존재 일반이 폐기되고, 사고 가능한 모든 것의 궁극적이고 실재적인 근거가 소멸한 A 28 다면, 모든 가능성 또한 소멸하고 사고할 아무것도 남아 있지 않게 된다는 사실이 도출된다. 따라서 그 무언가는 두 가지 방식으로 절대적으로 필연적일 수 있다. 하나는 그것의 반대로 사고 가능성의 형식적 측면이 폐기되는 경우, 즉 자기 모순적인 경우다. 다른 하나는 그것의 비존재가 모든 사고의 질료적 요소나 소여를 폐기하는 경우다. 이미 언급했듯 존재의 경우 전자는 결코 일어나지 않는다. 셋째 가능성은 있을 수 없기 때문에 절대적으로 필연적인 실존의 개념은 완전히 기만적이고 잘못된 개념[62]이거나, 그렇지 않다면 그런 존재의 개념은 어떤 사물의 비존재가 동시에 사고될 수 있는 모든 소여의 부정이라는 사실에 의존하지 않으면 안 된다. 그러나 이 개념은 허구적인 것이 아니라 참된 그 무엇이라는 사실이 다음 방식으로 판명된다.

2

절대적으로 필연적 실재는 실존한다[63]

A 29; II 83

모든 가능성은 현실적인 어떤 것을 전제로 한다. 어떤 현실적인 것[64]에서 그리고 현실적인 것을 통해서 모든 사고 가능한 것이 주어진다. 따라서 현실성을 폐기하는 것 자체가 모든 내적 가능성 일반도 폐기해버리는 현실성이 존재한다. 그러나 폐기되거나 부정됨으로써 모든 가능성이 근절되는 것은 절대적으로 필연적이다. 따라서 절대적으로 필연적인 것이 실존한다. 그리하여 지금까지 하나 또는 그 이상의 존재 자체가 모든 가능성의 기초에 있다는 것 그리고 이 존재는 그 자체로 필연적인 것이라는 점이 분명해졌다. 여기에서 우연성의 개념을 도출하기는 쉽다. 그것의 반대가 가능한 것은 우연성의 명목적 정의[65]에 따르면 우연적이다. 그러나 우연성의 실질적 정의[66]를 발견하려면 다음과 같은 구별이 필요하다. 논리적 의미에서 우연이란, 술어의 반대가 주어와 모순되지 않는 것이다. 예를 들어 어떤 삼각형이 직각삼각형이라는 것은 삼각형 일반과 관련하여 우연적이

A 30 다. 이런 우연성은 주어와 술어의 관계에서만 일어난다. 그리고 존재는 술어가 아니기 때문에 결코 실존에 적용될 수 없다. 이에 반해서 실질적 의미에서 우연[67]은 그것의 비존재가 사고될 수 있는 것, 즉 그것의 폐기가 사고 가능한 모든 것을 폐기하지 않는 것이다. 따라서 사물의 내적 가능성이 어떤 특수한 존재[68]를 전제로 하지 않는다면, 그 존재는 우연적이다. 이러한 존재의 반대는 가능성을 폐기하지 않기 때문이다. 동일한 문제를 다른 방식으로 표현하면, 그것으로 사고 가능한 질료가 주어지지 않고, 그것이 없더라도 사고되는 무언가가 여전히 남아 있는 존재는 가능적이다. 이런 존재는 그 반대가 실질적 의미에서 가능하며, 동일한 실질적 의미에서 우연적이기도 하다.

3
필연적 실재는 단일하다[69]

필연적 실재는 다른 모든 가능성의 궁극적이며 실재적인 근거[70]이기 때문에 모든 다른 것이 그것의 근거인 필연적 존재로 주어지는

A 31 한에서만, 이 다른 것은 가능하다. 따라서 모든 다른 사물은 이 존재의 귀결로만 생겨날 수 있다. 그리하여 다른 모든 사물의 가능성과

존재는 이 존재에 의존한다. 그러나 다른 것에 의존하는 것은 모든 가능성의 실질적인 궁극 근거를 포함하지 못해서 절대적으로 필연 　Ⅱ 84 적인 것이 아니다. 절대적으로 필연적인 것이 다수 존재할 수 없다.

　A가 필연적 실재이며, B가 다른 필연적 실재라고 가정해보자. 앞선 정의에 따르면 B는 다른 근거 A의 귀결로 주어지는 한에서만 가능하다. 그러나 가정에 따라 B는 그 자신 필연적이기 때문에, B의 가능성은 어떤 다른 것의 귀결로서가 아니라 B 자신의 술어로서 자신 안에 존재한다. 그러나 앞의 설명에 따르면, B는 귀결로서만 자신 안에 존재한다. 그리고 이것은 자기 모순적이다.

4
필연적 실재는 단순하다

　다수 실체로 이루어진 합성체는 결코 필연적 실재일 수 없다는 것은 다음 고찰에서 분명해진다. 만약 합성체의 부분들 중 하나만이 절　A 32 대적으로 필연적이라고 가정하자. 그렇게 되면 다른 부분은 모두 이 한 부분의 귀결로만 가능하며, 결코 이것과 동렬[71]로 이에 속하지는 않는다. 그들의 다수 또는 모두가 필연적이라고 가정해보자. 그러나 이것은 앞의 단락과 모순된다. 따라서 남는 것은 각 부분의 하나하나는 우연적이지만, 그것들이 모여 이루어진 전체는 절대적으로 필연적으로 실존하는 경우다.[72] 그러나 이것도 불가능하다. 다수의 실체로 이루어진 집합은, 그 존재에서 각 부분이 가지는 이상의 필연성을 가질 수 없기 때문이다. 그런데 이 부분들은 어떠한 필연성도 가지지 못하고, 그것의 실존은 우연적인 것에 불과하기 때문에 전체의 존재 또한 우연일 것이다. 만약 누군가가 필연적 실재의 정의[73]를 원용해서, 어떤 내적 가능성들의 궁극적 소여는 부분들의 각각에 주어지고, 모든 가능성은 이 모든 부분들 속에서 함께 주어진다고 말했다고 가정해보자. 그렇다면 그것은 은밀한 방식이긴 하지만, 실은 완전히 불합리한 어떤 것이다. 그러한 주장을 하는 사람이, 내적 가능성의 약간은 폐기되지만 사고될 수 있고 다른 내적 가능성에 따라 주어진 무언가가 여전히 남아 있다는 식으로 내적 가능성을 이해한다면, 어쨌든 내적 가능성이 부정되고 폐기되는 일 자체가 가능하다고 상상하지 않으면 안 된다. 그러나 어떤 것을 무라고 하는 것은 절대적으로 불가능하고 모순된다. 즉 내적 가능성을 폐기하는 것은 모든 사고를 근절하는 것과 같다. 이런 사실에서 명료하게 되는 것은 사고될 수 있는 어떤 것의 소여도, 그 사물의 폐기가 모든 가능성의 반대이기도 한 사물 속에서 주어지지 않으면 안 된다는 것이다. 따라서 하나의 내적인 가능성의 궁극적 근거를 포함하는 것은 또한 모든 가능성 일반의 궁극적 근거[74]를 포함한다. 그 결과 모든 가능성 일반의 궁극적 근거가 상이한 실체로 나뉜다는 것은 불가능하다.

5
필연적 실재는 불변하며 영원하다

자신의 가능성은 물론 모든 다른 가능성도 이 [필연적] 존재[75]를 전제하기 때문에, 그런 존재에게는 어떤 다른 종류의 실존 방식도 가능하지 않다.[76] 즉 필연적 실재는 다양한 양식으로 실존할 수 없다. 다시 말하면 존재하는 모든 것[77]은 어떤 방식으로든 철저하게 규정된다. 그런데 이 필연적 실재는 단지 그것이 실존하기 때문에만 가능하므로, 현실로 존재하는 경우를 제외하고는 어떤 가능성도 그 존재에 대해서는 허용되지 않는다. 그러므로 필연적 존재는 그것이 현실로 존재하는 것 이외의 방식으로는 가능하지 않다. 따라서 그것은 다른 방식으로 규정되거나 변화될 수 없다. 그것의 비존재는 절대적으로 불가능해서 그것의 생성과 소멸 또한 불가능하다. 그러므로 그 존재는 영원하다.

6

필연적 실재는 최고의 실재성[78]을 포함한다

모든 가능성의 소여는 필연적 존재 안에서, 그것의 규정으로서 존재하거나 궁극적 실재 근거인 이 필연적 실재를 통해 주어지는 귀결로 존재한다. 따라서 모든 실재는 어떤 방식으로 이 궁극적 실재 근거[79]를 통해서 이해된다는 것은 명백하다. 그러나 이 필연적 실재로 하여금 모든 가능적인 실재성의 궁극적[80] 근거가 되게끔 하는 이들 규정이, 동시에 또한 어떤 사물에 귀속될 수 있는 최고 정도의 실재적 속성[81]을 이 필연적 실재에 부여한다. 따라서 이 필연적 실재는 모든 가능적인 것 중에서 가장 실재적이다. 그 외의 모든 것은 이 필연적 실재를 통해서만 존재할 수 있기 때문이다. 그래서 이것을 모든 가능적 실재성이 필연적 실재의 규정에 포함되어 있음을 의미한다고 이해해서는 안 된다. 이것은 개념을 혼동[82]한 것이다. 그리고 이 A 35 혼동은 지금까지 대단히 큰 위력을 가졌다. 즉 사람들은 신 또는 필연적 실재에 모든 실재성을 무차별적으로 술어로서 귀속시켰다. 그러고는 이 모든 실재성이 함께 단 하나의 주어 규정으로 병존할 수 없다는 사실을 알아차리지 못했다. 예를 들면 물체가 가지고 있는 불가침입성이나 연장 등이 지성과 의지를 가지는 자의 속성이 될 수는 없다. 불가침입성이나 연장은 참된 실재성을 가지는 것이 아니라고 말하면서 문제를 회피하는 것은 소용없는 일이다. 물체의 충격력이나 응집력이 참으로 적극적인 그 무엇이라고 하는 것은 의심할 여지가 없다.[83] 그것은 마치 정신에서 고통의 감각이 단순한 결여[84]가 Ⅱ86 아닌 것과 같다.[85] 이 잘못된 사상[86]은 겉으로 보기에는 그런 개념을 정당화한다. 그 사상에 따르면 실재성과 실재성은 둘 다 참된 긍정이기 때문에 서로 모순되지 않는다. 따라서 이들 실재성은 하나의 주어에서도 서로 충돌할 수 없다는 것이다. 여기에 어떤 논리적 모순도 없다는 것은 나도 인정하지만, 그렇다고 해서 실질적 모순을 피하지는 못한다. 이 실질적 모순[87]은 근거로서 무언가가 다른 것의 귀결을 실질적인 대립[88]으로 폐기할 때 항상 생겨난다.[89] 크기가 같고 방향이 반대인 두 힘이 하나의 물체에서 움직일 때, 이 두 힘은 서로 모순되지는 않는다. 이들은 현실적으로 하나의 물체에 동시에 존재할 수 있다. 그러나 하나의 힘은 다른 힘의 실질적 귀결을 폐기한다. 이들 힘이 하나의 물체에 동시에 존재하지 않는다면 각각의 귀결은 현실적인 운동을 일으키겠지만, 이제는 두 힘이 하나의 물체에서 동시에 움직이기 때문에 그 결과는 제로로 된다. 즉 이들 상호대립되는 힘의 결과는 정지다. 정지는 의심할 것도 없이 가능하며, 여기에서 실질적 대립은 논리적 대립, 즉 모순과는 완전히 다른 것이라는 점이 분명하게 된다. 논리적 모순의 귀결은 절대적으로 불가능하기 때문이다.[90] 그런데 모든 것 중 가장 실재적인 실재 안에는 그 자신의 규정들 간의 실질적 대립 또는 적극적 상충은 있을 수 없다. 이 상충의 결과는 박탈 또는 결여이겠지만, 이러한 것은 그 존재가 가지는 최고 실재성과 모순된다. 그리고 만약 모든 실재성이 가장 실재적인 존재 안에 규정으로 존재한다면, 당연히 이러한 상충이 생겨날 것이기 때문에, 이들 실재성이 모두 이 존재 안에 규정들로서 존재할 수 없다는 귀결이 뒤따른다. 결과적으로 모든 실재성은 이 가장 실재적인 존재를 통해 주어지기 때문에, 당연히 이 존재의 규정에 속하거나 귀결에 속한다.

필연적인 존재는 모든 다른 가능성의 궁극적인 실재적 근거를 포함하므로 여기에서 얼핏 이 필연적 존재는 사물의 본질에 있는 결여나 부정의 근거도 포함한다는 점이 귀결되는 것처럼 보일 수도 있다.

이 점이 인정된다면 또한 필연적 실재는 자신의 술어 중에서 이미 실재성만 가진다고 할 수 없고, 부정도 역시 가지지 않으면 안 된다고 하는 결론도 도출되는 것처럼 보인다. 그러나 이전에 확립했던 필연적 실재의 개념을 눈여겨보자. 필연적 실재의 가능성은 근원적으로 그 존재 안에 주어진다. 그런데 이 필연적 존재를 실재적 근거로서 가지는 다른 가능성들이 있다. 여기에서 모순율에 따라 이 가능성들은 가장 실재적인 실재 자체의 가능성과 혼동되어서는 안 되고, 부정과 결여를 포함하는 가능성들일 수밖에 없다는 귀결이 뒤따른다.

그리하여 모든 다른 사물의 가능성은, 그것들이 가진 실재성에 관 Ⅱ 87 해서는, 필연적 실재를 자신의 실재 근거로 삼는다. 그러나 결여는 A 38 다른 것들이며 근원적 실재 자체가 아닌 한에서, 필연적 존재를 논리적 근거로 삼는다. 물체의 가능성은 물체의 연장, 힘 등에 관해서는 최고 실재에 근거를 둔다. 그러나 물체는 사고하는 힘을 가지지 않기 때문에, 이 부정은 모순율에 따라서 물체 자신 안에 들어 있다.

사실상 부정 자체는 어떤 것도 아니다. 즉 사고 대상이 되지 않는다. 그것은 다음처럼 생각할 때 쉽게 이해할 수 있다. 부정 이외에 어떤 것도 정립되지 않으면 어떤 것도 주어지지 않고, 어떠한 사고의 대상도 주어지지 않을 것이다. 따라서 부정은 서로 대립하는 정립으로만 사고 대상이 될 수 있을 뿐이다. 더 정확하게 말한다면, 부정은 최대의 것이 아닌 가능적 정립으로만 사고 대상이 될 수 있을 뿐이다. 그리고 동일률에 따라서 부정은 이런 것이라고 주장될 수 있다. 필연적 존재 이외의 사물의 가능성에 있는 모든 부정은 어떠한 실재적 근거도 전제하지 않는다는 것(부정은 결코 적극적이 아니기 때문에), 따라서 단지 논리적 근거를 전제할 뿐이라는 것이 명백하게 밝혀진다.

넷째 고찰
신의 현존을 입증하기 위한 증명 근거

1
필연적 실재는 정신[91]이다

이상의 증명에서 명료해졌듯이, 필연적 실재는 단순한 실체이며, 또 다른 모든 실재성은 그것의 근거인 필연적 존재를 통해서 주어질 뿐 아니라 하나의 규정으로 어떤 실재에 포함될 가장 큰 가능적 실재도 필연적 실재에 들어 있다. 그런데 지성과 의지라는 두 속성이 필연적 존재에 속해 있다는 것은 여러 방식으로 증명할 수 있다. 첫째 증명은 다음과 같다. 이 양자는 참된 실재성[92]이요, 둘 다 최대 가능성을 지닌 실재[93]와 병존할 수 있다. 이 두 명제 중 후자는 설령 논리적으로 완전한 증명이 요구하는 명석성에는 이를 수 없다 하더라도, 지성의 직접적 판단으로 이것이 진리임을 인정하지 않으면 안 된다.

두 번째 증명은 다음과 같다. 정신의 성질인 지성과 의지는 그것들이 부족한 실재에서 그것들을 대신해서 적절한 역할을 할 수 있는 어떤 실재성도 생각할 수 없는 것이다. 따라서 지성과 의지는 최고 등급의 실재성을 갖지만, 여전히 가능적인 것에 속해 있기 때문에 지성과 의지와 정신적 본성을 가진 모든 실재성은 비록 필연적 존재 중에서 그것의 규정으로 있지는 않겠지만, 근거인 필연적 실재를 통해 다른 존재 안에서 가능해야 한다. 그러나 만약 지성이나 의지가 최고 실재 중에 있지 않다면, 귀결이 근거보다 크게 될 것이다. 즉 최고 존재가 그 자신 지성과 의지를 갖지 않는다면, 이 존재를 통해서 지성이나 의지를 가진 것으로 정립된 다른 모든 존재는, 그것이 최고 존재를 통해 정립되었다는 의존성과 많은 다른 힘의 결함에도, 지성과 의지와 함께 다른 최고 성질을 갖는 실재성에 관해서 이 최고 존재를 능가하게 될 것이다. 그러나 귀결은 그것의 근거를 능가할 수 없기 때문에, 지성과 의지는 필연적 단순 실체 안에 속성으로서 존재하지 않으면 안 된다. 즉 이 필연적 단순 실체는 정신이다.[94]

셋째 증명은 다음과 같다. 모든 가능적인 것의 질서, 아름다움, 완 A 41 전함은 하나의 실재를 전제한다. 이들 관계[질서, 아름다움, 완전함] 는 이 실재의 속성 안에 [자신의] 근거를 갖게 되거나 적어도 이 실 재를 주요한 근거로 하여 이들 관계에 적합한 [관계가 있는] 사물이 가능하게 된다. 그런데 필연적 실재는 이와 별도로 다른 모든 가능적 인 것의 실재적인 충분 근거다. 따라서 필연적 실재는 어떤 성질을 소유하는데, 이 성질을 통해서 다른 모든 것이 이와 별도로 이들 관 계와 일치에서 실재적이 될 수 있다. 그러나 질서, 아름다움, 완전함 의 외적 가능성의 근거는 지성에 일치하는 의지가 전제되지 않는다 면 충분하지 않은 것처럼 보인다. 그리하여 지성과 의지라는 성질은 최고 실재에 구비되어 있지 않으면 안 된다.

풀이나 나무 성장의 토대가 되는 모든 조건이 구비되어 있다 하더 라도, 규칙에 따른 화단이나 가로수 등의 조직은 그것을 계획하는 지 성과 실행하는 의지로만 가능하다는 사실을 모든 사람은 알고 있다. 지성이 없다면 모든 힘 또는 산출력[95]이나 가능성의 다른 모든 소여 A 42 는 그런 질서의 가능성을 완전하게 하는 데 적합하지 않게 된다.

이상에서 인용한 이유 중 하나에서 또는 모두에서 필연적 실재가 의지와 지성을 갖는다는 것, 즉 정신이라는 논거가 도출될 수 있다. 나 Ⅱ 89 는 증명 근거를 완전하게 하는 것만으로 만족하겠다. 내 의도는 형식 적인 입증을 제시하는 것이 아니다.

2
그것은 신이다

절대적으로 필연적인 것이 실존한다. 그것은 본질에서 유일하고 실체에서 단순하며, 본성에서 정신이고 지속에서 영원하며, 성질에서 불변적이고 모든 가능적인 것과 현실적인 것을 완전하게 충족한다.[96] 그것은 신이다. 나는 여기서는 신 개념의 규정적 정의[97]를 제시하지 않겠다. 이 문제를 체계적으로 고찰하는 것이 내 목적이라면, 그런 정의를 제시해야 한다. 그러나 내가 여기서 설명하는 것은 형식

A 43 적인 교설[98]의 기초로서 역할할 수 있는 분석이다. 어쨌든 신 개념에 대한 정의는 사람들의 적절한 생각에 맡겨두자. 그러나 내가 확신하는 것은 우리가 지금 증명했던 그 실재가 바로 신적 실재이며, 사람들은 이 존재의 상이한 특징들[99]을 이런저런 방식으로 가장 간결한 명칭[100]으로 부른다는 사실이다.

3
주해

제3의 고찰에서 명료해지는 점은 다름 아니라 모든 실재성은 필연적 존재 내의 규정이거나 아니면 근거인 그 존재를 매개로 주어져야 한다는 사실이다. 이 때문에 지성과 의지라는 성질은 필연적인 실재 안에 내재하는 규정인가 아니면 이 실재의 귀결로서 다른 것들 안에 있는 것으로 간주되어야 하는가는 지금까지는 해결되지 않은 채 남아 있다. 만약 후자라고 한다면, 이 최고 실재는 탁월한 근거로서 자

A 44 신 안에 충족성, 통일성, 독립성을 갖는 탁월함을 지녔음에도, 그 실재의 본성은 사람들이 신에 대해 생각할 때 생각하지 않으면 안 되는 것에는 훨씬 못 미칠 것이다. 필연적 실재가 인식도 결단도 갖지 못한다면, 그 존재는 다른 물체나 다른 정신의 맹목적인 필연적 근거에

지나지 않을 것이다. 또 그 실재는 좀더 이해하기 쉽도록 설명되었다는 사실을 제외하고는 고대 철학자들[101]이 생각했던 이른바 영원한 숙명과 동일하게 된다. 이것이 왜 모든 논문이 이 점에 특히 유의해 Ⅱ 90 야 하고, 왜 우리가 그 점을 무시할 수 없었는가 하는 이유다.

지금까지 서술해온 증명 근거의 전체 맥락에서 '완전성'[102]이라는 용어는, 어떤 언어에도 있는 불확실성 때문에 몇몇 경우에는 그 용어가 지닌 원래의 뜻과 상당히 벗어나 있다는 사실에 나는 주목한다. 모든 실재성은 모든 완전성과 이미 같은 것[103]이라거나 모든 실재성은 일자에서 최상의 조화를 이루는 것[104]에서 성립한다고 생각했기 때문에 이를 빠뜨린 것은 아니다. 이런 식의 주장을 하는 다른 많은 사람의 견해에서 단호히 벗어날 수 있는 확고한 이유를 나는 가지고 있다. 나는 오랜 기간 완전성의 개념에 대해 일반적인 방식이나 특수한 방식으로 주의 깊게 탐구해왔다. 그 결과, 완전성을 더 정밀하게 A 45 인식하게 되면, 그 안에 정신의 본성, 인간의 감정 그리고 심지어 실천철학의 근본 개념까지 해명할 수 있는 많은 단서가 숨어 있다는 사실을 알게 되었다.

'완전성'은 어느 용어에도 쉽게 보이는 불확실성 때문에 몇몇 경우에 원래 뜻과는[105] 상당히 거리가 멀다는 것에 나는 주목해왔다. 그러나 이 용어는 잘못 사용하는 경우를 포함해서 세상 사람들이 일반적으로 고려하는 의미에서는 인식과 욕구[106]를 가지고 있는 실재와 관계를 항상 전제한다. 그런데 신이나 신에 내재하는 실재성의 증명 근거가 그것의 기초에서 구성될 수 있음에도 이 증명 근거를 이 관계에까지 수행해나가는 것은 본래 가고자 하는 길에서 너무 벗어나 있다. 이 때문에 완전성 개념을 도입할 생각은 했지만, 그것이 야기하는 광범위한 논의는 이 책의 의도와 일치하지 않는다.

4
결론

누구도 이상에서 내가 제시했던 증명에서 다음과 같은 다른 명료한 귀결을 도출하는 데 어려움을 느끼지 않을 것이다. 예를 들면 내가 사고하는 나는 그와 같은 절대적으로 필연적인 실재가 아니다. 나는 모든 실재성의 근거가 아니라 가변적이기 때문이다. 자신의 비존재가 가능한 실재, 즉 자신의 폐기가 동시에 모든 가능성을 폐기하는 것이 아닌 실재, 변화하는 것, 자신 안에 제한을 두는 그런 것은 모두 필연적 실재가 아니다. 따라서 세계도 역시 필연적 실재가 아니다.

세계는 결코 신의 우유성[107]은 아니다. 그 세계에는 모순, 결여, 변화 가능성 등이 존재하는데, 이들은 신 안에서 발견되는 규정에 모두 반하기 때문이다. 또 신은 실존하는 유일의 실체는 아니다. 단지 모든 다른 실체가 신에 의존해 있을 뿐이다. 기타 등등.

여기서 나는 다음만 주목하겠다. 우리가 제시하는 신 존재 증명 근거는 단지 어떤 무언가가 가능하다는 데만 근거를 둔다. 따라서 이것은 완전히 아프리오리하게 수행할 수 있는 증명이다. 내 실존도, 다른 여러 가지 정신의 실존도, 물질적 세계의 실존도 전제되지 않는

다. 이 증명은 사실상 절대적 필연성의 내적 특성에서 도출된다. 이런 방식으로 이 필연적인 실재가 존재한다는 것은 이 실재의 절대적 필연성을 현실적으로 구성하는 데서 인식된다. 따라서 이 증명은 완전히 발생론적이다.[108]

그러나 필연적 실재의 결과에서 그 결과의 원인인 존재로 나아가는 증명은 모두, 아무리 엄밀하다는 점을 인정한다 하더라도, 이 필연성의 본성을 결코 납득시킬 수 없다. 절대적으로 필연적인 것이 실존한다는 사실에서 절대적으로 필연적인 것이 다른 일체의 것의 제1원인이라는 사실을 추론하는 일은 가능하다. 그러나 어떤 것이 제1

원인, 즉 독립적 원인이라고 하는 사실에서는 결과가 존재한다면 원인도 존재하지 않으면 안 된다는 사실만 추론되며, 이 원인이 절대적으로 그리고 필연적으로 실존한다는 사실은 추론되지 않는다.[109]

앞서 추천한 증명 근거에서 훨씬 명확하게 되었듯이, 다른 사물의 모든 본질과 모든 가능성의 실재적 요소는 이 유일한 실재 안에서 자신의 근거를 가진다. 또 이 존재 안에서는 가장 가능적 근거인 최고 등급의 지성과 의지가 발견된다. 그것은 가장 가능한 근거다. 이로써   A 48 그런 존재 안에 있는 모든 것은 틀림없이 가장 가능한 정도의 조화를 이루기 때문에, 다음 결론을 직접 도출할 수 있다. 즉 의지는 항상 사물 자체의 내적 가능성을 전제하기 때문에 가능성의 근거, 즉 신의 실재는 자신의 의지와 가장 잘 조화될 것이다. 신이 자신의 의지를 통해서 내적 가능성의 근거가 되기 때문이 아니라, 오히려 동일한 무한한 본성이 사물들의 근거로 그 사물들의 모든 본질과 관계하기 때문이고, 그 무한한 본성은 동시에 그것으로 주어진 최대한의 결과와 최대한의 욕구 관계를 맺기 때문이다. 후자의 관계는 전자의 관계를 전제함으로써 비로소 수행될 수 있다. 그 때문에 신의 본성을 통해 주어진 사물 자체의 가능성은 신의 위대한 욕구와 조화될 것이다. 그러나 선과 완전함은 이러한 조화 속에서 성립한다. 이것들은 유일한   Ⅱ 92 원리와 조화되기 때문에 사물의 가능성 안에서는 통일성, 조화, 질서가 발견될 것이다.

경험으로 우리에게 알려진 사물들의 본질적 속성을 주의 깊게 고려한다면, 사물의 내적 가능성의 필연적 규정에서도 다양의 통일과   A 49 분리된 것에서 조화를 인식할 수 있다. 여기에서 우리는 아포스테리오리한 인식 방법으로 모든 가능성의 유일한 원리로 되돌아가서 논의할 수 있다는 사실이 귀결된다. 그리하여 결국 우리는 처음에는 아프리오리한 방법을 매개로 절대적으로 필연적인 존재에서 출발했지만 이번에는 동시에 절대적으로 필연적인 존재라는 바로 동일한 근본 개념에 도달하게 될 것이다. 지금부터 우리 목적은 사물의 내적 가능성이 그 자체 질서와 조화에 필연적으로 관계 맺는지 어떤지 그리고 이 무한한 다양성에서 통일성이 발견되는지 어떤지를 주목하는 것이다. 이것을 근거로 해서 우리는 사물 자체의 본질이 최상의 공통 근거를 드러낼지 어떨지를 판정할 수 있을 것이다.

제2부
이 증명 방식 특유의 광범위한 이점에 관하여

첫째 고찰
이 고찰로 사물의 본질 안에서
지각된 통일성으로 신 존재에 대한 추론이
아포스테리오리하게 이루어짐

1
사물이 지닌 본질의 다양성¹⁾에서 통일은
공간의 속성에 대한 고려로 드러난다

공간의 필연적 규정은 기하학자에게 신념의 확실성, 수행의 엄밀성, 응용의 광범위함으로 범상하지 않은 만족을 준다. 이에 반해 인 A 51 간의 전체 지식은 기하학자에게 필적하는 어떤 것도 제시하지 못하며, 능가할 수는 더더욱 없다. 그러나 나는 지금 동일한 대상을 완전히 다른 관점에서 고찰하겠다. 그것을 철학자의 눈으로 고찰한다면, 나는 공간의 필연적 규정과 함께 질서와 조화가 공간 전체를 지배하고, 일치²⁾와 통일이 공간의 거대한 다양을 지배한다는 사실을 알게 된다. 가령 고정된 한 점을 중심으로 선을 똑바로 움직여서 하나의 공간을 한정해보자. 그렇게 할 경우 원이 생기며, 원 둘레의 모든 점은 위의 일정한 점에서 등거리에 있다는 사실을 쉽게 알 수 있다. 그러나 이렇게 단순한 구조 안에서 대단히 많은 다양한 것을 추정해서 그 다양한 것이 질서의 거대한 규칙을 따를 것이라고 추정할 아무런 이유도 알지 못한다. 하지만 하나의 원 안에서 임의의 한 점을 통과하는 모든 직선은 그 원주까지 연장될 때 항상 기하학적 비례에 따라서 나뉜다는 것을 안다.[3] 마찬가지로 원 바깥의 어떤 점에서 이 원주에 접하도록 연장된 모든 직선은 서로 그들 전체에 반비례하는 부분들로 항상 나뉠 수 있다는 것을 안다.[4] 이 선들이 원을 자름으로써 차지할 수 있는 장소들이 얼마나 무수한지 생각한다면, 그럼에도 이 선들이 모두 항상 동일한 법칙 아래 있다고 생각한다면, 게다가 이들이 이 법칙에서 결코 벗어나지 않는다는 사실을 안다면, 이 진리가 쉽게 파악될 수 있음에도, 이러한 도형의 구성 안에 그렇게 많은 질서와 다양의 완전한 통일이 존재한다는 사실에 놀라움을 금할 수 없다.

경사면에서 자유롭게 굴러 내려가는 물체들이 정확히 동일한 시간에 [지면에] 도달할 수 있는 길이를 갖도록, 지면에 대해 다양한 기울기를 가진 경사면들을 배치하는 일이 주어졌다고 하자. 기계적 법칙을 이해하는 사람은 누구나 이 일이 다양하게 수행되리라는 사실을 알고 있다. 그러나 이러한 배치는 무한히 다양한 위치의 변화와 더불어 그리고 모든 경우에 최고의 정확성과 더불어 원 자체에서 발견된다. 수직 지름의 상단 또는 하단에서 그어진 모든 현(弦)에 대해서, 그것이 어떤 경사를 가지든 그 위를 물체가 동일한 시간에 굴러간다고 주장할 수 있기 때문이다.[5] 나는 어떤 머리 좋은 학생에게 이 명제를 증명한 적이 있는데, 이 학생은 그 증명 일체를 아주 잘 이해했다. 그 후 그가 자연의 기적에서 받았던 것 못지않게 감동을 받았다는 사실을 기억한다. 사실상 원과 같은 간단하고[6] 단순한 것 안에서 다양의 그렇게 놀라운 통일이 훌륭한 법칙에 따라서 나타난다는 것은 참으로 경이로운 일이다. 자연 안에서 유지되는 아름다움이나 질서를 통해서 경이의 원인을 그 이상 주는 자연의 기적이란 존재하지 않는다. 그렇다면 경이의 원인은 그렇게 분명하게는 확인할 수 없기 때문에 생겨난다. 그 경이[7]는 무지의 딸이기 때문이다.

내가 고려할 가치가 있는 내용들을 수집하는 영역은 그러한 것들 A 54; Ⅱ 95 로 가득 차 있기 때문에, 한 발짝도 더 나아갈 필요 없이 우리가 있는 곳에서 무수하게 많은 아름다운 실례를 제시할 수 있다. 기하학에서는 방대하게 준비해서 비로소 가능한 해결 방법이, 어떤 기교도 가하지 않더라도[8] 저절로 제시될 수 있다. 이 해결 방법은 누구에게도 우아하게[9] 비칠 것이다. 또 해결 방법이 복잡하면 복잡한 만큼, 인공의 정도가 적으면 적은 만큼 더 우아하게 비친다. 하나의 중심을 공유하는 두 원 사이의 원형 고리[모양의 도형]는 원형 평면[도형]과는 매우 다른 형태를 갖는다. 거기서 이 고리를 원으로 변형하는 것은 처음에는 수고스럽고 인위적인 것처럼 보인다. 그러나 나는 [원형 고리에서] 더 큰 [외측] 원의 둘레를 양분할 때까지 연장된 내측원의 접선은 원형 고리의 면적과 정확히 동일한 [면적의] 표면을 가진 원의 지름이 된다는 사실을 곧 파악한다.[10] 나는 저 단순성에 놀라움을 표하지 않을 수 없다. 탐구되는 것이 사태 자체의 본성 내에서 어떻게 그토록 쉽게 나타나는가! 그때 내 노력이란 얼마나 하찮은가! A 55

우리는 단지 원에 눈을 돌림으로써 공간의 필연적 속성 안에 있는 유례없는 다양성의 통일이나 근본적으로 다른 것 간의 결합을 알 수 있었다. 그러나 이 원 역시 무한의 속성을 가지며, 우리는 그것의 일부밖에 알지 못한다. 여기에서 공간의 속성들 안에는 얼마나 많은 조화 관계가 무한하게 존재하는지 추론할 수 있다. 좀더 고급스러운 기하학은 이러한 많은 관계를 유사성에 대한 설명으로 여러 종류의 곡선 관계에서 중시한다. 이렇게 해서 이 모든 관계는 이들에 대한 지적 이해로 지성을 연마하는 것은 물론이고, 자연의 우연한 아름다움이 느낌을 자아내는 것과 유사하게 또는 더 숭고한 감정[11]을 불러일으키기도 한다.

자연의 그와 같은 질서에서 광범위하게 퍼져 있는 다양한 조화의 A 56 기초를 연구하는 것이 정당하다면, 공간의 무한히 다양한 규정에서 우리가 지각하는 조화[12]와 통일의 유사한 기초를 탐구하는 것도 정당하다고 해야 한다. 이 조화가 필연적 성질이니 경탄할 가치가 적다고 해야 할까? 거기에 대해 나는 그것이 필연적이기 때문에 오히려 한층 경탄해야 한다고 주장한다. 각 개체에 각각의 독특하고 독립적인 필연성이 있다면, 이들로 이루어진 다수는 결코 질서나 조화도 있 II 96 을 수 없으며, 대립적 관계에서 통일도 있을 수 없었을 것이다. 그렇다면 자연의 우연적 구조가 조화하는 데 사물 자체의 바로 그 본질의 최고 근거가 있다고 가정해야 하지 않을까? 근거에서 통일성은 모든 귀결의 영역에도 통일성을 주기 때문이다.

2
운동의 법칙 안에 있는 필연적인 것과 관련해
증명된 사물의 본질의 다양성에서 통일

자연 안에서 특별한 목적을 이루려고 생겨난 것처럼 보이는 질서 A 57 를 발견한다면, 그 질서는 물질의 일반적 성질에 따라서 나타나지 않으므로, 우리는 이러한 배치를 우연적인 것으로 그리고 어떤 선택의 결과[13]로 간주한다. 그런데 새로운 일치, 질서, 유용성 그리고 특히 이들을 위해 조정된 매개 원인들이 나타난다면, 우리는 이들을 마찬가지로 우연적인 것으로 그리고 선택의 결과로 파악한다. 이러한 결합은 사물의 본성과는 전혀 관계없으며, 오직 누군가가 그것들을 그런 식으로 결합하기로 선택했기 때문에, 이들이 이와 같이 조화[14]되는

것이다. 왜 고양이나 사자 등의 발톱이 쑥 잘 들어가도록 만들어졌는
지 설명하려면 다음의 경우를 제외하고는 어떤 일반적 원인도 주어질
수 없다. 즉 이들 동물은 사냥감을 잡고 지탱하는 데 정교한 도구가 필
요하다. 그렇기 때문에 도구가 둔하게 되는 것을 방지하려고 창조자
가 그러한 장치를 마련해주었다고 생각할 수밖에 없다. 그러나 물질
에 내재하는 더 일반적인 성질들이, 그들의 이익을 위해서 그들이 그
런 식의 질서를 가졌다고 설명하려는 목적에 유용할 뿐만 아니라, 조
금도 추가 장치를 하지 않더라도, 그 이외의 일치에 대한 설명에도 유
용하다고 가정하자. 그 단순한 법칙이 기교를 통해서가 아니라 필연 A 58
적으로 그 밖의 유용성이나 조화[15]의 원천이었다고 가정하자. 그리고
마지막으로 이러한 것이 물질적 자연 전체에 걸쳐 일어난다고 가정
하자. 이 모든 것이 가정된다면 분명히 사물 자체의 본질 중에도 통일
과 결합[16]에 대한 일반적 관계가 존재하며, 일반적 조화가 가능성의
영역에까지 확장될 것이다. 그러한 상황에 직면해서 사람들은 이렇게
광범위한 어울림[17]과 자연적 조화[18]에 경탄을 금치 못할 것이다. 이 Ⅱ 97
들 어울림과 자연적 조화는, 정밀하고[19] 강제적인 기교를 부여할 필
요는 없지만, 그럼에도 불구하고 우연에 귀속될 수는 없다. 오히려 그
것은 사물 자체의 가능성에 내재하는 통일을 나타내며, 유일한 최대
근거에 모든 사물의 본질은 예외 없이 하나의 단일하고 위대한 근거
에 의존한다는 점을 보여준다. 나는 관찰을 해서 직접적으로 확실하
게 된 것에서 일반적인 판단으로 서서히 상승하는 방법에 따름으로써
이 주목할 만한 것을 약간의 예를 들어 명백히 하고자 한다.

누군가가 자연 구조의 발생을 설명하려면 어떤 목적이 우선 존재 A 59
하지 않으면 안 된다고 적극적으로 주장한다고 가정해보자. 이때 대
기가 가질 수도 있는 무수한 유용성 가운데 하나의 유용성으로 대
기의 필연성을 설명할 수도 있다. 논증을 위해서 나는 이 점을 용인

할 것이다. 그리고 자연이 가지는 이런 구조의 궁극 목적은 예를 들어 인간과 동물의 호흡을 가능하게 한다고 제안한다. 그런데 이 공기는 호흡에 필요한 바로 동일한 속성들을 통해서 그리고 어떤 다른 수단을 사용하지 않고서 다른 무수히 멋있는 결과를 낳는다. 그리고 공기는 이들 필연적인 결과를 낳으면서 그 도출에 어떤 특별한 보조 수단도 요구하지 않는다. 공기와 동일한 탄력과 무게가 어린 동물들이 영양이 결핍되지 않기 위해 없어서는 안 될 호흡을 가능하게 한다. 그리고 펌프 작동의 가능성도 그러한 공기의 탄력성과 무게의 필연적 결과다. 이것들[탄력성과 무게]로 생겨나는 다른 결과를 열거해보자. 습기는 지상에서 빨려 올라가 수증기 형태가 된다. 이 수증기는 상공에서 응집하여 구름이 된다. 구름은 낮을 아름답게 장식하고,

A 60 하늘을 덮어 태양의 과도한 열을 완화해준다. 구름은 지구상의 저온 지대에서 물을 빼앗아 건조 지대를 적절히 축축하게 하는 데 유용하다. 박명은 낮 시간을 연장하고, 점차 중간 단계를 거쳐 밤에서 낮으로 이행할 때 눈을 보호한다. 이러한 박명 현상에 더해 바람도 공기의 탄력성과 무게의 자연적 결과다.

깊은 내륙에 있는 지방보다 열대의 해안 지방 쪽이 훨씬 덥겠지만, 이 더움을 견딜 수 있을 정도로 완화해주는 구조가 어떤 것인지 누군가가 궁리한다고 가정해보자. 당연히 그는 하루 중 가장 더울 때 불어오는 시원한 바닷바람에 생각이 미칠 것이다. 밤이 되면 육상의 공기보다 해상의 공기가 일찍 식어서 차갑게 되기 때문에, 항상 동일한 바람이 부는 것은 유익한 일이다. 그리하여 그는 섭리를 통해 한밤중에는 바람의 방향이 역전해서 육지에서 바다로 바람이 불도록 조처

II 98 했으면 하고 바랄 것이다. 이 방향 역전은 그 밖의 많은 이익도 가져
A 61 다줄 것이다. 그런데 여기서 문제되는 것은 어떠한 장치, 어떠한 정교한 질서로 이 방향이 역전될 수 있느냐는 것이다. 그러나 설령 그

것을 실행하는 수단은 발견할 수 있다고 하더라도, 인간이 모든 자연 법칙이 자신들에게 적절하게 되도록 요구하는 것은 무리다. 따라서 다른 필요한 구조와 잘 조정되지 않고, 최고 지혜[신]도 그것을 실행하라는 명령을 망설일지도 모른다는 생각이 들기도 한다. 그러나 이러한 심려는 완전히 쓸데없다. 이들은 신중한 배려에 따라 명령되며, 여기서 대기는 일반적 법칙에 따라 수행된다. 그리고 대기의 다른 여러 유용성을 가져다주었던 원리가 그대로 또한 지금 경우에 해당하는 유용성을 가져다주며, 이 유용성을 도출하기 위해 새롭고 특별한 장치를 추가할 필요는 없다. 낮의 뜨거움으로 데워진 육지의 공기는 희박하게 되고, 필연적으로 차가운 바다 위의 농밀하고 무거운 공기에 장소를 내어주며 바닷바람을 일으킨다. 바람이 가장 뜨거운 한낮에서 늦은 저녁까지 바다에서 육지로 부는 이유는 이 때문이다. 또 낮에 태양을 받은 육상의 공기만큼 강렬하게 뜨겁지는 않은 해상의 공기는, 밤이 되면 육상의 공기보다 일찍 차갑게 되고 수축되어 바람을 불러일으킨다. 밤이 되면 바람이 육지에서 바다로 부는 이유는 이 견인력 때문이다.[20] 열대 지방의 해안이 모두 이 풍향의 교체 A 62 를 향유한다는 것은 주지의 사실이다.

단순하지만 매우 일반적인 운동법칙이 그 본질상의 필연성으로 질서와 조화와 어떤 관계가 있는지 보여주고자 시도해보자. 자연의 작은 부분, 즉 대기에서 만들어진 결과에 눈을 돌리는 것만으로 충분하다. 동일한 고찰이 자연의 모든 영역에 걸쳐 성립될 수 있으리라는 것은 명백하다. 나는 이 훌륭한 고찰을 이 이상 전개하지 않겠다. 다만 마지막으로 마우페르티우스[21] 씨가 필연적이고 보편적인 운동법칙들 간의 조화에 관해 발견했던 중요한 내용을 추가하겠다.

우리가 증명하려고 인용한 것은 광범위하고 필연적인 법칙에 관한 것이지만, 이 법칙들은 세계의 특수한 물질에 해당할 뿐이다. 이 A 63

에 반해서 마우페르티우스 씨가 증명했던 것은 다음과 같다. 물질이 평형을 이룰 때뿐만 아니라 충돌할 때도, 물질이 탄성체일 때뿐만 아니라 비탄성체일 때도, 물질이 빛을 끌어당겨 굴절시킬 때뿐만 아니라 빛을 밀어내서 반사시킬 때도, 물질 일반이 작용하도록 하는 가장 보편적인 법칙들은 행위에서 항상 최대한의 경제성이 준수되게 하는 하나의 지배적 원칙에 종속된다.[22] 이 발견으로 우리는 물질의 작용을, 그 물질에 상당한 상이성이 있음에도 합목적성,[23] 아름다움, 조화와 연관된 하나의 일반적 공식 아래로 총괄하게 된다. 그러나 이들 운동법칙은 이 법칙들이 없으면 물질에 대한 사고가 불가능하며, 또한 필연적이어서 경험에 따른 시도를 하지 않더라도 모든 물질의 보편적이고 본질적인 속성에서 가장 큰 확실성을 가지고 도출할 수 있다. 방금 언급한 명석한 정신을 지닌 이 학자는 우주의 무한한 다양성 안

에 통일성이 존재하고, 맹목적 필연성 안에 질서가 존재함으로써 모든 것에 이러한 조화와 합목적성을 부여할 수 있는 무언가 최고 원리가 존재하지 않으면 안 된다는 사실을 곧바로 이해했다. 그리고 완전한 근원적 실재 안에서 세계의 모든 궁극적 원인을 확실하게 발견하려면 사물의 가장 단순한 본성 안에서 그렇게 일반적인 일관성[24]이, 개개의 특수한 법칙을 통한 우연적이고 가변적인 질서의 인식보다 훨씬 유효한 근거가 될 수 있다는 신념은 지극히 당연하다.[25] 이제 남아 있는 문제는 이 중요하고 새로운 통찰을 철학이 어떻게 응용할 수 있을까 하는 것이다. 그리고 아마도 베를린 왕립과학아카데미도 이러한 의도로 '운동의 법칙은 필연적인가 우연적인가'라는 현상 문제를 공모했지만, 누구도 이 기대에 부응하는 대답을 발견할 수 없었다.[26]

우연성을 가능성의 질료적인 것이 다른 어떤 것에 의존하는 데서 성립한다는 의미로, 즉 실재적 의미[27]로 이해한다면, 운동법칙이나 이 운동법칙에서 도출된 물질의 보편적 속성이 질서와 조화의 근거

인 최고의 공통된 근원적 실재에 의존하지 않으면 안 된다는 것은 명백한 사실이다. 광범위한 다양성의 부분이 각각 완전히 독립된 성질 A 65 을 가지고 있음에도, 어떤 불가해한 요행으로 이들 각 부분이 조화되고, 다양한 전체 안에서 통일이 나타난다고 생각하는 것은 불합리하기 때문이다. 그러나 이 공통의 원리가 이 물질의 존재와 속성에 적용 Ⅱ 100 되어야 할 뿐 아니라 물질 일반의 가능성과 본질에도 적용되어야 한다는 것은, 공간을 채우고 있고 충돌과 압박이라는 운동을 할 수 있는 것이 상술한 운동법칙을 필연적으로 도출했던 조건 이외의 어떤 조건에서도 생각될 수 없다는 사실에서 분명해진다. 이에 근거를 두고서 이러한 물질 운동의 법칙은 절대적으로 필연적이라는 사실을 알수 있다. 즉 물질의 가능성이 전제된다면, 그 밖의 법칙에 따라 운동하는 것은 그 가능성과 모순될 것이다. 그리고 이것은 최상의 논리적필연성이다. 그럼에도 물질 자체의 내적 가능성, 즉 이러한 사고될 수 A 66 있는 것의 기초를 이루는 소여와 실재는 독립적으로 또는 그 자체로 주어지는 것이 아니라 오히려 근본 원리를 바탕으로 정립되는데, 이 원리 안에서 다양성은 통일성과 잡다성을 얻게 된다. 그리고 이것은 운동법칙이 실질적 의미에서 우연성을 가진다는 것을 증명한다.

둘째 고찰
만물이 신에 의존함을 도덕적인 것과
비도덕적인 것으로 구별함

나는 사물의 신에 대한 의존이, 신이 그의 의지로 사물의 근거가 되는 경우 도덕적이라고 한다. 그 밖의 경우에는 비도덕적이라고 한다. 그리하여 내가 신은 사물의 내적 가능성의 궁극적 근거를 가진다고 주장할 때, 이러한 의존은 단지 비도덕적일 수 있을 뿐이라는 점이 분명히 드러난다. 의지는 어떤 것도 가능하게 하지 못하기 때문이다. 신은 이미 가능적인 것으로 전제되어 있는 것을 결정할 뿐이다.

A 67 [이에 반해] 신이 사물의 존재 근거를 포함하는 한에서, 이 의존은 항상 도덕적이라는 사실을 나는 인정한다. 다른 말로 하면 신이 그 사물의 존재를 원했기 때문에 그 사물은 실존한다.

사물의 내적 가능성은 사물의 존재를 결정하는 자에게 재료를 제공한다. 그리고 이 재료는 조화에 대한 엄청난 적합성[28]을 포함하며, 또 이 재료의 본질은 다양한 방식으로 질서정연하고 아름다운 전체의 조화를 자신 안에 포함한다. 대기가 실존한다는 사실은, 그것을 통해서 목적을 성취할 수 있기 때문에, 도덕적 근거로서 신에게 귀속

II 101 될 수 있다. 그러나 그렇게 거대한 다산성이 유일하고 매우 단순한 근거의 본질 안에 존재한다는 것은, 또 이 근거의 가능성 안에 이미 어울림[29]과 조화가 존재한다는 것은, 그럼에도 이 어울림과 조화가 이 세계의 다른 가능한 것들과 다양한 질서 규칙에 따라 어울리기 위해서 어떤 다른 새로운 준비가 필요하지 않고도 유지된다는 것은 자유로운 선택에 귀속될 수 없다. 의지의 모든 결정은 무엇이 결정되어야 하느냐는 가능성에 대한 인식을 전제하기 때문이다.

A 68 그것의 근거를 자유로운 선택에서 찾았던 것은 모두 바로 그런 한에서 우연적이다. 그런데 유일한 근거에서 필연적으로 생겨난 다수의 다양한 결과의 결합은 우연적 결합이 아니다. 그리하여 이 결합은 자유의지의 결과로 생겨난 규정[30]에 귀속될 수 없다. 따라서 상술했던 것처럼, 펌프 장치와 호흡의 가능성은 서로 분리될 수 없으며, 액체가 나타날 때 그것이 증기로 증발할 가능성이나 바람의 가능성 등도 분리될 수 없다. 그것들은 모두 하나의 근거, 즉 공기의 탄력성과 무게에 의존하기 때문이다. 그러므로 하나 안에서 이 다양이 일치하

는 것은 결코 우연적인 일이 아니며, 그것의 일치는 도덕적 근거에
귀속될 수 없다.

나는 여기서 단지 공기의 본질 또는 다른 어떤 것의 본질이 그렇게
많은 멋진 결과의 **가능한** 산물에 대해 가지는 관계에만 관심이 있다.
즉 사물의 본성이 그렇게 많은 목적에 대해 가지는 **적합성**[31]만 고찰 　A 69
할 뿐이다. 그리고 이 경우 통일성은 하나의 근거가 그렇게 많은 가
능한 결과와 일치하기 때문에 명백하게 필연적이다. 그런 한에서 이
가능한 결과들은 상호분리될 수 없으며 또한 사물 자체와 분리될 수
없다. 이 유용성의 현실적인 생산에 관해서 말하면, 관련되어 있는
사물 중 하나가 빠져 있다거나, 외부의 힘이 작용하여 현실적 생산이
방해를 받는 한에서 그것은 우연적이다.

공간의 속성 중에는 아름다운 관계가 존재하며, 공간의 무수히 다
양한 규정 안에는 놀랄 만한 통일이 존재한다. 물질이 공간을 채우
는 한 이 모든 조화의 존재는 그것의 모든 귀결과 함께 제1원인의 자
유로운 선택에 귀속되어야 한다. 그렇게 많은 결과가 서로 결합하고,
이들 결과 모두가 세계의 사물들과 폭넓게 조화된다는 점에 관해서
말하면, 그런 결합을 어떤 의지에 귀속하는 것은 불합리하다. 공기의 　A 70; Ⅱ 102
본성에서 생기는 다른 필연적 결과 중 하나로서, 공기 중에서 운동하
는 물질은 공기의 저항을 받는다. 빗방울은 매우 높은 곳에서 떨어지
지만, 공기의 저항을 받아서 적당한 속도로 낙하한다. 빗방울이 그처
럼 속도를 감소하지 않았다면 대단히 높은 곳에서 떨어지기 때문에
매우 위험한 힘을 가지게 되었을 것이다. 이러한 이익이 어떤 특별한
명령으로 추가된 다른 속성들과 결합되어 있지는 않다. 공기는 이 속
성 없이는 전혀 존재할 수 없을 것이기 때문이다. 예컨대 물처럼 어
떤 물질의 부분들에서 점착력[32]은 물질 일반의 가능성의 필연적 결
과이거나 특별히 배열된 구조다. 그것의 직접적 결과는 물의 작은 구

형, 즉 빗방울이다. 이 때문에 무지개는 색깔이 아름다운 대단히 일반적인 법칙의 산물이다. 그런데 구름에 가려지지 않은 태양이 떨어지는 빗방울을 비출 때, 이 무지개는 지평선 위에 인상적인 화려함과 규칙성을 가지고서 모습을 드러낸다. 유동성의 물질과 무게를 가진 A71 물체가 존재한다는 것은 전능한 창조자의 의지[33]에만 귀속될 수 있다. 그러나 액체상태에 있던 천체가 일반적 법칙의 귀결로서 필연적으로 구형을 취하게 되었다는 것 그리고 구형의 표면에서 빛이 가장 일정한 모습으로 갈라질 수 있기 때문에 구형이 천체에서는 있을 수 있는 다른 어떤 모양보다도 자연의 나머지 목적에 잘 합치한다는 것은, 사물 자체의 본질에 속할 것이다.

분리될 수 있는 물질의 부분들을 결합하는 물질의 점착력과 저항력은 마찰을 필연적이게 한다. 마찰은 매우 유용하며 모든 다양한 자연 변화의 질서와 잘 일치하므로, 보편적 근거에서 생겨난다기보다는 특별한 구조로 추가된 것이다. 마찰로 운동이 방해받지 않는다면, 한번 야기된 힘은 그대로 차차 다른 물체로 전달되고 반동, 영원히 A72 계속된 충격과 충돌은 마침내 완전한 혼란으로 귀결될 것이다. 물체가 자리 잡은 표면은 항상 완전히 수평으로 되지 않으면 안 된다(그런 일은 거의 일어날 수 없다). 만약 수평이 아니라면 물체는 항상 미끄러져 떨어져버릴 것이기 때문이다. 실을 꼬아서 만든 모든 밧줄은 II 103 마찰로만 유지된다. 밧줄의 전체 길이에 미치지 못하는 실들은, 꼬임으로써 서로 압박을 가하는 힘이 이 실들을 마찰에 따라 억제하지 않는다면, 약간의 힘을 가하는 것만으로도 풀어져버리기 때문이다.

내가 여기서 가장 단순하고 일반적인 자연법칙에서 생기는, 별로 주목받지 못하고 통상적인 귀결들을 예로 든 이유는 다음과 같다. 첫째, 이들 간단한 귀결에서 사물의 본질에 속하는 위대하고 무한히 광범위한 조화와 이 조화에 귀속되는 중요한 귀결을, 사람들이 많은 자연의 질서를 이렇게 단순하고 보편적인 근거로까지 추적할 만큼 숙달되지 못해도, 보여주기 위한 것이다. 둘째, 신의 지성을 이러한 일치의 특수한 근거로 삼는 사고방식이 불합리하다는 사실을 보여주기 위한 것이다. 이렇게 멋진 상호관계가 있는 사물들이 존재한다는 것은 조화를 위해서 이들 사물을 창조했던 자의 현명한 선택에 귀속된다. 그러나 이들 사물이 각각 단순한 근거를 바탕으로 다양한 종류 A73 의 조화에 광범위한 적합성을 유지한다는 것, 그 결과로 전체 안에서 놀라울 만한 통일성이 유지된다는 것은 사물의 가능성 자체에 속한다. 그리고 이렇게 될 경우 모든 선택에서 전제되어야 하는 우연성은 사라지기 때문에 이 통일성의 근거는 현명한 실재에서 찾을 수 있지만, 현명함 자체를 매개로 해서 찾을 수 있는 것은 아니다.[34]

셋째 고찰
자연의 질서를 매개로 하여 또는 이 질서 없이
세계 내 만물이 신에 의존하는 것에 관하여

1
세계 사건을 그것이 자연의 질서에 따르는지에 따라 구별

어떤 사물이 자신의 존재나 변화의 충분한 근거를 자연의 힘 안에서 찾는 한에서, 그 사물은 자연의 질서 아래에 있다. 이것을 위해서 A74 는, 첫째로 자연의 힘이 그것의 작용인일 것이 요구되며, 둘째로 자연의 힘이 이 작용의 산출을 향해 있는 방식이 그 자체 자연의 작용 규칙 안에서 충분한 근거를 갖는다는 것이 요구된다. 그러한 사건은 또한 절대적으로 **자연적인** 세계 사건이라 한다. 이에 반해 사정이 그 II 104 렇지 않아서 이러한 근거를 갖지 않는 경우는 초자연적인 그 무엇이다. 이 초자연적인 사건이 생기는 것은 첫째로 직접 작용인이 자연 바깥에 있을 때, 즉 신의 힘이 직접 그것을 산출할 때다. 둘째로 자연의 힘이 결과를 산출하기 위해 향해 있는 방식이 자연의 규칙 속에 포함되어 있지 않을 때다. 전자의 경우 나는 그 사건을 **실질적으로** 초자연적인 것이라 하고 후자의 경우 그 사건을 **형식적으로** 초자연적인 것이라고 한다. 전자는 설명이 필요하지 않을 만큼 명료하지만, 후자는 약간 설명이 필요하기 때문에, 나는 그것에 대한 예를 제시하려고 한다. 자연 안에는 지진, 대폭풍, 해일, 혜성처럼 개인이나 국가나 인류까지도 파멸할 만한 여러 힘이 존재한다. 이들 사건은 자연의 법칙에 따르는 자연 구조에 충분한 근거를 가지며, 이들 중 몇몇은 가끔 발생하기도 한다. 그러나 인류의 죄악이나 타락 등은 이들 사건과 결합해 있는 **자연적** 근거가 결코 아니다. 어떤 도시의 많은 악행은 지구 내부에 숨어 있는 불에 어떤 영향도 미치지 않는다. 또 인류 초기의 음탕함이 혜성의 궤도를 지구 쪽으로 끌고 오는 작용인 역할을 하는 일은 결코 있을 수 없다. 그러한 사건이 발생한다면 그것은 자연적 법칙에 기인한 것이다. 이것은 문제시되는 사건이 재해이기는 하지만, 벌은 아니라는 사실을 함축한다. 인간의 도덕적 행동은 지진의 근거가 되지 못하며, 이 지진은 자연법칙에 따라 일어난다. 도덕적 행동과 지진 사이에는 어떤 원인·결과의 결합도 성립하지 않기 때문이다.[35] 예를 들면 자마이카섬의 포트로얄시가 지진으로 파멸되었을 때,* 이 지진을 자연적 사건이라 부른 사람들은 그것을 다음처럼 이해했을 것이다. 즉 비록 그들의 선교사가 증언하는 바에 따를 경우, 그곳 거주민의 사악한 행동은 그런 참화의 응징을 받을 만했다 하더라도, 이 사건은 다른 많은 사건과 마찬가지로 자연의 일반적 법

A 75

A 76

A 75; Ⅱ 104   * 레이의 『세계의 시작, 변화 그리고 멸망』 참조할 것.[36]

칙에 따라 때때로 일어나는 많은 사건 중 하나라고 이해했을 것이다. 지진은 지구의 여러 지역을 주기적으로 진동시키는데, 그중에는 도시도 있고, 또한 이들 도시 중 사악한 도시도 있기 때문이다. 이에 반해서 이것이 천벌로 간주된다면, 이들 자연의 힘은 자연의 법칙에 따를 경우 인간의 행동과는 어떤 관계도 맺을 수 없기 때문에, 최고 실재는 이들 힘을 각각의 경우에 특별히 행사하게 된다. 그러나 그렇 Ⅱ 105 게 되면 이 사건은, 자연의 힘이 사건의 간접적 원인이라 하더라도, 형식적 의미에서는 초자연적이다. 세계의 작용적 힘 안에 특별히 놓여 있는 일련의 오랜 준비 과정을 거친 결과로 이 사건이 결국 천벌의 형태로 발생했다 하더라도 그리고 세계를 창조할 때 이미 신이 필 A 77 요한 모든 준비를 해서 이 사건이 자연의 여러 힘의 결과로서 미래의 적당한 때 발생하도록 했다고 우리가 가정한다 하더라도 (휘스턴의 학설도 이것과 아주 유사하다. 그는 대홍수를 천벌로 생각했고, 더욱이 그것을 혜성의 결과로 생각했다)[37] 그렇다고 해서 초자연적인 것이 줄어들지는 않고, 오히려 단지 출발점을 세계 창조의 시대에까지 끌고 가는 것에 불과하며, 그렇게 함으로써 초자연적인 것이 무한히 증대된다. 이 일련의 전체 사건들은, 그들의 질서 방식이 종국적 결과를 목표로 하는 한 그리고 이 일련의 전체 사건의 결과들이 자연의 더 일반적인 법칙의 결과로서 간주될 수 없는 한, 신의 직접적이며 더 큰 배려에 따른 것이라고 해야 한다. 이 배려는 목표로 하는 결과에 정확하게 도달하는 것을 그르치게 만들 수도 있었던 방해물들을 제거할 목적으로 그렇게 오랜 기간 사건 연쇄에 초점이 맞추어져 있다.

이에 반해서 인간의 도덕적 행동은 원인과 결과의 법칙에 따라서 상벌과 결합해 있기 때문에 자연의 질서에 따른 상벌이 존재하게 된다. 광란의 환락이나 무절제는 병들고 고난에 찬 삶으로 종결된다. 책략이나 음모는 결국 좌절되고, 실로 정직이 결국 최선의 정책이다. A 78

이들 모든 경우에 결과는 자연의 법칙에 따라 서로 결합되어 있다. 그러나 이들 상벌에 관해서 말하자면 그리고 자연적 힘이 관계하는 경우의 세계 내 모든 다른 사건에 관해서 말하자면, 이것들은 항상 각각의 개별적 사건의 실현을 특별히 지향하는 것이 틀림없다. 그리하여 세계 안의 많은 사건 가운데 어떤 종류의 제일성(齊一性)이 존재한다 하더라도, 이들 사건은 직접적인 신의 법칙에 종속할 것이다. 즉 어떤 자연법칙에도 종속하지 않고 신의 지성의 법칙에 종속하게 된다.

필연적 자연의 질서를 따르느냐 아니면
우연적 자연의 질서를 따르느냐로 자연의 사건들을 구별함

자연의 모든 사물은 그것의 존재에 관한 한 우연적이다. 여러 종류 사물의 결합은, 예를 들면 공기, 흙, 물의 결합은 의심할 여지없이 우연적이며, 그런 한에서 이 결합은 최고 창조자가 선택하는 힘[38]에 따를 뿐이다. 그러나 자연의 법칙이 마치 이 법칙의 지배를 받는 사물 자체와 마찬가지로 어떤 필연성도 가지지 않는 것처럼 보인다고 하더라도 그리고 구사될 수 있는 법칙들의 결합이 아무리 우연적이라 하더라도 주목할 만한 필연성이 남아 있게 된다. 즉 통일을 필연적으로 가지는 많은 자연법칙이 존재한다. 이것은 어떤 하나의 법칙과 일치하는 바로 그 원리가 또한 다른 법칙을 필연적이게끔 하는 원리와 정확하게 동일하다. 예를 들면 공기의 탄력성과 무게는 호흡법칙의 근거이지만, 또한 이와 함께 필연적으로 펌프 장치의 가능성이나 구름 발생 가능성, 바람 존립의 가능성 등등의 근거이기도 하다. 이들 중 어떤 하나에 대해서만 근거가 발견되면, 필연적으로 이 근거는 남아 있는 다른 것의 근거인 셈이다. 이에 반해 하나의 법칙에 따라서 생기는 유사한 종류의 결과의 근거가, 동일한 실재 내에서 다른 법칙에 따라서 생겨나는 종류의 다른 결과의 근거가 아닌 경우, 이들 법칙의 결합은 우연적이다. 즉 이들 법칙 안에는 우연적인 통일이 지배하고 사물 안에서 이러한 우연에 따라 생겨나는 것은 우연적 A 80 인 자연 질서에 따른다. 인간은 보고, 듣고, 냄새 맡고, 맛을 본다. 그러나 시각의 근거가 되는 성질이 또한 미각의 근거가 되는 것은 아니다. 인간은 듣고 맛보는 경우 다른 기관을 사용한다. 이들 상이한 능력의 결합은 우연적이다. 그럼에도 이 결합은 완벽을 지향하기 때문에 성격상 기교적 통일이 생겨나게 된다. 또 개개의 기관에서도 각각 기교적 통일이 나타난다. 눈의 경우 빛이 들어오는 부분과 그 빛이 굴절되는 부분은 다르며, 상을 받아들이는 부분도 다르다. 이에 반해서 지구에 둥근 모양을 공급하고, 자전[39]의 원심력 때문에 지상의 물체가 날아가 버리는 것을 막아주며, 달을 그것의 궤도를 벗어나지 않도록 유지해주는 것은 모두 동일한 원인이다. 즉 중력 자체[40]가 이들 모든 결과를 필연적으로 산출하는 데 충분한 원인이 된다. 이들 모든 Ⅱ 107 작용의 근거를 자연 안에서 만날 수 있다는 사실은 의심할 여지없이 완전성이다[완전성을 나타낸다]. 그리고 하나를 규정하는 근거가 다른 것의 충분한 근거이며, 그렇게 함으로써 통일성은 전체를 향해 더욱더 확대된다. 그러나 이 통일성과 함께 완전성은 이 경우 필연적이 A 81 며 사물의 본질에 고유한 것이다. 그리고 이 통일성에 그만큼 의거하는 모든 조화와 유용성과 아름다움은 자연의 본질적 질서를 매개로 해서건 자연의 질서 안에 있는 필연적인 것을 매개로 해서건 신에 의존한다. 나는 올바로 이해되기를 원한다. 즉 나는 이 필연성을 사물의 존재 자체에까지 확장하고 싶지는 않다. 단지 사물의 가능성에 존재하는 일치와 통일까지만 그것이 극히 큰 유용성과 다산성의 필연적 근거라는 의미에서 필연성을 확장하고자 한다. 식물계와 동물계의 모든 것이, 우연적이긴 하지만, 위대한 예지자인 신에 합치하는 통일의 놀랄 만한 예를 제공한다. 수액을 빨아올리는 관, 공기를 흡입하는 관, 수액을 만들어내는 관, 수액을 방출하는 관 등 여러 관이 있다. 이들 각각은 다른 것의 작용에는 어떤 구실도 하지 못한다. 통일성을 지닌 완전한 전체를 지향하는 이들의 조합은 기교적으로 고안되었다.[41] 그래서 식물 자신은 이렇게 다양한 목적과 관계를 맺고 성격상 우연적이고 자의적이지만, 어쨌든 하나의 통일체[42]를 구성한다.

A 82 이에 반해서 특히 무기적 자연은, 하나의 단순한 근거가 그것의 많은 규칙적 귀결과 맺는 관계에서 필연적 통일의 무수하게 많은 예를 제공한다. 그리고 이러한 예로 우리는 유기적 자연에서도, 즉 많은 완전성이 특별한 조직을 자신의 기초로 가지는 것처럼 보이는 경우에도, 이 완전성이 사실은 동일한 근거에서 나온 필연적 결과이며, 이러한 근거는 자신의 본질적 다산성에 따라 완전성을 다른 많은 훌륭한 작용과 결합하고, 이렇게 해서 이 자연의 영역에서도 아마 예상 이상으로 많은 필연적 통일성이 있을 수 있다고 추측하게 한다.

그런데 자연의 힘과 이 힘의 작동 법칙은 자연적 질서의 근거를 포함하고 있고, 이 자연의 질서가 다양한 조화를 필연적 통일안에 포함하게 하는 한 이 질서는 많은 완전성을 하나의 근거 안에 결합하여 법

A 83 칙이 되게끔 한다. 따라서 상이한 자연의 결과는 그것들의 아름다움과 유용성과 관련해서 본질적인 자연 질서에 종속하는 것으로 간주해야 하며, 또한 이것을 매개로 하여 신에 종속하는 것으로 간주해야

Ⅱ 108 한다. 이에 반해서 하나의 전체 안에 완전성이 많은 경우, 이들 완전성은 하나의 유일 근거의 산물로서 가능하지 않고 오히려 이 목적을 위해 임의로[43] 결합된 여러 근거가 필요하기 때문에, 많은 기교적인 배열[44]이 법칙의 원인이 되고, 이 법칙에 따라 생겨난 작용은 자연의 우연적이고 기교적인 질서에 종속되며, 또한 이 종속을 매개로 해서 신에 종속하게 된다.

넷째 고찰
세계의 완전성을 자연의 질서에 따라
판정하는 데 우리의 증명 근거를 사용함

1
우리의 증명 근거에서 자연의 질서가 초자연적 질서보다
우월하다는 점을 추론할 수 있다

중대한 이유 없이는 어떤 것도 기적이나 초자연적인 것으로 간주   A 84
되어서는 안 된다는 것은 철학, 아니 오히려 건전한 이성 일반의 알
려진 규칙이다. 이 규칙은 첫째로 기적은 좀처럼 일어나지 않는다는
것, 둘째로 우주 전체의 완전성은 많은 초자연적 영향 없이도 신의
의지에 따라 자연의 법칙만으로도 획득될 수 있다는 것을 함의한다.
무수한 기적의 도움 없이는 세계가 자기의 존재 목적에 도달할 수 없
다고 한다면, 사람들은 초자연적 사건이 틀림없이 일상적 다반사[45]
로 되어버렸을 거라고 인식하기 때문이다. 어떤 사람들의 견해에 따
르면, 결과와 근거의 자연적 결합의 형식적 요소는 그 자체가 이미
완전성이다[완전성을 나타낸다]. 그 결과가 초자연적으로 유지될 수
만 있다면 완전성은 틀림없이 더 우월한 결과로 이어질 거라는 것이
다. 이러한 사람들은 자연적인 것을 무조건 우월한 것으로 보기 때문
에, 초자연적인 것은 모두 그들 눈에는 질서 자체를 파괴하는 불법[46]
으로 비친다. 그러나 이러한 어려움은 단지 상상적일 뿐이다. 선은
목적을 획득하는 중에만 발견되며, 만약 선이 수단에 속한다면, 그
것은 오직 그것의 목적 때문에 그렇게 될 것이다. 자연적 질서는 만
약 완전한 결과를 산출하지 못한다면, 자신 안에 우월함의 어떤 직접   A 85
적 근거도 가지지 않게 된다. 자연적 질서는 일종의 수단으로만 간주   Ⅱ 109
될 수 있고, 그 수단은 자기 자신의 고유한 가치를 가지지 않고 다만

그것을 통해서 도달된 목적의 거대함에서 빌려온 파생적 가치를 허용할 뿐이기 때문이다. 사람들이 직접 노력하면서 경험한 괴로움[47]은 은밀하게 파고들어온다. 자신이 의도한 결과가 충분히 만족스럽지 않은 데도, 자기 일을 다른 쪽에 맡기는 것을 선호하게 되는 것은 이 때문이다. 그러나 나무를 제재 톱에 놓는 사람이 별 수고를 하지 않고서 널빤지를 쉽게 만들 수 있다면, 그 기계의 모든 기술은 쓸모없는 장난감[48]같이 되어버린다. 이 기계의 전 가치는 널빤지를 만들기 위한 수단으로만 존립할 수 있기 때문이다. 따라서 어떤 것이 선한 것은 그것이 자연의 질서에 따라 생겨났기 때문이 아니다. 오히려 자연의 질서는 질서에 따라 실현된 결과가 선한 한 선하다. 그리고 신은 세계를 창조할 때 만물이 대부분 자연적 연쇄로 최고 규칙을 실현하도록 결정했다. 이 때문에 신은 이 세계를 선택할 만한 가치가 있다고 생각했다. 그 이유는 선이 이 세계 안에 존재한다는 것이 자

A 86 연스럽기 때문이 아니라, 이 자연적 일치로 기적의 도움을 자주 받지 않더라도 완전한 목적이 가장 완벽하게 실현되기 때문이다.

이제 다음과 같은 문제가 생긴다. '어떻게 해서 자연의 일반적 법칙은 그 법칙에 따라서 일어나는 세계 내 사건 과정에서 최고 존재 의지에 그렇게 잘 일치할까? 실제로 이러한 일치에서 자연법칙의 결함을 계속 보완할 비밀스럽고 초자연적인 배려를 현재 이상으로 가져올 필요가 없도록 할 만큼 이들 법칙에 적합성을 부여하는 데 그렇게 큰 신뢰를 보내는 이유는 무엇일까?'* 만물의 본질이 신에 의존한

A 86; II 109   * 이 문제는, 자연의 질서를 극히 잘 조정하고, 그 이후 더는 새로운 수정이 필요하지 않은 신의 현명한 선택을 연상한다고 하더라도, 결코 충분히 답해지지 않는다. 최대 난점은, 어떻게 해서 세계 사건들이 보편적 법칙에 따라 완전한 결합을 이룰 수 있느냐는 점에 있다. 특히 방대한 숫자의 자연물과 그 자연물 변화의 무한히 긴 계열을 관찰할 때 어떻게 해서 자연물의 상호작용[49]이 기적의 개입 없이 보편적 법칙에 따름으로써 조화될 수 있느냐에 있기 때문

다는 사고방식이 이 문제에서 예상 이상으로 유용성이 크다는 사실이 드러난다. 자연의 사물들은 그것의 내적 가능성의 가장 필연적 규정에서조차 다음과 같은 존재, 즉 모든 것이 그 안에서 지혜와 선의 A 87 속성과 합치되는 실재에 의존한다는 특징을 드러낸다. 사람들은 이 Ⅱ 110 것들이 이러한 조화와 아름답게 결합한다는 것을 기대할 수 있으며, 유일한 근거가 많은 정연한 법칙들에 대해 가지는 많은 유익한 관계 안에 필연적 통일이 있다는 것을 기대할 수 있다. 자연이 필연적 법칙에 따라 작용할 때, 신의 직접적 수정이 거기에 간여할 여지는 전혀 없다. 결과가 자연의 질서에 따라서 필연적으로 생겨나는 한, 신의 의지에 어긋나는 결과는 가장 보편적인 법칙에서조차 발생하지 않기 때문이다. 자연적 사물의 우연적 결합에 따른 결과가 신의 의지에 의존하지만, 사물의 본질적 관계는 자연적 질서에서 필연적인 것의 근거로서 신에게서 나온다. 또 이들 결과가 신 안에 있는 것, 즉 신의 속성 일반과 가장 조화되는 데서 나온다는 사실을 기억한다면, 어떻게 해서 사물의 결과가 신의 의지에 역행할 수 있겠는가? 세계 내에서 발생하는, 성격상 기계적이어서 필연적인 모든 변화는 운동법칙에서 나오기 때문에 항상 선이지 않으면 안 된다. 그런 변화는 자연스럽고 필연적이기 때문이다. 그리고 어떤 결과가 자연의 질서에 따라서 필연적으로 일어난다면, 이 결과가 개선되기는[50] 불가능할 것이라는 점이 기대될 것이다.* 그러나 모든 오해를 방지하기 위해

_____

이다.

* 뉴턴은 천체계, 예를 들면 태양계가 결국 완전한 정지와 보편적 휴식에 이르 A 88; Ⅱ 110 게 되기 때문에 신이 기적으로 그것을 복원하는 일이 필요하다고 주장했지만, 나는 그런 주장에 동의할 수 없다. 태양계는 자연의 가장 본질적 법칙에 따라 필연적으로 정지되는데, 나는 그것이 또한 선이라고 생각하기 때문이다. 태양계의 종말을 비참한 손실이라고 생각할 필요는 없다. 자연이 어느 정도 용량인지 우리는 알지 못하며, 거대한 다산성을 통해서 끊임없이 다른 천

다음과 같은 사실을 눈여겨보아야 한다. 즉 세계에서 일어나는 변화는 우주의 최초 배치나 자연의 일반적이면서도 특수한 법칙에서 필연적인 결과인가, 즉 물리적 세계에서 모든 것이 이러한 성격을 가지면서 기계적으로 발생하는가, 아니면 세계의 변화는 충분히 이해하는 것이 불가능한 우연성을 가지는가, 즉 그 본성이 충분히 파악되지 않는 자유의지에서 그와 같은 행위가 일어나는가 하는 것을 눈여겨

A 89 보아야 한다. 이 후자 쪽의 세계 변화는, 결정적 근거와 필연적 법칙에서 분리될 수 없는 것처럼 보이는 한, 완전해지고자 하는 자연물의

Ⅱ 111 일반적인 목표에서 일탈 가능성을 자체 안에 포함하고 있다. 이 때문에 초자연적 것으로 보완해야 한다는 기대가 생길 수 있다. 그러한 일탈에서 자연이 때때로 신의 의지와 상충하는 운행을 하는 일이 있을 수 있기 때문이다. 그러나 자유롭게 행위하는 실재의 힘도 우주의 나머지 전체와 관련해 모든 법칙에서 완전히 이탈되어 있는 것이 아니라, 오히려 자유로운 실재의 힘이 필연적 근거는 아니라 하더라도, 그 힘은 자유 선택의 규칙에 따라서 다른 방식으로 실행을 확실하게 하는 법칙에 항상 종속된다. 그렇기 때문에 사물의 본질이 신에 일반적으로 의존한다는 사실은 자연의 과정에 따라서 생겨나는 그런 사물들의 결과를 전체적으로 보아 규칙적인 것으로 그리고 최상의 규칙에 적합한 것으로 간주할 좋은 이유가 된다(특수한 경우 분명히 일

A 90 어나는 불규칙 때문에 잘못을 범하지는 않는다). 실제로 자연의 질서에는 직접적·초자연적인 수정 또는 보완이 거의 필요하지 않다. 계시도 특정한 시대에 특정한 민족에 대해 고려될 뿐이다. 가장 자유로운 행위조차 자연의 규칙에 종속한다는 사실은 경험과 확실히 일치한

체계를 생산해냄으로써 이 천체계의 소멸을 충분히 보완할 수 있다고 생각하기 때문이다.

다. 결혼을 설령 우연히 결정했더라도, 동일한 지역 내에서 기혼자와 전체 인구의 비율은 조사수를 크게 잡는다면 어느 정도 안정된 값을 갖는다. 예를 들면 남녀를 포함해 110명 중 부부가 한 쌍은 있을 것이다.[51] 알려진 사실이지만, 인간은 자신의 자유의지에 따라 생명을 줄이거나 늘릴 수 있다. 그럼에도 이러한 자유의지에 근거를 두는 행위도 하나의 위대한 질서를 따른다. 실제로 표본을 다수 취해서 평균을 A 91 본다면 생존자에 대한 죽은 자의 비율은 항상 값이 같다. 이 몇 가지 예만으로도 자유의 법칙조차 반드시 일반적인 자연 질서의 규칙과 관련해서 그와 같은 독립성[52]을 가지고 있지 않다는 점이 이해될 수 있으리라 생각한다. 자연의 어떤 부분에서 이미 사물의 본질 중 완전성이나 조화와 필연적 관계를 확립했다는 근거는 당연히 자유로운 행위의 자연적 과정에서도 다수 기적이 없더라도 최고 실재의 의지에 적합한 방향으로 가는 일이 가능할 것이다. 그러나 내 목표는 자 Ⅱ 112 연적 변화의 과정에 맞추어져 있다. 이 변화는 자연에 내재한 법칙의 필연적 결과다. 이러한 자연적 변화 과정에서 기적은 전혀 불필요하거나 아니면 거의 필요하지 않다. 기적이 필요한 것과 같은 불완전성이 나타나는 것은 온당치 않기 때문이다.

우리가 통상 가지고 있는 자연 사물의 개념에 따라, 사물의 내적 가능성이 독립적으로 그리고 외적인 근거 없이 존재한다는 점을 고찰해보면, 다수의 초자연적 개입이 없이는 어떤 완전성[53]의 세계는 A 92 불가능하다고 말하더라도 나는 놀라지 않을 것이다. 그 세계에서 계속 이어지는 기적의 계열이 없더라도 무언가 유익한 것이 큰 자연적인 연쇄로 이러한 세계에서 달성될 수 있다고 생각하는 것이 오히려 이상하고 불가해한 일이다. 제각기 자신의 독립된 필연성을 가지고 있는 사물들의 본질이 서로 잘 조화되고, 결국에는 최고 실재의 지혜가 그 사물들을 하나의 전체에서 결합하여, 그 전체가 그렇게 많은 독립성에도 불구하고, 일반적인 법칙에 따라 완벽하게 일치하고 아름다움을 발산할 수 있다는 것은 기괴한 우연이라고 말하지 않으면 안 된다. 그 반대로 나는 다른 어떤 것이 존재하는 것은 신이 존재함으로써만 가능하다는 점을 확신하기 때문에, 사물들의 가능성 자체도 그것들의 위대한 원리와 조화되리라 기대한다. 또 그것들의 가능성 자체가 보편적 질서를 통해 서로 조화하여 전체를 이루고, 그 전체는 모든 것의 근거인 존재자[신]의 지혜와 정확하게 조화되리라
A 93 기대한다. 그리고 나는 일반적 법칙에 따르지만 신의 의지에 어긋나는 어떤 것이 자연적 과정 안에서 일어나거나 일어날 수 있고 개선하려면 기적이 필요하다 하더라도, 그것이 놀라운 일이라고 생각한다. 만약 그러한 일이 발생한다면, 그것의 원인[54]은 때때로 발생할지 모르지만 우리로서는 도저히 이해할 수 없는 종류에 속할 것이다.

세계의 완전성을 위해 기적이 거의 필요하지 않다는 것의 본질적 이유를 분명히 파악할 수 있다면, 앞의 넷째 고찰에서 형식적 의미에서 초자연적 사건이라고 한 것도 동일한 것이 말해질 수 있다는 점을 어렵지 않게 이해할 수 있을 것이다. 속설에서는 이러한 초자연적 사건이 대단히 자주 일어난다고 믿지만, 그것은 단순한 자연적 사건을 초자연적이라 착각하는 데서 생겨나는 것에 지나지 않는다.

Ⅱ 113
2
하나 또는 다른 하나의 자연적 질서의 우월성에 관해
우리의 증명 근거에서 추론될 수 있는 것

A 94 순수한 철학의 절차에는 하나의 지배적 규칙이 존재한다. 이 규칙은 형식적으로 진술되지는 않지만, 실행에서는 항상 준수된다. 자연에서 어떤 결과의 원인을 탐구할 때에는 가능한 한 자연의 통일을 유지하는 데 주의해야 한다는 것이 그 규칙이다. 즉 다양한 결과는 이

미 알려진 단 하나의 근거에서 도출되어야 하며, 겉보기에 이들 결과 간에 상이점이 목격된다 하더라도, 다른 결과를 설명하기 위해 성급하게 새롭고 다양한 작용인을 상정해서는 안 된다. 따라서 결과가 다양한 종류일지라도 근거는 단지 하나로 충분하다는 의미에서 자연 안에는 위대한 통일성이 존재한다고 가정할 수 있고, 한 종류의 현상과 다른 종류의 현상 간의 상호결합은 대부분 필연적이며, 결코 어떤 기교적이고 우연적인 질서의 결과는 아니라고 가정할 수 있다. 어떻게 해서 그렇게 많은 다른 결과가 하나의 중력에서 나올까. 그 때문에 사람들은 이전에는 다른 원인들을 발견할 필요가 있다고 믿었다. 예를 들면 하나의 물체의 상승과 다른 물체의 낙하라는 상이한 결과에 상이한 원인이 필요하다고 생각했다. 천체에 원형의 궤도를 그린 원인이라고 생각되어왔던 우주 물질의 소용돌이 운동은 원 운동의 원인이 자연의 단순한 힘 속에 있다는 것이 알려지자마자 폐기되고 말았다.[55] 열에 의한 물체의 팽창, 빛, 전기, 우레 그리고 아마 자기력 A 95 또한 전 공간에 충만하는 하나의 작용물질, 즉 에테르의 다양한 현상이라 추정되는 훌륭한 이유가 있다.[56] 일반적으로 사람들은 한 종류의 결과에 하나의 새로운 원리를 부득이 가정할 수밖에 없으면 대단히 불만을 느낀다. 매우 정확한 대칭이 특별히 기교적으로 배열된 질서[57]를 요구하는 것처럼 보이는 경우에도, 사람들은 이 대칭을 더 일반적인 법칙의 필연적 결과라고 생각하는 경향이 있다. 하나의 기교적 질서를 그것의 근거로 생각하기에 앞서 가급적 통일의 규칙을 계속 준수하고자 한다. 눈송이 모양[58]은 매우 규칙적이고 우아해서 맹목적 우연이 만들어낸 모든 투박한 것[59]을 훨씬 능가하기 때문에, 만약 매번 겨울이 우리 자신의 경험을 바탕으로 이 눈송이 모양의 규칙성을 확인할 무수한 기회를 주지 않았다면, 여기에서 우리는 눈송이 모양[60]을 창조한 자의 진실성을 의심하게 될 것이다. 단지 외적 모습 II 114

만 이야기한다면 꽃에서조차 이만큼의 우아함과 균형이 있는 경우를 발견하지 못할 것이다. 또 예술작품도 자연이 그렇게 풍부하게 지상에 뿌려주는 작품 이상의 정밀함[61]을 보여주지는 못할 것이다. 그럼에도 눈송이를 특별한 눈의 씨앗에서 도출하고, 자연의 어떤 기교적 질서라고 상상하는 일은 일어나지 않는다. 오히려 사람들은 이 눈송이를 더 일반적인 법칙의 파생적 결과라고 생각하며, 이 법칙 중에 눈송이의 형성도 통일적으로 포함되어 있다고 생각한다.*

그럼에도 자연 안에는 다른 종류의 소산물도 풍부하게 존재한다. 이러한 종류의 산출이 일어나는 방법을 고찰하는 것을 임무로 하는 철학은 이런 종류의 소산물에 관해서는 전술했던 길을 폐기해야만 한다. 위대한 기교나 어떤 의도를 따르는 자유의지를 통한 우연적 결합은 자연에 상당히 존재한다. 그리고 이러한 현상의 배후에는 기교적인 자연 질서에 따르는[64] 특별한 자연법칙이 존재한다. 식물이나 동물의 조직은 보편적이고 필연적인 자연법칙으로 [설명이] 충분하지 않은 구조를 보여준다. 식물이나 동물의 최초 창조를 일반적 자연법칙에서 나오는 기계적 결과로 보는 것은 불가능하기 때문에, 이미 근거로는 해결할 수 없는 다음과 같은 이중 물음이 생겨난다.[65] 각 생물 개체는 신 자신이 만들고, 그런 의미에서 초자연적 기원을 가지지만 번식, 즉 어떤 세대에서 다음 세대로 이행하는 방식은 자연법칙에 따른다고 생각해야 하는가?[66] 아니면 식물이나 동물의 각 개체는 신이 직접 생산했지만, 각 개체는 우리의 여러 가지 이해를 불가능하게 하는 능력과 질서 있는 자연법칙에 따라서 자기와 유사한 것을 전

---

* 다수의 사람은 곰팡이 모습이 식물과 유사하다는 이유에서 곰팡이를 식물 안에 분류해 넣으려 했다.[62] 그러나 다른 관찰에 따르면 곰팡이는 규칙적인 모양이 있는 것처럼 보이기 때문에 다이아나나무[63]와 마찬가지로 승화(昇華)라는 일반적 규칙에서 생겨난 귀결이라고 생각하는 것이 더 그럴 듯하다.

개하고 개전해갈[67] 뿐만 아니라 그것을 산출한다고 생각해야만 하는가?[68] 어느 쪽 주장도 난점을 포함한다. 그리고 어느 쪽 난점이 큰 A 98 지 결정하기는 아마 불가능할 것이다. 그러나 여기서 중요한 것은 양쪽 논의의 가치를 형이상학적 견지에서 평가하는 일이다. 예를 들면 어떻게 해서 한 그루 나무가 어떤 내적인 기계적 구조를 통해 양분을 포함한 수액을 만들어서 처리하고, 싹이나 씨앗 안에서 자신과 비 II 115 슷한 작은 나무를 생산할 수 있는 것과 같은 것을 산출해내는가 하는 것은 우리 지식으로는 해명할 수 없다. 이것에 관해서는 뷔퐁이 제안한 내재적 원형설이 있다.[69] 또 모페르튀이가 제안한 유기적 물질의 요소들에 관한 설이 있다.[70] 그의 설에 따르면, 요소들은 무의식적인 기억에 의존해서 적절한 것을 취사선택함으로써 전과 동일한 것을 재구성한다는 것이다. 그러나 어쨌든 이 두 설은 그 자체 전혀 이해할 수 없는 것이거나 완전히 자의적으로 고안된 것이다. 여기서 이 설에 연관된 것은 논하지 말자. 그러나 이와 같은 정도의 자의적인 다른 설, 즉 생물의 자연적인 발생 방식은 우리에게는 전혀 이해될 수 없기 때문에 생물의 각 개체는 초자연적 기원을 가지지 않으면 안 된다는 설을 전개해야 하는가? 자기와 유사한 것을 산출하는 효모의 힘에 대한 기계적 설명을 제시해야 하는가? 그럼에도 이 때문에 초 A 99 자연적인 근거에 호소하지는 않는다.

이 경우 유기적인 산물의 기원은 완전히 초자연적이라고 간주되기 때문에 자연철학자들이 생물체의 계속되는 자손 번식[71] 방식에 관한 문제를 논의할 때, 그 문제는 자신들에게 남겨진 영역이라고 그들은 믿는다.[72] 그러나 이런 방식으로 초자연적인 것이 사라지지 않는다는 것을 눈여겨보자. 이 초자연적 산출[73]은 세계 창조 시기에 일어났거나 아니면 계속해서 각 시대에서 일어났거나 둘 중 하나이기 때문이다. 따라서 후자에도 전자 못지않게 초자연성이 존재한다. 이 두 이론의 차이는 직접적인 신의 행위 정도에 있는 것이 아니라 그러한 행위가 언제 발생했느냐 하는 차이만 있기 때문이다. 그러나 이미 언급했던 이 생물의 개전[74]의 자연적 질서에 관해 말하면, 이것은 자연의 다산성 규칙이 아니라 문제를 회피하는 무익한 방법[75]일 뿐이다. 그렇게 함으로써 신의 직접적 행위는 조금도 절약되지 않기 때문이다. 그리하여 결국에는 다음 두 가지 중 한 가지를 선택해야 한다. 즉 모든 생식 현상에서 새로운 개체의 형성이 직접 신의 행위에 귀속되거나, 아니면 신이 최초로 창조한 식물이나 동물에 대해 끊임없이 자신과 유사한 것을 자연적 법칙에 따라서 개전하는[76] 능력뿐 아니라 진실로 자신과 유사한 것을 산출하는[77][78] 능력까지도 주어지거나, 둘 중 하나를 선택하지 않으면 안 된다.

A 100

이러한 고려로 내가 현재 의도하는 것은 자연물에 대해 일반적인 법칙에 따라 그 결과를 산출할 가능성을 통상적인 것 이상으로 인정해야 한다는 사실을 보여주는 데 있다.

II 116

다섯째 고찰
이 고찰에서 통상적인 자연신학의 방법이 불충분하다는 사실이 입증됨

1
자연신학 일반에 관하여

신 존재를 신이 산출한 결과에서 인식하는 방법은 모두 다음 세 종류로 정리될 수 있다. 첫째 인식 방법은 자연의 질서를 중단하는 자, 자연을 지배하는 힘을 직접 보여주는 자의 확인으로 도달된다. 이 확신은 기적으로 생겨난다. 둘째 인식 방법은 **자연의 우연적 질서에서**

A 101

창조자인 신에 도달된다. 이 우연적 질서는 현재 있는 것과 다른 여러 방식으로도 있을 수 있었겠지만[그래서 우연적이지만], 현재의 이 우연적 질서는 위대한 기교와 권능과 선의 찬란함에 근거를 둔다. 셋째 인식 방법은 **자연** 안에서 인지되는 **필연적 통일** 그리고 완전성의 위대한 규칙에 적합한 사물의 본질적 질서, 한마디로 말하면, 자연의 규칙성 안에 있는 필연성에서 존재의 최고 원리뿐만 아니라 일체의 가능성의 최고 원리이기도 한 신에 도달된다.

사람들이 완전히 야만적이라면 또는 완고한 사악함[79]으로 자신의 눈을 닫아버린다면, 첫째 방법만이 그들에게 최고 실재의 존재 증명을 설득할 힘이 있는 것처럼 보인다. 반대로 심성이 잘 계몽된 사람들은 사태를 올바른 방식으로 고찰하고 자연의 질서에 따라 나타나는 너무나 많은 우연적인 아름다움이나 합목적적인 결합을 알게 되어, 위대한 지성과 힘을 가지고 있는 의지의 존재를 충분히 추론할 증명을 발견하게 된다. 이러한 확신에 도달하는 일은, 그것이 덕스러운 행동을 낳는 데 충분하다고 가정되는 한에서, 즉 도덕적으로 확실하다고 가정되는 한에서, 지성의 일반적 개념으로도 충분히 가능하다. 세 번째 추론 방법에 관해서는 철학이 필연적 전제 조건으로 요구하고, 고도의 철학만이 관련된 진리의 크기에 어울리는 명석함과 확실함을 가지고서 앞서 언급한 대상[신]에 이를 수 있다. A 102

이상 세 방법 중 뒤의 두 가지만 자연신학적 방법이라 한다. 이 두 방법은 자연에 관한 고찰에서 신의 인식에 이르는 길을 지향하기 때문이다. II 117

2
통상적인 자연신학의 이점과 결함

A 103

지금까지 사용해온 자연신학적 방법의 주요 특징은 다음과 같다.

우선 완전성과 규칙성은 우연적인 것으로 파악된다. 그다음으로 이 우연적인 것이 포함하는 모든 합목적적 관계를 적시하는 기교적 질서가 존재한다는 점이 명시된다. 그런 질서에서 현명하고 자비로운 의지를 지닌 존재자를 추론한다. 그런 다음 창조의 무한한 힘의 개념이 결국 현명하고 자비로운 의지의 개념과 결합된다. 두 개념의 결합은 창조의 크기에 대한 보완적 고찰로 한 것이다.

이 방법은 찬탄할 만하다. 첫째, 이 방법에 따른 확신은 감성에 강력한 호소력을 가져다준다. 그 결과 대단히 매혹적이고 설득적이다. 그러므로 이 방법은 가장 일반적인 지성을 소유한 사람도 쉽게 파악하고 이해할 수 있다. 둘째, 이 방법은 다른 어떤 방법보다도 자연스럽다. 의심할 여지없이 모든 사람은 처음에는 이 방법에서 출발하기 때문이다. 셋째, 이 방법은 숭배할 만한 가치가 있는 실재가 지니는 위대한 지혜, 배려, 심지어 권능에 대한 대단히 직관적인 개념[80]을 제공한다.[81] 이런 직관적 개념은 쉽게 사람들의 마음을 사로잡고, 가장 강력한 방식으로 경탄, 겸허, 숭배의 마음을 불러일으킨다.* 이 방법은 철학자의 견지에서 보더라도 다른 어떤 방법보다도 효과적이다. 물론 이 방법은 철학자의 탐구적이고 천착하기 좋아하는 지성에

A 104

Ⅱ 117 * 특히 내가 『함부르크 잡지』에서 보았던 힐 박사의 현미경을 통한 관찰을 고려할 때 그러하다. 이 고찰에 따라 물 한 방울 안에는 다른 생물들을 포식하기 위해 파괴 무기를 장착하여 포획물을 희생시키는 동물 종이 무수하게 많다. 그러나 결국에는 이런 동물들도 이 물속 세계의 더 강력한 폭력자의 먹이로 희생되고 만다는 사실을 나는 알게 된다. 또 이 물 한 방울 안에서 간책, 폭력, 약육강식의 광경을 관찰하며, 여기에서 나는 내 눈을 광활한 하늘로 향하게 하여 무한한 공간 안에 많은 수의 천체가 마치 먼지덩어리처럼 날아다니는 모습을 보게 된다. 이 모든 것을 고찰할 때, 어떤 인간의 언어도 그러한 상념을 둘러싼 감정을 표현할 수 없다. 그리고 아무리 정치한 형이상학적 분석도 그러한 직관에 특유한 숭고함과 존엄함에 비교되지 않는다는 사실을 알게 된다.

는 어떠한 규정적이고 추상적인 신 관념도 주지 않는다. 또 이 증명의 확실성은 성격상 수학적인 것이 아니라 도덕적인 것에 불과하다. 그럼에도 각각 그렇게 강력한 힘을 지닌 그렇게 많은 증명은 철학자 Ⅱ 118 의 마음을 강력하게 사로잡아버린다. 이론적 사변은 이미 영혼 안에 확립되어 있는 확신의 뒷받치에서 안심하고 조용히 뒤따라나온다. 어느 누구도 자신의 전 행복을 형이상학적 증명의 가설적 확실성 위에 세우려는 모험을 감행할 것 같지는 않다. 특히 그 증명이 감각에 호소하는 생생한 반대에 직면한다면 더욱 그렇다. 이 방법이 가져다 A 105 주는 확신의 힘은 감각에 호소하기 때문에 너무나 확고하고 흔들릴 수 없어서 삼단논법적 논의[82]나 명료성으로 이 증명에 가하는 위협으로는 교란되지 않으며, 기교에 찬 반대의 힘[83]으로도 접근하기 힘들다. 그럼에도 이 방법에는 결함이 있으며, 비록 이들 결함은 올바로 이야기한다면, 이 방법을 사용했던 사람들의 절차에 기인하긴 했지만, 충분히 검토할 만하다.

1. 자연신학은 자연의 모든 완전성, 조화, 아름다움을 우연적으로 간주하지만, 그것들을 최고로 지혜로운 자가 배열했다고 간주한다. 그러나 사실은 이들 완전성, 조화, 아름다움은 자연의 가장 본질적인 규칙에서 필연적 통일을 가지고 도출된다. 여기서 자연신학의 의도에 가장 치명적인 요소는 다음과 같다. 즉 이 방법은 현명한 창조자 A 106 의 존재를 증명하기 위해 자연적 완전성의 우연함을 가장 필연적인 것으로 간주한다. 그렇게 되면 세계의 사물들 간에 존재하는 모든 필연적 조화는 이러한 가정과 정면으로 충돌하게 될 뿐이다.

이 결함을 더 잘 확인하기 위해서 다음과 같은 것을 주목해보자. 이 방법을 신봉하는 사람들은 동물과 식물이라는 무수한 궁극 목적[84]의 풍부한 증거를 우연의 힘에서뿐만 아니라 물질적 자연의 일반적 법칙에서 분리하고자 한다. 이 점에서 그들은 최소한의 어려움도 없다. 그들의 편에서 보면 근거의 우월함은 결정적이다. 그러나 그들은 유기적 자연에서 무기적 자연으로 눈을 돌릴 때 동일한 방법을 고수하게 된다. 그들은 연구하는 대상의 성격이 바뀌었기 때문에 빠져나올 수 없는 난관의 그물망에 걸려 있음을 알게 된다. 그들은 구름이나 비나 바람이나 박명 등과 같은 유익한 공기의 무수한 성질이 위

A 107 대한 지성을 통해 조화롭게 일치된다고 이야기한다. 그리고 그들은 바람을 낳게 하는 공기의 성질이 마치 수증기를 증발시키는 성질이나 고공에서 수증기를 희박하게 하는 성질과 어떤 현명한 선택을 거

Ⅱ 119 쳐 하나로 결합되어 있는 것처럼 이야기한다. 그리고 그들은 이러한 유용한 성질들이 함께 결합해 있는 것을 어떤 동물, 예컨대 거미에서 목표물의 움직임을 노리는 눈이 거미줄을 낳는 돌기나 거미줄에 달라붙어 몸을 지탱하는 교묘한 발톱이나 발가락과 결합해 있는 경우와 완전히 동일한 것처럼 생각한다. 거미에서 여러 유용한 기관의 통일은 (완전성은 여기에서 성립한다) 분명히 우연적이며 현명한 선택에 귀속될 수 있겠지만, 이에 반해 공기에서 통일은 필연적이며, 상술한 여러 유용성 중 하나만이 공기의 성질에 귀속되면, 그 밖의 유용성도 이 공기의 성질에서 분리될 수 없을 것이다. 지혜[신]의 배려를 통하지 않고는 자연의 완전성을 판정하는 어떤 방법도 허용되지

A 108 않기 때문에, 모든 광범위한 통일은, 그것이 필연적인 것으로 인정되는 한, 위험스러운 반대에 부딪히게 된다는 결론이 뒤따른다. 뒤에서 다루겠지만 우리의 방법에 따르면 그럼에도 신의 지혜는 그러한 통일에서 추론된다. 그러나 그러한 통일성은 현명한 선택이 원인으로 되어 나오는 것은 아니다. 오히려 그러한 통일성은 최고 실재 안에 있는 근거에서 나오며, 동시에 이 근거는 이러한 실재 안에 있는 위대한 지혜의 근거임이 틀림없다. 그리하여 통일성은 현명한 존재자에서 나오며, 그 실재의 현명함에서 나오는 것은 아니다.[85)86)]

2. 이 방법은 충분히 철학적인 것은 아니다. 더욱이 그것은 가끔 철학적 인식의 발전을 심히 방해했다. 자연의 배치가 유익하다고 생각되자마자, 통상 곧바로 그것은 신의 의지가 의도한 것이라고 또는 어쨌든 특별하게 기교를 활용해 설치된 자연의 질서에 따른 것이라고 설명된다. 이러한 설명은 다음 두 가지 중 하나 때문에 받아들여진다. 사람들은 자연의 결과들이 자연의 가장 일반적 법칙에 따르는 것만으로는 그러한 조화를 낳을 수 없다는 고정된 생각을 마음 안에 가지거나, 아니면 대안적으로 자연의 작용이 그러한 결과들을 낳을 수 A 109 있다는 것을 인정한다면, 세계의 완전성은 하나의 맹목적 우연에 맡겨지며 창조자인 신이 무용하게[87) 되어버리고 말 것이라고 느낀다. 그 결과로 자연을 탐구하는 데 한계가 생겨난다. 이성을 견지하지 못하는 사람들은 탐구를 더는 하지 않게 된다. 그들은 연구심을 단순한 호기심[88)이라고밖에 생각하지 않기 때문이다. 그러나 그러한 편견은 극히 유해하다. 그러한 편견은 전지한 지혜를 보유한 창조자에게 경건한 마음을 품고 귀의한다는 구실로 지칠 줄 모르고 탐구하는 사람보다 게으른 사람에게 더 큰 이익을 주기 때문이다.[89) 예를 들면 산의 무수하게 많은 유용성이 열거된다. 인류에게 불가결한 것을 포함 Ⅱ 120 하여 많은 유용성이 함께 열거되자마자 사람들은 그 유용성을 신의 직접적 배려라고 생각할 이유가 있다고 여긴다. 그들의 관점에서 보면 그러한 유용성을 보편적 운동법칙의 결과라고 보는 것은 (이들은 그러한 운동법칙이 아름답거나 유용한 귀결과 어떤 관계를 맺고 있다고 결코 생각하지 않고, 유용한 귀결이 단지 우연적인 것에 지나지 않는다고 생각하기 때문에) 결국 인류에 본질적인 유용성을 맹목적 우연에 A 110 위탁하는 것과 같을 것이다.[90) 동일한 것이 지구의 강에 대한 고찰에도 적용된다. 사람들이 자연신학자들의 말에 귀를 기울인다면, 모든 하상은 신의 손으로 굴착되었다고 상상해야 한다.[91) 사람들이 개개

의 산, 개개의 강을 신의 특별한 의도라고 보고, 이 신의 의도는 일반적인 법칙의 작용에 따라서는 도달할 수 없다고 한다면, 그러고 나서 내가 말하는 것처럼 사람들이 산이나 강과 같은 개별적 결과를 창조하기 위하여 신이 사용했던 수단을 고안하는 데까지 간다면, 그와 같은 행위는 도저히 철학이라 칭해질 수 없다. 제2부 셋째 고찰에서 보았듯이 그러한 결과는 그런 한 초자연적이기 때문이다. 실로 그것은 자연의 질서에 따라서는 설명될 수 없기 때문에(그러한 일은 특별한 배려를 통한 개개의 사건으로만 발생할 수 있다), 그런 식의 판단 절차는 자연이 개개의 결과를 강제로 낳는 것처럼 작동되었다고 하더라

A 111 도, 자연의 우월함이라는 잘못된 관념에 기초를 둔다. 그런 식의 접근은 모든 우리의 관점에 따르면 지혜의 절차로 간주될 수 없고, 문제 회피 수단[92]으로 간주될 뿐이다.* 뉴턴이 확실히 증명해서 지구는 회전으로 변화하는 중력의 모든 방향과 지구 표면이 수직적 관계를 맺고 있는 형태라고 확신했을 때, 그는 이러한 사실에서 지구의 최초 상태는 액체였으며, 그 후 정역학의 법칙에 따른 회전 운동의 결과

Ⅱ 121 이와 같은 형태로 되었을 거라고 결론을 내렸다. 천체의 구형 속에
A 112 내재한 이점을 뉴턴보다 더 잘 알고 있었던 사람은 없다. 또 그는 지축의 회전에서 생겨나는 유해한 결과를 방지하려면 극점에서 편원형(扁圓形)이 가장 필요하다는 점도 잘 알고 있었다. 이것들은 모두

Ⅱ 120 * 세계에서 발생한 사건이 예외적이고 신이 배치한 사건이라는 것을 신의 계시가 우리에게 이야기해주는 경우, 철학자들은 자신들의 물리적 지식을 보여주려는 시도를 삼가야 한다는 바람을 가질 수도 있다. 철학자들은 이 경우 종교에는 어떤 역할도 하지 못하고, 오히려 다음 예처럼 사건은 사실상 자연적 우연에 지나지 않는지 의심이 생기기 때문이다. 예컨대 산헤립 군대의 궤멸을 모래 폭풍 탓으로 돌리는 경우가 그것이다. 또 휘스턴의 이론에서처럼 혜성에 관한 천문학적 지식이 성경의 해석에 사용되었을 때 철학은 통상 혼란에 빠지게 된다.

현명한 창조자에 걸맞게 배려한 결과다. 그럼에도 뉴턴은 어떤 망설임도 없이 그것들을 가장 필연적인 기계적 법칙의 결과로 보았다. 그는 또한 그렇게 하면서 자신이 모든 사물의 위대한 통치자의 눈 밖에 날까봐 두려워하지 않았다.[93]

따라서 뉴턴이 여러 행성의 구조, 공전, 궤도 위치에 관해 설명하려 시도하면서 기계적 기원이 불가능하다는 확신을 가지지 않았다면, 이처럼 신의 배려라는 식으로 도피하려는 일은 하지 않았다고 생각하는 것이 안전하다. 이때 뉴턴이 기계적 기원이 불가능하다고 판단했던 것은 그 기원이 그러한 현상을 규칙적으로 질서 짓는 데에서 충분하지 않았기 때문이 아니라(그렇다면 어째서 이 무력함이 이미 앞에서 언급한 경우에도 뉴턴을 괴롭히지 않았겠는가?), 우주 공간이 진공이기 때문이다. 이러한 진공에서는 여러 행성 간의 인과적 상호 작용이 불가능해서 행성들의 여러 궤도 위치도 결정될 수 없기 때문이다.[94] 그러나 뉴턴이 우주 공간은 과연 항상 진공이었나 하는 의문을 그리고 A 113 적어도 진공상태가 아마도 충만하게 되고, 각 물체가 연관을 갖기 시작한 순간에 이러한 상호작용이 가능하게 되며 앞서 언급한 여러 결과가 생겨나고 그 후 존재를 유지하는 일이 가능하지는 않았는지 의문을 가지게 되었다고 가정해보자.[95] 즉 우주의 원시 상태에 관한 이 가설을 받아들일 충분한 이유가 그에게 있었다고 가정해보자. 이렇게 가정해본다면, 반드시 그는 철학에 걸맞은 방식으로 우주의 성질들을 일반적인 기계적 법칙에서 찾고자 했을 것이라는 사실을 우리는 확신할 수 있다.[96] 또 이 때문에 그는 이 설명에 따라 세계의 기원이 창조자의 손에서 우연성의 손으로 넘어가지는 않을까 불안해하지는 않았을 것이다.[97] 그 때문에 신의 직접적 배려라는 경솔한 원용을 철학적 의미를 담은 언어의 설명처럼 다루는 태만한 사람들은 앞서 든 뉴턴의 잘 알려진 예를 하나의 구실로 사용할 자격이 없다.

일반적으로 이야기한다면 자연의 무수한 배열은 더 보편적인 법칙의 관점에서 본다면 우연적이라 할 수 있다. 그러한 배열은 다른 방식이 아니라 그런 방식으로 결합하기를 원하는 신의 현명한 의도 외에 어떤 다른 기초도 가지지 못한다. 그러나 그 반대는 결코 성립할 수 없다. 즉 어떤 자연적 결합이 현명한 선택에 따른 결정과 조화된다 하더라도, 그 결합 또한 보편적 인과법칙의 관점에서 볼 때 우연적이라거나 기교적인 섭리를 통한 특별한 결과라는 결론이 나오는 것은 아니다. 이것을 잘 이해하지 못하는 사람들은 종종 법칙을 거짓된 목적에 종속시키는 오류를 범한다. 그리고 그는 이러한 오류를 범하는 것은 물론이고, 참된 작용인을 간과해서 단순히 허구에 불과한 의도만으로 사태를 설명하는 오류에 빠지게 된다. 쥐스밀리히는 처음에 남아가 여아보다 많이 출생하는 이유를 전쟁이나 위험한 일에 종사함으로써 남자가 잃게 되는 생명의 손실을 보완하고자 하는 신의 섭리로 설명했다.[98] 그러나 그 후 여러 번 관찰해보면서 이 세밀하고 이성적인 학자는 그런 이유 제시가 오류라는 사실을 알게 되었다. 남자는 이미 유년시대부터 여자보다 많이 사망했고, 전쟁이나 위험한 직업으로 죽는 연령에 도달할 때 남자의 수는 여자의 수보다 더 적어졌기 때문이다.[99] 이 주목할 만한 현상은 이보다 더 일반적인 규칙 아래 포섭될 수 있다는 사실을 믿을 이유가 있다. 즉 인간 종족 중 더 강한 쪽이 생산 활동에서 큰 몫을 가지게 되고, 따라서 그 강한 쪽이 양성(兩性)의 생산에서 탁월하게 된다는 사실을 믿을 이유가 있다. 그러나 거기에 반해 무언가가 더 큰 완전성에 이를 토대를 가진다면, 그것이 발전하는 과정에서 그 완전성에 도달하는 데 필요한 모든 조건을 만나려면 더 많은 것이 필요하다. 이 때문에 덜 완전한 종류의 사람들이 자신에게 적합한 완전성 정도에 도달하기 위해서 필요한 수는 완전성이 자신의 근거에 도달하기 위해서 필요한 사람의 수보다 더 많을 것이다. 이러한 가설의 진위가 무엇이든, 단지 도덕적 근거에 호소하는 것이 철학적 지성의 확장에 방해가 된다는 점은 적어도 말할 수 있겠다. 다른 말로 하면 물리적 원인들이 필연적이며 더 일반적인 법칙과 결합해서 결과를 규정한다고 가정될 수 있는데도, 목적에 따른 설명에 의거하는 것은 철학적 지성의 확장을 방해하게 된다.

3. 자연신학적 방법은 세계 내의 여러 조합과 기교적 결합을 창조 A 116 한 자의 존재를 증명하는 데는 유용할 수 있지만, 재료 자체를 창조한 자의 존재를 증명하지 못하며, 또 우주구성물의 기원도 증명하지 못한다.[100] 이 중요한 결점은 스스로 이 방법을 사용하는 모든 사람을 '세련된 무신론'[101]으로 인식된 오류에 빠지게 만든다는 것이다. 이 무신론에 따르면 신은 엄격하게 말해 세계의 건축가로 간주되지만 세계의 창조자로 간주되지는 않는다. 그는 재료에 질서를 부여하 Ⅱ 123 고 형태를 부여하지만, 그것을 생산하거나 창조하지는 못한다. 나는 이것의 부적합함을 여섯째 고찰에서 살펴볼 계획이기 때문에,[102] 여기서는 이러한 결점이 있다는 사실을 지적하는 정도에 만족하겠다.

덧붙여 말하면, 우리가 고려하는 이 방법은 인간 지성의 존엄성과도 그리고 취약성과도 조화를 이루는 방법 중 하나다. 사실상 자연에는 창조자가 품고 있는 궁극 목적의 직접적 근거가 되는 배열이 무수하다. 창조자의 존재에 도달하는 가장 쉬운 길은 창조자가 현명하다는 직접적 결과인 자연의 배치를 고찰하는 것이다. 따라서 이 방법을 A 117 그것이 가지고 있는 결점을 들어 비난하기보다는 그 방법의 완성도를 높이는 것이 공정하고 타당하며, 경멸하기보다는 결점을 정정하는 것이 더 공정하고 타당하다. 여섯째 고찰은 이러한 목적에 기여할 것이다.

여섯째 고찰
자연신학의 개선된 방법

1
질서와 규칙성은 필연적일 때조차 예지적 창조자를 드러낸다

우주의 신적 창조자의 개념에서 합목적성, 유용성, 조화의 위대하고 풍부한 규칙을 대략적 우연에 귀속하려는 것만큼 불합리한 일은 없다. 데모크리토스나 에피쿠로스의 체계에서 원자의 일탈(逸脫)에 관한 이론이 바로 그 예다.[103] 나는 이런 사고방식에 있는 불합리나 고의적인 무분별을 시간을 내어 다루지는 않겠다. 그러한 불합리는 이미 다른 곳에서 명백히 해두었기 때문이다. 단지 나는 사물들과 규칙적인 결합의 관계에서 필연성이나 유용한 법칙과 필연적 통일의 결합이 현명한 창조자의 증명을 제공할 뿐만 아니라 가장 우연적이며 기교적인 배려를 제공한다는 사실에 주목하고자 한다. 물론 창조자에 의존하는 본성이 이 두 경우에 다르게 이해되어야 하지만 말이다. 그래서 나는 다음과 같이 말하려 한다. 질서와 다수의 유용한 조화 일반은 이미 예지적 창조자를 암시하며, 이 관계가 필연적인가 아니면 우연적인가 하는 문제는 그 이후 고려할 사항이다. 일상적인 건전한 이성에 따르면 세계가 겪고 있는 일련의 변양은 또는 그 장소에서 또 다른 결합이 가능한 사건들의 결합은 우연성에 대한 명백한 증명 근거를 제공할지 모르지만, 지성으로 하여금 창조자가 존재한다는 사실을 가정하도록 하는 데에는 거의 영향을 미치지 못한다. 그러한 목적을 이루려면 철학이 필요하다. 그러나 이 경우 철학을 활용하더라도 복잡하고도 미묘한[104] 문제를 회피할 수 없다. 이에 반해 큰 규칙성과 다양한 조화의 조화성은 사람을 당혹하게 만들며, 상식조차도 예지적 창조자 없이는 이해할 수 없다는 점을 알게 된다. 질서

A 118

II 124

A 119

의 법칙이 다른 법칙 안에 본질적으로 이미 내재하는지 어떤지 그리고 그들의 결합이 임의적인지 어떤지 간에, 자기 자신이 상이한 존재를 가지고 있는 사물 각각의 다양성 안에서 질서와 규칙성이 우연적으로 발생했다거나 저절로 발생했다거나 하는 것은 불가해하다고 하지 않을 수 없다. 그것의 가능성의 관점에서 보면 조화가 그렇게 광범위하게 생겨난다는 것은 예지적 근거가 없이는 생각될 수 없기 때문이다. 여기에서 그것의 기원에 따라 완전성을 판단하는 방식에서 큰 의견 차이가 나타나게 된다.

2

A 120

자연의 필연적 질서 자체가 그런 질서를 갖게 된 재료의 창조자를 드러낸다[105]

자연의 질서는 우연으로 간주되고 예지적 실재를 선택하는 힘에서 생겨났다고 간주되는 한, 그러한 질서 안에서 광범위하게 결합해 있는 자연의 사물은 자신의 존재가 이 창조주에 의존한다는 사실을 결코 증명하지 못한다. 이러한 결합은 단지 신의 이성적 계획을 전제하는 데 머물러 있기 때문이다. 따라서 아리스토텔레스나 그 밖에 다른 많은 고대 철학자는 신의 본성에서 자연의 재료 또는 소재가 아니라 그것의 형상만 도출했다.[106] 철학이 자연 재료의 기원에도 창조자가 필요하다고 생각하기 시작한 것은 그리스도교가, 세계가 신에 절대적으로 의존한다고 가르쳤기 때문일 것이다. 이것은 신의 존재와 무관하다면 가능하지 않다. 그러나 어떤 철학자가 이 논제를 정립하는 데 성공을 거두었는지는 의문이 들고, 나는 이에 대한 이유를 마지막 부(部)[제3부]에서 서술하겠다.[107] 어쨌든 세계의 부분들에 있는 우연적 질서는, 선택의 힘에서 그 질서가 기원했다는 것을 보여주는 한, 이 부분들이 신에 의존한다는 증명에는 어떤 기여도 할 수 없

Ⅱ 125

A 121

다. 예컨대 동물의 구조를 살펴보자. 동물의 감각기관은 자발적 운동 기관이나 생명 유지 기관과 한때 사람들의 주목을 끌었던 것처럼 극히 정교한 방식으로 결합해 있기 때문에, 동물의 신체를 구성하는 재료에 그렇게 멋지게 질서를 부여했던 현명한 창조자의 존재를 인정하지 않는 사람은 틀림없이 성격이 비뚤어졌을[108] (어떤 사람도 그렇게 불합리할 수 없기 때문이다) 것이다. 이 이상의 어떤 다른 것도 우리의 예에서 추론될 수 없다. 재료가 그 자신의 힘으로 영원히 그리고 독자적으로 존재하는지 어떤지 또는 그런 재료를 이 동일한 창조자가 만들었는지 어땠는지 하는 문제는 우리가 든 예로는 결코 결정할 수 없다. 그러나 자연적 완전성이 모두 기교적인 것은 아니고 큰 유용성의 규칙이 필연적 통일과 결합해 있고 이러한 일치는 사물의 가능성 자체 안에 존재한다는 것을 인정한다면, 전혀 다른 귀결에 도달하게 된다. 사물들을 이런 식으로 인식하는 경우에 어떤 판정이 내려질까? 이 통일, 이 다산적 조화는 현명한 창조자에 근거하지 않고

A 122 서 가능할까? 위대하고 풍부한 규칙성의 형식적 요소는 그런 결론을 내리지 못하게 한다. 그러나 이러한 통일은 그 자체로 그럼에도 사물의 가능성 자체에 근거를 두기 때문에, 현명한 실재는 존재하지 않으면 안 된다. 이런 실재 없이는 이들 자연적 사물 중 어떤 것도 그 자체로 가능하지 않으며, 위대한 근거로 이 실재 안에서 다양한 자연적 사물의 본질이 서로 규칙적인 관계를 맺게 된다. 그러나 이때 이들의 결합 방식뿐만 아니라 사물 자체도 이 실재로만 가능하게 된다는 사실은 명백하다. 즉 사물은 이 실재의 결과로만 실존할 수 있다. 이것은 우선 자연이 신에 완전히 의존한다는 것을 드러낸다. 그런데 '이들 자연이 어떻게 그러한 실재에 의존하고, 따라서 이들과 지혜의 규칙들이 조화한다는 것을 내가 어떻게 이해할 수 있을까?' 이런 물음이 제기된다면 나는 다음처럼 답할 것이다. '그러한 실재는 자연의

사물이 가능하기 위한 근거임과 동시에 자신의 지혜를 위한 근거이기 때문에 이들 자연물은 이 실재 안에 있는 무언가에 근거를 둔다. 이 지혜는 사물 일반의 가능성을 전제하기 때문이다.* 그러나 모든 A 123; Ⅱ 126
사물의 본질에서 토대가 될 뿐 아니라 지혜, 선, 힘의 본질의 토대가 되는 그 근거가 통일이라는 것을 인정한다면, 모든 가능성은 필연적으로 이들 속성과 조화되지 않으면 안 된다는 귀결이 뒤따른다.'

3
개선된 자연신학의 규칙

나는 개선된 자연신학의 규칙을 다음처럼 간략하게 요약하겠다. 자연의 일반 법칙이 신적 실재에 의존하기 때문에 다산성을 가진다고 믿음으로써 사람들은 다음 방식으로 나아갈 수 있다.

1. 자연에서 가장 유용한 구성에서조차 사람들은 항상 유용한 구성의 원인을 그러한 일반적 법칙에서 찾고자 한다. 이 일반적 자연법칙은 다른 적절한 결과의 산출과 관계하는 것은 물론, 이들 결과의 산출과 필연적 통일에 따라 관계한다.

2. 여러 상이한 유용성이 하나의 근거 안에서 결합될 때 존재하게 A 124
되는 필연성의 요소에 주목해보자. [두 가지 이유 때문에 그렇게 하는 것은 중요하다] 첫째, [사물들이] 신에 의존한다고 추론하는 방식은 기교적으로 고안되고 선택된 통일을 목표로 삼는 방식과는 다르

---

* 지혜는 관계들에서 조화와 통일이 가능하다는 사실을 전제한다. 본성상 완전히 독립적인 이 실재는, 그러한 실재의 실행이 제공하는 가능적 조화와 완전성의 근거조차 자신 안에 가지고 있는 한에서만 현명하다. 만약 사물의 가능성 안에 질서와 완전성을 현실화하는 경향이 존재하지 않는다면, 신의 지혜는 단순한 망상에 불과할 것이다. 그러나 이러한 가능성이 그 자체로 현명한 실재 안에 근거를 둔 것이 아니라면, 이 지혜는 모든 측면에서 더는 독립적이 될 수 없다.

다. 둘째, 불변적이고 필연적인 법칙에 따라서 생겨나는 결과는 맹목적인 우연의 산물과는 다르다.

3. 자연 안에서 발견되는 필연적 통일은 예상보다도 훨씬 크다고 추정해보자. 게다가 그 추정은 무기적[109] 자연에 대해서뿐만 아니라 유기적[110] 자연에 대해서도 할 수 있다. 한 마리 동물의 몸 구조에서도 유익함을 다수 낳는 다산적 유용성이 있는 단 하나의 싹이 있다는 것을 추정할 수 있기 때문이다. 얼핏 보면 그러한 결과를 낳으려면 다양한 특별 배려가 필요하다고 가정할 수도 있다. 자연의 필연적 통일을 조심스럽게 주목하는 것은 철학에서는 매우 중요하고, 자연신학적 추론 방법에서도 유익하다.

A 125 4. 창조자의 현명함을 추론하려고 명백히 기교적인 질서를 사용할 수 있으며, 이때 창조자의 현명함은 이 질서의 근거로 간주된다. 다른 한편 자연의 법칙에서 발견되는 본질적이고 필연적인 통일은 현명한 실재를 추론하기 위해 사용되며, 이때는 현명한 실재가 이 통일의 근거로 간주된다. 그러나 후자의 추론은 이 실재의 현명함에 따라서가 아니라 그런 실재 안에서 그 현명함과 틀림없이 조화되는 것으로 매개될 것이다.

Ⅱ 127 5. 사람들은 세계의 **우연적** 결합에서 우주를 합성한[111] 방식의 창조자를 추론한다. 그러나 사람들은 세계의 **필연적** 통일에서는 모든 자연적 사물을 구성하는 재료와 근본 소재의 창조자를 추론한다.

6. 이 방법은 기계적으로 또는 기하학적으로 필연적인 것과 전체 중 최상의 선 사이에 존재하는 조화로움의 근거를 설명할 수 있는 일반적 규칙으로 확장된다. 이와 관련하여 공간의 방대한 다양의 통일에 호소함으로써 공간 자체의 성질들을 고려하는 일을 또는 우리의 기본적 주제를 명료하게 하는 일을 빠뜨리지 않을 것이다.

4
이들 규칙의 해설

나는 위의 방법을 좀더 잘 이해하려고 몇 가지 예를 소개한다. 산악은 지구에서 짜임새가 유용한 것[112] 중 하나다. 버네트는 산악을 인간의 죄를 벌하기 위한 공포의 황무지로 묘사했다. 그러나 이것은 부당하다.[113] 자연신학의 통속적 방법은 광활한 산악이 제공하는 광범위한 이익과 함께 시작하여 신의 현명한 배려로 제공되었으며, 더 나아가 다양한 방식으로 사용할 수 있도록 고안되었다고 주장하게 된다. 이런 방식의 논증을 따를 경우 사람들은 이런 결과를 낳도록 기교적으로 고안된 특별한 배려가 없었다면 일반적 자연법칙은 지표면에 이러한 형태의 산악을 줄 수 없었을 것이라고 생각하지 않을 수 없게 된다. 이러한 전능자의 의지에 기대게 되면 탐구심이 넘치는 이성도 경건한 침묵을 지키지 않을 수 없다. 이에 반해서 더 계몽적인 사고방식에 따르면 자연적 배려의 유용성과 아름다움이 물질의 일반적이고 단순한 인과법칙을 무시할 하등의 이유가 되지 못한다. 그래서 이러한 구성을 이 동일한 인과법칙의 흔히 있는 귀결로 간주 A 127 하지 않을 하등의 이유도 없다. 지구 표면이 둥근 것이, 정확하게 둥근 형태에서 약간 벗어나 울퉁불퉁한 불규칙성에 따라 만들어진 것보다 일반적인 생산에서 더 큰 이득이나 결과를 낳는 것은 아닌지 대답하기 어려운 문제다. 그럼에도 어떤 철학자도 지구 역사에서 최초시기에 가장 일반적인 정역학의 법칙이 작동하여 지구의 둥근 표면을 형성했다는 답변에 어떤 의심도 하지 않는다. 도대체 왜 이들 울퉁불퉁함과 돌기가 기교적으로 고안된 것이 아니라 순수하게 자연적인 과정의 결과이면 안 되는가? 어떤 거대 천체도 액체상태에서부 II 128 터 응고하는 과정에서 광범위한 공동(空洞)이 필연적으로 생겨나는 것처럼 보인다.[114] 이들 공동은 천체 심부(深部)의 이미 응고된 덩어리 안에서 여전히 용해상태에 있는 가장 가벼운 물질 덩어리, 예컨대 공기가 서서히 분리되어 표면을 향하여 상승할 때 형성된다. 더 나아가 공동의 크기는 천체의 크기에 비례하지 않으면 안 되기 때문에,

이들 응고된 둥근 천장의 공동 함몰은 그에 상응하는 크기를 가지는 것처럼 보인다. 이러한 힘들이 작동하는 곳에서 울퉁불퉁한 산악이 형성되는데, 이것이 일종의 규칙성에 따라 생겨난다고 하더라도 놀랄 필요는 없다. 이미 알려진 바와 같이 거대한 혼합물이 한 장소에서 가벼운 물질이 상승하기 시작할 때 다른 곳에 영향을 미쳐서 인접한 혼합물의 영역에서도 동일한 운동이 일어나 표면이 울퉁불퉁하게 형성되기 때문이다. 나는 이 설명을 장황하게 하지 않겠다. 이 설명에 특별히 집착하고 싶지 않기 때문이다. 내 유일한 의도는 이것을 예로 사용하여 어떤 판단 방법을 명확하게 하는 것이다.

　지구의 전체 표면은 물로 덮여 있지는 않지만 어딘가에는 강이나 개울이 흐르며, 이 강이나 개울은 대단히 유용하다.[115] 그러나 평탄하지 않은 곳이 너무나 많아서, 즉 지구 표면에는 산이나 골짜기나 평야가 있어서 얼핏 보기에 강물이 흐르려면 특별한 운하가 질서정연하게 굴착되어야 하는 것처럼 보인다.[116] 그렇지 않다면 지표면의 고저가 불규칙하기 때문에 높은 곳에서 흐르는 물은 도처에 흘러

넘치고, 평야에서 범람하며, 골짜기를 호수로 바꾸고, 육지를 아름답고 질서 있게 하기보다는 오히려 황폐하고 쓸모없는 것으로 만들어버릴 것이다. 여기서 누가 필연적이고도 특별한 배려의 어떤 거대한 외관을 알아채지 못할 것인가? 강의 원인에 대한 모든 자연 탐구는 초자연적 배치를 가정함으로써 종결될 것이다. 그러나 나는 이런 설명에 결코 미혹되지 않고 규칙성의 원인을 일반적인 기계적 법칙의 범위 바깥에 있다고 가정하지 않으며, 오히려 관찰에 따라 여기에서 강이 형성되는 방식을 배우고자 한다. 만약 내가 이런 절차를 취

한다면, 현재도 많은 강의 흐름이 여전히 형성되고 있고, 또 강이 자신의 둑을 높여서 이전만큼 간단하게 주위 토지를 범람하도록 하지는 않을 거라는 점에 주목할 것이다. 나는 관찰을 바탕으로 처음에는 한때 모든 강이 실제로 지표면 이곳저곳으로 범람해서 사람들이 그것을 하지 못하게 막는 특별한 배려가 없으면 어떻게 하나 하고 두려워했다고 확신한다. 그 때문에 나는 그런 예외적 배려는 결코 없다고 Ⅱ 129 생각하게 되었다. 아마존은[117) 수백만 킬로미터에 걸쳐 뻗쳐 있으면 A 130 서 이전에는 어떤 특정한 하상도 가지지 않았고 도처에 범람했음이 틀림없다는 분명한 흔적을 보여준다. 양안 지역은 아득히 저 멀리까지 마치 해면처럼 평탄하고, 강의 퇴적물로 이루어져 있으며, 자갈은 다이아몬드처럼 희박하기 때문이다. 미시시피강[118)도 마찬가지다. 그리고 일반적으로 나일강[119)이나 그 밖에 다른 강들은 수로가 오랜 시간을 거치면서 크게 확장되어갔다. 흐름은 바다 가까이에서는 평야 위로 펼쳐지기 때문에, 어귀를 가지는 것처럼 보이는 곳에서는 점차 수로를 이루게 되고 확장된 하상에 계속 흘러간다.[120) 그러나 그 다음에 경험을 해서 증거를 제시한 이후에는, 나는 다음과 같은 단순한 원리에 따라서 강수로 형성의 전체 메커니즘을 도출할 수 있다고 확신한다. 즉 높은 지대에서 흘러내린 샘물이나 빗물은 처음에는 토지의 경사를 따라서 불규칙적으로 흘러내리다가 많은 계곡을 채우고 평야로 넓어져간다. 이렇게 개관해볼 때 물의 속도가 가장 빠른 A 131 곳에서는 속도 때문에 침전물을 그렇게 잘 퇴적할 수 없다. 이때 침전물은 저 멀리 양안에 풍부하게 퇴적된다. 이렇게 하여 제방이 높아지고 물의 가장 강한 흐름은 수로 안에 머물게 된다. 시간이 경과한 후 물의 공급이 줄어들 때 (이것이 발생할 수밖에 없는 이유는 지질학자에게는 잘 알려져 있지만) 강은 이미 쌓았던 제방보다 더 높이 흐르지 않는다. 규칙성과 질서는 혼란스럽고 무질서한 상태에서 생겨난다. 이러한 작용은 현재에도 분명히 관찰될 수 있으며, 특히 가장 최근에 형성된 강어귀에서 관찰될 수 있다. 이 도식에 따르면 침전물의 퇴적은 그 멀리 뻗쳐간 곳에서보다는 흐름이 처음에 새 제방을 넘쳐 흘렀던 가까운 장소에서 더 자주 발생한다. 마찬가지로 관찰될 수 있는 것은 강이 평야를 흐르는 여러 곳에서 수로가 실제로 주위의 평야보다 높다는 사실이다.

A 132   자연의 과정을 지배하는 어떤 일반적 법칙이 있으며, 이 법칙은 기계적 법칙의 질서와 조화하는 관계에서 어떤 빛을 비출 수 있다. 운동력과 저항력은 이들이 서로 방해가 최소화될 때까지 계속 작용할
II 130 수 있다는 법칙이 그중 하나다.[121] 이 법칙의 이유는 별로 힘들이지 않고도 이해할 수 있다. 그러나 이 법칙의 결과가 규칙성과 유용성과 갖는 관계는 놀랄 정도로 크고 광범위하다. 에피사이클로이드라는 대수 곡선의 특성은 다음과 같다. 예컨대 에피사이클로이드라는 대수 곡선의 형태에서 톱니바퀴의 이빨을 깎는다면, 톱니바퀴 간 마찰은 최소화된다. 고명한 캐스트너 교수[122]는 어딘가에서 경험 많은 광산기사[123]가 오랜 기간 사용했던 기계에서 오랜 운동으로 만들어진 마찰에 결국 톱니바퀴의 이 에피사이클로이드 형태가 생겨났다고 언급했다.[124] 꽤나 복잡한 구조에 근거한 이 곡선은 일정한 규칙성을 가지고 있으며, 일반적 자연법칙의 결과다.

  자연이 생산한 단순한[125] 작용도 방금 언급한 규칙에 종속되어 있
A 133 어서 규칙성의 성향을 보여준다는 사실을 강의 어떤 작용과 관련하여 인용하고자 한다. 육지의 곳곳에 경사 차이가 있기 때문에, 이 경사 표면 위로 흐르는 강은 곳곳에서 절벽을 만나 큰 폭포를 이루게 된다.[126] 절벽과 폭포는 숫자가 그렇게 많지 않지만 실제로 발생하고 있고, 큰 규칙성을 보여주며, 상당한 불편함을 수반한다. 그러나 (추측할 수 있는 것처럼) 폭포는 초기의 혼돈상태에서는 빈번하게 발

생했음이 틀림없음에도 폭포 물이 떨어지는 맹렬함은 단단하지 않은 흙이나, 심지어 물의 힘에 충분히 저항하지 못하는 암석도 깎으면서 흘러간다. 이러한 과정은 강이 하나의 일정한 경사로 수로를 만들 때까지 계속된다. 바로 이것이 폭포가 발견되는 곳의 지역이 왜 암반인가에 대한 이유이고, 강이 여러 곳으로 뻗쳐가는 과정에서 아마도 자기 수로를 절개했던 깎아지른 듯한 절벽 사이로 흘러가는 이유다. 거의 모든 강이 수로 대부분에서 어떤 적절한 속도를 능가하지 못하고 통제될 수 있다는 사실은 사람들에게 매우 유용하게 인식되었다. 그런데 처음에는 강의 통제 가능성은 강이 흘러가는 경사도가 너무나 커서 특별한 기술이 개입되지 않고는 거의 기대할 수 없었다. 우리가 쉽게 알게 된 것은 시간이 경과하면서 강이 저절로 쉽게 능가할 A 134 수 없었던 속도에 도달한다는 것이 유용하다는 사실이다. 지반이 처음에는 아무리 깎아지른 듯 경사도가 커도 결국 그러한 상태에 이르게 된다. 중요한 것은 간단하게 말해 그 지반이 침식될 수 있다는 것이다. 강은 계속 지반을 깎으면서 흘러가고, 어떤 곳에서는 물길을 Ⅱ 131 낮게 하고 어떤 곳에서는 수로를 올리는 일을 하기 때문이다. 이러한 일은 강의 흐름이 빨랐을 때 깎아냈던 흙의 양이 강의 흐름이 둔화되었을 때 쌓인 흙의 양과 거의 같아질 때까지 계속된다. 흐름이 더 둔화되고 작용과 반작용이 상호작용한 결과로 평형상태가 확립될 때까지 그 힘은 계속 작동된다.

자연은 하나의 동일한 사태가 다양한 용도를 위해 유용성을 확장해가는 수많은 예를 제공한다. 별 고심을 하지 않고서 이 이점들을 A 135 목적적이라거나 아니면 신의 의지가 세계에 질서를 부여할 때 목표했던 결과라고 가정하는 것은 큰 잘못이다. 달이 주는 많은 이점 중하나는 다음과 같다. 썰물과 밀물은 역풍이 불거나 바람이 없을 때도 이 조석이 일으켰던 조류에 따라 해협이나 육지의 연안에 배를 띄

운다. 경도는 달과 목성의 위성으로만 계산할 수 있다. 자연의 모든 영역에서 만들어진 것은 각각 유용성이 크며, 우리는 그들 중 일부를 활용한다. 이들 이익은 보통 신이 선택하기 위한 동기로 간주되는데, 이는 불합리하다. 우리가 목성의 위성을 활용하여 경도를 계산하는 수단을 우리에게 주었다고 주장하면서 창조자의 지혜에 호소하는 것은 우스꽝스러운 일이다. 우리는 볼테르의 "왜 우리는 코를 가지고 있지? 그야 코에 안경을 걸치기 위해서지"라고 하는 조소 섞인 농담에 말려들지 않도록 조심해야 한다.[127] 신의 선택의 힘에 호소

A 136 하는 것은 왜 하나의 목적에 필요한 수단들이 그렇게 많은 점에서 유용한지를 적절하게 설명하지 못한다. 모든 피조물의 본질 중에는 찬탄할 만한 공통성이 있다. 여기서 말하는 공통성은 자연 만물은 서로 고립되어 있는 것이 아니라 복잡한 조화 속에서 결합되어 있다는 것이다. 그들은 서로 잘 일치한다. 그들의 본질은 방대하고 필연적이며 전체의 완전함을 목표로 하는 일치를 자신 안에 포함하고 있다. 이것이 바로 다양한 혜택의 기초다. 만약 우리가 개정된 자연신학의 방법을 채택한다면, 이들 이익은 실로 극히 현명한 창조자의 존재증명으로 간주될 수 있다. 그러나 이들 이익은 모든 경우에 특수한 지혜를 바탕으로 배치되었던 배려로 간주될 수 있다. 여기서 배치는 이들 배려가 특별히 부수적인 이익을 위해서 만들어진 다른 배려와 통일을

II 132 이루는 방식으로 되어 있다. 의심할 여지없이 목성에 위성이 왜 있느냐는 이유는 완전한 것이고, 망원경을 발명한 결과 경도를 계산하기 위해 목성의 위성이 활용되지 않았더라도 완전했을 것이다. 이들 활용은 부수적 결과로 이루어지긴 했지만, 그럼에도 모든 사물의 창조자의 무한한 위대함을 확립하는 것과 연관되어 있다. 이들 부수적 이

A 137 익은 그것과 흡사한 다른 무수한 이익과 함께, 서로 어떤 관계도 맺지 않은 것처럼 보이는 부분들을 사물의 바로 그 가능성 자체에서 서

로 연결하는 거대한 연쇄의 증명이기 때문이다. 창조자가 자유의지를 가지고 배려했던 결과에서 생겨나는 이익 그리고 창조자가 알고 있고 창조자의 결정 안에 포함된 이익은 바로 그 때문에 결코 창조자의 선택 동기에 포함될 수 없다. 실로 이들 동기는 이미 부수적인 결과에 결코 의존하지 않고 완전하기 때문에, 그러한 이익이 그 동기에 포함될 수는 없다. 분명히 물이 수평을 이루려는 성질이 있는 것은 특별히 사람들이 물에 자기 모습을 비춰보게 하려는 것은 아니다. 유용성을 합리적 방식으로 논증하고 지금 우리가 사용하는 제한적인 자연신학적 방법을 채택한다면, 우리가 관찰했던 유용성은 목적을 위해서 활용될 수 없다. 그 방법이 우리가 이미 보여준 식으로 보완되는 한에서만, 그런 모든 관찰은 가장 현명한 실재에 모든 사물이 보편적으로 종속한다는 중요한 결론의 기초로서 사용될 수 있다. 당신의 시야를 하나의 피조물이 적어도 가능성에서이긴 하지만 수천 가지 방식으로 제공하는 무수한 유용성에까지 확장하도록 노력하라. (야자수나무는 인디언들에게는 무수하게 많은 이득을 준다) 가장 A 138 멀리 떨어진 피조물들을 다음과 같은 관계 속에서 서로 결합하라. 여러분이 창조 때 기교에 따라 직접 배치되었던 배려의 산물들을 적절하게 찬탄할 때, 피조물의 가능성과 일관된 조화 간에 유지되는 다산적 관계의 멋진 광경을 소홀히 하지 마라. 또 너무나 다양해서 우리의 찬탄을 저절로 보여주는 일련의 자연적[128] 아름다움을 간직한 멋진 광경을 소홀히 하지 마라. 탁월한 계획에 따라서 사물의 본질을 인도하는 영원하고 궁극적인 원천 속 힘을 찬미하고 숭배하는 일을 소홀히 하지 마라.

지나가는 김에 다음과 같은 점을 주목해보자. 세계의 사물들 중에서 발견되는 거대한 상호관계는 이 관계가 유사성, 유비성, 평행성 — 우리가 다른 명칭을 부여하더라도 — 에 부여하는 여러 이유로 그리 간단하게 간과할 수 있는 것이 아니다. 대부분 단지 상상력 안에서 사용하는 것에 불과한 기지(機智) 게임[129]의 사용에 국한하지

않고 이런 것들을 사용하는 것은 내 생각으로는 철학자에게 매우 중요한 고찰 대상이 된다. 문제는 다음과 같다. 매우 다른 것이 동형성이라는 어떤 공동 근거에 뿌리박고 있고 대단히 다른 사물들 간에 유지되는 일치가 그렇게 거대하고 광범위하지만 그럼에도 또 그렇게 엄밀하게 이루어지는 것이 어떻게 가능한가? 이들 유비는 또한 인식 획득에 대단히 결정적인 수단이 된다. 수학 자체는 그러한 유비의 예를 제공한다. 그러나 나는 어떤 예를 인용하는 일을 삼가겠다. 그러한 유사성들을 경험할 수 있는 방식은 여러 가지이므로, 그것들은 다른 사람들에게는 다른 방식으로 이해될 수 있지만 나는 이것이 두렵다. 어쨌든 내가 여기서 언급하는 견해는 불완전하며 있는 그대로 충분히 이해될 수 있는 것도 아니다.

　누군가가 기하학이 탐구하는바, 공간 간의 많은 상이한 관계 중에서 지배적인 거대한 통일의 사용을 묻는다면, 나는 수학적 대상의 통일이라는 일반적 개념은 마찬가지로 자연의 통일과 완전성의 근거 또한 드러낼 수 있지 않나 생각해본다. 가령 모든 도형 중 원은 주변의 길이를 일정하게 했을 때 가장 넓은 면적을 둘러싸고 있는 도형이

다. 이 성질은 원에서는 주변과 중심의 거리가 항상 일정하다는 사실에 근거를 둔다. 하나의 도형이 직선으로 둘러싸이면, 이 직선과 점의 거리를 같게 만들려면 모서리의 점과 중심 간의 거리가 모두 같을 뿐만 아니라 중심에서 각 변에 연장된 수직도 모두 같지 않으면 안된다. 이런 조건이 충족되면 규칙적인 정다각형[130]이 완성된다. 기하학이 보여주는 바에 따르면, 주변 길이가 일정한 경우 정다각형 쪽이 동수의 변을 가지고 있는 다른 어떤 다각형보다 더 큰 면적을 둘러싼다. 중심에서 거리가 모두 같은 가장 단순한 도형이 가능하다. 즉 단

지 다각형의 모든 모서리와 중심 간의 거리가 모두 같은 경우가 그러하다. 그리고 원에 내접하는 어떤 불규칙적인 다각형도 그것과 동일한 길이의 변이 둘러싼 면적 중에서 가장 큰 면적을 둘러쌌다는 사실이 증명된다. 추가로 그리고 마지막으로 각 변의 길이가 모서리와 중 A 141 심 간의 거리와 동일한 다각형에 관해 살펴보자. 이 다각형은 정육각형이다. 모든 다각형 가운데서 최소한 주변에 최대 면적을 둘러싼 다 Ⅱ 134 각형이다. 그래서 이 정육각형은 모양이 동일한 다른 정육각형과 바깥으로 병렬되어 있으면, 어떤 틈도 남아 있지 않게 된다. 다음을 고찰해보자. 공간에서 최소의 것과 최대의 것의 상호관계는 균등함에 의존한다. 자연에는 그러한 필연적 균등성의 예가 무수하게 많기 때문에, 최대와 최소의 상호관계의 일반적 규칙에 관해 방금 언급했던 기하학의 경우들에서 도출되는 규칙은 자연의 경제법칙[131]의 필연적 관찰에도 적용될 수 있다. 충돌의 법칙에는 어떤 균등성이 항상 필요하다. 즉 두 물체가 비탄성체일 때 이 두 물체의 속도는 충돌 후 항상 균등하다. 그런데 탄성체일 경우 이 두 물체는 충돌 후 항상 균등한 탄력을 가지고서 운동한다. 그리고 이 탄력은 물론 충돌이 일어났던 때의 충격력과 균등하다. 이때 두 물체의 중심은 그것이 정지한 경우에도 운동하는 경우에도 충돌로 어떤 변화도 일어나지 않는다는 등. 공간적 관계의 다양성은 수가 무한하지만 아주 명석하게 인식 A 142 가능하고 직관될 수 있다. 따라서 공간의 관계는 종종 완전히 다른 종류의 인식의 상징으로 찬탄할 만한 역할을 해왔다(예컨대 확률 계산을 하는 데서). 또 이 동일한 공간적 관계로 우리는 가장 단순하고 일반적인 원리에서 자연적인 필연적 인과법칙에서 나타나는 완전성의 규칙을, 그것들이 이 관계에 의존하는 한 인식할 수 있게 된다.

　나는 여섯째 고찰의 결론을 제시하기에 앞서 세계 안에서 일어나는 완전성의 현상들에 대한 여러 상이한 단계의 철학적 설명 방법을 제시하려 한다. 물론 이들 철학적 설명에는 현상을 모두 신 아래 포섭된 것으로 간주한다는 단서가 붙는다. 나는 철학이라 할 수 없는 단계의 고찰에서 시작하여 철학적 노력이 최고조에 이르는 단계로 끝을 맺는 방식으로 열거하겠다. 또 질서, 아름다움, 규칙성에 대해

A 143 서, 이것들이 세계의 사물들을 철학에 적합한 방식으로 신적 창조자 아래에서 질서 잡는 근거들인 한에서 이야기한다.

첫째 단계. 자연의 진행 과정에서 발생하는 개별적 사건은 신의 작용에서 직접 나왔다. 이 단계에서 철학이 할 수 있는 유일한 일은 이 특별한 의존성을 지지하는 논증을 제시하는 것이다.

둘째 단계. 세계 내에서 발생하는 사건은 개별 경우로 간주될 수

Ⅱ 135 있으며, 이때 세계의 메커니즘은 특별히 이 사건의 산출을 목표로 해서 창조된 이래 처음부터 그런 식으로 조직되었다. 최근의 체계에서 그렇게 해석되었지만,[132] 노아의 홍수가 한 예다. 그러나 [그러한 해석은] 이 사건이 초자연적이[라 하더라도 별 변화가 없다]. 방금 언급했던 철학자들이 자연과학을 이용할 뿐이다. 그러나 그 철학자들은 자연과학을 자기 학식을 뽐내려고 사용하는 것일 뿐이요, 그들이 자연과학을 이용하는 것은 일반적 자연법칙에 따라 발생했다고 생각할 수 있는데도 상상 수단을 발휘하여 이른바 이상한 현상이라고

A 144 미리 날조하는 것에 불과하다. 대체로 그러한 식의 과정은 신의 지혜와 일치하지 않는다. 신의 지혜는 무용한 기교를 가지고 자신을 과시하지 않는다. 그러한 과정은 인간에게서조차 비판받게 된다. 직접 완벽하게 대포를 발사할 능력이 있는 어떤 사람이 정해진 시간에 정교한 기계적인 수단을 동원해 대포가 발사되도록 시계태엽을 발사 장치에 부착하는 무용한 기교의 예처럼 비판받을 것이다.

셋째 단계. 자연의 어떤 부분들은 창조 이래 지속하는, 위대한 건축가[133]의 손에서 직접 비롯된 배치로 간주된다. 실로 이 배치는 개

별적으로 도입되었으며, 지속적인 법칙에 따른 배열로 도입된 것은 아니다. 가령 신이 사물의 시초에 산,[134] 강, 행성 및 이들의 운행[135]에 직접 질서를 부여했다는 주장이 그것이다. 의심할 여지없이 최초 상태인 어떤 상태가 있었고, 최초 상태에서 사물의 형식과 재료를 직접 신에 의존했다는 사실이 확실하기 때문에, 그 정도까지가 이런 판단 유형에 대한 철학적 기초가 된다. 그러나 이런 방법은 지극히 작 A 145 은 부분에서만 철학적이다. 이 방법은, 사물에 속하는 적합성이 일반적 법칙에 따라 이루어진다는 것을 미리 검토하지 않고서, 어떤 배치를 그것이 유용하고 질서가 있기 때문에 창조 활동에 곧바로 귀속시키는 성급함을 보였다.

넷째 단계. 자연은 일반적 법칙에 따라 현상들을 산출할 수 없다는 사실을 적절하게 검토하기도 전에, 어떤 현상을 자연의 기교적 질서에 배속시킨다. 가령 어떤 현상을 아마 일반적인 기계적 힘으로 설명할 수 있는데도, 그 현상이 질서와 아름다움을 많이 가지고 있다는 이유만으로 그 현상을 식물이나 동물계의 질서로 설명하는 경우가 있다. 이러한 사고방식에서도 식물이나 동물계에서 모든 개체를 직접 신이 창조했다는 사고방식보다 신이 직접 창조했던 약간의 것을 제외한 모든 개체를 번식 능력을 지배하는 법칙에 (단순히 개전開展 능력을 지배하는 법칙만이 아니라) 따라서 창조했다는 사고방식이 더 철학적이다.[136] 후자가 더 철학적인 까닭은 더 많은 현상을 자연의 Ⅱ 136 질서에 따라 설명했기 때문이다. 이 철학적 우월성은, 자연의 질서에 따라서는 지금 검토하는 현상들이 설명될 수 없다는 사실이 분명하게 입증될 때에 한에서만 도전받을 수 있다. 세계 내의 배치에 대 A 146 한 설명이 단지 동물이나 식물계에 관계하는 설명에 그치는 것이 아니라 어떤 특별한 목적을 위해서 설정된 기교적 법칙에 따라 이루어지는 설명이라면, 그 설명은 이 넷째 단계의 철학적 설명 방식에 속한다.* 사람들이 눈이나 **오로라**에 관해서 이 두 현상을 생겨나게 했던 자연의 질서가 마치 그린란드 사람이나 라플란드 사람을 이롭게 하려고 (그들이 어둠 속에서 장기간에 걸쳐 겨울밤을 보낼 필요가 없도록 하려고) 특별히 구성되었다고 보는 가정, 즉 이들 현상이 다른 법칙에서 필연적 통일성을 가지고서 일어나는 부수적 결과인데도 특별히 구성된 것이라고 보는 가정은 이런 설명 유형의 예다. 사람들에게 유용한 어떤 현상에서 신의 특별한 배려를 도출하고자 한다면, 반드시 이런 오류에 빠질 위험에 처하게 된다. 예를 들면 삼림이나 평야

A 147 가 대부분 초록빛을 띠는 것은 초록이 모든 색 가운데서도 중간 강도라서 눈에 자극을 주지 않기 때문이라고 가정해보자. 이에 대해 데이비스해협의 주민들은 눈[雪] 때문에 거의 눈[眼]을 멀게 되고 눈[雪] 안경을 끼지 않으면 안 된다는 반대가 제기될 수 있다. 유용한 결과들이 추구되고 어떤 선의의 창조자에게 귀속되는 것 자체가 비난받을 수 있는 것은 아니다. 오히려 이들 유용한 결과를 낳는 자연의 질서가 기교적으로 그리고 의도적으로[137] 다른 질서와 결합되어[138] 있다는 견해는 비난받을 만하다. 그러한 결합은 필연적이기 때문이다.

다섯째 단계. 자연의 완전한 배치에 관한 판단 방법은 참된 철학적 정신을 포함한다. 이러한 방법에는 심지어 초자연적 사건의 발생도 항상 인정할 준비가 되어 있다. 마찬가지로 어떤 순수하게 기교적으로 고안된 자연 질서의 존재도 항상 인정할 준비가 되어 있다. 무엇보다 이 방법은 자연의 유용성이나 조화의 근거를 탐구하지만, 이 유

A 146 * 나는 제2부 셋째 고찰의 제2절에서 식물이나 동물계의 예시로서 기교적으로 고안된 자연 질서를 들었다. 그러나 어떤 특별한 유용성 때문에 구성된 법칙이 기교적으로 고안되었다고 말해지는 까닭은 이 법칙이 자연의 다른 법칙과 필연적으로 통일되면서 결합되어 있지 않기 때문이라는 점을 주목할 필요가 있다. 이 점은 여기서 언급한 다수 예에서 분명해진다.

용성과 조화의 근거를 필연적이고 일반적인 법칙 안에서 발견하고
자 하는 시도를 단념하지 않는다. 그리고 이 방법은 이들 근거를 발   A 148
견하고자 하는 시도에서 자연의 혜택과 조화를 설명하기 위해서 자
연적 원인들의 수를 증가시키려는 행위를 혐오하면서 이런 필연적
통일의 보존에 주목한다. 이에 덧붙여 자연신학적 판단 방식이 특별   II 137
한 배려 없이 한편으로 자연적으로 일어나는 것과 다른 한편으로 합
리적 실재의 이익이나 쾌적함과 관계를 맺는 규칙 사이에서 유지되
는 필연적 결합의 근거를 설명할 수 있는 일반 법칙에 주목한다면,
그다음으로 창조자인 신에게로 상승한다면, 이 모든 조건이 충족된
다면 이 판단 방법은 적절한 방식으로 자기 의무를 완수할 것이다.*

일곱째 고찰   A 149
우주 생성론[140]

천체의 기원과 천체 운동의 원인을 앞서 확립한 규칙에 따라서
기계적으로 설명하려는 가설

천체의 형태, 천체의 운동과 천체의 우주 체계[141]의 구성을 설명하
는 역학, 천체 궤도의 위치를 시간 경과에 따라 지배하는 많은 변화
는 모두 자연과학의 한 분과를 이룬다. 자연과학의 분과는 너무나 명
석·판명하게 이해되어서, 사람들은 자연적 대상(이 대상은 심지어 현

---

* 내가 여기서 언급하는 것은 단지 이 길이 인간 이성에 따라 이미 구축되었던
것임이 틀림없다는 것이다. 그렇지 않았다면 누가 이와 같은 문제에서 자주
빠지게 되는 오류로부터 이것을 구할 수 있을까? 포프는 다음처럼 이야기했
다. 가서 영원한 신의 지혜가 보여주는 통치 방법을 가르쳐라. 그다음 너 자신
에게 침잠하여 자신이 바보임을 깨달아라![139]

대상의 다양성에 거의 근접하는데)을 의심할 수 없을 정도로 올바른 방식으로 그리고 그렇게 명석하게 설명하는 단 하나의 다른 통찰도

A 150 보여줄 수 없었을 것이다. 이 점을 고려한다면, 자연의 구조[142]가 최초로 성립했던 상태, 현재도 그러한 단순하고도 명백한 법칙에 따라서 계속되는 운행이 최초에 그 구조의 원형이 되었던 상태를 파악하고자 하는 것이 우리가 자연 안에서 기원을 찾는 다수 사물을 이해하고 파악하는 것보다 더 쉽다는 확신을 우리가 가지지 않겠는가? 이 가정을 선호하는 이유는 명백하다. 우리가 아는 한, 이 모든 천체는 원의 형태를 지닌 덩어리며, 구조상 유기적인 것도 아니고[143)144)] 기

II 138 원에서 신비스러운 마술과 같은 것도 아니다. 이들 천체를 운행하게 하는 힘은 모든 개연성에서 물질 자체의 성질인 기본 힘의 하나로서, 그 이외의 설명 방식은 있을 수 없다. 천체를 돌게 하는 추진 운동[145)] 과 천체에 전달되는 운동[146)]의 방향은 각각 천체의 형성과 함께 자연 원인에 대한 첫 탐구가 이루어지는 주요한, 아니 실로 거의 유일한 현상이다. 이들 현상은 모두 단순한 결과들이다. 이들 현상은 자

A 151 연의 대다수 다른 현상만큼 복잡하지 않다. 자연의 다른 현상을 지배하는 법칙은 보통 수학적 엄밀성을 가지고 인식되지는 않는다. 우리가 여기서 관심을 두는 현상들은 이와 대조적으로 매우 쉽게 이해할 수 있는 방식으로 우리 눈앞에 똑똑히 놓여 있다. 그렇게 다행스러운 결과가 나타나는 길에 태양계와 같은 자연현상의 경이로운 거대한 인상을 제외하고는 아무런 방해물도 서 있지 않다. 태양계에서 자연적 원인들은 온통 의심의 대상이다. 자연의 넉넉함은 너무나 취약하고, 최고 창조자의 창조적 권리를 침해하는 것처럼 보이기 때문이다. 그러나 우주의 거대한 체계가 일단 존재하면, 그 체계로 하여금 운동을 유지하도록 하는 기계적 법칙에 대해 동일한 것을 말할 수는 없을까? 그러한 운동의 유지는 공중에 떨어진 돌이 궤도를 그릴 때 따르

게 되는 것과 동일한 법칙에 근거를 둔다. 이 법칙은 단순하지만 가장 규칙적인 결과의 풍요로운 원천이며, 전 우주의 유지를 맡길 만큼 신뢰할 만한 가치가 있다.

다른 한편 가장 미천한 한 포기 풀을 완전히 기계적인 법칙에 따라 산출하게 하는 자연적 원인을 발견하기는 가능하지 않지만, 우주 전 A 152 체계의 기원은 감히 설명할 수 있다. 그러나 어떤 철학자가 이미 존재했던 풀의 성장과 내적 운동을 지배하는 법칙을 천체의 운동을 지배하는 법칙만큼 명료하게 수학적으로 확실히 설명할 수 있겠는가? 두 경우 대상의 본성은 완전히 다르다. 현재의 예에서 거대하고 경탄스럽게 하는 것이 오히려 작은 것보다 이해하기 매우 쉽다. 행성의 형성, 행성을 궤도로 날게 하는 방사력[147]의 원인은 하나의 눈 조각 [雪片]의 형성보다 훨씬 쉽고 분명하게 이해되는 것처럼 보인다. 눈 조각에서 여섯 개 모퉁이를 가지고 있는 별 모양의 비례는 행성 궤도의 곡선보다 정확하게 보인다. 눈 조각의 축이 그들 축의 공통된 평 Ⅱ 139 면에 대해 가지는 관계는 천체의 궤도가 이들 천체 궤도 운동[148]의 공통된 평면에 대해 가지는 관계보다 더 엄밀한 것처럼 보인다.

나는 일반적인 기계적 법칙에 따라서 우주의 기원을 설명하려 한다. 이 설명은 자연의 전체 질서에 관한 것은 아니고 자연의 가장 일 A 153 차적 기초를 이루는 거대 물질 덩어리와 그것의 궤도에 관한 것일 뿐이다. 내 설명은 복잡하기도 하고 완성되지 않은 것이기도 하지만, 많은 사람이 중요한 고찰을 할 기회는 줄 것이다. 내가 진술하는 것 중 일부는 내 생각으로는 더 작은 대상에는 약간 의심을 남길 정도의 개연성을 가지고 있다. 제기될 수 있는 유일한 반대는 우주의 기원을 설명하려면 자연의 일반적 법칙에 접근할 수 있는 것 이상의 기술이 필요하다는 편견이다. 종종 일어나는 일이지만, 우리가 실제로 찾는 것을 발견하지는 못하더라도, 탐구 과정에서 예상치 않았던 부산물과 만나기도 한다. 이러한 예상치 않았던 이점들조차 다른 누군가의 고찰에 제시되어 상당히 기여한다면 나는 만족한다. 가설의 주요 목적이 경과 과정에서 취소된다 하더라도 얻게 되는 소득은 충분할 것이다. 이 시도에서 나는 뉴턴과 그의 계승자들이 이룬 만유인력의 법칙을 전제할 것이다. 명민한 사람들이 경험적 관찰을 기초로 하고 수학적 추론에 따라 내린 결론조차 형이상학에서 도출된 정의[149]를 채택하고 자신의 입맛에 따라서 형성된 정의를 채택함으로써 간단하게 일소에 부치는 사람들이 있다면, 그들은 이하의 부분을 이 저서의 주요 목적과 별 관계가 없는 것으로 무시할 수도 있다.

A 154

1
우주 전체[150]까지 확장된 견해

여섯 개 행성은 위성과 함께 하나의 공통 평면,[151] 즉 태양의 적도 면에서 크게 벗어나지 않는 궤도를 돈다. 이에 반해 혜성의 궤도는 이 관계 평면에서 크게 이탈해 있으며, 게다가 모든 방향에서 일탈해 있다.[152] 그런데 태양계에 속하는 행성이나 혜성의 수가 이처럼 적지 않고 수천에 달한다면 황도대는 무수한 별이 빛나는 지대로 보이거나 희미한 빛으로 사라지는 띠로 보일 것이다. 띠에서 더 가까운 행성 중 몇몇은 아주 빛나겠지만, 더 멀리 있는 행성들은 그 수가 많고 희미하기 때문에 안개처럼 보일 것이다. 태양을 회전하는 이 모든 행성의 궤도 운동[153]과 함께 이들 상호위치는 변하겠지만, 황도대 어딘가에 위치하게 되기 때문이다. 이에 반해 혜성은 이 광대의 양 측면에 모든 가능한 방식으로 산재[154]할 것이다. 이런 가정을 마음에 그리면서 (이것은 상상으로 우리 태양계의 천체 수를 무수하게 증대하는 것이다) 저 광활한 우주 쪽으로 눈을 돌려보자. 그렇게 한다면 우리는 실제로 하나의 광대를 발견할 수 있다. 이 광대 안의 별들은 우리

A 155
II 140

와 멀리 있거나 가까이 있더라도 다른 곳이 아니라 하나의 특정한 평면에 밀집해 있다.[155] 이에 반해 이 평면의 양측에는 별들이 흩어져 위치를 점한다. 내가 지금 여기서 언급하는 것은 은하인데, 이 은하는 정확하게 거대한 원형의 정위(定位)[156]를 가진다.[157] 이런 식의 규정[158]은 주목할 만한 가치가 있다. 이를 통해 우리의 태양계도, 나아 A 156 가 지구도 이 하나의 공통 관계 평면에 밀집해 있는 별 중 하나라는 점을 이해할 수 있다. 그리고 우리는 이 유비로 태양을 포함한 많은 수의 태양도 하나의 우주를 구성하며, 이 대규모 우주도 소규모 태양계도 유사한 법칙에 따른 질서를 가지고 있음을 알 수 있다.[159] 이 모든 태양은 그들의 위성과 함께 그들 궤도에서 공통 중심점을 함께 가지게 된다. 위치의 어떤 변화[160]가 실제로 몇몇의 경우에서 관찰되었는데도 이들이 그 위치를 변경하지 않는 것처럼 보이는 유일한 이유는 이들이 지구에서 아주 멀리 떨어졌고, 궤도 운동이 느리기 때문이다. 이들 거대한 천체의 궤도는 마찬가지로 공통 평면과 관계를 맺으며, 이 공통 평면에서 크게 일탈하지 않을 것이다. 이는 태양계의 행성들이 공통 평면과 관계를 맺는 방식과 같다. 그리고 그 밖의 천체 영역을 일정한 빈도수를 가지고서 차지하는 천체들은 우리 자신의 행성 체계에서 혜성과 유사하다.[161]

내 생각으로는 개연성이 매우 높아 보이는 이 가설[162]에서, 우리의 태양을 포함한 질서, 지구상의 관찰자에게는 은하로 비쳐지는 질서, 이 이외에 좀더 상위의 우주 질서[163]가 상당수 있으며, 그들 중 일부 A 157 는 거대한 우주의 심연에서는 희미하게 가물거리는 반점[164]처럼 보일 거라는 점이 제시될 수 있다. 그리고 다른 항성 집단의 공통 평면[165] 이 우리와의 관계에서 경사를 이룬다면, 그 집단은 타원형으로 보인 II 141 다. 그리고 이 타원형 집단은 아주 먼 거리에 떨어져서 관찰되기 때문에 작게 보이며, 이 작게 보이는 영역에서는 우리의 은하와 유사한 태양들의 체계로 보일 것이다.[166] 그리고 실로 이 반점[167]은 아주 오래전에 천문학자들이 발견했는데, 이들에 관한 견해는 상당히 다르다. 예컨대 별의 집단에 관한 모페르튀이 씨의 책이 그러하다.[168]

나는 이 고찰이 다음과 같은 두 가지 이유에서 몇 가지 점에서 주목받기를 원한다. 첫째, 내 가설이 제시한 창조 개념은 보통 개념보다 놀랄 정도로 울림이 크다. (무수하게 많은 태양이 마치 우리의 태양계가 하나의 계를 이루듯이 자신의 계 내부에 구성원을 다수 가지고 있으며, 이들 구성원이 궤도 운동으로 결합되어 있다. 아마도 셀 수 없을 A 158   정도로 많은 이들 계는, 비록 우리는 이들 중 일부만 지각할 수 있지만, 더 나아가 좀더 상위의 질서 구성원들일 것이다) 둘째, 우리가 제안했던 것과 같은 가설이 인도하는 대로 지구 인근의 항성들(또는 오히려 느린 속도로 움직이는 태양들)을 관찰하게 되면, 그렇지 않았을 경우 어떤 탐구 계획들이 빠짐으로써[169] 주목을 받지 못했던 위대한 것을 발견할 수 있게 된다.

2
우리 태양계 일반의 기계적 기원에 대한 근거

예외 없이 모든 행성은 공통 평면, 즉 황도에서 약간 이탈하기는 하지만 한 방향으로 태양 주위를 돈다. 태양 주위의 이들 운동은 모든 이용 가능한 공간을 채우면서 그 축의 주위에서 이루어지는 소용돌이 운동을 일으키는 물질적 실체를 통해 고체들이 말려들어가게 될 경우, 이들 고체에서 일어나는 운동과 같다.[170] 이들 행성은 모두 태양의 인력에 당겨진다. 행성이 원 궤도[171]를 돌려면 원심력[172]의 A 159   크기가 아주 정확하지 않으면 안 된다. 그러나 이러한 기계적 작용에서 기하학적 엄밀성을 기대할 수는 없다. 실제로 모든 궤도는 원형 궤도[173]에서 아주 약간이긴 하지만 이탈한다. 행성의 밀도는 뉴턴의 계산에 따르면 행성의 태양에서 거리가 크면 클수록 줄어든다. 만약 행성이, 행성이 떠다니는 공간 곳곳에 산재한 우주 물질[174]에서 형성되었다면, 뉴턴의 설을 인정할 수밖에 없었을 것이다.[175] 모든 것에 태양을 향해 가라앉으려는 경향이 있다면 당연히 밀도가 농후한 물질이 가벼운 물질보다 태양을 향하여 더 강하게 끌어당겨지고 태양 Ⅱ 142 가까운 데서 집적하는 반면, 가벼운 물질은 밀도가 희박하므로 낙하가 지연되기 때문이다. 그러나 뷔퐁의 의견에 따르면 태양을 구성하는 물질의 밀도는 모든 행성의 전체 밀도와 거의 같다.[176] 이 사실은 태양계의 기계적 생성과 잘 일치한다. 이런 생성에 따르면 여러 고도에서 상이한 유형의 원소들에서 여러 행성이 형성되었지만, 이 공간을 함께 뒤섞여 채우는 모든 나머지 물질은 공통의 중심점, 즉 태양을 향하여 낙하했을 것이다.

이러한 설명과 상관없이 누군가가 그러한 구조를 신의 손에 직접 A 160 귀속시키고 이 문제에 대해 기계적 법칙을 조금도 적용하려 들지 않는다면, 왜 보통의 자연과학 연구에서는 가지지 않은 태도를 이 경우에는 가지게 되었는지 충분히 설명해야 한다. 그러한 사람은 어떤 이유에서 행성이 여러 다른 방향으로 운행하지 않고 한 방향으로 운행하는 것이 더 나은지, 어떤 이유에서 행성들이 모든 공간 영역에서 궤도를 도는 것이 아니라 하나의 공통 평면 근처 궤도에서 태양 주위를 도는지를 설명하는 어떤 합목적성도 제시할 수 없다.[177] 천체 공간은 지금 텅 비어 있고, 행성들은 이들 모든 운동에도 서로 방해하지 않는다. 나는 일반적인 역학으로는 도달할 수 없고 어떤 사람도 이해할 수 없는 감추어진 목적들이 있을 수 있다는 것을 기꺼이 인정한다. 그러나 사실이 이럴진대 이들 목적이 무엇인지를 보여줄 수 없는데도 자기 견해를 이들 목적에 기초를 두고서 제시하려 한다면, 그런 사람은 그러한 목적이 존재한다고 가정할 자격이 없다. 마지막으로, 신이 행성들로 하여금 곧바로 운동[178]하게 하면서 궤도를 그리도록 만들었다면, 그 행성들은 자연의 모든 산물에서 만나게 되는 불완전함과 일탈의 특성을 가지지 않을 것이라고 가정될 수 있다. 행성들이 동일한 평면에 관계하는 것이 좋은 일이었다고 한다면, 신은 행성들의 궤도를 정확한 평면에 고정했으리라 예상된다. 이들 궤도가 거의 원 운동을 그리는 것이 좋은 일이었다면, 이들 궤도가 완벽하게 원이었음을 기대하게 될 것이다. 가장 엄격함[179]에 어떤 예외가 왜 있었는지는 분명하지 않고, 특히 기술자로서 신 자신이 활동한 직접적 산물이라고 가정되는 것들에서는 특히 그러하다.

A 161

태양에서 가장 멀리 떨어져 있으면서 태양계 구성원인 혜성들은 중심을 크게 벗어난 운항을 한다. 만약 그들 운항이 신 활동의 직접적 산물이었다면, 이 궤도가 황도에서 그렇게 많이 이탈했더라도, 궤도는 원형을 그렸을 것이다. 그러한 상당한 이탈 궤도의 효용을 생각하는 데에는 무모함이 많이 생겨날 것이다. 천체가 하늘의 어떤 영역을 차지하든지 간에 그 천체가 중력의 중심을 등거리에서 돌고 이 거리에 따라 이루어진다는 것이 천체가 중심에서 상당히 이탈되어 운행한다는 것보다, 이 역시 효용은 있겠지만 이해하기 쉽기 때문이다. 뉴턴이 제시한 효용에 관한 한, 적어도 그 효용은 이미 가정된 신의 직접적 배열이라는 목적의 핑계를 대는 역할을 제외하고는 분명히 조금의 개연성도 가지지 못할 것이다.

II 143

A 162

행성 체계의 구조를 신의 의향에 곧바로 귀속함으로써 생겨나는 잘못은 태양에서 행성의 거리와 밀도가 서로 반비례한다는 사실에 대해 제멋대로 이유를 둘러대는 데서 명백히 드러난다. 그렇게 주장되듯이 태양의 영향은 거리가 늘어나면 줄어든다. 그러나 태양열을 받아 뜨거워진 물체의 밀도가 비례적으로 조절되는 것은 지당하다고 주장한다. 하지만 그것은 잘못이다. 태양의 작용은 행성의 표면 아래 조금만 침투할 뿐이라는 것은 이미 알려진 사실이기 때문이다. 그러므로 태양이 미치는 영향에서 행성의 전체 질량의 밀도를 추론하는 일은 가능하지 않다. 추론 결과는 객관적으로 살펴보면 그들 목적에 도달하지 못한다. 다시 말해서 수단, 즉 전체 질량의 밀도 감소는 그렇게 하기에 너무 과도한 배려를 포함하며, 도달하고자 하는 목적과 관련해서 과도하고 불필요하다.[180]

모든 자연현상은 그것이 조화, 질서, 유용함을 향하는 경향이 있는 한에서 신의 목적과 일치한다. 그러나 또한 그것은 일반적 법칙의 특성을 보여준다. 그러한 일반적 법칙의 결과는 개별 사례를 넘어서는 데까지 확장된다. 따라서 각 개별적 영향은 개별적 결과만 낳는 목표가 아닌, 법칙 혼합의 징후를 보여준다. 이 점이 특정한 목적과 관련하여 있을 수 있는 가장 큰 엄밀성에서 벗어나는 일이 왜 생겨나느냐에 대한 이유다. 이에 반해 초자연적인 신의 직접적 배려를 수행하는 일은 일반적 법칙에서 생겨나는 결과를 결코 전제하지 않기 때문에, 이와 같은 배려는 물질의 인과적인 일반적 법칙에서 생겨나는 특수한 부수적 결과의 간섭을 받더라도 훼손되지 않을 것이다. 그러한 배려는 오히려 가능한 한 가장 큰 엄밀성을 가지고서 계획을 실현할 것이다. 태양계의 공통 중심에서 비교적 가까운 부분들은 거의 완전한 질서와 엄밀성을 가지고 있다. 그러나 이 질서와 엄밀성은 태양계의 중심에서 이탈해 태양계 한계 쪽으로 이동하고, 공통의 평면에서 멀어지면 불규칙성과 이탈로 이어지게 된다. 이것은 기계적 기원이 있는 구조에서 당연히 예상될 수 있는 것이다. 그러나 신이 직접 개입하여 산출하는 배열에서는 목적이 불완전하거나 그 목적이 수행될 수 없거나 하는 일은 일어나지 않는다. 오히려 가장 큰 엄밀성과 정확성이 모든 곳에서 나타난다.[181] 예컨대 그런 엄밀성과 정확성은 동물 구조에서 더 명백하게 나타난다.

A 163

Ⅱ 144

A 164

3

어떻게 태양계가 기계적으로 형성될 수 있었는지에 대한
간단한 개관

태양계의 기원에 대한 기계적 설명에서 방금 언급했던 논증은 대단히 중요하며, 실로 그중 몇 가지 논증만이 아주 오래전부터 행성이 궤도를 그리는 원인을 자연의 힘 가운데서 찾으려 했던 자연 탐구자들의 주목을 받았다. 특히 모든 행성은 태양의 자전과 동일한 방향으로 태양 주위를 돌기 때문에 그리고 행성 궤도는 태양의 적도면과 거의 일치하기 때문에 그들이 그것에 그렇게 주목했던 것이다. [이렇게

A 165 해서 그들은 와동설을 제시했다] 뉴턴은 모든 와동설의 위대한 파괴자였지만,[182] 뉴턴이 [그것의 잘못된 점을] 입증한 훨씬 후에도 이들은 여전히 이 운동에 집착했다. 저명한 마이란이 그에 해당한다.[183] 뉴턴 철학의 신뢰할 만하고 이치에 합당한 증명은 천체에는 이른바 행성들로 하여금 그것들의 진로를 돌도록 하는 이른바 와동이라 생각되는 어떤 흔적도 없다는 사실을 분명하게 보여주었다. 또 뉴턴은 우주 공간에서는 그러한 유체의 흐름이 조금도 발견되지 않기에 혜성의 꼬리가 행성의 궤도를 횡단하더라도 유체가 흩어지지 않고 자신의 진로를 계속 간다는 점을 증명했다. 이런 사실에서 분명히 이르게 되는 결론은, 우주 공간은 현재 완전히 진공상태이거나 어쨌든 거의 진공에 가까운 상태이기 때문에 행성에 궤도 운동을 부여하는 기계적 원인은 있을 수 없다는 사실이다.[184] 그러나 즉시 모든 기계적 법칙을 무시하고, 신이 행성에 직접 운동을 부여했다는 무모한 가설을 세워서 행성들은 그들의 중력에 따라 계속 궤도를 그리게 되었다고 한

A 166 다면, 이것은 그 보폭이 너무 커서 철학의 한계를 넘어서게 된다. 아주 분명한 사실은 태양계 구성의 기계적 원인이 아직 가능한 한 가지 경

II 145 우가 남아 있다는 사실이다. 그것은 다음과 같다. 현재는 진공인 태양

계가 이전에는 태양의 중력이 지배하는 이 모든 영역에 걸쳐 운동력의 통일[185]을 야기하기 위하여 채워졌다면 가능했을 것이다.[186]

이제 나는 천체 운동의 기계적 원인을 일으키는 유일한 가능한 조건을 보여줄 것이다. 단지 하나의 가능한 조건이 있다는 것은 어떤 가설을 정당화하는 데 상당히 중요한 상황이지만, 자주 자랑으로 내세울 만한 것은 아니다. 공간은 지금은 진공이지만 이전에는 무언가로 채워졌었다. 그렇지 않았다면 궤도를 돌게 만들었던 힘은 그렇게 광범위하게 걸치는 결과를 낳을 수 없었을 것이기 때문이다. 따라서 이 흩어져 있던 물질이 결국 함께 응집되어 천체를 형성했다. 다른 말로 하면, 좀더 면밀히 검토할 경우 천체는 이전에 태양계 공간 곳곳에 흩어져 있던 기본 물질에서 형성되었다는 점이 분명해진다. 흩어져 있던 물질의 입자가 가졌던 운동은 결합되어 각각 분리된 물질 덩어리[187]가 된 이후에도 계속되었다. 그리고 난 다음 이 공간은 진공이 되었다. 따라서 이 공간은 궤도 운동을 이들 천체에 부여하는 역할을 할 수 있는 어떤 물질도 포함하지 않게 되었다. 그러나 공간이 항상 진공이었던 것은 아니다. 우리는 자연의 원인으로 야기된 운동이 지금은 존재하지 않지만 가장 태고 시대부터 기원한 자연의 원초적 상태의 흔적[188]임을 알고 있다.[189]

나는 이 언급에서 한 걸음 더 나아가 이들 거대 덩어리가 존재하게 된 방식과 이들의 운동 원인이 되었던 방식에 대한 개연적 개념을 좀더 자세하게 묘사할 것이다. 나는 이하에서 이에 대한 간단한 개관을 제시할 뿐이며, 그것의 완성은 독자에게 맡기려 한다. 처음에 태양과 모든 다른 천체를 구성했던 물질 그리고 이들 천체의 강한 중력에 종속했던 물질이, 지금은 태양계가 점하는 공간 전체 곳곳에 흩어져 있었다면, 태양의 질량이 점하는 영역 어딘가에 좀더 강력한 중력을 행사했던 어떤 물질이 있었다면, 모든 물질이 어떤 점을 향해서 낙하하

A 167

는 현상이 발생했을 것이고, 그 후 태양의 중력은 질량의 증대와 함

A 168 께 커졌을 것이다. 쉽게 추측할 수 있지만, 우주의 가장 먼 영역에서 떨어져 있는 것들을 포함한 입자들이 일반적으로 낙하하면서, 밀도가 높은 물질이 더 깊은 영역에 축적되었을 테고, 여기에서 모든 것은 공통의 중심을 향하도록 압력을 가했을 것이다. 이렇게 해서 밀도가 다른 모든 물질이 모든 영역에서 발견되었겠지만, 더 밀도가 높은 물질이 비교적 자주 중심부 가까이에 축적되었을 것이다. 가장 무거운 입자만이 이러한 카오스에서 더 가벼운 입자의 혼합 속으로 뚫

II 146 고 들어갈 가장 큰 힘을 갖고, 그리하여 중력의 중심[190]에 도달할 것이기 때문이다. 그 영역 안에서 입자들이 다양한 높이에서 떨어지는 결과로 생겨나는 운동에서 서로 충돌하는 입자들 간에 일어난 저항은 완전한 평형상태에 이를 수 없게 된다. 그 결과 입자들의 충돌로 생겨난 속도는 각 방향에서 횡운동으로 변환하게 된다. 여기에서 물질의 상호작용의 대단히 일반적인 법칙이 드러난다. 즉 입자들은 서로 최소한의 저항을 줄 때까지 밀어젖히고, 방향을 바꾸며 상호제한한다.[191] 이 법칙의 결과로서 입자의 횡운동은 결국 결합하여 하나의

A 169 방향으로 공통의 회전 운동을 하게 된다. 그래서 태양을 구성한 입자들은 결국 횡운동을 하면서 태양에 이르게 되었다. 그리고 이 물질에서 형성된 태양은 정확하게 동일한 방향의 회전 운동을 하게 되었음이 틀림없다.[192]

그러나 중력의 법칙에서 이 거대하게 회전하는 우주 물질의 모든 부분은 하나의 평면을 횡단하려는 성향이 있다는 사실이 분명하게 드러난다. 그리고 이 횡단은 그들의 공통 회전의 방향으로 태양의 중심을 통해서 나아간다. 우리의 추리에 따른다면 이 부분들은 이미 천체의 적도면에 있지 않는 한 이 적도면과 일치한다. 그리하여 이 모든 입자는 태양의 적도면 연장에 가까운 영역, 즉 태양 가까이에서

372 신의 현존을 입증하기 위한 유일하게 가능한 증명 근거

주로 가장 큰 밀도로 집적된다. 마지막으로, 또한 대단히 자연스러운 일이지만, 물질의 입자들은 틀림없이 서로 방해하거나 촉진하기 때문에, 한마디로 서로 충돌하거나 밀기 때문에, 게다가 이런 일은 이들 입자 중 하나가 다른 입자의 운동을 더 방해할 수 없을 때까지 계속되기 때문에, 결국 모든 것은 둥둥 떠다니는 입자들만 태양에서 떨 A 170 어진 거리에서 중력과 균형을 유지하기 위해 필요한 측면의 진동 정도를 정확하게 가지는 상태에서 끝나게 된다. 그래서 이들 모든 입자는 동심원에서 자유롭게 회전한다. 이들 입자가 가지는 속도는 낙하운동의 결과다. 횡운동은 모든 것이 구조에서 자발적으로 최소한 저항에 도달할 때까지 오랫동안 지속된 대립의 결과다. 그러한 정확성에 도달할 수 없는 나머지 입자는 그들의 속도가 서서히 줄어드는 데따라 일반 중력장의 중심점으로 침전하게 된다. 그렇게 해서 태양의 덩어리가 커지게 된다. 따라서 태양의 밀도는 태양 주위의 공간에서 발견되는 물질의 평균 밀도와 거의 같게 된다. 그러나 태양의 질량은 Ⅱ 147 위의 상황이 유지된다면 필연적으로 태양 주위 공간에 떠 있는 물질의 질량을 훨씬 넘어서게 된다.[193]

나에게는 자연스러운 것처럼 보이는 이러한 상태에서 물질은 태양계 곳곳에 흩어져 있다. 이 물질은 태양의 적도면 연장에 아주 인접한 좁은 영역에서 서로 다른 천체를 형성하게 되어 있다. 이 물질 A 171 의 특수한 밀도는 태양의 중심에 가까이 있을수록 증대한다. 그리고 그것의 추진력[194]은 이 거리에서, 때로는 태양에서 멀리 떨어진 거리에서 중력의 법칙에 따라[195] 태양 주위의 궤도 운동이 방해받지 않도록 유지되기에 충분할 만큼 곳곳에 많이 있다. 이와 같은 상황에서 행성이 물질의 입자[196]들에서 형성된다고 가정하면, 행성 자체는 서로 다른 고도에서 퍼져나온 물질의 입자들로 구성되어 있기 때문에, 완전한 원에 약간 이탈한 원심력[197]을 가질 수밖에 없다. 다음과 같은 것도 마찬가지로 자연스럽다. 매우 높은 곳에서 형성된 행성은 (높은 곳에서는 행성을 둘러싼 공간은 아주 넓어서 입자들의 속도 차이를 유발해 이들 입자가 행성 중심으로 끌려들어가는 힘을 능가한다) 태양 가까운 행성에 비해 질량[198]도 더 많이 가질 것이다.[199] 이제 나는 내 가설이 태양계의 다른 주목할 만한 현상과 조화를 이루는 다른 방식을 언급하지 않겠다. 이는 너무나 명백하기 때문이다.* 태양과 가장 멀리 떨어져 있는 영역에서 형성되었고, 특히 공통 평면에서 먼 거리에서 형성된 천체, 즉 혜성은 이러한 규칙성을 가질 수 없다. 그래서 태양계 공간은, 전에는 모든 것이 서로 분리된 덩어리[201]로 채워졌지만, 이제는 진공상태가 되었다. 시기가 지나면서 입자들이 이 중력권의 가장 바깥에서부터 낙하하게 되고, 그다음 이 입자들은 계속 우주 공간에서 태양을 중심으로 자유롭게 원 궤도를 돌았을 것이다. 이러한 물질은 극히 희박하며, 아마도 황도광(黃道光)은 이러한 물질로 구성되었을 것이다.

A 172

4
주해

이 고찰의 일차 목적은 우리가 위해서 했던 증명 절차의 한 가지 예를 제시하는 것이다. 이 증명은 세계의 위대한 배치를 일반적인 자연법칙에서 설명하는 것이 종교의 사악한 적들로 하여금 성채를 뚫고 들어가게 하는 힘을 열어준다는 근거 없는 의심을 제거해준다.[202] 내 생각으로는 지금까지 언급된 가설은 단지 개요적인 것만 이야기하지만 이 개요를 좀더 자세히 검토하고자 하는 우수한 지성을 지닌

Ⅱ 148

A 173

---

* 이러한 설명은 더 큰 태양계의 일부 구성원을 이루는 더 작은 계(系)에도 적용된다. 예컨대 목성이나 토성이나 이들의 자전운동이 바로 그 경우다. 큰 계와 작은 계 간에는 유사성이 있기 때문이다.[200]

사람에게는 충분한 유인책이 될 수 있겠다. 만약 독자가 일반적 자연법칙에서 나올 수 있는 규칙성과 질서에서 확립된 신뢰를 가지고서 자연철학의 더 큰 영역을 개척하고, 상술했던 또는 이와 유사한 설명의 가능성을 인정하고, 현명한 신에 대한 인식을 설명하는 것과 양립 가능하다는 것을 인정한다면, 이 책에 관한 한 내 목적은 달성된 셈이다.[203]

그 밖의 것은 그렇게 많은 체계의 인기 있는 도구가 된 와동설이 자연의 영역에서, 밀턴의 자만심을 가진 바보들의 천국[204]으로 추방된 이후 행성들의 궤도 운동[205]이 모두 특별히 고안된 힘이 없이도 동일한 방향으로 향한다는 것을 설명할 무언가를 자연 자체가 제공할지 어떨지를 우리가 충분히 설명한다면, 그것은 아마도 가치 있는 철학적 노력일 것이다. 중력의 다른 기본적 힘은 자연의 지속적 유대 A 174 로서 주어지기 때문이다. 적어도 우리가 개관했던 도식은 통일 규칙에서 벗어나지 않는다. 이러한 원심력[206]조차 중력의 결과로 나왔을 뿐 아니라 우연적 운동에도 적합하기 때문이다. 그런 까닭은 이들 운동은 휴지 중에서도 물질 속에 내재한 힘에서 나왔기 때문이다.

더 나아가 나는 데모크리토스와 에피쿠로스의 원자론적 체계는 얼핏 보면 우리 체계에 대한 개관적 소묘와 유사함에도 세계 창조자에 대한 추론에는 완전히 다른 방식의 관계를 맺고 있다는 사실을 주목한다.[207] 원자론적 체계에서는 운동은 영원하고 창조되지 않은 것인 반면, 충돌은 그렇게 많은 질서의 풍부한 원천이지만 우연이며, 그에 대한 어떤 근거도 없는 우연적 사건이다.[208] 내가 개관했던 체계에서는 숙지의 자연법칙은 완전히 합리적인 가정의 기초 위에서 필연적으로 질서를 가지게 된다. 여기서는 규칙성을 낳는 결정적 근거를 만날 수 있기 때문에 그리고 자연이 조화와 아름다움에서 포함하는 무 A 175 언가가 있기 때문에, 사람들은 완전성과 관계를 맺고 있는 필연성을 Ⅱ 149

이해할 근거를 가정하게 된다.

그러나 어떻게 중력의 작용이 필연적으로 규칙성과 아름다움을 흩어져 있는 입자들의 결합 안에서 생겨나게 하는지 설명하려고 다른 예를 들어본다. 나는 토성의 고리가 생기게 한 과정에 대한 기계적 특성을 설명할 것이다.[209] 내가 보기에 이 설명은 가설에 기대할 수 있는 정도의 매우 높은 개연성을 가진다. 나는 단지 다음이 인정될 수 있다는 것만 요구한다. 우선 토성이 처음에는 일종의 기체에 둘러싸여 있었는데, 이는 태양에 그렇게 가까이 접근하지 않으며 꼬리도 없는 여러 혜성에서 관찰되었다는 점을 인정해보자. 더 나아가이 행성의 증기 입자들이 (여기에 대해 우리는 자전 운동을 인정한다)

A 176   상승하며, 뒤이어 이들 증기는 이 행성의 기온 하강 때문이든지 아니면 다른 이유 때문이든지 간에 행성 표면으로 가라앉기 시작한다는 사실을 인정해보자. 이것들이 인정된다면, 기계적 정확성[210]을 가지고서 나머지가 뒤따라 나올 것이다. 이들 입자가 이 행성의 회전축 주위를 회전하려면, 이들 입자는 모두 이 입자가 거기에서 상승했던 표면 지점 속도와 동일한 속도를 가지지 않으면 안 된다. 여기에서 이들 입자는 모두 이 횡운동으로 구심력[211]의 규칙에 따라 토성 주위에서 자유로운 궤도를 그리는 성향이 있음이 틀림없다는 사실이 도출된다.* 그러나 모든 입자는, 만약 그 입자의 속도가 그 고도에서 작동하는 중력과 함께 원심력[212]을 통해 평형상태에 이르게 되지 않는다면, 필연적으로 서로 충돌하고 방해하게 된다. 그리고 이는 남아 있는 유일한 입자들이 토성 주위를 회전하며 중력의 법칙에 따라 자유로운 원 운동을 하면서 궤도를 그릴 수 있는 입자들이 될 때

A 176; Ⅱ 149   * 이 가정에 따른다면 토성은 자전한다. 따라서 토성 표면에서 상승하는 각 입자는 거기서 상승하는 그 지점에서 동일한 횡운동을 정확하게 하지 않으면 안 된다. 또 그것이 어떤 고도에 있더라도 그 운동을 하지 않으면 안 된다.

까지 계속된다. 다른 입자들은 점차 그 행성의 표면으로 낙하하여 복
귀한다. 그런데 이 모든 원 운동은 필연적으로 토성의 연장 면 위로 A 177
향하지 않으면 안 된다. 이것은 중력의 법칙을 알고 있는 누구에게도
친숙한 것이다. 그리하여 토성 이전 대기에 남아 있는 입자들은 결
국 토성 주위의 원반 모양, 즉 토성의 적도 연장 면 위를 점하는 원반
모양으로 집중할 것이다.[213] 이 행성의 가장 바깥은 혜성의 경우 대
기의 경계를 결정하는 것과 정확하게 동일한 원인으로 경계가 이루
어진다. 자유롭게 운동하는 우주 물질의 이 테두리[214]는 필연적으로 Ⅱ 150
고리 형태를 가지게 되었을 것이다. 또는 더 정확하게 이 문제를 진
술한다면, 앞서 언급한 운동은 그런 고리 말고 어떤 다른 형태로 출
현할 수 없었을 것이다. 입자들은 이들의 원 운동 속도를 이들 입자
가 거기에서 상승했던 토성 표면의 점들에서만 획득할 수 있으므로,
토성의 적도에서 상승했던 이들 입자가 가장 큰 속도를 가진다는 결
론이 나오기 때문이다. 그런데 중심점에서 모든 거리 중 원 운동[215]
을 낳기 위하여 이 속도에 가장 적합한 거리는 단지 하나만 있을 뿐
이다. 거리가 좀더 짧아지면 속도는 너무 약해지기 때문이다. 여기서
원[216]은 이 테두리 안에서 그려질 수 있으며, 이 테두리의 중심은 토
성 자체의 중심과 일치한다는 귀결이 뒤따른다. 이 원 안에 있는 모 A 178
든 입자는 이 행성의 표면으로 낙하하지 않으면 안 된다. 그러나 이
동일한 원과 가장 바깥의 경계를 이루는 원 사이에 놓여 있는 모든
다른 입자는 (즉 고리 모양의 공간 안에 포함되어 있는 입자들은) 이 이
후에도 자유롭게 토성 주변의 원 궤도를 떠다니면서 계속 토성 주위
를 돌 것이다.

　　이와 같은 해명에 따르면 토성의 자전[217]에 필요한 시간을 계산할
수 있다. 게다가 이 시간의 계산은 시간 계산에서 사용되었던 근거
자체가 가지고 있는 것과 동일한 정도의 개연성을 가진다. 고리의 내

부 테두리를 차지하는 입자들은 정확하게 토성의 적도 위 어떤 점이 가지고 있는 속도와 정확하게 동일한 속도를 가지고 있으며, 더 나아가 이 속도는 중력의 법칙에 따라서 원 운동에 적합한 크기이므로, 고리의 내부 테두리에 있는 입자들의 궤도 시간[218]이 계산될 수 있다는 결론이 뒤따르기 때문이다. 이러한 사실에 더해 이 계산은 한편으로는 토성의 하나의 위성과 토성 중심 간의 거리, 다른 한편으로 고리의 내부 테두리와 토성 중심 간의 거리 사이의 관계를 사용함으로써 수행될 수 있겠다. 또 위성의 회전에 소요되는 시간[219]을 사용하여 이런 계산을 할 수 있다. 고리의 내부 테두리에 있는 입자들의 궤도 시간이나 고리의 가장 짧은 지름과 토성 자체 지름의 관계를 사용함으로써 토성의 자전 시간을 계산할 수 있다. 계산 결과 토성의 자전 시간은 약 5시간 40분이라는 것을 알 수 있다.[220] 그리고 다른 행성들과 유사하다는 점을 고려한다면, 이 수치는 다른 행성들의 회전 시간[221] 수치와 조화되는 것처럼 보일 것이다.

<A 179 — 본문 좌측 여백>

토성이 처음에는 혜성과 같은 대기[222]를 가졌을 수도 있다는 가정이 용인되든지 어떻든지 간에, 내가 내 주요한 명제를 해명하려고 추론했던 귀결은 나에게는 정확한 것처럼 보인다. 즉 그러한 대기[223]가 토성을 둘러쌌다면, 여기에서 둥둥 떠다니는 고리의 기계적 생성이 그것의 필연적 귀결이라는 것, 자연의 결과는 자신을 일반적 법칙에 맡겨서 혼돈에서 규칙성을 낳는 성향이 있다는 것을 추론할 수 있다.

<A 180 여백>

여덟째 고찰
신의 완전 충분성에 관하여

이상의 모든 고찰을 합하면 우리는 최고 실재의 개념으로 나아가게 된다. 먼지로 만들어진 인간이 측량할 수 없는 것의 신비들을 피조물의 시야를 가리는 장막 뒤쪽으로 엿보는 눈길을 돌리고자 감히 시도할 때에만, 최고 존재자는 인간이 생각할 수 있는 모든 것을 자신 안에 포함한다. 신은 완전히 충분하다. 존재하는 것이 가능적인 것이든 아니면 현실적인 것이든 간에, 존재하는 모든 것은 그것이 신을 통해 주어지는 한에서만 존재한다. 무한자가 자신에게 하는 대화를 인간의 언어로 번역하는 것이 허용된다면, 신이 다음 방식으로 자신에게 말을 건다고 상상할 수 있다. '나는 영원에서 영원에 걸쳐 존재한다. 나를 제외한 어떤 것도 나를 통하지 않고는 결코 존재하지 못한다.' 모든 사상 중 가장 숭고한 이 사상은 상당히 무시되고 있으며, 많은 경우 다루어진 적도 없다. 탁월한 계획에 따라 완전하고 아름답도록 만물의 가능성에서 나타나는 것은 신의 지혜 자체의 필연적 대상으로 간주되어왔지만, 그 자체가 이러한 불가해한 실재의 귀결로 간주되지는 않았다. 사람들은 다른 사물의 의존을 단지 그 존재로 한정해 A 181 버렸다. 이렇게 한정한 결과 완전성의 근거라는 위대한 자격을 최고의 본성[신]에서 탈취해버렸으며, 내가 알지도 못하는 영원한 불합리[224]에 맡겨버렸다.

　단 하나의 근거가 많은 결과를 낳는다는 것, 만물이 일반적 자연법칙에 따라 자연의 조화와 어울린다[225]는 것이 실제로 가능하려면 미리 그러한 가능성이 만물 중에 존재해야 한다. 그런 다음에야 비로소 신의 지혜가 그것을 선택할 수 있다. 그런데 이러한 가능성은 독립적인 실재[226][신]에 근거를 두지 않으면 안 된다. 만약 이러한 가능성이 신에 근거를 두지 않고 신과 무관한 근거에서 성립한다면, 절대자인 신 존재는 어떤 한계가 있을 것이다. 따라서 최고의 현명하고 강력한 실재조차 만물을 완성하려면 만물 중에 통일과 다산적 조화의 가능성이 실존해야 한다는 사실이 필요할 것이다. 신의 현명한 능력이 발휘되려면 그러한 외적 조건이 미리 구비되어야 한다. 그런데 신이 존재한다는 것을 전제하지 않고도 이러한 가능성이 있을 수 있다고 하면, 이는 우연적으로 존재한다고 생각하지 않을 수 없다.

A 182; II 152 그러나 이것은 기괴한 사고방식이다. 조금이라도 그러한 사고방식을 따른다면, 사람들이 선의 기원을 유일한 존재에게 귀속하는 것은 불가능하게 된다. 호이겐스가 진자시계를 발명했을 때,[227] 그는 결코 이 시계의 완성을 가능하게 했던 등시성의 원리까지 자신이 제시했다고는 생각하지 않았다. 사이클로이드 곡선에 따른 자유낙하는 그 호가 크든 작든 간에 동일한 시간이 경과한다는 성질이 있다. 이러한 사실만이 호이겐스의 발명을 가능하게 했다. 그런데 그렇게 광범위한 아름다운 결과가 중력의 단순한 근거의 결과로만 가능하게 되었다는 바로 그 사실은, 만약 그것이 실제로 이 전체 체계를 실현하는 존재에 의존하지 않는다면, 단 하나의 근거에 기초를 두는 찬탄할 만한[228] 통일과 그렇게 방대한 질서에 대한 신의 영예를 탈취해버리는 셈이 될 것이다.

원인에 뒤이어 결과가 연속해서 발생한다는 사실에 대한 경탄은 내가 원인이 이 결과의 연속에 충분하다는 점[229]을 직접적으로 그리고 쉽게 이해하자마자 사라진다. 이에 근거를 둘 때 이런 경탄은 인간 신체의 기계적 구조 또는 어떤 다른 기교적으로 고안된[230] 배열 자체의 기계적 구조를 전능한 분의 작품이라고 간주하고 단지 그러한 배치의 현실성에만 주목하자마자 사라지게 된다. 모든 것을 할 수 있는 신은 그러한 기계를, 만약 그 기계가 우선 가능하다면, 즉 쉽고 판명하게 이해할 수 있는 그 무엇이라면 만들 수 있기 때문이다. 그러나 그러한 것이 명백히 이해될 수 있다 하더라도 여전히 하나의 경탄은 남아 있다. 동물의 신체와 같은 것이 가능하다는 것 자체가 놀라운 일이기 때문이다. 나는 동물의 섬유, 도관, 신경, 뼈, 기타 전체

A 183

적·기계적 장치를 완전히 이해할 수 있지만, 그렇게 많은 상이한 기능이 단 하나의 구조 안에서 통일되어 있는 방식에 경탄을 감출 수 없다. 하나의 목적을 실현하는 과정이 다른 목적을 실현하는 과정과 그렇게 잘 조화되는지에 경탄을 감출 수 없으며, 동일한 조직이 어떻게 해서 자신을 유지하면서 우연적인 손상의 결과를 복원하는지에 경탄을 감출 수 없다. 또 인간이 그렇게 섬세하지만 인간의 안녕을 위협하는 무수한 원인에도 그렇게 오랫동안 생존할 수 있었다는 점에 경탄을 감출 수 없다. 현실성의 근거와 함께 모든 가능성의 근거 A 184 까지도 포함하는 실재가 있기 때문에 그렇게 많은 통일과 조화가 가능하다는 사실을 확신한 때조차 내 경탄의 근거가 소멸되는 것은 아니다. 이 모든 것이 진실임에도 인간의 행동에서 유추를 사용하여 어 Ⅱ 153 떻게 해서 그러한 실재[신]가 현실적인 무언가의 원인일 수 있는지 이해할 수 있지만, 어떻게 해서 그런 실재[신]가 다른 사물의 내적 가능성의 근거를 포함하느냐를 이해할 수 없기 때문이다. 이러한 생각은 피조물이 이해하기에는 너무나 고상하다.

완전 충족성으로 이해되는, 신의 본성이라는 이 고상한 개념은 결정의 직접 근거가 우리에게 없는 경우에도 가능적인 것들의 성질에 대한 판단에서 도움을 주는 수단 역할을 할 수 있다. 즉 우리는 이 완전 충족성의 본성을 근거로 하여 낯선 가능성을 결과로 추론할 수 있다. 모든 가능한 세계 중에서는 완전성의 정도를 따라 끝없이 올라가는 일이 가능하지 않을지 질문이 제기될 수 있다. 그것을 넘어서서 더 탁월한 질서를 생각할 수 없는 어떤 자연적 질서도 가능하지 않기 때문이다[이렇게 되면 무한 진행이 일어난다]. [무한 진행을 피해 A 185 서] 더욱이 내가 가장 높은 질서의 존재를 인정한다 하더라도, 어떤 다른 질서도 능가하지 못하는 여러 상이한 세계 자체가 완전함에서 서로서로 정확하게 같은지 어떤지 새로운 의문이 제기될 수 있다.[231]

이 문제는 가능적인 것을 고찰하는 일만으로 해결하기는 어렵다. 아니 해결하기가 불가능하다. 그러나 신의 실재와 관련하여 이 두 문제를 고려해보자. 하나의 세계가 선택에 책임이 있는 그 실재의 판단에서 더 선호되지 않는데도 다른 세계들보다 더 선호해서 선택된다면, 또는 실제로 그 판단과 양립할 수 없는 방식으로 선택된다고 가정해보자. 이 경우 그러한 선택이 의미하는 바는 이 실재의 여러 활동적 능력이 서로 완전히 일치하지 않는다는 것이고, 활동의 상이한 양상들이 동기의 차이와 일치하지 않는다는 것이다. 요컨대 가장 완전한 실재에서 어떤 결함이 존재한다는 것이다. 이 모든 것을 깨달을 때, 나는 강력한 확신을 가지고 위의 고려를 위해 제안된 두 경우는 허구이며 틀림없이 불가능하다고 결론 내린다. 우리가 위에서 제시했던 이 모든 준비를 기초로 해서, 다음 둘 중 왜 둘째 논증이 첫째 논증보다 추천할 만한 측면이 많은지 이해할 수 있다. 첫째 논증은 적절하게 검증할 수 없으며 단지 가정된 어떤 가능성들에서 가장 완전한 실재[신]가 필연적으로 어떤 식으로 행동해야 한다는 사실을 추론한다. (이렇게 되면 최대의 조화 개념이 신 안에서 줄어드는 것처럼 보인다) 둘째 논증은 존재하는 것으로 인정된, 신과 함께 만물의 가능성이 가지지 않으면 안 되는 조화, 즉 신적 실재에 가장 잘 어울린다고 인식된 것에서 사물의 가능성을 추론한다. 따라서 나는 모든 세계의 가능성 안에는 최고 실재[신]의 합리적 선택에 어려움을 주는 어떤 관계도 존재할 수 없다고 가정한다. 이 실재는 모든 가능성의 궁극적 근거를 자신 안에 포함하기 때문이다. 그러므로 이 가능성은 그것의 원천과 조화되지 못하는 어떤 것도 포함할 수 없다.

모든 가능성과 현실성으로 확장된 이 신의 **완전 충족성**이라는 개념은 통상 사용되는 무한성이라는 개념보다 이러한 신적 실재의 최고 완전함을 지칭하기에 훨씬 적절한 표현이다. 무한성 개념이 어떻

A 186

Ⅱ 154

게 해석되더라도 그것의 근본적 의미는 분명하게 수학적이기 때문이다. 그것은 하나의 크기가 다른 크기와 맺고 있는 관계가 그 어떤 수보다도 더 큰 것으로 측량되는 관계를 나타낸다. 그것은 측량으로 나타난다. 무한성의 관계는 어떤 수보다 더 크다는 것을 나타낸다. 그러므로 신의 인식은 다른 유형의 인식과 비교해 모든 가능한 수를 능가하는 관계가 있다면 무한하다고 불린다. 그런데 그러한 비교는 신적 규정을 창조된 사물의 규정과 동종성[232]이라는 부적절한 관계 속으로 가져온다. 더 나아가 이러한 비교는 사람들이 규명하고 싶어 하는 것, 즉 모든 완전함의 도무지 줄어들지 않는 소유를 정확하게 전달하지 못한다. 반면에 '완전 충족성' 개념은 완전성 개념 아래서 이해될 수 있는 모든 것을 지시한다. 그러나 '무한성'이라는 호칭은 아름답고 진정 미학적[233]이다. 모든 숫자상의 개념을 넘어선 양이라는 개념은 사람들에게 감동을 주지만, 그 개념으로 인한 당혹감 때문에 사람들을 놀랍게도 만든다. 반면에 우리가 추천하는 표현은 논리적 엄격성의 요구를 더 많이 만족시킨다.

제3부
신의 현존 입증에서 이미 서술된 것
이외에는 어떤 증명 근거도
가능하지 않다는 것이 여기에서 밝혀짐

1
신의 현존에 대한 모든 가능한 증명 근거의 분류

신이 존재한다는 위대한 진리의 확신이 수학적 확실성과 같은 최상 정도의 확실성을 가져야 한다면, 다음과 같은 [두 가지] 특성을 지닌 다. 즉 [첫째] 이 확신은 오직 하나의 길을 통해서만 도달할 수 있어 야 한다. 그리고 [둘째] 이 확신은 이 고찰에 다음과 같은 이점을 제 공해야 한다. 즉 사람들이 다양한 증명 가운데 어떤 선택도 가능하지 않다는 것을 확신하자마자, 철학적 노력은 단 하나의 논증으로 통일 되어야만 한다. 이 노력의 결과 수행 중 생겨났던 잘못을 거부하기보 다는 정정하고자 하는 목표가 달성된다.

이것을 증명하기 위하여 나는 우리가 원래 충족해야 할 요구, 즉 증명해야 할 것은 대단히 위대하고 완전한 제1원인의 존재가 아니라 최고 존재라는 요구, 그들 중 이런저런 실존이 아니라 유일무이한 실 재라는 요구에 대한 시각을 놓쳐서는 안 된다는 점을 독자들에게 보 여주고자 한다. 이것은 단순한 개연성에 근거를 두고서 증명하는 것 이 아니라 수학적 확실성을 가지고서 증명한다.

신 존재에 대한 모든 논증은 두 원천 중 하나에서 도출될 수 있다.

즉 순수하게 **가능한 것**에 대한 지성적 개념에서 취해지거나 실존하는
Ⅱ 156 것에 대한 경험적 개념에서 취해지거나 둘 중 하나다. 첫째 경우에는
귀결인 신의 실존이 근거인 가능한 것에서 추론되거나, 아니면 근거
A 190 인 신의 실존이 귀결인 가능한 것에서 추론된다. 둘째 경우도 또한 두
가지로 나뉘는데, 경험적인 것에서 **독립적인 제1원인**을 추론하고 더
나아가 이 제1원인의 개념을 분석하는 일을 거쳐 간접적으로 신의
속성을 추론하거나, 아니면 경험적인 것에서 단순히 신 존재의 여러
속성을 추론하거나 둘 중 하나다.

2
첫째 종류의 증명 근거에 대한 검토

근거인 단순히 **가능한 것**에서 출발해 귀결인 존재가 추론되려면,
그 사유된 실존은 개념을 분석해서 발견될 수 있어야 한다. 논리적
분석을 통하는 것을 제외하고는 가능성의 개념에서 귀결을 도출하
는 다른 방법은 없기 때문이다. 그러나 이때 존재는 가능성 안에 술
어로서 포함되어야 한다. 그런데 이것은 제1부의 첫째 고찰에 따를
A 191 경우 있을 수 없는 일이기 때문에, 문제가 되는 진리 증명은 언급된
방식으로는 불가능한 것처럼 보인다.

물론 이러한 근거에 기초를 둔 유명한 증명, 즉 이른바 데카르트의
증명[1]이 있다. 우선 우리는 어떤 가능한 것에 대한 개념을 생각해내
되, 이 가능한 것 안에서는 모든 참된 완전함이 결합되어 있는 것으
로 표상한다. 그런데 존재 또한 사물의 완전함이라 가정되고, 그리하
여 가장 완전한 실재의 실존이 그것의 가능성에서 귀결된다. 같은 방
식으로 그 종류 중 가장 완전한 것으로 표상되는 그 무언가의 존재는
그것의 개념에서 귀결될 수 있다. 예컨대 가장 완전한 세계가 이해될
수 있다는 사실에서 그것의 존재가 귀결될 수 있다. 이러한 증명에

대한 상세한 반박에 들어가지 않고서, 그것은 이미 다른 철학자들[2]에게서 발견할 수 있는데, 나는 단지 이 책의 처음에 설명된 것, 즉 존재는 술어가 아니며 결코 완전성의 술어일 수 없다는 사실만 언급하겠다. 그리하여 어떤 가능한 사물의 개념을 구성하기 위하여 다양한 술어의 자의적 결합[3]을 포함하는 정의[4]에서 그 사물의 존재, 따라서 신 존재가 도출될 수는 없다. A 192

Ⅱ 157

다른 한편 귀결인 사물들의 가능성에서 근거인 신 존재로 나아가는 추론은 완전히 종류가 다르다. 여기서 우리가 탐구하는 것은 무언가가 가능하다는 사실이 실존하는 무언가를 전제하지는 않는지 어떤지 하는 것이고 존재, 즉 그것 없이는 어떤 내적 가능성조차 생겨날 수 없는 존재가 신의 개념 안에서 결합되어 있는 속성을 포함하지는 않는지 어떤지 하는 것이다. 이 경우 만약 내가 어떤 조건에서만 가능한 실존을 전제하지 않는다면, 내가 조건하에 있는 가능성에서 존재를 추론할 수 없다는 것은 매우 분명하다[조건하에 있는 가능성에서 존재를 추론하려면 조건 아래서만 가능한 것 자신이 우선 존재할 필요가 있다는 것은 매우 분명하다]. 조건하에 있는 가능성은 무언가가 단지 어떤 결합들에서만 실존할 수 있다는 것, 원인의 존재는 결과가 실존하는 한에서만 증명된다는 것을 의미할 뿐이기 때문이다. 그러나 여기서 원인은 결과의 존재에서 추론되지 않는다. 그러한 증명은 만약 그것이 도대체 일어난다면, 내적 가능성에서 전개될 수 있을 뿐이기 때문이다. 더욱이 이 증명은 모든 사물 일반의 절대적 가능성[5]에서 전개되어야 한다는 사실을 주목해보자. 내적 가능성에 따라서만 그것이 어떤 존재를 전제한다는 사실이 알려지게 되며,[6] 특수한 술어들로 알려지게 되는 것은 아니기 때문이다. 술어들은 다만 하나의 가능한 것과 다른 가능한 것을 구별해주는 역할만 한다. 즉 술어들의 차이는 단지 가능적인 것 사이에서만 나타나고, 실 A 193

존하는 것의 특징을 이루는 것이 아니다. 따라서 이미 언급했듯이 신 존재는 이해될 수 있는 모든 것의 내적 가능성에서 연역되어야 한다. 이 저작의 제1부 전체는 이런 일이 가능함을 보여주었다.

3
둘째 종류의 증명 근거 검토

존재하는 것에 대한 경험적 개념에서 인과적 추론의 규칙에 따라서[7] 제1의 독립적인 원인의 실존으로 나아가는 증명 그리고 난 다음 이 존재에서 개념의 논리적 분석[8]을 통해서 신을 가리키는 독립적 원인의 속성으로 나아가는 증명은 유명한데, 특히 볼프 철학 학파 산물이었다.[9] 그럼에도 그것은 완전히 불가능하다. 나는 '어떤 것이 존재한다면 다른 어떤 것에도 의존하지 않는 어떤 것[신] 또한 실존한다'라는 명제까지는 모든 것이 규칙적으로 진행된다는 점을 인정한다. 그리하여 나는 다른 것의 결과가 아닌[어떤 다른 것을 원인으로 가지지 않는] 하나 또는 다수가 존재한다는 사실이 아주 확실히 입증된다는 점을 인정한다. 그러나 이 독립적인 것이 절대적으로 필연적이라는 주장을 하는 둘째 단계는 훨씬 덜 신뢰할 만하다. 그것은 항상 공격 대상이 되는 충족 이유율에서 도출되어야 하기 때문이다. 그러나 일단 여기까지는 받아들이기로 하자. 그리하여 어떤 것이 절대적으로 필연적으로 실존한다. 절대적으로 필연적인 실재라는 이 개념에서 최고의 완전성과 통일성의 속성들이 추론된다고 가정된다. 그러나 논증의 기초가 되는 절대적 필연성의 개념은 이 책의 제1부에서 드러난 것처럼 두 가지 방식으로 취해질 수 있다. 우리가 '논리적 필연성'이라 불렀던 첫째 방식에 따르면, 모든 완전성이나 실재성의 근거가 되는 것을 부정하면 자기모순에 빠지게 된다. 그리하여 그 술어들이 모두 참으로 긍정되는 실재가 그리고 그런 실재만이 유일무이

A 194

Ⅱ 158

A 195

하게 절대적으로 필연적으로 존재한다는 사실이 밝혀지게 된다. 이러한 실재가 단지 하나라는 사실은 모든 실재성이 하나의 실재 안에서 시종여일하게 결합되어 있다[10]는 사실에서 추론되었기 때문에, 필연적인 것의 개념 분석은 정반대 결론, 즉 모든 실재성을 포함하는 것은 필연적으로 실존한다는 결론을 이끌어내는 근거에 의거하게 되리라는 사실이 아주 분명하게 드러난다. 이러한 논증은 앞선 논의에 따르면 불가능할 뿐 아니라, 이러한 증명 양식에서 경험적 개념, 즉 전제되지만 결코 사용되지는 않는 경험적 개념은 이 논증이 의거하는 근거 역할을 하지 못한다는 점에 특히 주목할 필요가 있다. 오 A 196 히려 그러한 증명 방식은 데카르트적 증명 방식과 꼭 마찬가지로 술어들의 동일성 또는 모순에서 어떤 실재의 존재가 발견된다고 가정하는 개념들에 전적으로 의존한다.*

여러 학자가 이 방법에 따라서 사용하는 증명들을 분석하는 것이 II 159 내 의도는 아니다. 그것들에 있는 오류를 발견하는 일은 매우 쉽고, 이것은 이미 부분적으로는 다른 철학자들이 했던 것이다. 그럼에도 이들 오류가 몇 가지 개선책으로 개선될 수도 있다는 희망을 가질 수 있다. 따라서 우리 연구에 따를 경우, 이들이 어떻게 개선되든지 간 A 197 에, 이들 증명은 경험에서 추론될 수 있는 것이 아니라, 가능한 것들의 개념에서 나오는 추론 이외에 아무것도 아니다. 그러므로 이 증명

---

* 이것은 내가 확립하기를 원하는 결론들 중 가장 중요한 것이다. 만약 내가 어떤 개념의 필연성을 그 반대가 자기 모순적이라는 사실과 동일시한다면, 그런 다음 무한자가 그런 필연성을 가지고 있다고 주장한다면, 필연적인 실재의 실존 개념을 전제하는 것은 완전히 불필요하다. 그것은 이미 무한자의 개념에서 도출되기 때문이다. 실로 전제된 실존은 증명 자체에서 완전히 무용하다. 그 증명 절차에서 필연성과 무한성의 개념은 동의어로 간주된다. 실제로 필연적인 것의 실존은 무한적인 것의 실존에서 추론된다. 무한적인 것은 (그리고 그것만이) 필연적으로 실존하기 때문이다.

들은 기껏 해보아야 첫째 종류의 증명 중 하나에 불과하다.[11]

그런데 실존하는 사물의 경험 개념들에서 신 존재와 신의 속성들을 증명하는 방법 중 둘째 방법은 이와 완전히 다르다. 이 증명은 가능할 뿐 아니라 철학자들의 집중된 노력으로 그것의 고유한 완전함으로 가져올 가치가 있다. 우리의 감각능력에 드러나는 세계의 사물들은 그것들의 우연성이 가지고 있는 명백한 특성들을 보여준다. 이뿐 아니라 그것들은 우리가 도처에서 감지하는 장엄과 질서와 목적적 배열을 통해서 위대한 지혜, 권능, 선함을 가지고 있는 합리적 창조주의 증거를 보여준다. 그러한 광대한 총체성의 광범한 통일을 목격하면서 사람들은 이 모든 사물은 단 한 분의 창조주에 의해 존재하게 되었다고 결론 내릴 수밖에 없다. 이러한 추론에는 기하학적 엄격성[12]은 존재하지 않겠지만, 의문의 여지없이 어떤 이성적인 인간도 자연적 양식[13]에 의거한 규칙을 사용하게 되면 이들 문제에 대해 어떤 의심도 품지 않게 될 것이다.

A 198

4
신 존재에 대한 두 가지 증명만이 가능함

이상의 판단에서 다음 두 가지 점이 명백하게 된다. 첫째, 만약 사람들이 가능한 사물에 대한 개념들에서 논증해나가고자 한다면, 모든 사물의 내적 가능성 자체를 어떤 존재를 전제하는 그 무엇으로 간주하는 것이 신 존재에 대한 유일하게 가능한 논증이다. 이 점은 이 책 제1부에서 이미 밝혀졌다. 둘째, 이와 유사하게 만약 논증이 실존하는 사물에 대한 경험이 우리에게 가르쳐주는 것을 출발점으로 하여 동일한 진리[신이 존재한다는 진리]를 향해 상승해간다면, 증명은 오직 세계의 사물에서 지각된 속성들과 세계의 우연적 질서를 통해서만 최고 원인의 존재와 속성으로 나아갈 수 있다. 나는 이들 두

Ⅱ 160

A 199

논증 중 첫째 것을 존재론적인 증명이라 하고 둘째 것을 우주론적 증명이라 하겠다.

나는 그렇게 믿는데, 이 우주론적 증명은 인간 이성만큼이나 오래되었다. 이 논증은 너무나 자연스럽고 매력적이어서, 우리 지성의 성장과 함께 확장되어갔기 때문에, 신의 업적에서 신 존재를 인식하고자 하는 목표를 가지고서 고상한 숙고를 하려는 사람이 사라지지 않는 한 존속할 것이다. 데르함,[14] 니웬티트,[15] 그 밖에 많은 사람의 노력은 이에 관하여 인간 이성의 명예를 높였다. 비록 때로는 상당한 허영심 때문에 종교적 열광의 표어를 내걸고[16] 여러 종류의 자연적 인식이나 심지어는 환상에 대해서도 존경의 현상이 주어졌지만 말이다. 그러나 이 모든 우수함에도 증명 방식은 수학적 엄밀성과 확실성을 가질 수 없었다. 우리의 감각능력에 나타나는 총체성에서 이해 A 200 를 넘어설 정도의 위대한 창조주를 추론하는 것은 가능하겠지만, 여기에서 모든 가능한 실재 중 가장 완전한 것의 존재를 추론하는 것은 가능하지 않겠다. 단지 한 분의 제1창조주가 존재할 뿐이라고 하는 사실은 세계에서 가장 있음직한 일일 것이다. 그러나 결론에 대한 이런 확신은 가장 뻔뻔스러운 회의주의[17]를 좌절시키기 위한 완전함에는 도달하지 못할 것이다. 이것이 의미하는 바는 다음과 같다. 즉 결과가 우리에게 주는 것이 원인의 존재를 판정하기 위해 우리가 가지게 되는 유일한 이유라면, 원인에서 발생하는 결과의 정도와 본성을 이해하는 데 필요한 것보다 수나 양에서 더 큰 속성의 존재를 그러한 원인 안에서 결코 끌어낼 수 없다. 우리는 세계 안에서 상당한 정도의 완전함, 위대함,[18] 질서 등을 인식하고, 그것에서 논리적 엄격성[19]을 가지고서 이것의 원인은 상당한 정도의 지성과 힘과 위대함을 소유하지 않으면 안 된다는 것만을 추론할 수 있을 뿐이다. 그러나 그 원인이 전지하다거나 전능하다는 것 등은 결코 추론할 수 없다. 우리가 그 안에서 통일성과 철저한 정합성[20]을 발견하는 전체는 결코 헤아릴 수 없다. 그래서 충분한 이유를 가지고서 우리는 여기에서 유일한 창조주가 그 전체의 원인이라고 추론할 수 있겠다. 그러나 우리는 창조 전체를 알지 못한다는 사실을 인정하지 않으면 안 된다. 그리하여 우리는 우리가 아는 창조 일부에서 한 분이신 창조주의 존재를 추론할 자격을 갖게 된다고 판단하고 진술하지 않으면 안 된다. 이에 용기를 얻어 우리는 알지 못하는 창조의 일부도 유사한 방식으로 구성되어 있다고 가정하게 된다. 이런 사고방식은 대단히 합리적이지만 엄격한 의미의 추론은 아니다.

A 201

Ⅱ 161

다른 한편 자만하지는 않지만, 우리가 제안한 존재론적 증명은 입증에서 요구하는 엄격함을 가질 수 있는 논증처럼 보인다. 그러나 두 가지 중 일반적으로 어떤 것이 더 나은가 하는 문제는 다음과 같은 식으로 대답할 수 있겠다. 논리적 정확성과 완전성에 관해서는 존재론적 증명이 더 낫다고 할 수 있다. 그러나 상식적이며 적절한 개념에 대한 용이한 이해도, 그것에 대한 인상의 우수성 그리고 인간 본성에 요구되는 도덕적 욕구에 대한 매력, 선호도의 생생함을 찾고자 한다면, 우주론적 증명이 더 낫다. 고상한 활동을 불러일으키는 숭고한 감정을 통해서 인간을 고무하는 것과 함께, 인간의 상식까지도 납득하게 만드는 것이 세련된 사변을 만족하게 할 뿐인 정밀한 삼단논법을 가지고서 인류를 교육하는 것보다 의심할 여지없이 아주 중요하다. 따라서 공평하게 말한다면, 잘 알려진 우주론적 증명이 더 큰 일반적 유용성을 가지고 있다는 것은 부인할 수 없다.

A 202

라이마루스[21]는 자연 종교에 관한 저서에서 신과 신의 속성들에 관해 그와 같은 우주론적 증명을 채택하지만, 논리적 엄밀성에 더 주의를 기울인 모든 다른 증명이나 나 자신의 증명보다도 유용성을 가진다는 점을 나는 기꺼이 인정한다. 이것은 그를 즐겁게 하기 위해 아첨의 말을 하는 것이 아니라, 정직하게 말하는 것이다. 라이마루스의 이 저서와 다른 그의 저서가 건전하고 훌륭한 상식을 자연스럽게 사용한다는 점에는 더 주목하지 않겠다. 논리적으로 도출된 개념이 대상을 더 정확하게 설명할 수는 있지만, 라이마루스의 우주론적 증명의 근거는 논리적으로 도출된 개념보다 증명의 힘[22]을 가지며 뛰어난 직관을 사람들에게 준다.

탐구심이 강한 이성적 인간은, 일단 탐구의 길에 발을 들여놓으면, A 203 그를 둘러싼 모든 문제가 완전히 해명되고, 내가 그렇게 표현할 수도 있듯이, 그 문제의 원이 닫힐 때까지는 만족하지 않는다. 따라서 내가 현재 하는 것과 같은 노력, 즉 신의 인식이라는 중대한 문제에서 Ⅱ 162 논리적 엄밀성을 추구하려는 노력을 어느 누구도 무익하거나 불필요하다고 생각하지는 않을 것이다. 만약 그러한 세심한 주의가 없다면 그가 사용하는 개념들은 불확실하고 의심스럽게 될 것이기 때문이다.

5
신 존재에 대한 단지 하나의 가능한 입증만 있으며, 그것에 대한 증명 근거는 위에서 주어졌다

상술했던 것에서, 우리가 두 종류로 압축된 네 가지 가능한 증명 근거 중 데카르트의 증명과 존재의 경험 개념에서 하나의 독립적인 A 204 것의 개념 분석을 거쳐 행한 증명은 불가능하다는 것이 명백하다. 즉 그런 증명은 충분한 엄밀성을 결여한 증명이라는 것이 아니라, 도대체 아무것도 증명하지 못했다는 것이다.[23] 또 세계 내 만물의 속성에서 신 존재와 속성을 추론하는 증명은 유력하고 훌륭한 증명 근거를 가지기는 하지만, 입증에 요구되는 엄밀성이 부족하다는 점도 이미 살펴보았다. 따라서 남아 있는 대안은, 신에 대한 엄밀한 증명은 결코 불가능하거나 아니면 내가 위에서 제안했던 증명 근거에 기초를 두지 않으면 안 된다는 것 두 가지 중 하나다. 그런데 문제되는 것은 신의 증명이 어떻게 해서 가능한가이기 때문에, 어느 누구도 전자를 주장하지는 않을 것이다. 따라서 결과는 내가 제안했던 증명과 조화를 이룰 것이다. 단지 한 분이신 신이 존재할 뿐이며, 이 신 존재를 통찰하도록[24] 하는 단 하나의 증명 근거가 존재할 뿐이다. 이 증명은 A 205 어떤 반대도 근절할 수 있는 확실성이 있다. 이상과 같은 결과는 우리가 탐구하는 존재, 즉 신의 본성을 고찰하는 데서 직접적으로 도출된다. 신 이외의 존재자가 모두 존재하지 않는 것도 가능하다. 따라서 이 우연적 존재에 대한 경험은 존재하지 않는 것이 불가능한 존재를 인식하게 하는 유효한 증명 근거를 주지는 못한다. 신의 실존을 부정하게 되면 만물의 절대적 무(無)가 생겨난다는 점에서 신 존재와 다른 사물의 존재 사이에 차이가 있게 된다. 사물의 내적 가능성, 즉 본질은 그것의 폐기가 모든 사고 가능한 것을 절멸하는 것이다. II 163 그 때문에 여기에서 모든 실재의 본질이 현존하는 명확하고 독특한 성질[25]이 성립한다. 이것이야말로 신 존재에 대한 증명에서 반드시 추구해야 할 것이다. 그리고 만약 당신이 결국 증명은 이러한 근거에서는 발견되지 않을 것이라고 생각한다면, 이 전인미답의 작은 길을 버리고, 인간 이성의 넓고 큰길을 따르기 바란다. 신이 존재한다는 것을 확신하는 일은 절대적으로 필요하다. 그러나 신 현존을 입증하는 일이 반드시 필요한 것은 아니다.

해제

차례

일러두기

1. 해제와 옮긴이주에서 칸트 저술 인용은 '『저술의 한글 약칭』 학술원판의 권수(로마 숫자) 쪽수(아라비아 숫자)'—예를 들어 '『정초』 IV 389'—로 표시한다.
2. 『순수이성비판』 인용만은 관례에 따라 학술원판 권수 대신 초판(A) 또는 재판(B)을 표기해 '『순수이성비판』 A 104' 또는 '『순수이성비판』 B 275'와 같이 표시한다.

『불에 관한 성찰의 간략한 서술』

김상봉 전남대학교 · 철학

칸트의 초기 라틴어 저작들

칸트는 라이프니츠나 볼프와는 달리 거의 모든 저작을 독일어로 썼으나, 예외적으로 라틴어로 쓴 글들도 있다. 이는 모두 학위나 직무와 관계된 저작들인데, 그것은 대학의 학위논문이나 교수 취임논문 또는 총장 취임 연설문 같은 것은 대학의 규정상 라틴어로 발표하도록 되어 있었기 때문이다.[1] 『불에 관한 성찰의 간략한 서술』(이하 『불에 관하여』)은 1755년 4월 17일 칸트가 서른한 살 때 최초로 대학의 학위를 얻기 위해 발표한 논문이다. 그 이전에도 칸트는 『살아 있는 힘의 참된 측정에 관한 사상과 라이프니츠와 다른 역학자들이 이 논쟁에 사용한 증명에 관한 평가, 그리고 물체의 힘 일반에 관한 몇몇 선행하는 고찰』(이하 『살아 있는 힘의 측정』)을 비롯하여 자연과학적 저서들을 이미 다수 출판했지만, 이 저작들은 학위와 관계된 출판물들은 아니었던 까닭에 굳이 따지자면 칸트는 1755년 『불에 관하여』를 발표하기 전까지는 대학

---

1) L.W. Beck, 1992, p.7.

을 수료한 상태에 있었을 뿐 정식 학위를 취득한 것은 아니었다. 그러니까 『불에 관하여』야말로 칸트의 최초의 학위논문이었던 것이다.

그런데 이 논문을 통해 칸트가 취득한 학위가 정확하게 무엇이냐에 대해 가끔 논란이 빚어지기도 한다. 이는 몇백 년 전의 독일 대학의 학제와 학위 체제가 오늘날과 다르기 때문에 생길 수 있는 (또는 생길 수밖에 없는) 논란이다. 그 논란의 요지는 이 논문이 박사학위를 위한 논문이냐 아니면 석사학위를 위한 논문이냐 하는 것이다. 최근에는 쇤펠트(Martin Schönfeld)가 『청년 칸트의 철학』(*The Philosophy of the Young Kant*)이라는 책에서 『불에 관하여』가 카시러(E. Cassirer)나 회페(O. Höffe) 같은 이전의 칸트연구자들이 말한 것과는 달리 박사논문이 아니고 석사논문("*magisterarbeit* or M. A. thesis")이라고 주장함으로써[2] 논란을 증폭시켰다. 하지만 사정을 오해한 사람은 카시러나 회페가 아니라 쇤펠트 자신이다. 왜냐하면 당시 독일의 대학에서 이른바 박사와 석사는 칸트 라틴어 저작의 영어 번역자인 벡(Lewis White Beck)이 정확하게 표현했듯이, '교환가능한 칭호'(interchangeable titles)[3]였기 때문이다. 이에 관한 증거로서 우리는 칸트가 논문을 발표하고 나서 약 두 달 뒤 열렸던 학위수여식에 관한 대학의 공식 안내문을 제시할 수 있을 것이다.

Facultas Philosophica

viro iuveni nobilissimo et clarissimo

---

2) M. Schönfeld, 2000, pp.74-75. "In May 1755, he defended On Fire as his magisterarbeit or M.A. thesis, not as his dissertation as has been occasionally asserted."

3) L.W. Beck, *Ibid.*, 1992, p.7.

Emanueli Kant, Reg. Pruss.

Philosophiae candidato dignissimo

Post egregie in specimine exhibito et examine rigoroso, edita
documenta

Doctoris philosophiae seu magistri gradum et insignia

Proxima Jovis die XII. Junii, Natali Brabeutae septuagesima

rite et soleniter conferet[4]

철학부가

고귀하고 유명한 청년

지극히 합당한 철학 후보생

프로이센 쾨니히스베르크 출신 에마누엘 칸트에게

발표된 논문과 엄격한 토론 시험에서 탁월하게 입증된 기록에
따라

철학박사 또는 석사의 학위와 그 증서를

6월 12일 다음 주 목요일, 심사자의 70회 생일날

성대한 격식에 따라 수여함

여기서 확인할 수 있는 것처럼, 적어도 당시의 쾨니히스베르크대학교의 경우에는 박사(Doctor)와 석사(Magister)는 동일한 학위에 대한 다른 이름이었다. 우리로서는 이것이 쾨니히스베르크대학교의 경우에만 해당되는 일인지 아니면 프로이센 내의 모든 대학에 해당되는 것인지 그것까지 확인할 수는 없으나(프로이센 외부 독일어권 대학의 사정에 대해서는 더 말할 것도 없다), 『불에 관하여』가 쇤펠

---

4) K. Vorländer, 2004, p.76

트가 주장하듯이 지금 독일이나 미국 같은 나라의 석사학위에 해당된다고 말하는 것은 분명히 잘못된 일이라고 해야 할 것이다. 『불에 관하여』를 굳이 지금의 학제에 따라 규정한다면 석사학위 논문이라기보다는 차라리 박사학위 논문이라고 말하는 것이 더 정확한 규정일 것이다.

논문의 철학적 의의

순전히 자연과학적인 관점에서 보자면, 『불에 관하여』는 과학사적인 의의 이외의 다른 가치를 가진다고 말하기는 어려울 것이다. 이 문서를 처음으로 편찬한 로젠크란츠 역시 이 논문이 수록된 전집 해당 제5권의 머리말에서 이 논문이 그 자체로서 관심을 끌 만한 내용은 아니며 오직 역사적 가치만을 가질 뿐이라고 말하고 있다.[5] 그 까닭은 이 논문이 지금은 폐기처분된 잘못된 과학적 인식에 기초해서 집필된 것이기 때문이다. 구체적으로 말해 여기서 칸트는 열 현상을 물질의 분자 운동이나 에너지의 관점에서 파악하지 않고 불이나 열, 더 나아가 빛을 함유한 특정한 탄성물질에 의한 것이라 믿고 논의를 전개하기 때문이다. 그런 특정한 탄성물질 또는 입자를 가리켜 칸트는 에테르라고 불렀는데, 이 논문은 간단히 말하자면 에테르에 관한 논문이라고 말해도 무방하다.

에테르 개념 일반에 대해 말하자면, 이 개념 역시 칸트 자신이 창안한 개념은 아니며, 당시의 자연과학에서 널리 논의되던 개념이다. 그것은 칸트 이전 근대적 자연과학의 역사에서, 데카르트에게서 시

---

5) K. Rosenkranz, 1839, p.Ⅷ.

작하여 호이겐스를 거쳐 뉴턴에게 이르는 동안 계속 논의되어온 주제였다. 특히 그것은 중력의 원거리 작용(actio in distans)이나 빛의 전파 및 파동현상을 설명하기 위해 요청되었던 것이다. 그러나 어떤 경우든 그것이 실증적으로 관찰될 수는 없었으므로, 물리학은 그것에 대해 요청 이상으로 나아가지 못했다. 19세기 말 마이켈슨-몰리는 에테르의 존재를 증명하기 위한 실험에 착수했으나 실험은 처음의 의도와는 반대로 에테르의 존재를 반박하는 결과로 귀착되었다. 그러나 그 후에도 에테르 개념은 물리학에서 완전히 폐기되지 않았으며, 그 의미를 달리하여 계속 논의되었다.[6] 에테르 개념은 한마디로 말해 공간의 본질과 뗄 수 없이 결합되어 있는 개념이므로, 아인슈타인도 앞의 강연에서 언급했듯이 그 개념은 앞으로도 물리학자들 사이에서 어떤 식으로든 논의의 대상이 되리라고 예상할 수 있을 것이다.

『불에 관하여』에서 칸트는 에테르에 대해 일종의 사변적 물리학을 전개한다. 그 속에서 그는 불과 열 그리고 빛을 동일한 물질적 토대로 환원시키며, 유체와 고체 그리고 기체의 형성원리를 모두 에테르를 통해 설명하려 했다. 명제 Ⅲ에서 칸트는 "유체와 마찬가지로 고체도 직접적인 접촉을 통해서가 아니라 균등하게 매개해주는 탄성물질을 통해 결합하고 있는 입자들로 이루어져 있다"[7]고 말하는데, 여기서 말하는 매개적 탄성물질이 바로 에테르이다. 명제 Ⅳ에 따르면, 이 매개적 물질에 의해 물체의 원소들은 비록 서로 접촉하고 있지 않고 멀리 떨어져 있다고 하더라도 서로 끌어당기게 된다.[8] 그러

---

6) 아인슈타인이 1920년 라이덴대학교에서 행한 강연을 정리해 출간한『에테르와 상대성이론』(*Äther und Relativitätstheorie*)이 좋은 예다.
7)『불에 관하여』 I 372.
8)『불에 관하여』 I 373.

니까 미시적 차원에서도 원격 작용이 전제되어야만 물체의 형성 자체를 설명할 수 있는데, 칸트는 이를 에테르의 존재를 통해 설명하려 했던 것이다. 칸트는 또한 동일한 매개적 물질이 진동함으로써 열을 발생시킨다고 보았으며,[9] 더 나아가 이 열의 물질이 동시에 빛의 물질 곧 에테르라고 보았다.[10] 그리고 마지막으로 증기와 공기까지 에테르를 통해 설명하려 했던 것이다.

칸트 철학과 에테르의 문제

일반적으로 칸트의 전비판기 자연과학적 저작은 비판철학과의 연관성이 그다지 밀접하지 않다고 판단되어 거의 주목을 받지 못했다. 특히 『불에 관하여』는 칸트 생전에 정식으로 출판되지도 않았고 칸트가 말한 식의 매개적 물질로서 에테르의 개념이 그 이후 물리학과 화학의 역사에서 폐기되었다고 생각되었으므로 이 논문이 주목을 받기는 더욱 어려웠을 것이다. 아디케스(E. Adickes)가 『자연과학자로서의 칸트』(*Kant als Naturforscher*)에서 이 논문을 따로 분석하지 않았다는 것만 보더라도 우리는 이런 정황을 미루어 짐작할 수 있다.

그러나 칸트 철학의 역사에서 에테르 개념은 의외로 대단히 중요하다. 많은 물리학자들이 이 개념을 표면적으로 논하지 않을 경우에도 전제하지 않으면 안 되었던 것처럼, 우리는 칸트 역시 전비판기뿐만 아니라 비판기에도 암묵적으로 에테르의 존재를 전제하고 있었다고 판단할 수 있다. 그 가장 결정적인 증거는 이른바 그의 『유작』

---

9) 『불에 관하여』 I 376, 명제 Ⅶ.
10) 『불에 관하여』 I 377, 명제 Ⅷ.

(*Opus postumum*)이다. 여기서 그는 기존의 비판철학적 공간 개념의 한계를 자각하고 새로운 공간 개념 및 물질 개념을 모색하는데, 이를 위해 열소(Wärmestoff) 또는 에테르 개념을 집중적으로 성찰했던 것이다. 그러니까 칸트는 불의 원소 또는 열 물질로서의 에테르를 공간의 개념과 결합함으로써 어떤 의미에서는 아인슈타인을 예비했다고도 말할 수도 있을 것이다. 분명한 것은 칸트 철학의 출발점과 종착점에 모두 에테르 개념이 놓여 있다는 것이다.

번역의 대본

칸트는 이 논문을 자필문서로서 쾨니히스베르크대학교에 제출하고 생전에 출판하지는 않았다. 다행히 분실되지 않고 대학 문서고에 보관되어 있던 것을 발견하여 1839년에 로젠크란츠와 슈베르트가 처음으로 출판했다.[11] 그 후 프로이센 왕립학술원판 제1권에 수록되었는데, 우리의 번역도 이 전집 제1권 369-384쪽에 수록된 텍스트를 대본으로 했다. 번역은 베크의 영역본을 참고했다. 옮긴이주 역시 대부분 베크의 영역본 옮긴이주에 의거해 작성했다.

---

11) L.W. Beck, *Ibid.*, 1992, p.12. 이 논문은 전집 제5권 233-254쪽에 실렸으며, 로젠크란츠는 전집 제5권의 머리말 Ⅷ쪽에서 슈베르트가 이 문서를 발견해서 처음으로 전집에 싣게 되었다고 밝혔다.

참고문헌

Adickes, E., *Kant als Naturforscher*, 2 Bde., De Gruyter, 1924~25.

Beck, L.W. and Gregor, M.M. and Ralf, J.A., *Kant's Latin Writings-Translations, Commentaries, and Notes*, Peter Lang, 1992.

Einstein, A., *Äther und Relativitätstheorie*, Julius Springer Verlag, 1920.

Rosenkranz, K., *Immanuel Kant's Sämmtliche Schriften*, hrsg. von Karl Rosenkranz und Fr. Wil. Schubert, Fünfter Theil, Leopold Voß, 1839.

Schönfeld, M., *The Philosophy of the Young Kant*, Oxford University Press, 2000.

van Brakel, J., "Kant's Legacy for the Philosophy of Chemistry", in Baird, D., Scerri, E., McIntyre, L. (eds.), *Philosophy of Chemistry. Synthesis of a New Discipline*, Springer, 2006, pp.69-91.

Vorländer, K., *Immanuel Kant, Der Mann und das Werk*, Marix Verlag, 2004.

Waschkies, H-J., "Ein Entwurf zu Kants Dissertation De igne (Loses Blatt Dorpat/Tartu)", in Stark, W. and Brandt, R. (hrsg.), *Autographen, Dokumente und Berichte. Zu Edition, Amtsgeschäften und Werk Immanuel Kants* (*Kant-Forschungen*, Bd. 5), Felix Meiner, 1994, pp.158-196.

『형이상학적 인식의 제1원리들에 관한 새로운 해명』

김상봉 전남대학교 · 철학

칸트와 Venia Legendi

『형이상학적 인식의 제1원리들에 관한 새로운 해명』(이하『새로운 해명』)은 칸트가『불에 관하여』를 발표한 뒤 약 5개월 뒤인 1755년 9월 27일 발표한 논문이다. 이 논문은 칸트의 두 번째 학위 논문으로서, 흔히 20세기 독일 대학의 하빌리타치온(Habilitation)에 해당하는 논문으로 간주된다.[1] 이 논문이 박사학위 논문 다음으로 씌어진 것이므로 그렇게 부를 수 있겠으나, 엄밀하게 말하자면 그 당시의 학위제도와 오늘날의 학위제도가 똑같지는 않으므로 이 논문을 칸트의 하빌리타치온이라고 부르는 것이 정확한 것은 아니다. 20세기 독일 대학의 경우 박사학위 논문(이른바 Dissertation) 다음에 하빌리타치온을 제출하면 대학에 교수로 임용될 수 있는 자격을 얻었으나, 칸트 당시에는 교수 임용을 위해서는 또 하나의 라틴어 논문을 발표해야 했기 때문이다.[2] 당시에는 박사학위 논문 다음으로 두 번

---

1) 쉰펠트는 이 논문을 칸트의 박사학위 논문으로 본다. 그러나 이것이 잘못이라는 것을 우리는『불에 관하여』의 해제에서 밝혔으므로 여기서는 상론하지 않는다.

째 라틴어 논문을 제출하면 다만 대학에서 강의할 자격(이른바 venia legendi, 또는 venia docendi)이 주어졌는데, 칸트 역시 『새로운 해명』을 발표하고 제출함으로써 사강사(Privatdozent)의 길에 들어서게 된다.[3]

최초의 형이상학적 저작

『새로운 해명』의 의의는 다른 무엇보다 이 논문이 칸트의 학문적 여정에서 최초의 순수 철학적 또는 형이상학적 저작이라는 데 있다. 잘 알려진 대로 칸트가 이 논문을 쓰기 이전에 발표했던 글들은 모두 자연과학적 저작이었다. 그러므로 우리는 이 논문이 칸트의 철학적 사유의 발전과정에서 최초의 출발점을 표시한다고 말할 수 있다. 이 논문은 특히 전비판기 칸트 철학의 사유지평을 일목요연하게 조감하게 해준다는 점에서도 중요하지만, 비판기에 들어서서도 완전히 사라지지 않고 암묵적으로 남아 있는 칸트 자신의 이른바 개인적 철학(personal philosophy)[4]을 보여준다는 의미에서도 중요하다. 칸트 철학에서 전비판기와 비판기의 관계는 대개 비판적 단절로 이해되어왔으나, 설령 비판철학이 칸트 자신의 전비판기 철학의 비판과 부정으로 생성되었다 할지라도 그 둘의 관계를 단순한 단절로 보는 것은 오늘날 더 이상 지지되기 어려운 입장이다. 설령 베크가 주장하듯이 비판철학이 비판하는 가장 중요한 대상들 가운데 하나가 전비판

---

2) K. Fischer, 1882, p.65.
3) 칸트의 첫 강의는 1755년 겨울 학기, 당시 그가 거주하고 있었던 퀴프케 교수의 집에서 행해졌다고 한다. L.E. Borowski, 1804, p.185.
4) L.W. Beck, 1992, p.3.

기의 칸트 자신이었다는 것이 사실이라 하더라도,[5] 칸트가 부정한 것이 무엇이었는지를 정확히 이해하기 위해서는 전비판기 철학에 대한 보다 성실한 탐구가 필요한 것이다.

저작의 내용을 구체적으로 살펴보자면, 이 논문은 크게 세 부분으로 나뉘어져 있다. 제1절에서는 모순의 원리, 제2절에서는 규정근거의 원리 그리고 마지막 제3절에서는 후속의 원리와 공존의 원리가 다루어지고 있다. 이런 원리들에 대해 새로운 해명을 시도한 것이 이 논문이다. 철학사적 관점에서 보자면 여기서 다루어지고 있는 원리들이 당시의 독일 강단철학에서 중심적인 문제였다는 점에서 연속성을 보인다면, 그것을 새로운 방식으로 해명하려 했다는 점에서 칸트의 독자적 사유의 흔적을 엿볼 수 있다.

칸트 철학의 이런 이중적 측면은 주목할 만한 가치가 있는데, 왜냐하면 칸트 철학의 고유성은 어떤 철학적 탐구 대상 자체의 변한 것에 있다기보다는 동일한 대상에 대한 전혀 새로운 해명방식에 있다고 말할 수도 있기 때문이다. 이를테면 영혼이나 신에 대해 칸트가 지니고 있었던 기본적인 표상내용은 전통적인 기독교적, 또는 합리론적 표상방식에서 그다지 벗어나 있지 않다. 그러나 그런 형이상학적 대상을 철학적으로 해명하는 방식에 있어서 칸트는 혁명적 새로움을 보여주었던 것이다. 이런 낡음과 새로움의 중첩은 칸트의 최초의 형이상학적 저작인 『새로운 해명』에서부터 시작된 것으로서, 우리는 그것이 칸트 철학의 지속적 성격에 속하는 것이라 판단해도 무방할 것이다.

이 논문에 대한 연구는 그다지 많지 않다. 19세기 후반에 처음 나온 피셔(Kuno Fischer)의 『근대철학사』에서 『새로운 해명』을 소개한

---

5) L.W. Beck, *Ibid.*, p.2.

부분[6]은 여전히 이 논문의 기본적인 이해를 위해 도움을 준다. (물론 그의 서술이 모두 옳으냐는 별개의 문제다) 그 후 많은 연구자들이 칸트 철학의 발전 과정을 서술하는 과정에서 이 논문을 언급하기는 했으나 대개는 피상적인 언급에 그쳤다.[7] 잉글랜드(F.E. England)와 라베르쥬(P. Laberge) 그리고 슈무커(J. Schmucker)의 선구적인 연구들은 기본적으로 신의 문제에 국한해서 이 논문을 다루었다. 최근에 이르러 쉰펠트가 칸트의 전비판기 철학에 대해 상세하게 연구한 책에서 『새로운 해명』을 상세히 다루었다. 논문으로는 로이셔(J.A Reuscher)와 슈무커가 있고, 최근에 와서는 국내 연구자들의 논문도 있으나 여전히 많은 문제들이 충분히 해명되지 않은 채 남아 있다.

비판철학에 비해 이 초기 저작이 그다지 많은 주목을 받지 못한 것은 비판철학의 비길 데 없는 위대함을 생각할 때, 충분히 이해할 수 있는 일이며, 어쩌면 당연한 일이기까지 하다. 하지만 아무리 위대한 철학 체계라도 무전제에서 출현하는 것이 아니라면, 칸트 철학 자체의 발전 과정을 두고 보더라도 이 논문은 단지 전비판기의 습작으로 치부할 수만은 없는 나름의 의의를 지니고 있다. 우리는 이를 아래에서 세 부분으로 나누어 간단히 설명하려 한다.

형이상학적 인식의 제1원리

여기서 칸트가 형이상학적 인식의 제1원리를 탐구한다는 사실 자체에 주목할 필요가 있다. 왜냐하면 그것은 칸트에게서 형이상학이

---

6) K. Fischer, *Ibid.*, pp.196-208.
7) 대표적으로 언급할 만한 저작들은 다음과 같다. M. Wundt, 1924; E. Cassirer, 1918; N. Hinske, 1970.

다른 무엇보다 존재 일반에 대한 탐구가 아니라 인식의 원리에 대한 탐구로서 시작되었음을 의미하는 것이기 때문이다. 비록 명시적으로 정식화하지는 않았으나 바움가르텐이 『형이상학』에서 "형이상학이란 인간 인식의 제1원리들에 대한 학문이다"라고 정의하기 1년 전의 이 논문에서 칸트가 인식의 제1원리들에 대한 탐구를 형이상학의 근본문제로 제시한 것은 그 이후 칸트 철학의 발전 방향을 결정적으로 규정한 것이라고 볼 수 있다. 칸트가 『순수이성비판』에서, '사물 일반에 대한 아프리오리한 종합적 인식을 제공한다고 자부하는 존재론이란 거만한 이름은 순수지성의 단순한 분석론이라는 겸손한 이름에 자리를 내주어야 한다'[8]고 말한 것은 거슬러올라가자면 비록 맹아적 형태이기는 하지만 『새로운 해명』에서부터 시작된 오랜 사색의 결실이었던 것이다.

구체적으로 말하자면, 모순율과 동일률 사이에서 과연 무엇이 모든 인식의 제1원리이냐 하는 것이 칸트가 제1절에서 탐구하는 문제이다. 칸트가 이 물음으로부터 형이상학적 탐구의 길에 들어섰다는 것은 그가 데카르트가 아니라 라이프니츠의 편에서 형이상학의 길에 들어섰음을 의미한다. 다시 말해 그에게 형이상학이란 데카르트처럼 '나'의 존재의 명증성에서 출발하는 것도 스피노자처럼 신이나 실체의 관념에서 출발하는 것도 아니고 오직 인식의 제1원리에서 출발하는 것이다.[9] 그런데 라이프니츠 이후 인식의 제1원리가 무엇이냐 하는 것은 독일의 강단철학에서 중심적인 형이상학적 문제였다.

---

8) 『순수이성비판』 B 303.
9) 당시 독일의 강단철학계에서 데카르트적 입장과 라이프니츠적 입장의 대립에 대해서는 다음을 볼 것. 김상봉, 「칸트의 『새로운 해명』에서 동일성과 모순의 문제-칸트 전비판기 철학에 대한 한 연구」, 『칸트연구』 제27집, 한국칸트학회, 2011, 11쪽 아래.

여기서 구체적으로 문제가 되었던 것은 동일률과 모순율의 관계 또는 지위의 문제였는데, 거칠게 말해 라이프니츠가 동일률과 모순율을 애써 구분하지 않으면서 동일률을 우위에 놓았다면, 볼프는 확고하게 모순율을 상위의 원리로 간주하고 동일률 역시 모순율로부터 연역하려 했으며, 반대로 크루지우스는 그런 볼프의 시도를 비판했던 것이다.

『새로운 해명』에서 칸트는 크루지우스와 마찬가지로 모순율로부터 동일률을 연역하려는 볼프를 비판하면서 한편에서는 동일률을 인식의 제1원리로 놓지만, 다른 한편으로는 동일률의 명제를 이중적 명제로서 제출한다. 다시 말해 A=A와 non A=non A라는 한 쌍의 명제를 동일률의 명제로 제출하는 것이다. 칸트에 따르면 그 까닭은 긍정명제는 부정명제를 근거지을 수 없고, 마찬가지로 부정명제 역시 긍정명제를 근거지을 수 없기 때문이라는 것이다. 이처럼 동일률을 긍정적 동일성과 부정적 동일성의 두 명제로 분리하여 이해한 것이 『새로운 해명』이 보여주는 칸트의 고유성이라 할 수 있다. 이를 통해 칸트는 않음 또는 아님의 고유성에 주목했다 할 수 있겠는데, 『순수이성비판』의 무의 범주표는 『새로운 해명』에서 칸트가 주목했던 non est(……이지 않다)의 전개였다고 볼 수도 있을 것이다.

규정근거의 원리와 인간 의지의 자유의 문제

『새로운 해명』의 제2절은 규정근거 또는 충분근거에 대한 성찰이다. 그 배경은 라이프니츠와 볼프가 제시하고 증명한 충분근거의 원리를 크루지우스가 비판한 것이다.[10] 그는 충분근거의 개념 자체가 모호할 뿐만 아니라, 그 원리가 결과적으로 의지의 자유를 존립불가능하게 만들 것이라 하여 충분근거의 원리를 비판했다.

칸트는 한편에서는 크루지우스의 비판을 적극적으로 수용하여, 충분근거라는 이름 자체를 규정근거로 바꾸어 쓰면서[11] 다시 규정근거를 선행적인 존재근거와 후속적 인식근거로 구별한다. 그런 다음 그는 크루지우스에 맞서서 규정근거의 정당성을 옹호하는 논변을 펼치는 것이 제2절의 주된 내용이다. 그 주된 논지를 칸트 자신 말 그대로 인용하자면 다음과 같다.

> 신에게서 세계창조 행위가 미결정의 동요상태에 있지 않고 확실하게 결정되어 있어서 그 반대란 신의 위엄에 어울리지 않는다는 것, 즉 전혀 그와 양립할 수 없다는 것을 누가 의심하겠는가? 하지만 그럼에도 불구하고 행위는 자유로운데, 그 까닭은 행위를 규정하는 근거들이 자신의 무한한 지성의 동기들을 포함하고 있어서, 이 동기들이 확실한 것보다 더 확실하게 의지를 기울어지게 만드는 것이지, 결코 자연의 어떤 맹목적 작용에 따라 행위의 동기들이 일어나는 것이 아니기 때문이다.[12]

요컨대 일어나는 모든 일은 신의 의지에 따라 확실하게 결정되어 있지만, 그럼에도 불구하고 인간의 행위가 자기 자신의 지성적 동기에 따라 규정되므로, 인간의 행위는 자유롭다는 것이다. 칸트는 이것을 더욱 확고히 하기 위해 카이우스와 티티우스 사이의 대화의 형식으로 논의를 전개하는데, 그것이 칸트의 주장에 얼마나 더 큰 설득력을 부여해주는지는 미지수이다. 그러나 분명한 것은 근거의 본질에

---

10) C.A. Crusius, 1743, Bd. Ⅱ, p.3.
11) C.A. Crusius, *Ibid.*, §. Ⅲ 참조할 것.
12) 『새로운 해명』 I 400, 명제 Ⅸ, 의심의 반박.

대한 물음과 의지의 자유라는 주제가 이미 이때부터 칸트 철학의 중심문제로서 자리 잡고 있었다는 사실이다.

제2절에서 칸트는 이 외에도 라이프니츠가 제시한 또 다른 하나의 원리, 즉 동일자의 식별 불가능성의 원리도 짤막하게 다루고 있는데, 이미 이 논문에서 그 원리를 공간 또는 장소의 개념에 입각하여 비판한다. 그에 따르면 어떤 두 사물이 "아무리 내적인 징표에서 합치한다 하더라도 적어도 장소가 다르다면, 그것들은 하나의 동일한 존재자가 아니다."[13] 다시 말해 사물들이 아무리 지성적 개념에서 완벽하게 동일하다 하더라도 공간상의 위치가 달라지면 다른 사물이라고 해야 한다는 것이다. 우리는 이와 유사한 비판을 『순수이성비판』에서도 찾아볼 수 있거니와,[14] 사물의 존재를 단순히 지성적 규정만이 아니라 공간이라는 감성적 형식을 통해 규정하려는 사고방식이 칸트의 철학적 발전과정에서 이미 이때부터 싹트고 있었다고 볼 수 있을 것이다.

후속의 원리와 공존의 원리

제3절에서 칸트는 후속의 원리와 공존의 원리를 규정근거의 원리로부터 연역되는 두 가지 형이상학적 인식 원리로서 제시한다. 여기서 후속이란 변화와 같은 말인데, 후속의 원리는 간단히 말하자면 세계 내의 모든 변화가 사물들의 외적 관계에 기인한다는 것이다. 외적 관계가 없다면, 내적인 상태 변화도 있을 수 없다.

---

13)『새로운 해명』 I 409, 명제 IX, 2.
14)『순수이성비판』 A 264; B 320.

이 원리는 다른 무엇보다 외적 세계의 객관적 실재성을 증명하는 근거로서 제시된다. 정신의 내적 변화가 반드시 외적 관계를 필요로 한다면, 정신의 존재만큼 외부 세계의 존재도 확실한 것이기 때문이다. 더 나아가 후속의 원리를 통해 칸트는 다음과 같이 육체의 존재도 증명한다.

> 만약 마음과 결합하여 육체와 동종적인 표상을 마음에 집어넣어줄 참된 사물이 존재하지 않는다면, 우리가 다양한 방식으로 규정 가능한 어떤 육체의 표상을 가지고 있지도 않을 것이라는 결론이 도출되므로, 이로부터 우리가 육체라고 부르는 합성체가 우리에게 주어져 있어야만 한다고 쉽게 결론 내릴 수 있다.[15]

더 나아가 칸트는 이 논변을 통해 칸트는 라이프니츠의 예정조화설을 비판하는데, 그 까닭은 라이프니츠가 모나드의 외적 관계를 부정했기 때문이다. 그러나 칸트가 제시하는 후속의 원리에 따르면 "만약 사람의 마음이 외적 사물과의 실재적인 관계에서 벗어나 있다면, 내적인 상태의 변화도 없"[16]으므로, 라이프니츠가 생각한 일체의 외적 관계 없이 내적으로 세계를 표상하는 모나드는 불가능한 것이 된다.

공존의 원리에서는 후속의 원리에서 제시한 외적 관계의 필연성을 근거지어줄 실체들 사이의 상호교통(commercium)의 근거가 문제된다. 이 문제와 관련하여 "우주 내에서 실체들 사이의 관계를 확립하기 위해서는 실체들 사이의 공존만으로는 충분하지 않으며, 그에

---

15) 『새로운 해명』 I 412, 명제 XII, [원리의] 적용 1.
16) 『새로운 해명』 I 412, 명제 XII, [원리의] 적용 2.

더하여 어떤 공통적 원천과 이 기원에 근거한 [사물들의] 조화로운 [상호]의존 관계를 탐구해야 한다"[17])는 것이 칸트의 기본전제이다. 이 전제에 입각하여 칸트는 그 상호교통의 궁극적 근거로서 신의 지성을 제시하는데, 우리는 이것이 1770년 『교수취임논문』에서 다시 나타나는 것을 확인할 수 있다.

그러나 어떻게 세계 내에서 사물들이 서로 공존하면서 상호작용할 수 있느냐 하는 물음은 단순히 신학적인 관점에서만 제기되는 물음은 아니다. 그것은 『순수이성비판』에서 표상들의 친화성(Affinität)의 문제로도 나타나고, 『유작』에서는 공간 중에서 사물들의 상호관계를 근원적으로 가능하게 해줄 에테르의 존재에 대한 요청으로도 나타난다. 그런 의미에서 칸트 철학의 역사 전체에 걸쳐 있는 하나의 근본 물음이 『새로운 해명』의 '공존의 원리' 속에서 제시되어 있다고 해도 무방할 것이다.

라이프니츠-볼프와 칸트

전체적으로 조감하자면 『새로운 해명』의 중요한 의의는 이 논문을 통해 칸트가 전비판기 시절 라이프니츠-볼프 철학과 맺고 있는 관계를 일목요연하게 파악할 수 있다는 데 있다. 이런 관점에서 보자면, 이 논문은 칸트가 라이프니츠-볼프의 형이상학에 대한 자신의 의견을 표명하기 위해 쓴 논문이라고 보아도 무방하다. 『순수이성비판』의 관점에서 본다면, 칸트와 라이프니츠-볼프의 관계는 단순한 단절로만 비치기 십상이다. 그리고 대개 그 단절의 계기는 다소 상투적으

---

17) 『새로운 해명』 I 413, 명제 XIII, 해명.

로 흄에 의한 독단의 선잠에서 깨어남으로 설명되어왔다. 그러나 칸트의 주관적 회고가 객관적 진실을 모두 드러내준다고 말하기에는 이 관계가 훨씬 더 복잡하다. 칸트 철학의 발전과정을 보다 객관적으로 재구성해내기 위해서는, 당시 지배적인 독일 강단형이상학과 칸트 철학의 관계가 보다 세심하게 탐구될 필요가 있다. 이를 위해『새로운 해명』은 가장 확실한 증거자료를 우리에게 제시해준다. 그것을 통해 우리는 칸트가 형이상학적 사유의 출발에서부터 얼마나 독립적으로 사유하고 있었는지를 확인할 수 있으며, 또 어떤 문제들이 전비판기와 비판기를 관통하고 있는 공통적인 문제의식이었는지도 확인할 수 있다.

서지 사항

이 논문은 발표된 해인 1755년 쾨니히스베르크의 하르퉁(Hartung) 출판사에서 정식으로 출판되었다. 한국어 번역을 위해서는 프로이센 왕립학술원판 전집 제1권 385-416쪽에 수록된 라틴어 텍스트를 대본으로 삼고, 바이셰델판을 참고로 했다. 번역은 베크의 영역본과 바이셰델판의 독일어 번역을 참고했다.

참고 문헌

김상봉, 「칸트의 『새로운 해명』에서 동일성과 모순의 문제-칸트 전비판기 철학에 대한 한 연구」, 『칸트연구』, 한국칸트학회 제27집, 2011, 1-51쪽.

박 진, 「칸트에 있어 동일성과 근거」, 『철학논구』 제20집, 서울대학교 철학과, 1992, 132-150쪽.

오창환, 「칸트의 『새로운 해명』(*Nova Dilucidatio*)에서 근거와 자유의 문제」, 『칸트연구』, 한국칸트학회 제25집, 2010, 115-146쪽.

이남원, 「자유, 필연성, 신-칸트의 「형이상학적 인식의 제1원리」(1755) 〈명제 9〉」, 『철학연구』, 대한철학회 제111집, 2009, 209-236쪽.

카울바하, F., 백종현 옮김, 『칸트 비판철학의 형성과정과 체계』, 서광사, 1992.

Baumgarten, A.G., *Metaphysica*(Historisch-kritische Ausgabe) übers. und hrsg. von Gawlick, G. und Kreimendahl, L., Frommann-Holzboog, 2011.

Beck, L.W., *Early German Philosophy*, Harvard Univ. Press, 1969.

———, *Kant's Latin Writings*, Lang, 1992.

Borowski, L.E., *Darstellung des Lebens und Charakters Immanuel Kant's*, Königsberg: Friedrich Nicolovius, 1804.

Cassirer, E., *Das Erkenntnisproblem in der Philosophie und Wissenschaft der neueren Zeit*, Bd. Ⅱ, Nachdruck der Ausgabe ³1922, Wissenschaftliche Buchgesellschaft, 1974.

———, *Kants Leben und Lehre*, Nachdruck der Ausgabe Berlin 1918, Yale Univ. Press, 1975.

Crusius, C.A., *Dissertatio philosophica de usu et limitibus principii rationis determinantis vulgo sufficientis*, Langenheim, 1743.

―――, *Entwurf der nothwendigen Vernunft-Wahrheiten*, Gleditsch, ³1766(¹1745).

―――, *Weg zur Gewißheit und Zuverläßigkeit der menschlichen Erkenntniß*, Gleditsch, 1747, in *Die philosophischen Hauptwerke*, hrsg. von Tonelli, G., Bd. Ⅲ, Georg Olms, 1965.

England, F.E., *Kant's Conception of God*, George Allen and Unwin, 1929.

Fischer, K., *Geschichte der neueren Philosophie*, Bd. 4, Friedrich Wassermann, 1882.

―――, *Immanuel Kant und seine Lehre. Erster Teil. Entstehung und Grundlegung der kritischen Philosophie*, Carl Winter's Univ. Verlag, 1928.

Heimsoeth, H., *Die Methode der Erkenntnis bei Descartes und Leibniz*, Alfred Toepelmann, ²1914.

―――, "Christian Wolffs Ontologie und die Prinzipienforschung I. Kants", in *Studien zur Philosophie Immanuel Kants*, Kölner Univ. Verlag, 1956, pp.1-92.

Hinske, N., *Kants Weg zur Transzendentalphilosophie*, Kohlhammer, 1970.

Laberge, P., *La Théologie Kantienne précritique*, Laumier, 1973.

Leibniz, G.W., "Animadversiones in partem generalem Principiorum Cartesianorum", in *Die philosophischen Schriften*, hrsg. von Gerhardt, Bd. Ⅳ, Georg Olms, 1978.

―――, *Nouveaux Essais*, in *Die philosophischen Schriften*, hrsg. von Gerhardt, Bd. Ⅴ, Georg Olms, 1978.

Reuscher, J.A., "A Clarification and Critique of Kant's Principiorum Primorum

Cognitionis Metaphysicae Nova Dilucidatio", in *Kant-Studien* 68, 1977, pp.18-32.

Schönfeld, M., *The Philosophy of Young Kant: The Precritical Project*, Oxford Univ. Press, 2000.

Schmucker, J., *Die Ontotheologie des vorkritischen Kant*, Walter de Gruyter, 1980.

Wolff, C., *Philosophia Prima, sive Ontologia*, Nachdruck der Ausgabe Frankfurt und Libraria Rengeriana, 1736(^{1}1730), in *Gesammelte Werke*, Ⅱ. Abt./ Bd. 3, Georg Olms, 1977[*Erste Philosophie oder Ontologie*, §§ 1-78 übers. und hrsg. von Effertz, D., Meiner, 2005].

―――, *Vernünfftige Gedancken von Gott, der Welt und der Seele des Menschen, auch allen Dingen überhaupt*, Halle, ^{3}1725(^{1}1719).

Wundt, M., *Kant als Metaphysiker*, Nachdruck der Ausgabe Stuttgart 1924, Georg Olms, 1984.

―――, *Die deutsche Schulmetaphysik des 17. Jahrhunderts*, Nachdruck der Ausgabe Tübingen 1939, Georg Olms, 1992.

―――, *Die deutsche Schulphilosophie im Zeitalter der Aufklärung*, Nachdruck der Ausgabe Tübingen 1945, Georg Olms, 1992.

『기하학과 결부한 형이상학의 자연철학적 사용과 그 일례로서 물리적 단자론』

김상봉 전남대학교 · 철학

저술 경위

『기하학과 결부한 형이상학의 자연철학적 사용과 그 일례로서 물리적 단자론』(이하『물리적 단자론』)은 칸트가 세 번째로 발표한 라틴어 논문이다. 이 논문은 1755년 칸트가『불에 관하여』와『새로운 해명』을 발표한 다음 해인 1756년 4월에 발표되었다. 정확하게 따져보자면, 칸트는 1755년 4월에『불에 관하여』를, 같은 해 9월에『새로운 해명』을 발표했으니 1년 동안에 세 편의 라틴어 논문을 발표한 셈인데, 칸트가 이렇게 짧은 기간에 서둘러서 라틴어 논문을 발표한 것은 그가 교수직에 지원하려 했기 때문으로 보인다. 1751년 칸트의 스승이었던 크누첸(Martin Knutzen)이 사망한 뒤에 그의 자리가 아직도 공석으로 남아 있었고 칸트는 그 자리에 지원했던 것이다. 그러나 1749년 12월에 반포된 프로이센왕의 훈령(Verordnung)은 세 편의 라틴어 논문을 발표하고 토론을 마친 사람만 교수직에 지원할 수 있도록 규정했다.[1] 칸트는 경제적 이유로 말미암아 대학을 수료한 후

---

1) K. Fischer, 1928, p.61. 훈령을 직접 확인하고 싶은 독자는 다음을 볼 것.

1746년부터 1755년까지 약 9년 동안 가정교사로 일했으나, 가정교사 생활을 마치고 다시 대학으로 돌아온 뒤에 대학에서 정식 교원의 자리를 얻기 위해서는 새로이 반포된 훈령에 따라 다른 무엇보다 라틴어 논문들을 발표하고 또 토론하는 절차를 밟지 않으면 안 되었던 것이다. 1755년에서 1756년 사이에 집중적으로 라틴어 논문을 발표한 것은 이런 상황에서 비롯되었다.[2]

뉴턴과 라이프니츠 사이에서

이 논문의 제목은 '기하학과 결합된 형이상학의 자연철학적 사용, 그것의 제1부는 물리적 단자론을 포함함'이다. 우리는 칸트가 이 제목 속에서 이 논문의 저술의도와 주된 내용을 요약해 제시하고 있다고 말할 수 있겠는데, 그것은 기하학과 형이상학의 종합 또는 화해이다.

도대체 어떻게 해야 우리가 형이상학을 기하학과 화해시킬 수 있겠는가? 왜냐하면 선험철학을 기하학과 결합하는 것보다 차라리 그리핀을 말과 결합하는 것이 더 쉬운 것처럼 보이기 때문이다. 이를테면 선험철학이 공간의 무한한 분할 가능성을 단호히 부정하는 데 반해, 기하학은 그것을 기하학 특유의 확실성에 입각해 옳다

Corporis Constitutionum Marchicarum Continuatio IV. Derer in der Chur- und Marck Brandenburg, auch incorporirten Landen, ergangenen Edicten, Mandaten, Rescripten, etc von 1748. biß 1750. inclusive, p.199 이하, No. LXXXIX.
2) 이 교수직 지원은 무위로 돌아갔다. 그 자세한 사정에 대해서는 다음의 책들을 참조할 것. K. Fischer, *Ibid.*, p.62 이하, M. Schönfeld, 2000, p.161 이하, p.283 이하.

고 주장한다. 또한 기하학은 [물체들의] 자유로운 운동을 위해서
는 반드시 진공이 있어야 한다고 주장하는 데 반해, 형이상학은 그
것을 부정한다. 또한 기하학이 보편적인 인력이나 중력을 기계론
적인 원인으로는 설명할 수 없고, 정지상태에서 원격 작용하는 물
체들에 내재한 힘들로부터 발현되는 것이라고 증명하는 데 반해,
형이상학은 이런 이론이 순전히 상상력의 유희일 뿐이라고 일축
하는 것이다.[3]

여기서 칸트는 자신의 과제가 형이상학과 기하학의 화해라고 명
시적으로 말하고 있다. 그런데 명시적으로 말하고 있지는 않지만, 여
기서 형이상학이 라이프니츠의 단자론을 의미한다면, 기하학은 뉴
턴의 물리학을 의미한다.[4] 그러니까 칸트는 이 논문에서 이 두 학파
의 이론을 자기의 방식으로 종합하려 했던 것이다. 그런데 위의 인용
문에서 칸트가 말하고 있는 것처럼 형이상학과 기하학이 대립하는
지점은 공간과 물체의 본성이다. 공간 및 물체의 무한 분할 가능성이
나, 진공의 존재 여부 또는 원격작용의 문제 등이 라이프니츠와 뉴턴
이 대립하는 지점이었던 것이다.

이 대립을 해소하기 위해 칸트는 이 논문에서 라이프니츠의 단자
론을 물리학적으로 변형시킨다. 원래 라이프니츠의 모나드는 다른
모나드와 아무런 상호작용도 하지 않는 고립된 정신적 실체였다. 실
제로는 상호관계 속에 있지 않은 단자들이 신에 의해 어떤 예정조화
속에 있다는 것이 라이프니츠의 생각이었던 것이다. 그러나 칸트는
이미 『새로운 해명』에서 이런 예정조화를 비판하고 크누첸의 길을

---

3) 『물리적 단자론』 I 475-476.
4) L.W. Beck, 1992, p.88.

따라 물리적 영향(influxus physicus)을 받아들였거니와, 『물리적 단자론』에서는 그 바탕 위에서 모나드를 서로 상호작용하면서 공간을 점유하고 있는 물리적 실체로 고찰함으로써 뉴턴의 물리학과 라이프니츠의 형이상학을 화해시키려 했다.[5]

그것의 요지를 간단히 소개하기 위해 우리는 명제 V를 인용하는 것이 가장 좋을 것이다. 그에 따르면 "물체의 단순한 원소, 즉 단자는 모두 공간 중에 있을 뿐만 아니라 공간을 채우고 있으나, 그럼에도 자신의 단순성을 잃어버리지는 않는다."[6] 그 까닭은 단자가 그 자체로서는 아무런 외연을 지니지 않는 단순한 실체이기 때문이다. 그런 단순성에도 불구하고 단자가 공간을 채우고 있다고 말할 수 있는 까닭은 단자가 다른 단자와의 상호관계 속에서 자신의 힘을 외적으로 행사하기 때문이다. 그리하여 단자는 그 존재 자체에서는 단순한 실체이므로 분할할 수 없고 공간적 외연을 가지지 않지만, 자신의 힘과 작용 그리고 외적인 관계를 통해 공간을 채우고 있으며 또 이를 통해 공간적인 외연을 가진 물체로서 나타나게 되는 것이다.

인력과 척력, 물체에 내재하는 힘

그 자체로서는 비물질적인 단자가 공간을 채움으로써 물체로 나타나게 되는 까닭은 단자가 외부를 향해 힘을 행사하기 때문이다. 칸트는 그 힘을 명제 Ⅷ에서 다음과 같이 설명한다. "물체의 단순한 원소가 자신의 공간을 차지하기 위해 필요로 하는 힘은 사람들이 다른

---

5) E. Adickes, 1924, Bd. 1, p.164.
6) 『물리적 단자론』 I 480.

경우에 불가침입성(impenetrabilitas)이라고 부르는 것과 같은 힘이다."[7] 명제 X에서 칸트는 "불가침입성의 힘은 임의의 외적 사물을 더 이상 접근하지 못하게 막는 척력"[8]이라고 말한다. 그러니까 단자의 척력이 물체의 불가침입성의 근거인 것이다.

그러나 만약 단자가 행사하는 힘이 척력뿐이라면 우리는 이것만으로는 물체의 형성을 설명할 수 없을 것이다. 왜냐하면 이런 경우라면 물체의 외연은 오직 다른 물체와의 접촉에 의해서만 제한될 수 있겠기 때문이다. 그러므로 "물체들은 [척력과] 동등한 내재적 인력이라는 다른 힘이 없다면, 불가침입성의 힘만으로는 한정된 부피를 가질 수 없다. [인력과 척력] 두 힘은 오직 서로 결합해서만 외연의 한계를 한정하게 된다."[9]

그런데 이처럼 인력과 척력을 통해 물체의 형성을 설명함으로써 칸트는 1년 전 『불에 관하여』에서 표명했던 입장으로부터 벗어나게 되는데, 왜냐하면 거기서 칸트는 물체의 탄성을 물체를 이루고 있는 입자와 종별적으로 구분되는 불의 물질 또는 에테르를 통해 설명했기 때문이다. 그에 반해 『물리적 단자론』에서는 물체의 탄성과 불가침입성 그리고 외연까지, 모든 물체의 형성원리가 물체의 내재적 근거를 통해 설명된다. 그 내재적 근거가 되는 내적 힘의 중심이 곧 물리적 단자인 것이다.

---

7) 『물리적 단자론』 I 482.
8) 『물리적 단자론』 I 484.
9) 『물리적 단자론』 I 483, 명제 X.

의의

『물리적 단자론』의 의의는 다른 무엇보다 이것이 칸트의 세계상을 보여주기 때문이다.『순수이성비판』에서 칸트를 처음 접하는 독자의 입장에서는 칸트가 과연 어떤 세계상을 가지고 있었는지를 전혀 가늠할 수 없다.『순수이성비판』은 세계가 우리의 표상으로서의 현상에 지나지 않으며 존재 그 자체는 전혀 알 수 없다는 것만을 반복해서 말할 뿐이므로, 칸트가 실재 그 자체에 대해 정말로 철저한 불가지론자였던 것처럼 생각하기 쉽다. 하지만 그런 칸트가 현상의 근거로서의 사물 자체를 말하고,『실천이성비판』에 가서는 영혼과 신을 다시 요청할 때, 과연 이것이 어떤 의미에서 비판철학과 양립할 수 있는지 의문을 갖게 된다.

이런 의문에 어떻게 대답할 것인지가 바로 칸트 철학에 대한 해석의 핵심적 관건이 되겠지만, 어떤 식으로 해석하든지간에, 그 해석이 공정하고 객관적일 수 있으려면, 칸트가 전비판기에 이른바 '사물 자체'를 어떤 식으로 생각했는지를 먼저 살펴보는 것이 순서일 것이다. 그러고 난 다음 우리는 그런 관념이 비판기에 이르러 완전히 사라졌는지, 아니면 표면적으로는 사라졌으나 칸트 철학의 드러난 지평 아래 여전히 흐르고 있는지, 아니면 다른 어떤 방식으로 변형되었는지를 물어야 할 것이다. 이런 의미에서 1755년에서 1756년 사이에 집필된 라틴어 논문들은 칸트의 초기 세계상을 이해하기 위해 반드시 살펴보아야 할 저작들이라고 할 수 있다.

참고문헌

임상진, 「전비판기 칸트의 객관주의적 자연철학-『물리적 단자론』을 중심으로」, 『철학』 제90권, 2007년, 75-106쪽.

Adickes, E., *Kant als Naturforscher*, 2 Bde., De Gruyter, 1924~25.

Beck, L.W. and Gregor, M.J. and Meerbote, R. and Reuscher, J.A., *Kant's Latin Writings-Translations, Commentaries, and Notes*, Peter Lang, 1992.

Corporis Constitutionum Marchicarum Continuatio IV. Derer in der Chur- und Marck Brandenburg, auch incorporirten Landen, ergangenen Edicten, Mandaten, Rescripten, etc von 1748. biß 1750. inclusive, Berlin u. Halle, 1751.

Crusius, C.A., *Dissertatio de usu et limitibus principii rationis determinantis vulgo sufficientis*, Leibzig, 1743.

Descartes, R., *Principia Philosophiae, in Œuvres de Descartes*/Édition Adam et Tannery, t. VIII, Leopold Cerf, 1905.

Fischer, K., *Geschichte der neueren Philosophie*, Bd. 4, Friedrich Wassermann, 1928.

Hutton, C., *A Philosophical and Mathematical Dictionary*, London, 1815.

Keill, J., *Introductiones ad veram physicam et veram astronomiam*, Jan en Hermanus Verbeek, 1739([1]1725).

Leibniz, G.W., Gerhardt, C.I. (ed.), *Leibnizens mathematische Schriften*, Bd. VI, Verlag von Schmidt, 1860.

Newton, I., *Philosophiae Natutalis Principia Mathematica*, London, 1687.

Rohault, J., *Traitéde physique*, Paris, 1671.

Schönfeld, M., *The Philosophy of Young Kant: The Precritical Project*, Oxford Univ. Press, 2000.

지진에 관한 세 논문

이남원 부산대학교 · 철학

가장 훌륭한 세계라는 환상

1755년 11월 1일 포르투갈의 수도 리스본에서 대지진이 발생했다. 리스본에서 수천 명이 사망했고, 홍수와 화재로 엄청난 피해가 있었다. 리스본은 포르투갈의 정치와 교회의 중심지였고, 유럽 사람들이 알아주던 매우 아름다운 도시였다. 이 도시가 순간의 지진에 잿더미로 변했다. 전대미문의 이 거대한 재앙은 유럽 사람들에게 충격을 안겨주었다. 철학자들은 이 지진을 놓고 철학적 논쟁을 시작했다. 볼테르를 비롯해서 몇몇 철학자는 라이프니츠의 옵티미즘, 즉 신이 창조한 현세계는 있을 수 있는 세계 중 가장 훌륭한 세계라는 주장을 비판하기 시작했다. 가장 훌륭한 세계에서 어떻게 이렇게 끔찍한 일이 일어날 수 있는지에 대한 비판이었다. 반면에 클뤼거 등은 만성절에 일어난 이 지진이 리스본의 주요 교회 대부분을 파괴했다는 사실을 근거로 해서 리스본 사람들의 퇴폐행위에 신이 내린 징벌이라고 강변했다. 칸트는 과학적 논변을 들어 이 두 주장 모두 잘못되었다고 지적했다. 지진은 오직 물리적 원인으로 발생하기 때문에, 지진의 원인을 놓고 옵티미즘에 찬반 논의를 하는 것도 부적절하고, 지진이 신의 의지의 산물이라는 주장은 더욱 부당하다는 것이다. 칸트가 주장하고 싶어 하는 바는, 지진은 오직 물리적이고 기계적인 원인으로 발생하기 때문에, 이에 대한 가장 현명한 대처는 지진 발생의 구체적 원인이 무엇인지를 과학적으로 밝히고, 이로써 피해를 최소화할 수 있는 방안이 무엇인지 찾는 일이다.

칸트가 리스본의 대지진이 발생한 지 얼마 안 되어 연달아 지진에 관한 논문을 세 편 발표하고, 지진에 대한 과학적 분석을 제시한 것은 자신의 이러한 주장을 펼치기 위해서였다. 첫째 논문은 『지난 해 말 유럽의 서방 국가들을 덮쳤던 비운을 계기로 살펴본 지진의 원인』(이하 『지진 원인』)으로 『쾨니히스베르크 주간소식』(*Wochentliche Königsbergische Frag- und Anzeigungs-Nachrichten*)의 1756년 제4호(1월 24일), 제5호(1월 31)에 두 번에 걸쳐 게재했다. 둘째 논문 『1755년 말에 지구의 상당한 부분을 강타했던 지진에서 가장 주목할 만한 사건들에 관한 역사와 자연기술』(이하 『지진 역사』)은 단독 저서로서 쾨니히스베르크의 요한 헨리히 하르퉁사가 이 논문을 출간했다. 출판허가가 난 날짜는 1756년 2월 21일이었다. 이 사실은 3월 11일 발행된 『쾨니히스베르크 주간소식』에 공시되었다. 셋째이자 마지막 논문인 『최근 경험했던 지진에 관한 후속 고찰』(이하 『지진 재고』)는 역시 『쾨니히스베르크 주간소식』의 제15호(4월 10일)와 제16호(4월 17일)에 나누어 게재되었다.

『지진 원인』

칸트가 기존의 논문을 참조하면서 지진의 원인에 관해 자기 견해를 밝힌 논문이다. 그는 이 논문에서 지진의 원인에 관해 자연철학

(과학)적인 진단을 내리고, 지진 결과를 어떻게 통제하고, 도시계획에 어떻게 반영해 건물의 파괴를 최소화하느냐는 문제를 다루었다.

칸트는 지진이 일어나는 원인을 쇳가루와 사황(砂黃)의 혼합물이 물에 섞이면서 일어나는 발화, 그에 따른 지하 동굴의 흔들림에서 찾았다. 이 지하 동굴은 산악지대를 통해 길게 뻗쳐 있고, 이 동굴의 길을 통해 발화와 흔들림이 계속 전달되면서 먼 지역까지 지진이 이동해간다는 것이 칸트의 기본 생각이었다. 그래서 지진은 산악지대에서 자주 발생한다는 것이다. 물론 이것은 칸트 생각이 아니라 당시 지진의 원인에 관해 발표된 많은 논문을 참조해서 내린 결론이었다.

칸트의 주요 관심은 도시에서 지진 피해를 최소화하는 일이었다. 칸트는 지진의 진행 방향과 산맥의 진행 방향이 동일하다고 보았다. 그래서 도시를 건설할 때 그런 방향으로 건물을 나열하면 안 된다는 것이다. 그렇게 지으면 다수 건물이 파괴될 수 있다는 것이다. 만약 지진 및 산맥의 흐름 방향과 직각이 되도록 도시를 건설한다면, 지진이 통과하는 부분에서만 건물이 파괴되며, 그럴 경우 건물 파괴의 피해를 최소화할 수 있다는 것이 칸트 생각이었다. 또 칸트는 지진으로 일어나는 바다와 호수의 해일에 대해서도 이야기했다.

『지진 역사』

『지진 역사』는 분량이 『지진 원인』의 거의 네 배에 달한다. 이 논문에서도 『지진 원인』과 마찬가지로 지진의 원인을 언급했다. 주목할 점은 『지진 역사』에는 『지진 원인』에서 다루지 않은 지진 관련 고찰이 다수 포함되어 있다는 사실이다. 칸트는 이 논문에서 지진의 원인뿐 아니라 전조 현상을 논했다. 칸트는 1755년에 있었던 스위스의 지진을 예로 들면서 대지에서 더운 증기의 확산, 이어서 나타나는 진홍색 비의 쏟아짐, 그에 따른 붉고 끈적거리는 침전물, 엄청난 비로 인한 강과 호수의 범람, 회오리바람, 극도의 습한 기후 등을 지진과 연결했다. 그리고 이 모든 현상은 스위스 산악지대의 특성과 연결되어 있다고 보았다. 칸트는 또 다른 지진의 예를 들면서 지진이 거대한 물의 운동과 연관되어 있으며, 바다의 높은 파도, 해일 등과 연관되어 있다고 주장했다. 또 지진이 바다를 통해 대륙에서 대륙으로 이동하는데, 그것도 역시 바닷속에 있는 산맥과 연관되어 있다고 주장했다. 칸트가 주목하는 또 하나의 사실은 지진 간격이 어느 정도 규칙성을 가지고 있다는 것이다. 그는 짧은 지진의 경우 주기가 9일이거나 그것의 2배라고 설명했다. 아마도 칸트가 고려하는 것은 일종의 여진이라고 할 수 있을 것 같다. 그리고 칸트는 지진의 방향, 지진과 계절의 연관 등을 설명하면서 가을의 긴 비, 따뜻한 겨울이라는 이상 기온 등이 지진 발생의 전조와 관련되어 있다고 설명했다.

『지진 역사』의 특징적인 점은 지진의 효용에 대해 논하고 결론부에서는 신학적 문제를 다루었다는 사실이다. 사람들은 지진의 끔찍한 면에만 주목하고 효용에는 주목하지 않는다. 칸트는 지진을 일으키는 동일한 원인이 인간에게 유리한 면도 있다는 사실을 일깨운다. 온천의 따뜻한 물과 광물의 성질이 주는 효용, 광석층의 형성, 식물에 대한 영양 공급, 지열로 인한 식물의 성장, 자연계 유기체 형성의 촉진은 모두 지진을 일으키는 원인으로 나타난 결과물이다. 칸트는 지진의 끔찍함에 압도되어 지진의 효용성을 외면함으로써 신의 섭리에 감사하는 마음을 망각해서는 안 된다고 충고했다. 모든 것은 자신에게 유리한 대로만 해석하는 것은 이기주의의 산물일 뿐이다.

마지막으로 칸트는 지진을 신학적 관점에서 바라보았다. 지진을 끔찍함을 느끼는 것은 당연지사다. 그러나 이러한 운명을 항상 파괴되었던 도시가 그들의 악한 행동 때문에 받게 되는 당연한 천벌로 간주하거나, 이러한 불운을 정의 때문에 자신의 분노를 털어놓는 신의 복수의 목표로 간주한다면 인간애를 저버리는 일이다. 이런 식의 판단은 마치 자신이 신의 결정 배후에 있는 의도를 이해할 수 있으며, 그 자신의 의견에 따라 이들을 해석하는 능력이 자신에게 있다고 사칭하는 뻔뻔한 태도의 귀결이다. "무한한 수의 악인이 영면하고, 지진은 어떤 국가에서 옛날부터 옛 주민이든 새 주민이든 상관없이 강타했다. 그리스도교 국가가 된 페루는 이교의 국가였던 시대만큼 지진에 자주 시달리며, 다른 도시들보다 결코 벌을 덜 받을 수 있다고 생각될 수 없는 도시들이 처음부터 지진에 따른 황폐를 면하고 있다는 사실을 우리는 알고 있"[1]기 때문이다. 오히려 지진의 끔찍함은 신의 섭리일 수도 있다. 인간은 덧없는 이 세상에서 영원한 집을 짓고 살도록 태어나지 않았다. 인간의 전체 삶은 더 고귀한 목적을 가지고 있다. 우리에게는 가장 크고 중요하게 생각되는 것 가운데도 이 세상의 무상(無常)을 보도록 허용하는 파괴는 모두 훌륭하게 이러한 목적에 잘 합치할 수 있다. 이러한 합치는 이 세상의 부가 행복을 희망하는 우리의 욕구를 결코 만족시킬 수 없다는 사실을 잘 상기해준다.

『지진 재고』

칸트는 『지진 원인』에서 지진에 관한 자신의 설명이 개요에 불과하며, 개연적일 수는 있겠지만 결코 수학적 확실성을 가질 수 없다는 점을 분명히 했다. 그러나 칸트는 대개 과학 논문들이 과학 논문으로

---

1) 『지진 역사』 I 460.

간주되려면 수학적 확실성을 어느 정도 가지지 않으면 안 된다고 생각했다. 『지진 재고』는 칸트가 가지고 있던 이러한 생각을 어느 정도 해소하려는 노력을 담았다. 이런 취지에서 칸트는 지진에 관한 여러 경쟁적 의견을 반박하고자 했다. 이런 반박을 하기 위해서 칸트는 엄밀한 자연과학, 즉 뉴턴의 중력 이론, 특히 조석론(潮汐論)을 끌고 들어왔다.

칸트의 반박 대상이 된 사람은 프로페와 부저였다. 프로페는 다음처럼 추측했다. 즉 달이 지구의 물을 끌어당기고, 그것이 조수간만이라고 하는 대양(大洋)의 팽창과 침하를 일으키는 원인이 된다고 추측했다. 더 나아가 모든 행성이 동일한 인력을 갖추고 있으며, 이들이 지구와 태양 사이에 그어진 직선에 가까이 있을 때 이들의 인력이 달의 인력과 결합한다고 추측했다. 이것들이 합성되어 생겨난 이 힘에 의해서 지구의 물이 격렬한 운동을 하게 되었고, 결국 지하의 공기까지 어떤 영향을 받게 되어 은폐된 인화 물질에 불이 붙어 지진을 발생시켰다고 추측했다. 또 부저는 달의 상승점과 하강점, 지구의 근일점(近日点)과 원일점(遠日点), 행성의 합(合)과 충(衝) 등이 원인이 되어 지진이 일어난다고 생각했다. 그의 추측에 따르면 대양의 물을 그렇게 강력하게 움직이는 달이 지진에 어떤 영향을 미친다는 것은 어느 정도 가능하다. 또 그의 추측에 따르면 달이 물을 이상할 정도의 높이까지 상승시켜 평소라면 도달할 수 없을 정도로 지표 틈으로 유입시키고, 그것이 깊은 동굴의 안에서 거친 운동을 일으키거나 무언가 다른 종류의 연관에 따라 그렇게 되는 일은 충분히 가능하다. 그러나 이 두 사람의 생각은 뉴턴 과학을 엄밀히 적용하고, 기하학의 도움을 받아서 엄밀하게 관찰해보면 결코 올바르지 않다는 사실이 금방 드러난다. 달의 조석, 간만이 지구의 지진에 미치는 영향은 극히 미미하다는 것이 칸트 생각이었다. 칸트는 이러한 결론을 끌어내려고 목성의 인력과 태양의 인력 비율을 계산하고, 전체 행성 중 가장 큰 행성, 즉 목성의 경우 그것의 인력 크기는 태양 인력의 1,000분의 1보다 작을 것이라고 상정했다. 이 힘에 따라 우리 지구에 변화를 가져오는 능력은 지구에서 거리의 세제곱에 반비례하여 감소한다. 그래서 목성의 경우 지구로부터 거리가 지구와 태양 간 거리의 다섯 배 이상이기 때문에, 만약 목성의 인력과 태양의 인력 비율을 구해보면, 지구에 대한 목성의 인력의 힘은 태양의 인력이 단독으로 지구에 미칠 수 있는 힘보다 13만 배 작다. 계산에 따르면, 다른 천체가 지구에 미칠 수 있는 인력의 영향은 극히 작다. 따라서 달이 지구에 미치는 인력의 영향은 극히 작을 수밖에 없으며, 결국 그 힘이 지구 지진의 원인이 된다는 것은 불가능하다는 것이 칸트의 생각이었다. 그렇게 하여 프로페와 부저의 견해는 반박되었다. 이 『지진 재고』는 칸트 이론의 주요한 개요를 반복하는 것으로 끝을 맺었다.

칸트의 자연철학과 관련된 논문을 살펴보면, 하나같이 자연의 여러 현상은 오직 필연적인 자연법칙에 따라서 발생하며, 그런 의미에서 신학적 가정을 최소화하는 것이 바람직하다는 견해가 피력되어 있다. 이러한 견해는 『일반 자연사와 천체이론 또는 뉴턴의 원칙에 따라 다룬 우주 전체의 구조와 기계적 기원에 관한 시론』(*Allgemeine Naturgeschichte und Theorie des Himmels oder Versuch von der Verfassung und dem mechanischen Ursprunge des ganzen Weltgebäudes, nach Newtonischen Grundsätzen abgehandelt*, 1755, 이하 『일반 자연사』), 『자연지리학』(*Physische Geographie*, 1802)에서도 강력하게 드러나 있으며, 심지어 신의 존재를 증명하기 위한 저술인 『신의 현존을 입증하기 위한 유일하게 가능한 증명 근거』(*Der einzig mögliche Beweisgrund zu einer Demonstration des Daseins Gottes*, 1763)에서도 그 기조가 유지되고 있다.

칸트의 세 논문을 개괄적으로 살펴보면, 지진과 해일의 관계, 지진과 산맥의 흐름 방향과 관계, 이런 진단으로 도시 건설 등에서 피해를 최소화할 수 있다는 칸트의 견해는, 오늘날 보면 결코 올바른 설명이 아니다. 그러나 여기서 중요한 것은 지진이 인간의 잘못에 대한 징벌이라든가, 옵티미즘 견해에 대한 논박의 증거라든가 하는 것이 아니라는 사실이다. 이런 논쟁은 진정 소모적이고, 인간에게 아무런 도움도 되지 못한다. 지진의 원인에 대한 진단은 자연철학 또는 자연과학의 연구대상이지 결코 신학적 논의의 대상이 아니라는 것이 칸트가 주장하는 요지다. 자연의 재해에 대해 신학적 가정을 최소화할 때 비로소 자연 연구는 우리 인간에게 많은 실용적 이익을 줄 것이다.

『자연과학의 제1근거에서 운동과 정지 그리고 그와 결부된 귀결들에 관한 새로운 이론』

김상현 성균관대학교·철학

라이프니츠 전통과의 단절

칸트가 『자연과학의 제1원리에서 운동과 정지 그리고 그와 결부된 귀결들에 관한 새로운 이론』(이하 『운동과 정지』)에서 다루고자 하는 문제는 "운동과 정지 그리고 후자와 결부되어 있는 관성력에 관한 개념들을 감히 검증하여 거부"[1]하는 것이다. 비판철학이 한편으로는 뉴턴 역학에 대한 철학적 근거를 정초한 것이라는 널리 회자하는 평가를 차치하고라도, 이러한 연구 주제는 우리로 하여금 칸트가 뉴턴 역학을 철학적으로 검증하려는 것이라고 추측하게 만든다. 하지만 칸트가 이 글에서 검증하여 거부하려는 역학은 뉴턴보다는 라이프니츠-볼프의 역학으로 보는 것이 타당할 것이다.[2] 라이프니츠-

---

1) 『운동과 정지』 II 15.
2) 왓킨스는 자신의 영역판 해제에서 "뉴턴에 대해서는 어디에서도 거론하지 않으며 절대 운동과 절대 공간에 대한 뉴턴의 논증들 또한 논의되지 않는다. 따라서 뉴턴이 그의 논박 대상이었는지는 분명치 않다"(E. Watkins (ed.), 2012, p.396)라고 하면서 유보적 태도를 보인다. 하지만 스탄은 그의 글 제목이 알려주듯이 이 글은 명백히 라이프니츠-볼프의 역학에 비판(M. Stan, 2009. p.6)이라고 보았다.

볼프의 역학에 대한 칸트의 비판은, 그가 밝힌 것처럼, 운동과 정지에 대한 비판에서 시작하여 관성력 비판과 연속성의 법칙에 대한 비판으로 이어진다.

먼저 어떤 운동을 절대 운동으로 규정하기 위해서는 운동과 정지를 결정짓는 절대적 좌표계(기준)가 필요한데, 우리의 감각지각은 그 어디에서도 이런 기준을 찾을 수 없고, 따라서 모든 운동은 상대적일 수밖에 없다는 것이 그의 생각이다. 여기에서 한 걸음 더 나아가 그는 이 상대 운동을 모두 상호동등한 운동으로 간주했다. 예를 들어 3의 질량을 가진 물체 A가 초당 5피트 속도로 A와 관련하여 정지해 있는 2의 질량을 가진 물체 B를 향해 운동한다고 할 때, 이 물체들은 초당 5피트로 서로 접근하는 것과 같다. 그래서 이 두 물체의 운동은 "양 측면에 완전한 동등성을 유지하기 위해 초당 5피트의 속도를 질량에 반비례하여 분배"[3]되어야 한다. 절대 운동과 절대 정지에 대한 이러한 분석과 비판으로 칸트는 다음과 같은 두 가지 결론을 도출한다. 첫째, 모든 운동은 상대 운동이므로, "어떤 한 물체가 절대적으로 정지해 있는 다른 물체를 향해 돌진한다는 것은 불가능하다." 둘째, "물체들 간의 충돌에서 작용과 반작용은 항상 동일하다."[4] 운동에 대한 이러한 분석에 기초를 두고서 칸트는 두 가지 결론을 도출한다.

이 결론에 기초하여 칸트는 관성력 개념을 비판한다. 칸트가 여기에서 비판하는 관성력은 '자신의 운동 상태를 그대로 유지하려는 힘'을 의미한 뉴턴의 관성력이 아니라 '자신의 정지 상태를 혹은 힘의 균형 상태를 그대로 유지하려는 힘'을 의미한 볼프의 것이다. 이

---

3) 『운동과 정지』 II 18.
4) 『운동과 정지』 II 19.

볼프의 관성력 개념에 따르면 다음과 같은 문제가 해결되지 않는다. 즉 첫째, 정지해 있는 물체가 정지해 있음에도 어떻게 갑자기 충돌하기 직전에 자신을 운동 상태로 전환하는지, 둘째, 만약 작용과 반작용이 동일하고, 그래서 상호상쇄된다면, 충돌 후 피충돌체의 운동은 어떻게 발생할 수 있는지가 그것이다.[5] 칸트 자신의 운동과 정지에 대한 개념에 따르면, 관성력을 전제하지 않고도 물체들의 충돌과 관련한 운동들이 설명된다. 그러므로 모든 운동이 상호동등한 상대 운동임을 증명한 칸트가 보기에 이런 관성력은 불필요한 것이다.

관성력을 비판한 다음 칸트는 절대 운동과 관성력이라는 라이프니츠-볼프 역학의 개념이 연속성의 법칙을 전제하는데, 연속성의 법칙 역시 인정할 필요가 없음을 논증한다. 연속성의 법칙은 "한 물체가 다른 물체에 그 어떤 힘도 한 번에 전달하지 않고 오히려 정지에서 특정 속도에 이르는 모든 무한히 적은 중간량을 통해 자기 힘을 다른 물체에 전이"[6]함을 말한다. 하지만 특히 탄성체들 간의 충돌은 힘의 전이가 한순간에 즉각적으로 이루어지므로 연속성의 법칙은 전혀 무용한 가설이라고 칸트는 비판한다. 마지막으로 이런 일련의 비판과 거부로 칸트는 자신의 운동과 정지 개념에 따른 충돌 법칙을 간단하게 해명한 후, 그해 여름 강의를 안내하는 것으로 글을 마쳤다.

『살아 있는 힘의 측정』에서 이미 라이프니츠-볼프의 역학, 특히 충돌체의 충돌과 관련하여 살아 있는 힘을 주장한 라이프니츠주의의 역학을 비판했던 칸트는 이 논문으로 운동, 관성력, 연속성의 법칙에 대해 검증하여 거부함으로써, 자신의 고유한 운동 법칙을 정립

---

5) 『운동과 정지』 II 20-21 참조할 것.
6) 『운동과 정지』 II 22.

하고자 했다. 하지만 그의 운동법칙에 대한 이론이 이 시기에 완전한 형태를 갖춘 것은 아니며, 다만 역학과 관련하여 라이프니츠의 전통과 단절한 그의 철학적 사유 노정을 보여줄 뿐이다. 운동 법칙과 관련한 그의 이론과 철학적 고찰은 『자연과학의 형이상학적 기초원리』(1786)에서, 특히 역학의 법칙에서 완성된다고 할 수 있다.

참고문헌

Watkins, E. (ed.), "Editor's Introduction", *Natural Science*, in *The Cambridge Edition of the Works of Immanuel Kant*, Cambridge University Press, 2012.

Stan, M., "Kant's Early Theory of Motion: Metaphysical Dynamics and Relativity", in *The Leibniz Review*, vol. 19, 2009.

『낙관주의에 관한 몇 가지 시론적 고찰』

김상현 성균관대학교·철학

진정한 최선의 세계

칸트의 『낙관주의에 관한 몇 가지 시론적 고찰』(1759, 이하 『낙관주의』)은 『운동과 정지』(1758), 『삼단논법의 네 가지 격에서 나타난 잘못된 정교함』(1762), 『인간의 상이한 종』(1775)과 더불어 자신의 강의 내용을 담은 글이다. '낙관주의'란 물론 당대의 커다란 논쟁 주제, 즉 '과연 이 세계가 신이 창조할 수 있었던 모든 가능한 세계 중 최선의 세계인가?'를 긍정하는 견해를 표방하는 용어다. 칸트는 당시 대다수 유럽 지식인이 논했던 낙관주의 논의를 라이프니츠에 관해 언급함으로써 시작한다. 라이프니츠는 『변신론』(1710)을 출판했고, 거기에서 모든 가능한 세계 중 이 세계가 최선의 세계라고 주창했다. 라이프니츠보다는 샤프츠베리(Shaftesbury)에게 영향을 받은 것으로 추정되는 포프(Pope)도 자신의 『인간에 대한 논고』(1733~34)에서 이 견해를 펼쳤다. 이에 대해 벨(Bayle), 르 클레(Le Clerc), 볼프(Wolff), 크루지우스(Crusius) 등이 반대하는 논변을 펼쳤다.

프러시아 왕립아카데미는 1753년의 낙관주의를 1755년 경쟁 부문 수상 주제로 선정하여 논쟁에 불을 댕기면서 이 주제를 다룰

지침을 『함부르크 자유비평과 소식』(*Hamburger freyen Urteilen und Nachrichten*, 1753년 8월 27일)에서 다음과 같이 명시했다. "'모든 것은 선하다'는 금언을 포함하는 포프의 체계를 검증하되, 그 검증은 (1) 저자의 가설에 따른 명제의 진정한 의미를 명료화하고, (2) 저자의 가설을 낙관주의의 체계 또는 최선에 대한 선택과 비교하되, 그것들의 특별한 유사성을 가능한 한 엄밀하게 정립함과 더불어 그것들 간의 차이를 명료하게 분간하고, (3) 그 체계의 성립이나 몰락에 대한 가장 중요한 논점을 제시해야 한다."

이 주제는 다른 많은 사람을 논쟁으로 이끌었는데, 그중에는 멘델스존(Mendelssohn), 레싱(Lessing), 비일란트(Wieland) 그리고 라인하르트(Reinhard)와 같은 사람들이 포함되어 있다. 칸트도 이 논쟁에 가담할 것을 고려했다. 비록 그가 이 논쟁에 참여하지는 않았지만, 『세 개의 낙관주의에 대한 성찰 수고』[1]는 의심할 여지없이 이 논쟁을 염두에 두고 집필한 것이다. 수상은 유대인이자 신학자인 크루지우스의 추종자 라인하르트에게 돌아갔으며, 프러시아 왕립아카데미는 프랑스에서 1755년 그의 수상소감 논문을 출간했다. 라인하르트는 1757년 자신의 논문을 독일어로 번역하여 『세계의 완전성에 대한 포프의 학설과 라이프니츠 경의 체계에 대한 비교』(*Vergleichung des Lehrgebäudes des Herrn Pope von der Vollkommenheit der Welt, mit dem System des Herrn von Leibnitz*, 1757)라는 제목으로 출간했다. 이 논문에서는 라이프니츠와 포프 체계의 동일성을 주장했으며, 크루지우스를 따라 낙관주의를 공격함으로써 주목할 만한 논쟁을 야기했다. 멘델스존과 레싱은 라인하르트에 동조하여 익명으로 공저한 「포프, 어떤 형이상학자!」("Pope ein Metaphysiker!", 1755)라는 글을 발표하

---

1) 『단편』 XVII 229-239.

기도 했다.

　1755년 리스본에서 있었던 강력한 지진으로 4만 명 이상의 희생자가 발생했는데, 이 사건은 낙관주의 논쟁을 다시 격화하는 계기가 되었다. 이 사건에 깊은 충격을 받은 볼테르(Voltaire)는 낙관주의를 긍정한 자신의 초기 주장을 버리고 자신의 시 「리스본의 재앙에 관해」(Sur le desastre de Lisbonne, 1755)에서 라이프니츠를 공격했다. 이에 대해 루소는 볼테르에게 보내는 1756년 4월 18일자 편지에서 낙관주의를 방어했다. 볼테르는 그의 유명한 『캉디드』(Candide, 1759)를 가지고 되받아치기도 했다. 리스본 지진은 칸트에게도 영향을 미쳐, 그가 지진에 관한 짧은 에세이 세 편(『지진 원인』, 『지진 역사』, 『지진 재고』)을 집필하는 계기가 되기도 했다. 프러시아 왕립아카데미의 주제 선택, 라인하르트의 수상 그리고 리스본 지진을 둘러싼 낙관주의에 대한 격렬한 논쟁에 대해 칸트도 자신의 논문 『낙관주의』를 1759년 8월 7일에 발표하면서 이 논쟁에 불을 지폈다.[2]

　칸트가 『낙관주의』에서 문제 삼은 것은 낙관주의의 반대자들이 주장한 '신은 모든 가능한 세계 중에서 이 세계를 선택하길 원했는데, 그것은 이 세계가 그의 권능에 따라 가능했던 나머지 세계보다 더 좋았기 때문이 아니라 요컨대 그가 원했기 때문이다'[3]라는 테제다. 라이프니츠-볼프학파의 최선 세계론과 예정조화설을 지지했던 초기 칸트는 이 논문에서 반대론자의 테제가 부정확하고 불분명한 논증을 포함하고 있다고 논박했다. 이런 논박으로 칸트가 도달하고자 하는 지점은 '이 세계가 모든 가능한 세계 중 유일한 최선의 세계이고, 그렇기 때문에 신은 이 세계를 선택했다'는 것이다.

---

2) D. Walford, R. Meerbote (eds.), 1992, pp.liv-lvii 참조할 것.
3) 『낙관주의』 II 30.

칸트가 가장 먼저 주목한 것은 반대론자들이 '최선 세계'에 대해 불분명한 또는 부정적인 관점을 가지고 있다는 점이며, 그는 이를 논박하면서 '최선 세계가 존재한다'는 것을 입증하려고 했다. 반대론자들의 주장에 따르면, 신은 이 세계가 최선 세계이기 때문에 이 세계를 선택한 것이 아니다. 그렇다면 신은 최선 세계에 대한 관념을 가지고 있지 않음이 틀림없다. 신이 최선 세계에 대한 관념을 인식하고 있다면, 필연적으로 그 세계를 선택했을 테니 말이다. 그리고 최선 세계에 대한 관념을 가지고 있지 않다면, 가능 세계라는 관념을 가질 수도 없을 것이다. 최선 세계란 가능한 무수한 세계 중 가장 좋은 세계를 의미하기 때문이다. 그런데 '신이 가능 세계의 관념을 갖고 있다'고 하는 것은 설사 반대론자일지라도 받아들일 수 없는 명제다. 다시 말해 반대론자들도 신이 가능 세계의 관념을 가지고 있다는 것은 당연히 인정할 수밖에 없을 것이라고 칸트는 주장한다. 이것을 칸트는 다음과 같은 후건 부정식의 논증으로 정리한다. 대전제: 신이 최선 세계를 인식할 수 없다면, 신은 가능 세계도 인식할 수 없다. 소전제: 신은 (당연히) 가능 세계를 인식하고 있다. 결론: 그러므로 신은 최선 세계를 인식하고 있다.[4]

최선 세계가 존재하고 신은 이를 인식한다는 점을 논증한 다음, 칸트는 이 세계가 유일한 세계라는 점에 대해 검토한다. 왜냐하면 최선 세계가 모든 가능한 세계 중 오직 하나만 존재한다는 것은 위의 논증으로 도출되는 것이 아니며, 실제로 반대론자 중 한 명인 라인하르트가 '동일한 실재성과 동일한 완전성을 가진 두 세계가 존재한다'고 주장했기 때문이다. 칸트는 이에 대해 '실재성들은 부정과 제한으로만 상호구별되므로, 구별되는 사물들은 결코 동일한 정도의 실재성

---

4) 『낙관주의』 II 30 참조할 것.

을 가질 수 없다. 따라서 동일하게 선하고 동일하게 완전한 두 세계가 존재한다는 것은 가능하지 않다'[5])고 반박한다. 이런 논증과 반박으로 칸트는 우리의 세계가 신이 선택한 유일한 최선 세계라는 낙관주의를 옹호한다.

이러한 핵심 논증에 덧붙여 칸트는 실재성의 크기를 비교할 수 있다는 반대론자들의 견해와 선택의 자유에 관한 문제를 부수적으로 언급한다. 먼저 반대론자들은 완전한 세계라는 개념 또는 최선 세계라는 개념은 최대수라는 개념과 같이 일종의 모순 개념이라고 주장한다. 왜냐하면 그들에 따르면 최대수에 수를 하나 더 보태서 더 큰 최대수를 만들 수 있는 것처럼 완전한 세계도 실재성을 더 보탬으로써 더 완전한 세계를 생각할 수 있기 때문이라는 것이다.[6]) 이에 대해 칸트는 수와 실재성은 그 존립 근거가 상이하기 때문에 동일한 방식으로 비교될 수 없다고 주장한다. 즉 "최대 유한수라는 개념은 단지 다수성의 추상개념"[7])이기 때문에 그보다 더 큰 수를 생각할 수 있지만, 예를 들어 자존성, 자족성 등과 같은 완전성은 이보다 더 완전한 그 무엇을 생각할 수 없다는 것이 칸트의 주장이다. 즉 실재성은 부정, 제한 또는 결여로 규정되는데, 그렇다면 예를 들어 자존성의 부정 또한 제한은 '의존성'일 뿐이다. 즉 자존성과 관련해서는, 더 작은 수 또는 더 큰 수를 생각할 수 있는 수처럼 덜 자존적인 것 또는 더 자존적인 것은 성립할 수 없다. 또 자존성은 '스스로 존재한다'는 면에서 그 자체 어떤 것도 결여하지 않으므로, '자존성'을 더욱더 실재하게 만든다거나 더 큰 완전성을 구현하도록 한다는 것은 성립하지 않는다.

---

5) 『낙관주의』 II 31 참조할 것.
6) 『낙관주의』 II 32 참조할 것.
7) 『낙관주의』 II 32.

다음으로 칸트는 신의 선택은 임의적이어서 자신에게 흡족한 것을 선택할 수 있다는 반대론자들의 주장을 검토한다. 이 주장은 자유와 필연성이 상호양립할 수 없는 대립된 개념이라는 전제하에서만 성립한다고 칸트는 생각했다. 이에 대해 칸트는 "차라리 저 자비로운 필연성을 찬양할 것이다"[8]라고 함으로써 신은 단지 마음에 드는 세계를 선택하는 식의 자유(자의)에 따른 선택을 하지 않을 것이라고 비판한다. 이 문제에 대한 칸트의 최종적 답변은 다음과 같다. "신은 자신이 알고 있는 모든 가능한 세계 중 오직 이 세계를 선택했다. 그렇기 때문에 신은 이 세계를 최선의 세계로 생각했음이 틀림없다. 그리고 신의 판단에는 결코 오류가 있을 수 없으므로, 이 세계야말로 진정한 최선의 세계."[9]

『낙관주의』는 짧은 글이기는 하지만, 전비판기 칸트의 사상이 압축적으로 녹아 있는 글임과 동시에 비판기 칸트 사상을 엿볼 수 있는 내용들을 많이 담고 있다. 칸트는 그의 첫 저작인『살아 있는 힘의 측정』에서 라이프니츠의 견해를 쫓아서 다수 세계가 가능하다[10]는 것을 주장한 바 있는데, 이 논문은 그 주장에서 한 걸음 더 나아가 최선 세계론을 옹호하고 있다. 또 이 글의 실재성에 대한 논의는『순수이성비판』의 범주론, 특히 실재성 범주에 관한 논의와 이어진다고 볼 수 있으며, 우리의 세계가 최선 세계이고, 인간이 이 세계의 일원임을 만족해하는 칸트의 모습에서, 비록 반성적 판단력의 차원에서 논의된 것이기는 하지만, 우리는『판단력비판』에서 그가 인간을 창조의 최종목적이자 궁극목적이라고 천명한 것을 앞당겨 읽을 수도 있다. 나아가 자유와 필연성에 관한 그의 논의에서 우리는 도덕판단을

---

8)『낙관주의』 II 34.
9)『낙관주의』 II 34.
10)『살아 있는 힘의 측정』 I 22, §8; I 25, §11.

명령으로 이해한 『실천이성비판』을 연상할 수 있으며, 진보와 영원한 평화에 대한 그의 사상이 젊은 시절부터 꾸준히 유지되고 발전된 것이라는 점도 확인할 수 있다.

참고문헌

Walford, D., Meerbote, R. (eds.), "Introductions to the translations", *Theoretical Philosophy, 1755-1770*, in *The Cambridge Edition of the Works of Immanuel Kant*, Cambridge University Press, 1992.

『삼단논법의 네 가지 격에서 나타난 잘못된 정교함』

김상현 성균관대학교·철학

비판기 칸트 사상의 맹아

칸트의 『삼단논법의 네 가지 격에서 나타난 잘못된 정교함』(이하 『삼단논법』)은 『낙관주의』와 마찬가지로 자신의 강의를 알리기 위해 작성되었으며, 논리학과 관련해서 그가 스스로 출판한 유일한 저서이기도 하다. 직접적인 주제는 통상 분류하는 삼단논법의 네 가지 격에 나타난 오류를 다루었지만, 인식론에 대한 그의 초기 사상이 압축적으로 포함되어 있는 글이기도 하다.

『삼단논법』은, 제목이 말해주는 것처럼, 삼단논법의 네 가지 격에 나타난 오류를 논하고 있으며, 크게 세 부분으로 구성되어 있다. 첫째 부분에서는 이성추리의 일반적 본성과 삼단논법의 최고 규칙을 정리했으며(§§ 1-2), 둘째 부분에서는 순수 삼단논법과 혼합 삼단논법을 구별하고(§ 3), 순수 삼단논법은 오직 제1격에서만 가능함을 논증(§ 4)한 다음, 삼단논법을 네 가지 격으로 구분하는 것 자체가 잘못된 것(§ 5)이라고 논증한다. 그리고 마지막에는 '결론적 고찰'이라는 제목하에 개념, 판단, 추리 그리고 상위의 인식능력에 대한 짧지만 중요한 추가적 주석(§ 6)을 덧붙였다.

칸트는 먼저 주술 구조를 중심으로 한 판단의 본성이 사물과 그 사물에 속하는 속성의 관계에 대한 인식에 근거를 두었음을 언급했으며, 이로써 이성추리의 실질적 정의를 "어떤 한 속성을 매개속성을 매개로 해서 어떤 한 사태와 비교하는 것"[1]이라고 규정한다. 그러므로 이성추리는 필연적으로 세 가지 판단작용을 요구하게 되며, 이에 따라 삼단논법이라는 명칭을 얻게 된다. §2에서는 긍정 삼단논법과 부정 삼단논법의 최고 규칙을 언급하면서 전칭 긍정판단의 규칙과 전칭 부정판단의 규칙이 이 규칙에 근거를 두었음을 밝힌다.

이런 예비적 작업을 마친 후 칸트는 본격적으로 삼단논법의 오류를 논하는데, 이를 위해 그는 먼저 순수 삼단논법과 혼합 삼단논법을 구별한다. 순수 삼단논법은 말 그대로 "이성추리가 (…) 단지 세 명제로 성립"[2]하는 경우를 말한다. 그에 반해 혼합 삼단논법은 세 명제 외에 환위, 대당 등 논리적 변형으로 얻은 추가 명제가 필요한 삼단논법을 말한다. 이 구별에서 칸트가 말하고자 하는 것은 오직 제1격에서만 순수 삼단논법이 가능하고, 나머지 격들은 모두 혼합 삼단논법이라는 것이다. 칸트는 그 근거를 제2격은 부정명제인 대전제의 환위로, 제3격은 소전제의 환위로 추가로 또 하나의 명제가 필요하기 때문이라고 제시한다. 제4격 역시 혼합 삼단논법만 가능하지만, 앞선 격들과 달리 부정 삼단논법일 경우에만 타당한 추론이 가능하고 긍정 삼단논법에서는 "네 가지 격의 구분만 가능하다는 논리적 질서의 관점에서 볼 때, 이것은 결코 삼단논법이 아니다"[3]라고 단언한다. 그런 다음 그는 이 세 격이 "이성추리 일반의 규칙으로 정당화기는 하지만 단순하고 순수한 추론을 포함하는 것으로는 오류"[4]이

---

1) 『삼단논법』 II 48.
2) 『삼단논법』 II 50.
3) 『삼단논법』 II 55.

며, 더구나 "모든 것을 가장 단순한 방식으로 인식하고자 하는 논리학의 고유한 목적"[5)]에 비추어 본다면, 무용하고 부당한 구분이라고 선언한다.

결론적 고찰에서 칸트는 세 가지 주석을 덧붙이는데, 먼저 논리학이 통상 개념-판단-추리의 순서로 구성되어 있는 것이 논리학의 본질적 오류라고 주장한다. 그 이유는 판명한 개념은 판단으로만 가능한 반면, 완전한 개념은 삼단논법으로만 가능하기 때문이다. 따라서 그는 개념을 다루기 전에 판단과 삼단논법을 먼저 다루어야 한다고 주장한다. 나아가 그는 지성과 이성은 모두 판단하는 능력이라는 동일한 근본 능력이며, 다만 사물과 속성의 관계를 직접 인식하여 판단하느냐, 매개적으로 판단하느냐의 차이만 있을 뿐임을 언급한다. 마지막으로 사물들을 '상호구별하는 것'과 그 사물들의 구별을 '인식하는 것'은 전혀 다르다는 것을 분명히 하고, 그럼으로써 "상위의 인식능력은 오직 판단하는 능력에만 기인한다"[6)]고 말한다. 칸트는 이 판단능력이 "내감의 능력, 말하자면 자신의 고유한 표상을 자기 사유의 대상으로 만드는 능력"[7)]이며, 다른 능력에서 도출될 수 없는 근본 능력이라고 규정한다. 그리고 이에 덧붙여 그는 모든 긍정판단은 동일률에, 모든 부정판단은 모순율에 기초를 두며, 이것을 토대로 긍정 삼단논법과 부정 삼단논법의 규칙이 성립된다고 하면서 글을 맺고 있다.

『삼단논법』은 아리스토텔레스가 정식화한 이후 네 가지 격 구분과 그 특성과 관련한 논쟁에 대한 칸트의 짧고도 분명한 문제 제기를 담

---

4) 『삼단논법』 II 56.
5) 같은 곳.
6) 『삼단논법』 II 59.
7) 『삼단논법』 II 60.

고 있다. 하지만 칸트가 여기에서 제기하는 주장들은 순전히 칸트의 독창적 주장은 아니다. 예를 들어 삼단논법을 네 가지 격으로 분류하여 정리하는 것은 적절하지 않다는 칸트의 비판은 볼프와 크루지우스가 각각 『이성 철학』(*Philosophia rationalis*, 1728)과 『확실성을 향한 길』(*Weg zur Gewißheit*, 1747)에서 이미 언급한 것이다.[8] 삼단논법 네 가지 격은 제1격을 제외하고는 모두 잉여라는, 일견 과감해 보이는 주장도 이미 토마지우스(Christian Thomasius)가 『철학적 장에로 안내』(*Introductio ad philosophiam aulicam*, 1688, p.163, pp.167–168, p.171)에서 그리고 크루지우스가 『확실성을 향한 길』에서 주장했던 것이다.[9] 비록 완전히 독창적인 것이 아니었다 할지라도, 오랫동안 논란이 되어왔던 삼단논법의 문제점들을 분명하게 정리했다는 점에서 『삼단논법』은 논리학적 논의에 의미 있는 기여를 했다고 볼 수 있다.

하지만 이 글이 단지 논리학적 논의와 관련해서만 의미를 갖는 것은 아니다. 오히려 마지막에 거론하는 추가적 주석은 논리학의 영역을 넘어서는 더 많은 의미와 함축을 갖는다고 볼 수 있다. 칸트는 오랫동안 논리학 강좌의 교재로 마이어(Georg Friedrich Meier)의 『논리학 발췌본』(*Auszug aus der Vernunftlehre*, 1752)을 사용해왔다. 따라서 그가 제시한 판명한 개념과 완전한 개념에 대한 분석은 마이어의 주장[10]에서 가져왔음이 분명하다. 그럼에도 이 개념들을 분석해 개념-판단-추리로 이어지는 논리학의 통상적 취급 방식에 새로운 문제를 제기한 것은 분명 칸트의 것이다. 다시 말해 종래의 논리학이 판단능

---

8) C. Wolff, *Philosophia rationalis*, 1728, § 5; Christian August Crusius, *Weg zur Gewißheit*, 1747, § 54.
9) C. Wolff, *Philosophia rationalis*, 1728, §§ 330–335; D. Walford, R. Meerbote (eds.), 1992, pp.lviii–liv 참조할 것.
10) G.F. Meier, *Auszug aus der Vernunftlehre*, 1752, §§ 143–144.

력과 추리능력에 대한 성찰이 결여되어 있거나 개념-판단-추리의 관계를 잘못 인식했음을 지적했다는 것은 칸트가 이미 이 시기에 비판기의 선험적 논리학을 예비하고 있었다고 추정할 근거가 된다.

이와 더불어 칸트가 '판명하게 인식하는 능력인 지성과 추리를 수행하는 능력인 이성이 전혀 다른 능력이 아니며, 영혼의 동일한 근본 능력이라고 규정'[11]한 것과 '개념의 판명성이 표상이 아니라 인식에서 성립'[12]한다고 한 것 등은 인식의 원천과 유래와 관련하여 칸트의 사유가 이미 라이프니츠-볼프학파의 노선에서 벗어나 비판철학을 향해 진행하고 있음을 보여준다. 즉 표상의 분명함 정도를 기준으로 상위의 이성인식과 하위의 이성인식을 구별한 라이프니츠-볼프학파의 이론과 달리 상위의 인식능력을 판단하고 추리하는 능력으로 규정하고 하위의 인식능력을 사물을 단순히 구별하는 감각능력으로 규정한 것은 확실히 인식의 원천과 유래와 관련한 비판기 칸트 사상의 맹아를 보여준다. 이런 점에서 이 추가적 주석은 비록 적은 분량이지만 그 분량을 상회하는 가치를 담고 있다고 할 수 있다.

참고문헌

Walford, D., Meerbote, R. (eds.), "Introductions to the translations", *Theoretical Philosophy, 1755-1770*, in *The Cambridge Edition of the Works of Immanuel Kant*, Cambridge University Press, 1992.

---

11) 『삼단논법』 II 59 참조할 것.
12) 『삼단논법』 II 59 참조할 것.

『신의 현존을 입증하기 위한
유일하게 가능한 증명 근거』

이남원 부산대학교 · 철학

서론

칸트는 『신의 현존을 입증하기 위한 유일하게 가능한 증명 근거』
(이하 『신현존 증명』)를 1762년 12월 말에 출간했지만, 관행에 따라
다음 해인 1763년이 출판연도로 지정되었다. 이 책은 칸트 나이 38
세에 출간되었는데, 이때 칸트는 이미 상당한 업적을 남긴 학자로서
꽤 알려진 인물이었다. 그는 이미 12편이 넘는 논문과 저술을 독일어
또는 라틴어로 썼다. 그러나 칸트는 『신현존 증명』으로 유럽 정통 학
계의 주목을 받기 시작했다. 멘델스존은 칸트의 이 저술에 호의적인
논평을 보냈고, 칸트를 철학적 체계를 스스로 정리한 '독학자'로 평
가했으며, 칸트에게 자신의 지속적인 철학적 체계를 세우는 일에 착
수하라고 권고했다. 반면에 칸트는 빈에서 정반대 이유로, 즉 이 책
의 결론에서 칸트가 느낀 소감에 대한 서술 때문에 금서 목록에 들어
감으로써 주목받는 철학자가 되었다.[1]
칸트는 '머리말'에서 이 책의 고찰들은 오랜 반성의 결과물이라고

---

1) 카를 포를렌더, 2001, 81-82쪽 참조할 것.

서술했다. 그럼에도 이 작품은 온전한 모습을 가지고 탄생한 것은 아니었다. 그 이유는 칸트가 분명하게 이야기하는 것처럼, 자신의 부주의로 생겨난 것이 아니라 오히려 의도적인 생략으로 생겨났기 때문이다. 칸트는 온전한 모습을 갖춘 저술은 좀더 숙련된 사람들의 몫으로 돌리고, 초고의 대략적 윤곽만 묘사하고 싶었다. 따라서 그의 원래 의도는 신의 존재 증명이 아니라, 신의 존재를 증명할 근거를 제시하는 것이었다.

전체 구조

칸트의 이 저술은 크게 '머리말', '제1부 여기에서 신의 현존을 입증하기 위한 증명 근거를 제시함', '제2부 이 증명 방식 특유의 광범위한 이점에 관하여', '제3부 신의 현존 입증에서 이미 서술된 것 이외에는 어떤 증명 근거도 가능하지 않다는 것이 여기에서 밝혀짐'으로 구성되어 있다. 세부적으로는 '제1부'가 네 가지 고찰을, '제2부'가 여덟 가지 고찰을 포함하고 있다.

칸트는 '제1부'에서 자신의 신의 현존 증명의 근거 전체를 다룬다. 우선 칸트는 "존재는 무언가의 술어 또는 규정이 아니다"[2]라는 명제를 분석하고, 가능성 개념을 구분하며, 전통적인 존재론적 논증이 대단히 잘못된 형식의 논증이라는 점을 보여주면서 자신의 대안을 제시한다.

칸트가 '제2부'에서 보여주고자 하는 것은 자연법칙의 통일성, 자연의 조화, 자연의 질서 등이 신의 의지와 목적 등과 완전히 일치한

---

2) 『신현존 증명』 Ⅱ 72.

다는 사실이다. 자연의 질서에 대한 더 합리적인 설명은 이 질서들이 신의 그때그때의 의지에 따라 형성되었다기보다는 필연적 존재의 결과로, 즉 최초 선택의 결과에서 필연적으로 뒤따라 나온 것으로 추론하는 것이다. 이것은 자연과학의 성과를 결코 훼손하지 않는다. 따라서 신의 현존을 추론하기 위해 다수의 초자연적 질서 또는 기적에 의존하는 것, 다시 말하면 필요할 때마다 이루어지는 신의 개입은 바람직하지 않다.

'제3부'에서 칸트는 자신이 제시한 증명 이외의 다른 증명은 가능하지 않다는 점을 보여주면서, 전통적인 신의 현존 증명에 대한 비판을 제시했다. 칸트에 따르면 신의 현존에 대한 증명은 오직 네 가지만 가능하다고 한다. 그중 세 가지는 존재론적 증명, 우주론적 증명, 목적론적 증명 등 이미 과거의 학자들이 고안한 것들이다. 칸트는 이세 가지 증명에 대한 비판을 시도한 후 자신이 '제1부'에서 제안했던 증명만이 올바르고 타당한 증명이라는 것을 보여준다.

자연신학적 신의 현존 증명에 대한 비판

이 논증에 대한 칸트의 비판에 들어가기 전에 몇 가지 용어상 혼동을 주는 것을 검토해보기로 한다. 첫째, 칸트는 목적론적 논증이라는 용어를 사용하지 않았다. 칸트가 사용하는 용어는 자연신학적 논증이다. 그러나 칸트가 언급하는 자연신학적 논증은 전통적으로 목적론적 논증이라 불리는 것이다. 둘째, 『신현존 증명』에서 칸트는 자연신학적 논증에 대해서 상당히 길게 논의했다. 그러나 전통의 신의 현존 증명에 조목조목 비판을 가하는 '제3부'에서는 이 논증을 우주론적 논증이라고 했다. 칸트의 의도와 관계없이 칸트가 비판하는 마지막 논증은 분명히 자연신학적 논증이라고 생각된다.

칸트는 자연신학적 논증을 다음처럼 이해했다. "지금까지 사용해온 자연신학적 방법의 주요 특징은 다음과 같다. 우선 완전성과 규칙성은 우연적인 것으로 파악된다. 그다음으로 이 우연적인 것이 포함하는 모든 합목적적 관계를 적시하는 기교적 질서가 존재한다는 점이 명시된다. 그런 질서에서 현명하고 자비로운 의지를 지닌 존재자를 추론한다. 그런 다음 창조의 무한한 힘의 개념이 결국 현명하고 자비로운 의지의 개념과 결합된다. 두 개념의 결합은 창조의 크기에 대한 보완적 고찰로 한 것이다."3)

칸트는 이 논증이 몇 가지 큰 장점을 지닌다고 주장한다. "첫째, 이 방법에 따른 확신은 감성에 강력한 호소력을 가져다준다. 그 결과⋯⋯가장 일반적인 지성을 소유한 사람도 쉽게 파악하고 이해할 수 있다. 둘째, 이 방법은 다른 어떤 방법보다도 자연스럽다. 의심할 여지없이 모든 사람은 처음에는 이 방법에서 출발하기 때문이다. 셋째, 이 방법은 숭배할 만한 가치가 있는 실재가 지니는 위대한 지혜, 배려, 심지어 권능에 대한 대단히 직관적인 개념을 제공한다. 이런 직관적 개념은 쉽게 사람들의 마음을 사로잡고, 가장 강력한 방식으로 경탄, 겸허, 숭배의 마음을 불러일으킨다."4) 엄밀성의 결여라는 큰 문제점을 갖고 있다 하더라도, 이 논증은 유용성이 매우 크다. "고상한 활동을 불러일으키는 숭고한 감정을 통해서 인간을 고무하는 것과 함께, 인간의 상식까지도 납득하게 만드는 것이 세련된 사변을 만족하게 할 뿐인 정밀한 삼단논법을 가지고서 인류를 교육하는 것보다 의심할 여지없이 아주 중요"5)기 때문이다. 그러나 탐구심이 강한

---

3) 『신현존 증명』 Ⅱ 117.
4) 같은 곳.
5) 『신현존 증명』 Ⅱ 161.

이성적 인간은 문제가 완전히 해결될 때까지 만족스러움을 표시하지 않을 것이다.

우주론적 신의 현존 증명에 대한 비판

우주론적 논증은 플라톤이나 아리스토텔레스가 제시한 논증으로서 중세의 철학자들과 대륙의 합리주의자들에게 강력한 지지를 받았다. 그러나 칸트는 이 논증이 대단히 하자를 많이 가지고 있다는 점을 분명하게 보여주고자 했다.

우주론적 논증은 다음의 형식을 띤다.[6]

① 존재하기 시작하는 모든 것은 다른 그 무언가가 그 존재의 원인이 된다.

② 우주는 존재하기 시작했다.

③ 그러므로 우주는 존재하기 위한 원인을 가진다. 그리고 그 존재의 원인은 신이다.

칸트는 이 논증을 "존재하는 것에 대한 경험적 개념에서 인과적 추론의 규칙에 따라서 제1의 독립적인 원인의 실존으로 나아가는 증명 그리고 난 다음 이 존재에서 개념의 논리적 분석을 통해서 신을 가리키는 독립적 원인의 속성으로 나아가는 증명"이라고 이해하고, 오래전부터 유명한 논증이지만, 특히 볼프 학파의 철학자에게 큰 주목을 받은 논증이라고 소개했다.[7]

---

6) A. Plantinga, 1998, pp.87-88.

칸트에 따르면 이 논증은 두 단계로 이루어진다. 즉 "존재하는 것에 대한 경험적 개념에서 인과적 추론의 규칙에 따라서 제1의 독립적인 원인의 실존으로 나아가는" 단계와 "이 존재에서 개념의 논리적 분석을 통해서 신을 가리키는 독립적 원인의 속성으로 나아가는 증명" 단계로 이루어져 있다. 칸트에 따르면 첫째 단계는 훌륭하지만, 둘째 단계는 그렇지 않다는 것이다. 칸트는 어떤 경험적인 존재로부터 그 존재의 원인이 되는, 그렇지만 더는 다른 존재를 원인으로 가지지 않는 하나 또는 다수의 독립적인 존재를 추론하는 것은 대단히 올바른 논증 구조고 했다. 그러나 둘째 단계에 이르면 상황은 달라진다.

우선 칸트는 독립의 제1원인이 절대적으로 필연적인 존재라는 주장을 받아들일 수 없다. 그 이유를 들면 다음과 같다. 첫째, 이런 결론을 받아들이려면 충족 이유율이 전제되어야 하는데, 이 충족 이유율은 그다지 신뢰할 만한 법칙이 아니다. 둘째, 이 증명은 필연적 존재, 완전성, 통일성, 무한성 등의 개념에 있는 상호 연관성에 의존한다. 따라서 이 증명 단계는 전혀 경험적인 개념에 근거를 두지 않았다. 이 증명은 사물의 존재를 속성의 동일 또는 모순에서 발견할 수 있다고 가정하는 개념에 의존하는 데카르트적 증명과 대단히 유사하다. 여기서 칸트가 명시적으로 이야기하지는 않았지만, 아마도 우주론적 논증은 존재론적 논증에 의거했으며, 그런 의미에서 아마도 아포스테리오리한 논증의 성격에서 벗어난다는 것이 칸트의 비판 요지가 아닌가 한다.[8]

---

7) 『신현존 증명』 Ⅱ 157.
8) 『순수이성비판』의 우주론적 논증에 대한 칸트의 비판에 따르면 이러한 내용이 명시적으로 밝혀져 있다. 이 비판에 따르면 우주론적 논증은 암암리에 존재론적 논증을 전제한다. 따라서 존재론적 논증이 실패한다면, 이 논증 또한

기존의 존재론적 신의 현존 증명에 대한 비판

엄격한 형식을 갖춘 최초의 존재론적 논증은 안셀무스가 제시했다. 안셀무스의 논증은 귀류법(*reductio ad absurdum*)의 형식을 띤다. 즉 신이 존재하지 않는다는 점을 가정하고 그 결과 우리는 모순에 빠질 수밖에 없다는 점을 보여주면서 신은 존재한다는 주장을 한다. 논증 형식은 다음과 같다.

① 가장 위대한 존재(더는 위대한 것이 생각될 수 없는 존재)는 지성 안에서 존재한다(즉 우리가 그것을 생각할 수 있다).
② 단지 지성 안에서 존재하는 것보다 실재 안에서 존재하는 것이 더 위대하다.
③ 그러므로 가장 위대한 존재가 단지 지성 안에서만 존재한다면, 그것은 가장 위대한 존재보다 덜 위대할 것이다.
④ 그러나 가장 위대한 존재가 가장 위대한 존재보다 덜 위대하다는 것은 불가능하다. 그러므로 이 존재는 지성 안에서뿐 아니라 실재 안에서 존재한다. 즉 그런 존재는 존재한다. 그리고 분명히 가장 위대한 이 존재는 신이다.[9]

이 존재론적 논증은 데카르트, 라이프니츠, 볼프 등 대륙의 합리주의적 철학자들에게 계승되었다. 칸트가 『신현존 증명』에서 주로 비판 대상으로 삼은 철학자는 데카르트와 볼프다.

성공할 수 없다는 것이다. 칸트에 따르면 우주론적 논증만으로는 필연적인 존재가 어떤 존재인지 충분히 규정할 수 없고, 그 존재가 신이라는 것도 보여줄 수 없다는 것이다. 『순수이성비판』 A 609-610; B 637-638.
9) A. Plantinga, 같은 곳.

데카르트의 신 존재 증명에 관한 논의는 『제3성찰』과 『제5성찰』에 나타난다. 그러나 칸트가 문제로 삼은 존재론적 논증은 데카르트의 『제5성찰』에 나온다. 데카르트의 기본 개념은 다음과 같다. '내가 명석하고 판명하게 이 대상에 속한다고 지각하는 모든 것이 실제로 그 대상에 속한다면, 나는 이것에서 신 존재를 증명하는 하나의 논증을 이끌어낼 수 있다는 것이다.' 데카르트가 들고 있는 예는 삼각형이다. 세 각이라거나 세 변, 세 내각의 합이 2직각과 같다는 것은 필연적으로 삼각형의 본질에 속한다. 그러나 이러한 삼각형의 속성으로부터 삼각형이 존재한다고 결론 내려서는 안 된다. 삼각형이 존재한다면, 그 삼각형은 필연적으로 그와 같은 속성을 지니기 때문이다. 삼각형과 그런 속성의 관계는 **필연적**이다. 이에 반해서 완전성의 관념은 **필연적으로** 신의 존재와 연결되어 있다. 완전성은 신의 본질이고, 그 완전성은 신의 존재까지도 포함하는 개념이기 때문이다. 즉 존재의 필연성은 신의 본질에 속한 필연성이다. 이것을 부정한다면, 자기모순에 빠지게 된다. 이것은 마치 세 변이 없는 삼각형을 생각하는 것이 자기모순적인 것과 같다.

칸트는 데카르트의 위와 같은 논증을 가능적인 것의 개념에서 결과로서 존재를 추론하는 논증이라고 보았다. 즉 이 논증은 가능성의 개념에서 오직 분석을 통해서만 존재의 개념이 추론된다. 칸트는 데카르트의 논증을 다음처럼 이해했다. "우선 우리는 어떤 가능한 것에 대한 개념을 생각해내되, 이 가능한 것 안에서는 모든 참된 완전함이 결합되어 있는 것으로 표상한다. 그런데 존재 또한 사물의 완전함이라 가정되고, 그리하여 가장 완전한 실재의 실존이 그것의 가능성에서 귀결된다."[10]

---

10) 『신현존 증명』 Ⅱ 156.

데카르트의 존재론적 논증을 이렇게 이해한 칸트는 곧바로 데카르트 비판에 들어갔다. 칸트의 비판은 한편으로는 설득적이지만, 다른 한편으로는 설득적이지 못했다. 비판 내용을 인용하면 다음과 같다. "같은 방식으로 그 종류 중 가장 완전한 것으로 표상되는 그 무언가의 존재는 그것의 개념에서 귀결될 수 있다. 예컨대 가장 완전한 세계가 이해될 수 있다는 사실에서 그것의 존재가 귀결될 수 있다. ……따라서 신 존재가 도출될 수는 없다."[11]

가장 완전한 세계에 대한 예는 이미 가우닐로가 제안했고, 안셀무스가 답변한 것이었다. 가우닐로에 따르면 안셀무스의 논증에는 결격 사유가 있다. 우리는 이제 더는 위대한 것이 상상될 수 없는 섬과 같은 말도 안 되는 것의 존재를 증명하려고 동일한 논증 형식을 사용할 수 있기 때문이다. 그러나 안셀무스는 다음처럼 대답했다. 가장 큰 완전체를 의미하는 가장 위대한 섬과 같은 개념은 이치에 맞지 않으며, 좋은 예가 될 수 없다. 이유는 섬에서의 위대함에 해당될 수 있는 속성들—크기, 종려나무의 수, 코코넛의 질 등—은 내재적 측면에서 최대함을 갖고 있지 못하다는 것이다. 어떤 섬에 비록 아무리 큰 종려나무가 많이 있다 하더라도, 더 큰 종려나무가 더 많은 섬이 있을 수 있기 때문이다. 그러나 어떤 존재에서 가장 위대함에 해당하는 속성들—예컨대 인식, 능력, 선함—은 내재적 측면에서 최대치를 가진다.[12] 안셀무스의 대답은 적절한 것 같다. 만약 그렇다면 칸트가 존재론적 논증에 대한 반박의 예로 든 '가장 완전한 세계'라는 개념도 그렇게 적절하지 않은 것 같다.[13]

---

11) 『신현존 증명』 II 156-157.
12) A. Plantinga, 같은 글, p.88 참조할 것.
13) 칸트는 『순수이성비판』에서도 동일한 실수를 범했다. 칸트는 돈 100탈러의 개념이 100탈러의 실재 재산을 의미하는 것이 아닌 것과 마찬가지로, 신 개

따라서 칸트에서 의미 있는 비판은 "존재는 무언가의 술어 또는 규정이 아니다"[14]라는 명제에서 찾을 수 있다. 문법적 측면에서 보면 '클레오파트라는 존재한다'와 '클레오파트라는 아름답다'는 문법적 구조가 동일하다. 그러나 칸트의 주장에 따르면 '아름답다'는 어떤 존재의 술어라서 어떤 존재가 실재적으로 현존할 경우에만 아름다움이라는 술어가 적용될 수 있기 때문에 '존재한다'와 '아름답다'는 논리적 지위 또는 존재론적 지위가 같을 수 없다는 것이다.

칸트 자신의 존재론적 신의 현존 증명

칸트가 보기에는 전통적인 존재론적 논증이 실패로 끝난 이유는 그 논증을 제안한 철학자들이 첫째, 존재를 하나의 술어로 간주했다는 것이요, 둘째, 가능성의 개념을 제한하여 질료적 또는 실질적 가능성을 보지 못하고 단지 형식적 가능성의 개념에만 매달렸기 때문이라는 것이다. 따라서 칸트는 이 두 가지 점을 함께 고려한 논증을 구성하고자 했다.

존재는 술어가 아니다

우리가 어떤 한 사물의 술어를 빠짐없이 매거(枚擧)한다 하더라도,

___

념이 신의 실재를 의미하는 것이 아니라고 주장했다(『순수이성비판』A 599-600; B 627-628). 그러나 존재론적 논증에 따르면 신은 모든 긍정적인 술어를 포함하고 있고, 존재는 긍정적인 술어이기 때문에 신은 존재한다는 것이다. 그러나 100탈러는 모든 긍정적 술어를 포함하는 개념이 아니다. 따라서 돈 100탈러의 예를 들어 존재론적 논증을 비판할 수는 없다. 존재론적 논증의 지지자들은 가능성에서 현실성을 도출할 수 있는 존재는 신밖에 없다고 본다.
14) 『신현존 증명』 II 72.

그 사물은 존재할 수도 있고 존재하지 않을 수도 있다. 우리가 실제로 존재하지 않았던 어떤 사물에 대해, 만약 그 사물이 존재했을 경우 그 사물에 있었던 모든 술어를 부여한다 하더라도, 그 사물이 존재하지 않은 것은 사실이다. 그 사물은 단지 가능적으로만 존재할 뿐 결코 현실적으로 존재하지는 않는다. 물론 문법적 의미에서 존재가 술어로 사용될 수는 있다.

예를 들어 'A는 아름답다'와 'A는 존재한다' 두 문장을 비교해볼 때 구조는 동일하다. 문법적 측면에서 그렇다. 칸트는 '존재'라는 말이 보통 술어로 사용되었으며, 그렇게 되더라도 일상생활에서는 큰 문제를 일으키지 않는다고 보았다.[15] 그러나 존재와 술어의 혼용이 신의 현존을 증명하는 데 사용된다면, 큰 오류에 빠지게 된다. 칸트의 견해에 따르면, '신이 존재한다면, 그리고 존재하는 한에서 신은 완전하고 전지하며, 전능하고 지선(至善)이다'는 성립할 수 있는 반면, '신은 완전하기 때문에 신은 존재한다'는 성립할 수 없다.

칸트는 여기서 '정립'(Setzung)이라는 용어를 사용했다. "존재는 사물의 절대적 정립이며, ……술어 자체는 언제나 단지 다른 사물과의 관계에서만 정립된다."[16] 하나의 속성이 사물과 가지는 관계는, 술어가 주어와 관계가 논리적인 것과 마찬가지로, 논리적 관계(respectus logicus)에 불과하다. 그러므로 하나의 속성은 그 속성을 담지하는 사물의 존재가 사라진다면 아무것도 아니다. 그러나 존재는 어떤 사물과 논리적 관계를 갖는 것이 아니라, 말하자면 그 사물의 절대적 정립이다. 그러므로 사물의 존재는 다른 사물의 존재와 관계없이 존재하거나 존재하지 않아서 존재는 결코 술어가 될 수 없다.

---

15) 같은 곳.
16) 『신현존 증명』 II 73.

다만 다수의 술어 또는 속성들이 어떤 존재를 전제할 뿐이다. 예를 들어 '신은 전능하다'는 명제에서 고려되는 것은 단지 신과 전능 간의 논리적 관계일 뿐이다. 신이 존재하느냐 하지 않느냐는 결코 이 명제 안에 포함되어 있지 않다.

이에 덧붙여 칸트는 현실적인 것 안에 정립되어 있는 것이 가능적인 것 안에 정립되어 있는 것보다 더 많다고 생각한 합리주의자의 생각이 잘못되었다고 지적했다. 아마도 칸트는 현실적인 존재가 가능적인 존재보다 '존재'라는 술어를 더 많이 가지고 있다는 합리주의자의 잘못된 생각을 지적한 듯하다. 그러나 존재는 술어가 아니기 때문에, "단순히 가능적인 것 안에 정립되어 있는 것보다 실존하는 것 안에 더 많은 것이 정립되어 있지 않다."[17] 가능적인 것에서나 현실적인 것에서 정립되어 있는 것은 모두 논리적 관계뿐이기 때문이다. 예를 들어 가능적 삼각형에서 주어, 즉 삼각형과 술어, 즉 세 변 등의 관계와 현실적 삼각형에서 삼각형과 그것의 속성들의 관계는 대칭을 이룬다.[18]

가능성의 형식적 요소와 질료적 요소

칸트는 신의 현존 증명에 앞서 가능성의 형식적 요소와 질료적 요

---

17) 『신현존 증명』 Ⅱ 75.
18) 여기서 칸트는 '무엇이 정립되는가'와 '어떠한 방식으로 정립되는가'를 구별한다. 전자에 관해서 말하면, 가능적인 것에서나 현실적인 것에서 동일한 것이 정립되기 때문에, 현실적인 것에서의 정립이 가능적인 것에서의 정립보다 많지 않다는 점이 도출된다. 그러나 후자에 관해서 말하자면, 가능적인 것에 의해 정립되는 것보다 현실적인 것에 의해 정립되는 것이 더 많다고 할수 있다. 현실적인 것에서는 절대적 정립이라는 것이 추가되기 때문이다. 그러나 문맥상 칸트가 여기서 관심을 가지고 있는 것은 전자에 관련된 정립이다(같은 곳). 칸트의 이 논의에서 기존의 존재론적 논증, 즉 신 개념에서 신의 현존을 도출하고자 한 논증에 대한 비판이 암시되고 있다.

소를 구별하려고 시도했다.[19] 칸트는 존재론적 논증의 지지자는 모두 가능성의 형식적 요소에만 의존해서 증명을 구성하고자 했으며, 가능성의 질료적 측면을 간과했다는 점을 보여주려고 이런 구분을 시도했다. 두 요소를 구분하지 않고서 신의 현존을 증명했을 때 나타나는 문제점을 적시하고자 한 것이다.

만약 어떤 개념이 내적으로 모순이 있다면, 그 개념은 불가능하다. 이 점은 진리의 제1근거인 모순율로 확정된다. 예컨대 '네모난 삼각형'은 내적으로 모순이 있는 개념이기 때문에 불가능하다. 즉 네모남은 삼각형의 속성이 될 수 없기 때문에 이 개념은 불가능하다. 이것을 칸트는 **형식적으로 불가능한** 개념이라고 했다. 이에 반해 '키가 5미터 되는 인간'은 어떤 내적 모순도 있지 않기 때문에 가능한 개념이다. 이것은 **형식적으로 가능한** 개념이다. 어떤 개념이 형식적으로 가능한가, 불가능한가 하는 것은 그 개념에 있는 요소들이 내적으로 모순되는가 아닌가, 즉 모순율에 일치하는가 아닌가로 결정된다.

'네모난 삼각형'은 형식적으로 불가능하고 '키가 5미터 되는 인간'은 형식적으로 가능하지만, 형식적 가능성, 불가능성을 떠나서 이 두 개념은 이미 몇 가지 개념을 사용했다. '네모남', '삼각형', '키', '5미터', '인간' 등이 그것이다. 이것들을 칸트는 **가능성의 질료적 요소**라고 했다. 이것들은 형식적으로 가능한 것이든 불가능한 것이든 간에 어떤 사유가 존재하기 위한 소재다. 형식적 가능성 또는 불가능성은 가능성의 질료적 요소 간의 모순 관계 여부로 결정된다. 질료적 요소 간에 모순 관계가 성립한다면, 그것은 형식적으로 불가능한 것이다.

이제 칸트는 가능성의 질료적 요소에 근거를 두고서 존재 개념을

---

19)『신현존 증명』 II 77-78.

추론하고자 했다. 존재의 개념을 도출하기 전에 칸트는 모든 존재의 부정이 형식적으로 가능함을 보여주었다. 논증은 다음처럼 전개된다.[20]

① 모든 존재를 부정하는 것은 내적 모순을 포함하지 않는다(정립과 폐기가 동시에 일어나지 않는다).
② 내적 모순을 포함하지 않는 것은 형식적으로 가능하다.
③ 따라서 모든 존재를 부정하는 것은 형식적으로 가능하다.

이 논증을 제시하고 난 후 칸트는 곧바로 이와 같은 일은 절대적으로 불가능하다는 논지를 폈다.

① 어떤 것도 존재하지 않는다는 것은 형식적으로 가능하다.
② 형식적으로 가능한 어떤 것도 질료적 요소를 포함해야 한다.
③ 따라서 어떤 것도 존재하지 않는다는 것은 모순을 포함하며, 따라서 불가능하다.

칸트에 따르면, 만약 어떤 것도 존재하지 않는다면, 어떤 사고의 재료도 주어지지 않을 것이요, 그렇게 될 경우 사고는 불가능하게 될 것이라는 얘기다. 그러나 사고 자체가 불가능하다는 것은 있을 수 없기 때문에 무언가가 존재하는 것은 확실하다. 따라서 어떤 것도 존재하지 않는다는 것은 형식적으로는 가능할는지 몰라도 질료적으로는 불가능하다.

---

20)『신현존 증명』II 78. 논증은 칸트의 텍스트를 분석하여 글쓴이가 만들었다. 밑에 있는 논증도 동일하다.

이와 더불어 칸트는 '모든 가능성의 부정'이 불가능하다는 것을 보여줌으로써 어떤 것도 존재하지 않는다는 것이 불가능하다는 것을 보여주고자 했다. 논증은 다음과 같이 전개된다.[21]

① 모든 가능성의 완전 부정은 모순율과의 일치를 폐기해서 가능하거나 모든 가능한 것의 질료를 폐기해서 가능하다.
② 모순율과 일치의 폐기는 자기 모순적이기 때문에 불가능하다.
③ 모든 질료의 폐기는 모든 존재의 폐기로 가능하며, 모든 존재의 폐기는 모든 가능성의 폐기로 귀결되기 때문에 모든 가능성의 완전 부정은 불가능하다.
④ 따라서 모든 가능성의 완전 부정은 불가능하다.
⑤ 그러므로 어떤 것도 존재하지 않는다는 것은 불가능하다.

칸트의 결론은 가능적인 것은 현실적인 것을 전제로 한다는 것이다. 우선 칸트가 들고 있는 예인 '불이 활활 타는 물체'에 대해 이야기해보자. '불이 활활 타고 있음'과 '물체' 사이에는 어떤 내적 모순도 포함되어 있지 않아서 이 물체는 형식적으로 가능하다. 그다음 물체 자체의 가능성을 물어보아야 한다. 이때 물체의 가능성의 소여, 즉 '연장'(延長), '불가침입'(不可侵入), '힘' 등을 나열할 수 있고, 이들 소여는 서로 모순되지 않기 때문에 물체의 존재 또한 가능하다. 그러나 '연장'은 어떻게 가능한가? 경험에 호소하는 것은 부당하다. 왜냐하면 아무것도 존재하지 않더라도 '불에 활활 타는 물체'가 가능한가 하는 것이 원래 문제였기 때문이다. 결국 '연장'이니 '공간'이니 하는 것이 현실적으로 존재하지 않는다면 '불이 활활 타는 물

---

21) 『신현존 증명』 II 79.

체'는 가능하지 않다. 따라서 사고 가능성은 존재를 전제한다.

존재론적 신의 현존 증명

이제 칸트는 절대적으로 필연적인 존재, 즉 신의 현존을 증명하는 절차를 밝았다. 그런데 그 절차에 앞서서 칸트는 '절대적으로 필연적인 것'에 대한 정의를 시도했다.[22] 정의를 시도할 때 칸트는 가능성의 두 유형에 대한 논의를 연결했다. 즉 칸트에 따르면 절대적으로 필연적인 것도 두 가지로 나뉜다는 것이다. 한 가지는 가능성 개념과 연관되어 있고, 다른 한 가지는 현실적인 것, 즉 존재와 연관되어 있다.

첫째, '절대적으로 필연적인 것은 그 반대가 불가능한 것이다.' 이 것은 명목적 정의이며, 여기서 필연성은 가능성 안에서 발견된다. 가능한 것들 중에서 반대가 불가능한 것은 필연적일 수밖에 없다. 예컨대 '삼각형이 세 변을 가진다'는 것을 부정하는 일은 있을 수 없다. 따라서 이 명제는 필연적이며, 그것의 부정은 불가능하다. 칸트는 이 필연성을 논리적 필연성이라고 했다.

둘째, '어떤 것의 존재가 절대적으로 불가능한 것'은 실질적 정의를 요구하는 필연성이다. 칸트가 여기서 관심을 가지는 것이 바로 이 필연성이다. 이 필연성은 그것의 비존재가 모든 사고의 질료적 요소를 폐기하는 경우에 적용되는 것이다. 이미 앞서 살펴본 것처럼 사고의 질료적 요소가 전혀 존재하지 않는다면, 사고 자체가 불가능하고, 사고 자체가 불가능한 것은 있을 수 없는 일이다. 여기에서 절대적으로 필연적인 것이 존재하지 않으면 안 된다는 결론이 추론된다. 논증은 다음처럼 진행된다.[23]

---

22) 『신현존 증명』 II 81-82.

① 모든 가능성은 질료적 요소(현실적인 어떤 것)를 전제한다.

② 자신을 폐기하면 모든 내적 가능성 일반도 폐기되는 현실적인 것이 존재한다.

③ 자신의 폐기 또는 부정이 일체의 가능성을 근절하는 것은 절대적으로 필연적인 것이다.

④ 따라서 절대적으로 필연적인 것이 존재한다.

논증은 이제 절대적으로 필연적인 존재가 단일하고 단순하며, 불변적이고 영원하며, 최고의 실재를 포함해 그것은 곧 신이라는 과정을 밟아간다.

다른 저술과 연관성과 의의

칸트는『신현존 증명』이전에 발표한『새로운 해명』에서 "어떤 것이 자신의 현존의 근거를 자기 자신 속에 가지고 있다는 것은 불합리하다"[24]는 주장을 펴면서 "존재는 술어가 아니다"로 신의 존재 증명 불가능성을 보여주는『신현존 증명』의 것과 유사한 논지를 제시했다.

또 칸트는『형이상학 강의』에서도 "존재는 술어가 아니다"라는 명제를 분석하면서 신이 존재하는 한 신은 전능하고 완전하며, 무한하고 영원하다는 논지를 폈다. 여기서 '전능', '완전', '무한', '영원'은 하나의 술어일 뿐이며, 그런 한에서 '존재'와는 의미가 다르다.[25]

---

23)『신현존 증명』II 83.

24)『새로운 해명』I 394, 명제 VI.

25) 임마누엘 칸트, 1999, 256-257쪽.

칸트가『순수이성비판』의 '변증론'에서 '존재론적 신의 현존 증명'에 대한 비판을 수행하며 사용한 가장 핵심적 개념은 "존재는 실재적 술어가 아니다"[26]이다. 많은 찬사를 받은 이 개념은 오직 칸트에게 귀속되어야 하며, 그것도 그의 초기 사상에 귀속되어야 한다. 합리주의적 전통에 서 있었던 초기의 칸트 사상도 어느 정도는 '비판적 시각'을 가지고 있었다는 점에 주목할 필요가 있겠다.

『신의 현존 증명』은 한편으로는 철학적 신학에 관련한 저술이지만, 다른 한편으로는 자연철학에 관한 저술이다. 이런 의미에서 이저술은 칸트의 다른 초기 저서들과 몇몇 점에서 공통성이 있다. 칸트는 산악의 황무지가 신이 인간에게 내릴 벌의 표시라고 하는 몇몇 지리학자를 비판하면서 그것이 자연의 기계적 작용의 산물이라는 주장[27]은『자연지리학』의 주장[28]과 유사하다. 칸트는 자연의 아름다움과 질서 또는 여러 가지 자연적 재앙이나 재해 등을 '신의 직접적인 손'으로 설명하는 자연신학자들의 주장을 비판하면서, 그것은 오직 역학법칙에 따른 기계적 산물임을 주장하는『신현존 증명』의 논리는 칸트의 지진에 관련된 세 논문(『지진 원인』,『지진 역사』,『지진 재고』)과『일반 자연사』의 전반적인 논리와 일치한다.

칸트의 신의 현존 증명에 대한 비판은 단지 신의 존재에 대한 논쟁이 아니라 가능성과 불가능성, 형식과 질료, 충족이유율과 인과율, 사유(논리)와 존재(실재), 목적론과 기계론, 과학과 신학 등 철학의 여러 쟁점을 담고 있으며, 그런 점에서 철학사적 담론을 함께 담고 있다는 의미를 가지게 된다.

---

26)『순수이성비판』A 599; B 626.
27)『신현존 증명』II 126.
28)『자연지리학』IX 256-296.

귀결

앞에서도 언급했듯이, 멘델스존은 칸트 작품을 호평함으로써 칸
트가 독일에서 주요 철학자의 평판을 얻는 데 일정한 역할을 했다.
그러나 호평만 있었던 건 아니었다. 칸트가 1759년 『낙관주의』를
발표하자마자 일주일 내에 즉각 공격했던 바이만(Daniel Weymann)
은 칸트의 신의 현존 증명에 관한 저술이 나오자 『신의 현존을 증
명하기 위해 칸트 씨가 제시한 유일 가능한 근거에 대한 의혹들』
(*Bedenklichkeiten über den einzig möglichen Beweisgrund des Herrn M.*
Kants zu einer Demonstration des Daseyns Gottes)이란 제목의 1763년 1
월 14일자 글에서 즉각 비판하는 반응을 보였다.[29]

---

[29] 가장 중요한 자료로는 『신간 문헌 소식지』(*Briefe die neueste Literatur*
betreffend) N. 280-281 (1764)에 실린 멘델스존의 장문의 서평을 꼽는다.

참고문헌

칸트, I., 이남원 옮김, 『칸트의 형이상학 강의』, 울산대학교 출판부, 1999.

포를렌더, K., 서정욱 옮김, 『칸트의 생애와 사상』, 서광사, 2001.

Kant, I., *Physische Geographie*, in *Kant' gesammelte Schriften*, hrsg. von der Königlich Preußischen Akademie der Wissenschaften, 1923, Bd. IX.

Mendelssohn, M., *Briefe die neueste Literatur betreffend*, N. 280-281.

Plantinga, A., "God, Arguments for the Existence of", in Craig E. (ed.), *Routledge Encyclopedia of PHILOSOPHY*, vol. 4, London & New York: Routledge, 1998.

Weymann, D., *Bedenklichkeiten über den einzig möglichen Beweisgrund des Herrn M. Kants zu einer Demonstration des Daseyns Gottes*, Königsberg, 1763.

옮긴이주

불에 관한 성찰의 간략한 서술*

* 옮긴이주는 대부분 베크의 영역본 옮긴이주를 참고해 붙였다. 하지만 그것을 그대로 인용하지는 않았으며, 필요한 경우 보충했고 모든 서지사항은 직접 확인한 다음 옮긴이주에서 제시했다. 베크의 옮긴이주에서 발견한 오류는 바로잡았다.

제1절 고체와 유체의 본성에 대하여

1) 데카르트, 『철학의 원리』(*Principia philosophae*, in *OEuvres de Descartes*, publiées par A. Adam et P. Tannery, T. Ⅶ., Paris: Leopold Cerf, 1905, Ⅱ, 54). "서로 다른 운동을 하는 많은 작은 부분들로 나뉘어져 있는 물체는 유동적이지만, 아주 밀접하게 결합하여 정지해 있는 작은 부분들로 이루어진 물체는 딱딱하다는 것이 이로부터 귀결된다."

2) 원문은 오른쪽이지만 독자에게는 왼쪽이다.

3) 후크의 법칙. R. Hooke, *Lectures De Potentia Restitutiva, or of Spring Explaining Power of Springing Bodies To which are added some Collections*, London, 1678, p.1. "Ut tensio, sic vis; That is, 'The Power of any Spring is in the same Proportion with the Tension thereof."

4) Gabriel Philippe de la Hire, "Sur la condensation et dilatation de l'air", *Mémoires de l'Académie Royale des Sciences*, Paris, 1705, pp.110-111.

제2절 불의 물질과 그 변양인 열과 냉에 대하여

1) Leonhard Euler, 1707~83. 스위스 출신의 수학자 및 물리학자. 18세기 광학의 발전에도 크게 기여함. 뉴턴과 달리 빛의 파동이론을 전개함으로써 빛의 본성에 관한 학문적 논쟁을 촉발함. L. Euler, *Nova Theoria Lucis et Colorum*, in *Opuscula varii argumenti*, 1746, Berlin, pp.169-244 참조할 것.

2) Euler, 같은 책, pp.235-236 참조할 것. "Natura ergo radiorum, quibus corpus opacum conspicitur, non pendet a radiis corpus illuminantibus, sed a motu vibratorio minimarum particularum, quibus superficies corporum obsita."

3) Guillaume Amontons, 1663~1705. 프랑스의 발명가 및 물리학자. 특히 기체의 온도와 압력의 상관관계를 열역학적으로 탐구했으며, 마찰 현상에 관한 법칙을 제시함. "Le thermomètre réduit àune mesure fixe et certaine, et le moyen d'y rapporter les observations faites avec les anciens thermomètres", in *Mémoires de l'Académie Royale des Sciences*, Paris, 1703, pp.50-56.

4) Herman Boerhaave, 1668~1738, 네덜란드의 의사, 식물학자 및 화학자. *Elementa Chemiae*, vol. 1, Leyden, 1732, pp.170-171.

5) Daniel Gabriel Fahrenheit, 1686~1736. 독일 출신의 물리학자 및 발명가. 이른바 화씨 온도의 창안자. 수은 온도계를 발명하여 처음으로 정확한 온도 측정의 길을 엶. "Experimenta circa gradum caloris liquorum nonnullorum ebullientium instituta", in *Philosophical Transactions of the Royal Society*, 1724, pp.1-3.

6) Louis Guillaume le Monnier, 1715~99. 프랑스의 의사. "Observations de physique et d'histoire naturelles faites dans les provinces méridionales de la France", in *La Meridienne de L'Observatoire Royale de Paris, Suite des Mémoires de l'Academie Royale des Sciences*, Paris, 1740, pp.CXI-CCXXXV.

7) Pic du Midi. 프랑스와 스페인의 경계를 이루는 피레네산맥에서 가장 높은 산. 높이는 2,877미터이다.

8) Jean-Baptiste Baron de Secondat, 1716~96. 프랑스의 식물학자. *Observations de physique et d'histoire naturelle sur les eaux minerales ⋯ [et] sur l'influence de la pesanteur de l'air dans la chaleur des liqueurs bouillantes & dans leur congelation*, Paris, 1750, pp.75-112. 특히 p.105 참조할 것.

9) "Esperienze intorno alla compressione dell' aqua", in *Saggi di naturali esperienza fatte nell'Academia del Cimento*, Firenze, 1666, pp.CLXXXVII-CCV.

10) Stephen Hales, 1677~1761. 영국의 생리학자. *Vegetable Statics*, London, 1727. 칸트는 이 책의 독일어 번역본을 소장하고 있었다.

11) Giacomo Filippo Maraldi(Jacque Philippe Maraldi), 1665~1729. 이탈리아 출신의 프랑스 천문학자. 지오반니 카시니의 조카.

12) Jacque Cassini, 1677~1756, 프랑스의 물리학자. 지오반니 카시니의 아들.

13) Edme Mariotte, 1620~84. 프랑스의 물리학자. 영국의 로버트 보일과 독립적으로 기체의 부피와 압력 사이의 상관관계를 발견하여 일반적으로 보일-마리오트 법칙(Boyle-Marriotte's law)의 창시자라고 불린다. 칸트가 이 글에서 말하고 있는 마리오트의 법칙은 다음과 같다. "l'air se condense àproportion des poids dont il est chargé." E. Mariotte, *Second essai: Se la nature de l'air,*

Paris, 1679. 여기서는 다음 판본에서 인용함. *Oeuvres de M. Mariotte*, La Haye, 1740, p.152.

14) Jacque Cassini, "Reflexions sur les regles de la condensation de l'air", in *Memoires de l'Academie Royale des Sciences*, Paris, 1705, pp.61–74.

15) 산은 오일 속의 활성 원리로 간주되었다. 베크의 옮긴이주 19 참조할 것.

형이상학적 인식의 제1원리들에 관한 새로운 해명

제1절 모순의 원리에 대하여

1) 칸트가 ars characteristica combinatoria라고 표기한 기호 연산술은 보편 기호론(characteristica universalis)이라고 불리기도 한다. 이는 거의 독보적으로 라이프니츠(Gottfried Wilhelm von Leibniz, 1646~1716)의 시도로 알려져 있는데, 그는 인간의 복잡한 사유와 추론과정이 어떤 단순한 요소로 분해될 수 있다는 데카르트적 확신에서 출발하여, 학위논문인 *Dissertatio de Arte Combinatoria*(Leibzig, 1666)에서부터 단순화된 사유 요소들을 역시 단순한 기호로 표시하여 일종의 논리-수학적 연산체계를 창안하려는 시도를 반복했다.

2) Herman Boerhaave, 1668~1738. *Elementa chimiae*, vol. 1, Leiden: Isaac Serverinus, 1732, pp.119–120. 이 책은 누군가가 부르하베의 강의 기록을 기초로 당사자 몰래 1724년 파리에서 『화학의 원리와 실험』(*Institutiones et experimenta chemiae*)이라는 제목으로 출판했던 것을 저자가 다시 1732년 정식으로 출판한 것임.

3) Joachim Georg Darjes, 1714~91. Güstrow(지금의 독일 메클렌부르크 포어폼머른 지방에 속한 도시)의 루터교 목사. 법학자이자 철학자. *Introductio in artem inveniendi seu Logicam theoretico-practicam, qua Analytica atque Dialectica proponuntur*), Jena: Christ. Fransiscus, 1742. 바움가르텐 역시 『형이상학』(*Metaphysica*, Halle: Carl Hermann Memmerde, 1739), § 9에서 비슷한 기호술을 사용한다. "……이면서 ……이지 않은 것은 무이다. A+non-A=0"(quicquid est et non est, nihil est. A+non-A=0).

4) 원문은 'quicquid non non est, illud est'.

5) 원문은 'quicquid est, est'. 위의 quicquid non non est에서 non non est의 이중 부정이 긍정으로 바뀐 것.

제2절 일반적으로 충분근거의 원리라 불리는 규정근거의 원리에 대하여

1) R. Descartes, *Principia philosophiae*, III, 64; IV, 28.

2) Christian Wolff, 1679~1754. 계몽주의 시대 독일의 철학자.

3) Christian Wolff, *Philosophia Prima, sive Ontologia*, § 56. "충분근거율이란 어떤 것이 왜 그러한지 그것 때문에 알게 되는 바로 그것이다"(Per Rationem sufficientem intelligimus id, unde intelligitur, cur aliquid sit).

4) Christian August Crusius, 1715~75. 독일의 철학자 및 신학자.

5) R. Descartes, *Meditationes de prima philosophia*, in *Œuvres de René Descartes*, publiées par Charles Adam et Paul Tannery T. V., Paris, p.65, pp.68-69. 더불어 『신현존 증명』 II 105 이하 칸트의 언급도 참조할 것.

6) 『신현존 증명』 II 91 참조할 것.

7) Alexander Gottlieb Baumgarten, 1714~62. 볼프학파에 속하는 독일의 철학자. 『미학』(*Aesthetica*)이라는 제목의 책을 통해 처음으로 근대적 의미의 미학을 철학의 한 분과로 창시함. 칸트는 그의 『형이상학』(*Metaphysica*)을 자기 강의의 교과서로 사용했다.

8) Crusius, *Dissertatio Philosophica de Usu et Limitatibus Principii Rationis Determinantis vulgo Sufficientis*, in *Opuscula Philosophico-Theologica*, Leibzig, 1750, § XVI, pp.191-192.

9) Chrysippos, BC 279~BC 206. 제논 및 클레안테스의 뒤를 잇는 초기 스토아 철학자. 킬리키아의 솔리 출신이나 어린 나이에 아테네로 이주하여 클레안테스의 제자가 되었으며, 제논과 클레안테스의 뒤를 이어 스토아학당의 제3대 원장이 되었다.

10) 여기서 칸트가 말하는 크리쉬포스의 말은 겔리우스(Aulus Gellius, 125~180)의 『앗티카의 밤』(*Noctes Atticae*)에서 인용된 것으로 보인다. 겔리우스는 로마인으로서 아테네에 유학했으며, 이 책에서 크뤼시포스를 비롯해 많은 그리스 철학자들의 학설을 로마인들에게 소개했다. Auli Gelli, *Noctes Atticae*, ex Editione Jacobi Gronovii, London, 1824, pp.411-412, Liber VI, Cap. II. "Fatum est" inquit "sempiterna quaedam et indeclinabilis series rerum et catena volvens semetipsa sese et inplicans per aeternos consequentiae ordines, ex quibus apta nexaque est."

11) 이 두 종류의 필연성의 구별은 라이프니츠에게서 유래한 것이다. 라이프니츠, 이근세 옮김, 『변신론』(*Essais de Théodicée*), 아카넷, 2014, 제37절, 제132절, 제170절 등.

12) C. Wolff, *Vernünfftige Gedancken von Gott, der Welt und der Seele des Menschen, auch allen Dingen überhaupt*, § 575. "Denn man nennet eben, wie ich schon selbst gethan, schlechterdinges nothwendig, was für sich nothwendig ist, oder den Grund der Nothwendigkeit in sich hat; hingegen nothwendig unter einer Bedingung, was nur in Ansehung eines andern nothwendig wird, das ist, den Grund der Nothwendigkeit ausser sich hat." A.G. Baumgarten, *Metaphysica*, § 37 아래. determinationes absolutae와 determinationes relativae

의 구별, determinatio internae와 externae의 구별. 같은 책, § 707. 절대적 필연성 아래 있지 않은 의지의 자발성. "Substantia & Actiones, quae non absolute necessitantur, sunt, liberae a coactione absoluta."

13) 원문은 'non alia, fiat'. 의미에 따라 과거로 번역함.

14) 원문은 'Quippe bona ob oculos habuit, quae subductis rationibus nihilo minus remanere cognovit'. 여기서 quae 이하 관계절은 문법적으로도 의미 상으로도 번역하기 곤란한 구절이다. 관건은 subductis rationibus와 nihilo minus remanere cognovit 사이의 관계인데, 뒤의 nihilo minus를 고려하여 앞의 탈격 분사구문 subductis rationibus를 양보절로 보는 것이 문법적으로는 합당하나, 이 경우 그 의미가 분명치 않다. Weischedel의 독일어 번역은 이런 식으로 번역했으나 여기서는 뜻을 고려하여 nihilo minus를 non iam으로 읽은 Reuscher의 영어 번역을 따랐다.

15) 가해진 힘(vis impressa)에 대한 뉴턴의 정의는 다음과 같다. "Vis impressa est actio in corpus exercita, ad mutandum eius statum vel quiescendi vel movendi uniformiter in directum." Newton, *Philosophiae Naturalis Principia Mathematica*, Def. IV.

16) Stephen Hales, 1677~1761. 영국의 화학자. 칸트는 그의 저서 *Vegetable Staticks*, 2 Vols, London, 1727의 제IV장을 언급하고 있는 것으로 보인다. 칸트는 이 책의 독어 번역본(Halle, 1748)을 소장하고 있었다. Arthur Warda, *Immanuel Kants Bücher*, Berlin: Martin Breslauer, 1922, p.28 참조할 것.

제3절 규정근거의 원리로부터 도출되는 지극히 생산적인 두 가지 형이상학적 인식 원리의 개방

1) C. Wolff, *Ontologia*, §§ 721-722; A.G. Baumgarten, *Metaphysica*, § 704.

2) C.A. Crusius, *Weg zur Gewissheit und Zuverlässigkeit der menschlichen Erkenntnis*, §§ 79-81.

3) 'transcreari'. 이 용어의 용법에 대해서는 Leibniz, *Tentamina theodicaeae*, I, 91 참조할 것. 여기서 그는 감성적 영혼에 지성을 부여하는 신적인 행위를 가리켜 사용하고 있다.

4) N. Malebranche, 1638~1715. 프랑스의 가톨릭 신부이며 철학자. 그는 자연계에 일어나는 모든 운동의 궁극적 원인은 오직 신이며, 우리가 자연에서 원인으로 인식하는 것은 모두 신의 작용을 위한 기회원인에 지나지 않는다고 주장했다. "Une cause naturelle n'est donc point une cause réelle et véritable, mais seulement une occasionnelle, et qui détermine l'auteur de la nature àagir de telle et telle manière en telle et telle rencontre." Malebranche, *La Recherche de la Vérité*, 1674~75, Livre IV, 2de partie, ch. III.

5) 'influxus physicus'. 이 단어는 몸과 마음의 상호관계나 인과성을 설명하기 위

해 볼프가 제시한 개념이다. Wolff, *Psychologia rationalis*, §558. 칸트의 스승이
었던 크누첸 역시 이 개념을 옹호했다. *Commentatio philosophica de commercio
mentis et corporis per influxum physicum explanando*, 1735.

기하학과 결부한 형이상학의 자연철학적 사용과 그 일례로서 물리적 단자론

1) 원문은 'Magister'.

일러두기

1) 원문은 'philosophia transscendentalis'. 여기서 우리는 선험철학이라는 이름
   자체의 기원이 칸트 철학의 시원으로 소급됨을 알 수 있다. 다만 여기서 선험
   철학은 라이프니츠의 형이상학을 그리고 기하학은 뉴턴의 자연철학을 가리
   킨다는 것을 기억해야 한다. E. Adickes, *Kant als Naturforscher*, Bd. 1, p.147.

2) 원문은 'grypes'. 발음이 그리페스이나 우리나라에서는 영어식으로 그리핀
   으로 표시하는 경우가 많으므로 바꾸었다. 독수리의 머리와 사자의 몸통을
   한 상상의 동물. 로마의 시인 베르길리우스(Virgilius)의 『전원시』(*Ecloga*), VIII,
   26-28 참조할 것.

3) 이 문장은 보기에 따라서는 논란의 여지가 있는 문장이다. 왜냐하면 "기하학
   이 보편적인 인력이나 중력을 기계론적인 원인으로는 설명할 수 없고"라는
   말이 틀린 말처럼 들리기 때문이다. 그리하여 아디케스는 이 문장의 주어를
   기하학이 아니라 형이상학이라고 간주했다(E. Adickes, *Kant als Naturforscher*,
   Bd. 1, p.147). 베크도 영어 번역의 옮긴이주에서 이 문장이 알쏭달쏭하다
   (puzzling)면서 문제의 마지막 문장의 주어를 바꾸었더라면 정확한 말이 되었
   을 것이라고 말한다. 그러면서도 그는 영어 번역문에서 아디케스처럼 주어를
   바꾸어 번역하지는 않았는데, 그럴 경우엔 위의 구절에 이어지는 "정지 상태
   에서 원격 작용하는 물체들에 내재한 힘들로부터 발현되는 것이라고 증명하
   는 데 반해"라는 말의 주어가 형이상학이 되는 것이 부담스러웠기 때문일 것
   이다. 그러나 이 모든 혼란은 기계론을 오해한 데서 비롯된 것일 뿐이다. 운동
   을 기계론적 원인에 따라 설명한다는 것은 접촉을 통해 설명한다는 것과 같
   다. 부정적으로 말하자면 접촉 없는 원격 작용을 부인하는 것이 기계론적 설
   명이다. 이 점에서 갈릴레이와 데카르트가 모두 기계론자들이었으니, 그들은
   모두 기계론적 관점에 입각하여 중력을 부정했던 것이다. 왜냐하면 중력은
   천체들이 접촉에 의하지 않고 힘을 주고받는 원격 작용이기 때문이다. 뉴턴
   의 공헌은 기계론적으로 천체의 중력현상을 설명하려는 시도를 포기하고 물
   체들에 내재한 힘의 원격작용으로서 중력을 설명한 데 있다. 이런 의미에서

칸트의 말은 전혀 알쏭달쏭한 것이 아니고 데카르트의 기계론과 뉴턴의 보편 중력이론을 간명하게 요약한 말이라 할 수 있다.

4) 뉴턴을 의미한다.

제1절 물리적 단자의 현존이 기하학과 합치할 수 있음을 천명함

1) 라이프니츠의 충분 근거의 원리를 가리킨다. Leibniz, *Monadologie*, § 32; *Theodicée*, § 44 참조할 것.

2) 대표적으로 크루지우스를 들 수 있다. C.A. Crusius, *Dissertatio de usu et limitibus principii rationis determinantis vulgo sufficientis*, Leibzig, 1743. 칸트는 『새로운 해명』에서 라이프니츠-볼프의 입장과 크루지우스의 입장을 집중적으로 다루었다.

3) 이 증명에 동원된 그림을 우리는 Jacques Rohault, *Traitéde physique*, 1671, p.48 에서 볼 수 있다. 나중에 John Keill 역시 *Introductio ad Veram Physicam seu Lectiones Physicae*, p.22에서 이 그림을 사용했다. 그러나 로호는 물질의 무한 분할 가능성을 증명하기 위해 이 그림을 사용하고, 케일은 이 그림으로 물질과 비물질을 구별하지 않고 크기 일반의 분할 가능성을 증명하려 한 데 반해, 칸트는 오직 공간의 무한 분할 가능성을 증명하려 한 점이 다르다.

4) 『원칙의 명확성』 A 82 이하 참조할 것.

5) 베크의 영어 번역본은 E. Adickes의 견해에 따라 이 구절에 non을 삽입하여 '어떤 단자도 홀로 공간을 채울 수 없다'고 정반대로 읽었다. 그러나 나는 칸트가 아래 명제 XIII에서도 단자를 홀로 있는 것으로 상정하고 그것의 성질을 논하고 있으므로, 원문을 변경하지 않고 그대로 번역했다.

6) '기체'의 원문은 'subiectum'. 이는 '아래 놓인 것'이란 뜻으로, 아리스토텔레스의 hypokeimenon에 해당하는 라틴어이다. 여기서 우리는 칸트가 아직 subiectum이라는 용어를 인식주체의 의미로 사용하지 않고 있음을 알 수 있다.

7) 원문은 'quantitatem extensivam'. 우리는 이것을 『순수이성비판』에서의 외연량과 내포량의 구별과 비교해볼 수 있을 것이다.

제2절 서로 다른 단자들의 서로 다른 성질에도 불구하고 물체의 [보편적] 본성을 인식 가능하게 만들어주는, 물리적 단자들의 가장 보편적인 성질들을 해명함

1) A.G. Baumgarten, *Metaphysica*, § 223. "Substantia in substantiam propius influens illi PRAESENS est, & proxime praesentes sibi invicem substantiae se CONTINGUNT, sunt contigua, ut adeo sit PRAESENTIA influxus proprior, & immediata praesentia mutua, s. immediatus conflictus, CONTACTUS. Quatenus aliquid in aliud non influit, nec ab eo patitur, propius, ABSENS ab

illo dicitur."

2) 이 말은 옮긴이주 1에서 인용한 바움가르텐의 정의를 고려할 때만 이해할
수 있는 말이다. 그 정의에 따르면 현전(praesentia)이란 긴밀한 영향(influxus
proprior)을 의미한다. 그러므로 신이 자연에 영향을 미친다면 신도 자연에 현
전하고 있다고 말해야 할 것이다. 하지만 이는 불합리한 일이므로 우리는 접
촉을 바움가르텐처럼 상호영향으로 정의하더라도, 우선 그것이 외적 영향이
라는 것을 분명히 해두어야 하겠지만, 그렇다 하더라도 진공 중에서의 영향
과 접촉은 또 다른 문제를 야기한다는 것이 칸트가 하려는 말이다.

3) 여기서 칸트가 말하는 상호작용(mutuam actionem) 역시 바움가르텐을 염두
에 둔 것으로 보인다. 바움가르텐은 실체가 다른 실체에게 영향을 미치는 것
을 현전으로 규정했다. 옮긴이주 1 참조할 것.

4) John Keill, 1671~1722. 스코틀랜드 출신의 수학자이자 물리학자로 뉴턴 물
리학 소개에 이바지했고, 라이프니츠가 뉴턴의 미적분 계산법을 도용했다
고 주장하기도 함. 칸트는 그의 『진정한 물리학과 천문학 입문』(*Introductiones
ad veram physicam et veram astronomiam*, Leiden: Jan en Hermanus Verbeek,
1739(¹1725))을 소장하고 있었다. Arthur Warda, *Immanuel Kants Bücher*,
Berlin: Martin Breslauer, 1922, p.34 참조할 것.

5) 이는 척력이라는 힘이 입자처럼 직선적으로 방사되는 것이 아니라, 그 힘이
작용하는 공간을 전체로서 가득 채워야 한다는 뜻이다.

6) 여기서 칸트는 척력은 힘이 공간 전체를 채우고 있다는 가정 아래, 그 크기를
전체 공간의 부피와의 비례관계에서 고찰하고 인력의 크기는 그 힘이 미치는
범위를 시작되는 표면의 넓이와의 비례관계에서 고찰한다. 즉 인력의 크기가
크면 클수록 인력이 미치는 마지막 한계를 이루는 구형의 표면의 면적이 넓
어질 것이고 척력의 크기가 크면 클수록 척력이 채우는 공간의 부피가 커질
것이다. 그런데 면적은 제곱수로 표시되고 체적은 세제곱수로 표시되므로 여
기서 칸트는 인력을 반지름의 제곱에 그리고 척력은 지름의 세제곱에 반비례
해서 줄어든다고 주장하는 것이다. 그러나 칸트는 이에 대한 정확한 증명은
철학이 아니라 물리학의 문제라 하여 직접 제시하지 않는다. 이에 대해서는
『자연과학의 기초원리』 IV 517, 523 참조할 것.

7) 인력과 척력이 상이한 원소에 따라 달라질 수 있는데도 그 두 힘 사이의 비례
관계는 동일하다는 것이 이 단락의 요지이다. 그러나 칸트는 이 주장에 대한
증명을 제시하지는 않는다. 『자연과학의 기초원리』 IV 533-534 참조할 것.

8) 질량을 뜻하는 라틴어 massa는 원래 부분들이 결합되어 이룬 덩어리를 뜻한다.

9) 구동력: vis motrix. "The followers of Leibnitz use the term vis motrix for the
force of a body in motion, in the same sense as the Newtonians use the term vis
inertia. This latter they allow to be inherent in a body at rest; but the former,
or vis motrix, a force inherent in the same body only while in motion, which

actually carries it from place to place, by acting upon it always with the same intensity in every physical part of the line, which it describes." Charles Hutton, *A Philosophical and Mathematical Dictionary*, vol. Ⅱ, p.568. 여기서 관성력이 다른 관점에서 보면 구동력과 같은 것이라고 말하는 것으로 보아, 칸트 역시 구동력을 운동하는 물체에서 나타나는 관성력으로 이해한 것으로 보인다.

10) 임페투스(impetus)는 원래 중세 철학자들이 발사체에서 떨어져 날아가는 피사체의 운동을 설명하기 위해 도입한 개념이다. 중세의 자연철학자들은 임페투스를 운동하는 물체의 적극적 추동력으로 보았으나, 뉴턴은 이 개념을 관성력의 현상형식으로 간주했다. 즉 관성은 정지된 물체에서는 저항으로 나타나고, 운동하는 물체에서는 임페투스로 나타난다. *Philosophiae Natutalis Principia Mathematica*, Def. Ⅲ 참조할 것. 이와 더불어 리처드 웨스트폴, 김한영·김희봉 옮김, 『아이작 뉴턴 1』, 44-45쪽 참조할 것.

11) 질량의 원문은 'materiae quantitate'. 직역하자면 물질의 양이지만 의미를 고려해 질량으로 옮겼다.

12) 질량의 원문은 'massa'. 의미상 옮긴이주 11의 materiae quantitas에 대응한다.

13) 뉴턴의 증명은 간략하게 요약하자면 다음과 같다. 만약 공간이 진공 없이 전적으로 어떤 매질로 채워져 있다면, 공간 중의 어떤 물체의 밀도도 공간 그 자체의 밀도보다 클 수 없을 것이다. 그 결과 아무리 무겁고 밀도가 높은 물체라도 공간 중에서 낙하할 수 없을 것이다. 그러나 이것은 사실에 부합하지 않는다. 그러므로 진공은 반드시 있어야만 한다. I. Newton, *Principia Mathematica*, L. Ⅲ, Prop. Ⅵ, Corol. 3. "Itaque Vacuum necessario datur. Nam si spatia omnia plena essent, gravitas specifica fluidi quo regio aeris impleretur, ob summam densitatem materiae, nil cederet gravitati specificae argenti vivi, vel auri, vel corporis alterius cujuscunque densissimi; & propterea nec aurum neque aliudcunque corpus in aere descendere posset. Nam corpora in fluidis, nisi specifice graviora sint, minime descendunt." 케일의 증명은 앞의 책, "Lectio Ⅱ, De Corporis Soliditate & Extensione", pp.13-15 참조할 것.

14) 이를테면 라이프니츠는 흙을 구형을 띤 미세한 유리 풍선이라 보았다. "At quid de Terra? Non est dubitandum, totam ex bullis constare, nam basis terrae Vitrum est, Vitrum bulla densa." G.W. Leibniz, "Hypothesis physica nova", 1671, in C.I. Gerhardt (ed.), *Leibnizens mathematische Schriften*, Bd. Ⅵ, p.25.

15) 나뭇가지나 나선 형상의 원문은 'ramorum et spirarum contortarum instar'. 의미상 데카르트를 가리키는 것으로 보이지만, 데카르트는 exigua columna 또는 stria, striata 등으로 표현했다. R. Descartes, *Principia Philosophiae*, Ⅲ, pp.90-93 참조할 것.

지난해 말 유럽의 서방 국가들을 덮쳤던
비운을 계기로 살펴본 지진의 원인

1) 'Naturforscher'.

2) 'Gewölbern'.

3) 1독일 마일은 7.5킬로미터 정도 된다.

4) 'Höhlen'.

5) 장티이(Labarbinais le Gentil, 1725~92)는 프랑스 여행가다. 그는 자신의 여
행기록을 『중국에 대한 묘사를 담고 있는 새로운 세계 일주』(*Nouveau voyage
autour du monde etc. avec une description de la Chine*)에 남겼다. 뷔퐁의 인용은 『자
연사』(*Histoire naturelle*), vol. I, p.172 이하와 pp.521-522의 것이다.

6) 타호강은 스페인, 포르투갈을 흐르는 이베리아반도에서 가장 긴 강이다. 전체
길이는 1,008킬로미터로 리스본은 이 강의 하구에 있다. 칸트는 이 강의 이름
을 라틴어인 Tagus로 표기했다. 현대 독일어 표기는 Tayo다.

7) 'Pfund'. 1독일 파운드는 500그램이다.

8) 여기서 칸트는 레므리(Nicolas Lémery, 1645~1715)의 실험을 인용했다. 레므
리는 프랑스의 약제사이자 화학자다. 그는 파리 과학아카데미 회보에 이 실
험 내용을 실었다.

9) 'Zwei Qüntchen'. 퀜트는 독일의 옛 중량 단위로 1퀜트는 1.67그램이다.

10) 베수비오산의 분화는 유명하며 여러 번 반복되고 있다.

11) 리스본 대지진이 발생한 11월 1일의 만성절을 말한다. 게다가 10시 전이었
기 때문에 가톨릭 신자들은 교회에서 미사 중이었다. 이로써 무너진 성당은
30여 개에 달했으며, 다수 신자가 사망했다.

12) 'Die heftige Wasserbewegung'. 칸트는 지진에 수반되는 해상이나 해안, 하천
이나 호수의 물에 관련된 이변을 모두 'Wasserbewegung'으로 표기했다.

13) 'ganze Masse'.

14) 글뤼크슈타트는 함부르크 근방 엘베 어귀에 있지만 북해와 더 가깝고 훔줌
은 유틀란트 반도 서쪽 해안, 북해 연안에 있다.

15) 카레(Louis Carré, 1663~1711)는 프랑스의 학술원 회원, 물리학자, 수학자이
자 음악학의 학도다. 그의 논문에는 탄환이 물속으로 비스듬히 발사될 때 탄
환의 굴절을 결정하고자 시도한(데카르트의 입자철학의 빛 속에서 착수한) 탐
구를 서술했다.

16) 'zweizölligen'.

17) 'Balken'.

18) 'Gewalt'.

19) 'Templin'. 베를린에서 약 40마일 북쪽에 있다. 인근에 여러 호수가 있다.

20) 『쾨니히스베르크 주간소식』 제4호(1756년 1월 14일)를 말한다.

1755년 말 지구의 상당한 부분을 강타했던 지진에서
가장 주목할 만한 사건들에 관한 역사와 자연기술

1) 'Tummelplatz'.
2) 'Vorbereitung'.
3) 'Klumpen'.
4) 'Klafter'. 양팔을 벌린 길이가 1길이다.
5) 'Wirkungen'.
6) 휘브너(Johan Hübner, 1703~58)는 법학수사(法學修士)이자 함부르크의 변호
   사다. 『지리학 전집』(Vollsätndige Geographie, Hamburg, 1730~32)을 출판했다.
7) 'Banda und Amboina'. 말루쿠제도의 작은 화산섬들이다.
8) 'Muscaten und Würznelken'.
9) 'Zunder'.
10) 'Zoll'. 인치. 옛날의 척도, 10분의 1-12분의 1피트.
11) 슈이처(Johann Jakob Scheuchzer, 1672~1733)는 스위스의 자연과학자다. 특히
    화석의 해석으로 가장 잘 알려져 있다. 『스위스의 자연사』(Natur-Historie des
    Schweizerlandes)를 포함하여 여러 저서를 남겼다.
12) 'Ausspannungskraft'.
13) 'Archipelagus'. 이집트해(海)의 여러 섬을 말한다.
14) 독일 마이닝겐 근교에는 의미 있는 호수가 없다. 그러나 오스트리아에 콘
    스턴스호수 남쪽, 펠드키르크와 도른비른 인근에 마이닝겐이라 불리는 마
    을이 있으며, 그 근처에 작은 호수가 있다. 아마도 칸트는 이것을 언급한 것
    같다.
15) 퇴플리츠(Töplitz)는 오늘날 테플리스(Teplice)라 불리는 도시이며, 에르츠게
    비르게산맥 남쪽 사면(斜面) 드레스덴과 프라케 사이에 있다.
16) "Te Deum laudamus". 4세기의 사제 암브로시우스(Ambrosius)의 송가.
17) 뷔퐁(George Louis Leclerc Buffon, 1707~88)은 프랑스의 박물학자다. 그의 유
    명한 『자연사』(Histoire Naturelle)는 광물학, 지구 이론에 관한 자료와 동물에
    관한 다수 기술을 포함하고 있다.
18) 'Gewalt'.
19) 마르시글리(Luigi Ferdinando Comte de Marsigili, 1658~1730)는 이탈리아
    의 군 기술자이자 지리학자이자 자연사학자다. 『바다의 자연사』(Histoire
    physique de la mer)라는 제목의 해양학에 관한 첫 번째 논문을 썼다.
20) 'Karthaune'. 15세기부터 17세기에 사용된 대포. 칸트가 사용한 Karthaune는
    이탈리아어 cartana(kurze Kanone)에서 유래했다.
21) 'bewegende Gewalt'.
22) 'Stoße'.

23) 'rheinl. Ruthe'. 길이의 단위. 1루테는 2.87~4.64미터다. 길이는 시대와 장소에 따라 달랐으며, 18세기 라인 지방의 루테는 3.766미터였다.

24) 'Zoll'.

25) 'Gran'. 약제용(藥劑用) 중량 단위. 1그란은 약 65밀리그램이다.

26) 슬로베니아 지방의 최대 호수. 28제곱킬로미터.

27) 7월 25일.

28) 'Diabet'. 이중의 벽으로 갈라진 마법의 잔. 수관(水管) 모양으로 되어 있기 때문에 한쪽이 가득 차게 되면 다른 쪽이 비게 된다.

29) 'Gewalt'.

30) 'Erscheinung'.

31) 'Setubal'. 이베리아반도 남안(南岸)의 포르투갈 도시.

32) 바레니우스(Bernhard Waren, 1622~50)는 네덜란드의 지리학자다. 1650년에 『일반지리학』(Geographia generalis)을 출간했다. 그 이후 한 세기를 넘어 표준적인 지리 교과서로 활용되었다. 약간 개정한 판본이 1664년과 1671년에 출판되었다.

33) 룰로프(Johann Lulof, 1711~68)는 네덜란드의 천문학자이자 신학자다. 그의 저서 『지구의 수학적·자연과학적 지식 입문』(Introductio ad cognitionem atque usum utriusque globi)은 캐스트너(Abraham Gotthelf Kstner)가 1755년 독일어로 번역했다.

34) 레이(John Ray, 1627~1705)는 영국의 지리학자, 자연학자로 때로는 자연사의 아버지라 부른다. 식물학, 동물학, 신학에 관련된 저서를 출간했다.

35) 'die azorischen Inseln'. 포르투갈에 속하는 화산군도. 남포르투갈 해안 1,500킬로미터 서쪽의 대서양에 있다.

36) 부저(Pierre Bouguer, 1698~1758)는 프랑스의 수학자, 지질학자, 천문학자다.

37) 마리오테(Edme Mariotte, 1620~84)는 예수회 사제이자 자연철학자이며, 파리 과학아카데미의 중요한 초기 회원 중 한 사람이었다.

38) 칸트가 여기서 언급한 논문은 『지난해 말 유럽의 서방 국가들을 덮쳤던 비운을 계기로 살펴본 지진』이다.

39) 'Smyrna'. 에게해 스미르나만에 위치한 도시다.

40) 뮈스헨브룩(Petrus(Pieter) van Musschenbroek, 1692~1761)은 네덜란드 라이덴대학교의 자연철학자이자 동역학자다. 1745년 라이덴병(瓶)을 발명했다. 그의 저서 『원소 물리학』(Elementa physicae, 1726)은 고트셰트(Johann Christoph Gottsched, 1700~66)가 『자연과학 원론』(Grundlehren der Naturwissenschat, Leipzig, 1747)이라는 제목으로 번역했다. 칸트는 1747년 출간한 자신의 처녀작 『살아 있는 힘의 참된 측정에 관한 사상과 라이프니츠와 다른 역학자들이 이 논쟁에 사용한 증명에 관한 평가, 그리고 물체의 힘 일반에 관한 몇몇 선행하는 고찰』(Gedanken von der wahren Schätzung der

lebendigen Kräfte und Beurtheilung der Beweise, deren sich Herr von Leibniz und andere Mechaniker in dieser Streitsache bedient haben, nebst einigen vorhergehenden Betrachtungen, welche die Kraft der Körper überhaupt betreffen, 이하『살아 있는 힘의 측정』)에서 이미 뮈스헨브룩의 주장에 주목했다(『살아 있는 힘의 측정』 I 118 이하, 172 이하).

41) 'Höhe des Luftkreises'.

42) 보일(Robert Boyle, 1627~91)은 영국의 유명한 화학자다. 자연철학과 이른바 역학철학에 대한 경험적 접근의 강력한 주창자였다.

43) 헤일스(Stephen Hales, 1677~1761)는 화학, 식물학, 해부학, 생리학에 흥미를 느꼈던 학자이자 테딩턴의 영국 국교회 성직자였다. 기체역학 및 식물·동물의 생리학에 관한 주요 실험 저술을 발표했다. 중요한 저술에는『식물계량학』(Vegetable Statics, 1727) 등이 있다.

44) 고티에(Jacques Gautier d'Agoty, 1710~85)는 프랑스의 화가로, 뉴턴의 견해에 대립했던『신우주체계』(Nouveau système de l'univers, 1750)를 썼다.

45) 댐피어(William Dampier, 1652~1715)는 영국의 여행가로, 1699년에『윌리엄 댐피어의 신세계여행』(New voyage round the world by captain William Dampier)을 발표했다. 독일어 번역은 Neue Reise um die Welt, Leipzig, 1702.

46) 'Inbegriff'.

47) 'Vortheile'.

최근 경험했던 지진에 관한 후속 고찰

1) 칸트는 킨더만(Eberhard Christian Kindermann, 생몰연도와 경력이 정확하지 않다)을 염두에 두었던 것 같다. 그는『최근에 다섯 사람이 했던, 좀 더 높은 세계로 비행선을 타고 빠르게 한 여행』(Die Geschwinde Reise auf dem Lufft-Schiff nach der obern Welt, welche jüngstlich fünff Personnen angestellt, Berlin, 1750)을 출간했다. 독일의 공상 과학 소설 분야 중 첫 번째 작품이라고 생각된다.

2) 휘스턴(William Whiston, 1667~1710)은 영국의 역사가, 천문학자, 신학자, 수학자로 다른 여러 저서와 함께『신지구이론』(A New Theory of the Earth, London, 1696)을 출간했다. 케임브리지대학교에서 뉴턴의 후임자(1703~10)였다. 혜성과 충돌하는 지구에 관한 이론을 주장했다.

3) 프로페(Gottfried Profe, 1712~70)는 알토나 김나지움의 수학·철학 교수이자 교장이었다. 칸트는『슐레스비히홀슈타인 소식』(Schleswig-Holstein Anzeigen, 1755)에 게재된 프로페의 기사를 언급했다.

4) 디그비 경(Sir Kenelm Digby, 1603~55)은 아리스토텔레스주의와 데카르트주의를 결합하려고 했던 영국의 철학자다.「공감에 의한 상처 치료의 최근 담

론」("A late discourse touching the cure of wounds by the powder of sympathy")을 1658년 발표했다. 이것은 1659년에 프랑스어로 번역되었다.

5) 아베 드 발몽(Abbéde Vallemont)으로 알려진 로랭(Pierre le Lorrain, 1649~1721)은 프랑스 사람으로 『코페르니쿠스의 가설에 따른 지구』(*La Sphère du Monde selon l'Hypothèse de Copernic*, 1707)를 비롯해 신비로운 책들을 다수 저술했다.

6) 독일 북부 헤르츠산맥의 최고봉이다.

7) 칸트는 여기서 달의 작용으로 야기되는 조수간만의 변화를 이야기하기 때문에, 이 구절은 좀더 정확하게 읽혀야 한다.

8) 'Naturkündiger'.

9) 리스터(Martin Lister, 1638~1712)는 임상의이자 동물학자였다.

10) 부저에 대해서는 지진에 관한 둘째 논문 옮긴이주 36 참조할 것.

11) 이 진술은 얼핏 중력은 거리의 이제곱에 반비례하여 감소한다는 중력의 법칙에 어긋나는 듯이 보인다. 그러나 하나의 행성이 지구의 한쪽 면에 미치는 힘과 지구의 반대쪽 면에 미치는 힘의 차이는 그 행성과 지구 중심 간 거리의 세제곱에 근사치로 반비례한다는 사실을 알 필요가 있다. 천체의 작용에 따라 일어난 조수의 높이는 그것의 질량에 비례하고 그 거리의 세제곱의 비율로 감소한다. 목성과 지구 간 거리는 지구와 태양 간 거리의 평균 5배이고, 태양보다 1,048배 질량이 작기 때문에, 목성이 조수에 미치는 작용은 태양 작용의 $1/125 \times 1/1,048 = 1/130,000$이다.

12) 1데시말 스크루플은 10분의 1스크루플에 해당하며, 1,000분의 1피트다. 따라서 약 0.3밀리미터에 해당한다.

13) 지진에 관한 둘째 논문을 말한다.

14) 가상디(Pierre Gassendi, 1592~1655)는 프랑스의 철학자이자 신학자다. 아리스토텔레스와 파라셀수스 이론의 비판가였다. 17세기 유럽에 고대 원자론을 들여와 보급했으며, 갈릴레이, 데카르트, 뉴턴에 큰 영향을 미쳤다.

15) 칸트는 페리에스크(Nicolas-Claude Fabri de Periesc, 1580~1637)를 언급했다. 여기에서 가상디가 썼던 다음 책이 인용되었다. *Viri, illustris Nicolai Claudi Fabricii de Periesc vita*, Hagae, 1651, p.106.

16) 지진에 관한 첫 논문과 둘째 논문.

17) 'Ätna'. 시실리섬 분화활동으로 유명한 화산. 예를 들면 버클리가 이탈리아 여행 일기에서 보렐리의 설(G.A. Borelli, *Hiistorai et metorologia incendi Aetuei anni 1669*, Regio Julio, 1670)을 소개했다(G. Berkeley, *Works*, vol. Ⅶ, p.325이하).

18) D. Poll. 기록에 없는 인물이다.

19) 지진에 관한 첫 논문인 『지진 원인』의 옮긴이주 8 참조할 것.

20) 비네(Isidore Binet, 1693~1774)는 이탈리아의 수사다. 1751년에 다음을 저술했다. "Ragionamento sopra la Cagione de terremoti Perugia." 이 논문은 1756년 독일에서 『함부르크 잡지』(*Hamburgisches Magazin*)에 번역, 게재되었다.

지진학에서 초기 저자로 알려진 인물이다.

21) 크뤼거(Johann Gottlob Krger, 1715~59)는 헬름슈테트대학교의 철학·의학 교수였다. 논문 「지진의 원인에 대한 사상. 도덕적 고찰에 따라서」("Gedancken von den Ursachen des Erdbebens, nebst einer moralishen Betractung")를 1756년 발표했다.

22) 홀만(Samuel Christian Hollmann, 1696~1787)은 1734년 괴팅겐대학교 철학교수였다. 『학문적 사건의 신적 계시』(*Göttingische Anzeigen von gelehrten Sachen*)의 한 논문(1756)에서 지진이나 화산이 야기한 손상을 줄이기 위해 탈출길을 마련해주어야 하며, 이를 위해 땅속까지 구멍을 파야 한다고 제안했다.

23) 프랭클린(Benjamin Franklin, 1706~83)은 미국의 물리학자, 정치가, 인쇄업자다. 그의 주요한 과학적 업적은 전기 현상에 관한 연구와 관련되어 있고, 번개의 방전에 관한 연구가 유명하다. 피뢰침 발명자다.

자연과학의 제1근거에서 운동과 정지 그리고 그와 결부된 귀결들에 관한 새로운 이론

1) Remus. 로마를 건국한 로물루스(Romulus)의 쌍둥이 동생. 그는 형이 로마를 건국한 뒤 벽을 세우고 이 벽을 넘는 자는 누구든 죽이겠다고 했는데도 형이 로마 지도자가 된 것을 인정하지 않고 로마의 벽을 넘다가 죽은 인물로 알려져 있다.

2) 'Ort'.

3) 'respective'.

4) 이 부분은 'A의 질량+B의 질량 : A의 질량 = 전체 속도 : B의 속도'라는 비례식이 성립함을 말한다. 앞에서 물체 A의 질량은 3파운드, B의 질량은 2파운드로 가정했고, 주어진 속도(즉 전체 속도)는 초당 5피트로 가정했다. 그러므로 위의 비례식에 따르면 3+2 : 3 = 5 : B의 속도이므로, B의 속도는 3이 되고, 다음 문장처럼 전체 속도에서 B의 속도를 빼면 A의 속도는 2가 된다.

5) 여기에서 칸트가 말하는 '단단한 물체'(harter Körper)는 그냥 물체의 경도(단단하고 무른 정도)를 염두에 둔 것이 아니라, 물체들 간의 충돌에서 한 물체가 가지고 있는 힘이 다른 물체에 전달되는 정도를 염두에 두었기 때문에 오늘날 우리가 '탄성체'라고 하는 물체를 지칭한 것으로 보아야 한다. 따라서 '탄성체'라고 번역해도 무방하겠지만, 글 마지막 부분에서 칸트가 elastischer Körper라는 표현을 사용하므로 그냥 직역했다. '완전 탄성체'는 외부 충격에 따른 물체의 변형이 계기적으로 복원되는 물체를 지칭한다. 물리학에서 '완전 탄성 충돌'은 물체들의 충돌에서 운동량의 손실이 전혀 없는 충돌을 말하

며, 이것이 가능하려면 탄성계수가 1인 물체끼리 충돌해야만 한다. 하지만 현실 물리 세계에는 이런 물체가 존재하지 않는다는 것이 오늘날 물리학계의 정설이다. 데카르트에서 라이프니츠에 이르기까지 완전 탄성체는 다른 물체와 충돌할 때 자신의 힘을 한 계기에 100퍼센트로 전달하고, 또 곧바로 복원되어야 한다고 생각했다. 하지만 충돌할 때 계산해야 할 운동량, 즉 힘의 크기에 대해서는 데카르트와 라이프니츠가 서로 달라서 전자는 F=mv로, 후자는 F=mv2라고 했고, 특히 라이프니츠는 이 경우 힘을 '살아 있는 힘'이라고 지칭했다. 칸트는 양자의 옳고 그름을 『살아 있는 힘의 측정』에서 다뤘다. 살아 있는 힘에 대한 논의는 탄성체와 소성체(칸트는 이를 '연한 물체'weicher Körper 또는 '부드러운 물체'biegsamer Körper라고 표현했다), 힘과 질량, 속도와 관계, 운동량의 보존 여부(오늘날 에너지보존의 법칙)와 같은 물리학의 주요 주제들이 논의되었으나, 워낙 많은 설명이 필요한 부분이므로 여기에서는 추가 설명은 생략한다.

6) 'Moment'.

7) 위에서 물체 A에는 2의 속도를 부과한다고 했으므로, 물체 A와 물체 B 양자만의 관계에서 물체 A가 정지했다고 한다면, 물체 B는 물체 A에 대해 2의 속도로 운동하는 셈이 된다.

8) 물체 B는 본래 다른 물체들과 관련해서는 정지상태이고, 오직 물체 A와 관련해서만 2의 상대적 운동을 한다. 이를 물체 B가 차지하는 공간의 관점에서 보면, 물체 B가 정지했다는 의미는 B를 둘러싼 공간 역시 정지했다는 의미로 해석된다. 그런데 이제 물체 B가 2의 운동을 가지고 있으면서도 A를 제외한 다른 물체와 관련해서는 정지상태라면, 물체 B를 둘러싼 공간 역시 2의 속도로 B와 함께 운동해야만 가능할 것이다.

낙관주의에 관한 몇 가지 시론적 고찰

1) 칸트는 여기에서 이른바 후건 부정식(p→q, ~q ∴ ~p) 논증을 펼치고 있다. 여기에서 대전제에 해당하는 '만약 그보다 더 좋은 세계를 생각할 수 없는 세계를 생각할 수 없다면, 최고 지성도 모든 가능한 세계를 인식하는 것은 불가능하다'는 명제를 축약해서 정리하면, '최선 세계가 없다면, 신은 가능 세계를 인식할 수 없다'가 될 것이다. 그리고 논증을 정리하면 아래와 같이 된다.

　　대전제: 최선 세계가 없다면, 신은 가능 세계를 인식할 수 없다.

　　소전제: 신은 (당연히) 가능 세계를 인식할 수 있다.

　　결론: 그러므로 최선의 세계는 존재한다.

2) 'qualitate'.

3) 'gradu'.

4) 유대인이자 신학자인 크루지우스의 추종자. 여기에서 수상 논문은 프러시아 왕립아카데미가 1753년 낙관주의에 대한 주제를 1755년 경쟁부문 수상 주제로 선정했고, 라인하르트가 여기에 제출하여 수상한 논문을 말한다. 프러시아 왕립아카데미는 프랑스에서 1755년 그의 수상소감 논문을 출간했다. 라인하르트는 개인적으로 1757년 자신의 논문을 독일어로 번역하여 『세계의 완전성에 대한 포프 경의 학설과 라이프니츠 경의 체계 비교』(*Vergleichung des Lehrgebäudes des Herrn Pope von der Vollkommenheit der Welt, mit dem System des Herrn von Leibnitz*, Leibzig, 1757)라는 제목으로 출간했다. 라인하르트의 논문은 라이프니츠와 포프 체계의 동일성을 주장하며, 크루지우스를 따라 낙관주의를 공격함으로써 주목할 만한 논쟁을 야기했다. 멘델스존과 레싱은 라인하르트에 동조하여 익명으로 공저한 「포프, 어떤 형이상학자!」("Pope ein Metaphysiker!", 1755)라는 글을 발표하기도 했다.

5) 'notiones deceptrices'.

6) 여기에서 낙관주의의 반대자들은 물론 라인하르트를 추종자로 둔 크루지우스가 대표자다. 이 부분은 크루지우스의 『필연적 이성진리에 대한 기획』(*Entwurf der nothwendigen Vernuftwahrheiten*, 1753), § 386 참조할 것.

7) 'Gegenwart an allen Orten'.

8) 이 내용은 크루지우스를 염두에 둔 것이다. 크루지우스, 앞의 책, § 388 참조할 것.

삼단논법의 네 가지 격에서 나타난 잘못된 정교함

1) 'Merkmal'.

2) 'nota intermedia'.

3) 'Realerklärung'.

4) 'Vernunftschluß'. 이 글에서는 이성추리를 지칭하든 아니면 삼단논법을 지칭하든 단 두 군데(제목과 『삼단논법』 II 54, 6줄)를 제외하고 모두 Vernunftschluß로 표현했다. 그런데 제목에서도 알 수 있듯이 칸트가 이 글에서 논하는 것은 이성추리 일반이 아니라 '삼단논법'(Syllogismus)에 내재한 오류다. 이런 이유로 반드시 '이성추리'로 번역해야 하는 부분이 아니라면 '삼단논법'으로 번역했다.

5) 'terminus medius'.

6) 참고로 삼단논법은 가장 전형적인 연역추론으로 간주되며, 아래와 같은 기본 형식을 갖는다.

모든 사람은 죽는다. 모든 M은 P이다.
소크라테스는 사람이다. S는 M이다.
소크라테스는 죽는다. S는 P이다.

위의 삼단논법에서 '사람(M)'은 두 전제(통상 대전제, 소전제라고 지칭한다)에서 결론을 이끌어내는 매개 역할을 하기 때문에 '매개념'이라고 하고, '죽는다(P)'와 '소크라테스(S)'는 각각 대전제와 소전제에 위치해 '대개념', '소개념'이라고 지칭한다. 칸트는 이 글에서 각각을 '대중심개념'(größerer Hauptbegriff), '소중심개념'(kleinerer Hauptbegriff)으로 표현했다.

7) 'nota notae est etiam nota rei ipsius'.

8) 'repugnans notae repugnai rei ipsi'.

9) 'Schlußart'.

10) 'dictum de omni'.

11) 'dictum de nullo'.

12) 'Schlußfolge'.

13) 'ratiocinium purum'.

14) 'ratiocinium hybridum'.

15) 'Schlußsatz'.

16) 'Folge'.

17) 'Schlußkraft'.

18) 'Folgerung'.

19) 참고로 삼단논법은 매개념(M)의 위치에 따라 아래와 같은 네 가지 격으로 구분된다.

제1격	제2격	제3격	제4격
M-P S-M	P-M S-M	M-P M-S	P-M M-S
S-P	S-P	S-P	S-P

제1격은 올바른 추리를 가장 분명하게 표현하는 것이라고 생각되어 특히 '완전격'이라고 불리며, 다른 격은 '불완전격'이라고 불린다. 제4격은 로마의 학자 가레노스가 도입했기에 '가레노스의 격'이라고도 불린다.

20) 'Schlußfähigkeit'.

21) 'per conversionem logicam'.

22) 'Schlußsatz'.

23) 'Schlußsatz'. 여기에서 말하는 Schlußsatz는 직접 추론으로 귀결되는 명제를 의미하므로 '결론명제'라고 번역해도 무방하며, 또 번역어도 통일할 수 있다. 하지만 이 문장의 경우 '결론명제'로 번역하면, 바로 앞에 언급된 '주어진 결론'(gegebene Conclusion) 때문에 혼동을 야기할 수 있을 것으로 판단되어 '추론명제'로 번역했음을 밝혀둔다.

24) 'Folge'. 앞에서는 '귀결'로 번역했으나 여기에서는 맥락상 '결론'(Conclusion)을 의미하므로 '결론'으로 번역했다.

25) 단어나 문장을 구성하는 철자를 바꾸어 유의미함을 발견하는 일종의 유희

를 말한다. 예를 들어 'eye'는 역순으로 읽어도 동일하며, 'Rise to vote, sir'와 같은 문장 역시 역으로 읽어도 동일한 문장이 된다. 에니어그램은 암호문을 만드는 데에도 사용되었지만, 해석과 규칙의 자의성 때문에 일관성을 결여했다. 그로써 오히려 유희에 가깝다고 할 수 있다. 이런 관점에서 칸트도 삼단논법의 격을 발견한 것에 대해 마치 새로운 에니어그램을 발견한 것과 유사하다고, 즉 유희에 불과하다고 평가하고 있다.

26) 'Folgerungen'.

27) 'Folge'. 이 부분도 옮긴이주 24와 동일한 이유로 '결론'으로 번역했다.

28) 'cuilibet subjecto competit praedicatum ipsi identicum'.

29) 'nulli subjecto competit praedicatum ipsi oppositum'.

30) 'nota notae est nota rei ipsius'.

31) 'oppositum notae opponitur rei ipsi'.

신의 현존을 입증하기 위한 유일하게 가능한 증명 근거

머리말

1) Lucretius(BC 94~BC 55), 『사물의 본성에 관하여』(*De rerum natura*), I, 52, 53. 원문은 Ne mea dona tibi studio disposta fideli, Intellecta prius quam sint, contempta relinquas.

2) 'Spitzfindigkeit feiner Schlüsse'.

3) 'dem natürlichen gemeinen Verstande'.

4) 'der gesunden Vernunft'.

5) 칸트가 넓은 의미에서 '존재'의 의미를 지칭하는 용어는 'Wesen', 'Dasein', 'Existenz' 셋이다. 이 용어들은 각각 조금씩 다른 의미가 있는 듯하다. 다소 어색한 면이 없는 것은 아니지만 여러 가지를 고려하여 이 용어들에 각각 다른 번역어를 부여하기로 했다. 'Wesen'은 '실재'로, 'Dasein'은 '현존'으로, 'Existenz'는 '실존'으로 기계적으로 번역했다.

6) 'genugsam überführende Beweistümer'.

7) 'Demonstration'. 『논리학』 IX 71 참조할 것. 여기에서 칸트는 '수학적 확실성의 근거인 증명(Beweis)을 입증이라 부른다'고 말한다. 모든 증명의 본질적 요소는 질료와 형식이거나 증명 근거(Beweisgrund, 또는 논증)와 그것의 일관성(Consequenz)이다. 따라서 입장과 증명 근거의 차이는 형식의 차이이며, 정의와 해명(Erklärung)의 구별에 상응한다. 칸트는 『순수이성비판』 A 734; B 762에서 입증의 개념을 다음처럼 정의한다. '필연적 증명만이 그것이 직관적인 한에서 입증이라 불릴 수 있다.' 칸트는 여기에서 더 나아가 다음처럼 주장했다. 수학만이 직관적이면서 필연적인 증명을 포함할 수 있고, 그리하여 용어

의 엄격한 의미에서 입증을 포함할 수 있다.

8) 'Beweisgrund'. 그림(Grimm)의 이 표제어에는 유일한 라틴어 동의어인 'argumentum'이 실려 있고, 칸트의 현 저서 제목이 그 사용의 범례로서 인용되고 있다. 루이스(Lewis)와 쇼트(Short)는 'argumentum'(이것은 사실에 호소한다)과 'ratio'(이것은 이성에 호소한다)를 대비하고 있다. D. Walford, R. Meerbote (eds.), "The Only Possible Argument in Support of a Demonstration of the Existence of God", *Theoretical Philosophy 1755~1770*, in *The Cambridge Edition of the Works of Immanuel Kant*, p.428, 미주 3, Cambridge University Press, 1992.

9) 'Baugeräth'.

10) 'Wohlgereimtheit'.

11) 'die Auflösungen der Begriffe'.

12) 'Definition'. 칸트는 'Definition'과 'Erklärung'을 이 저서에서 동의어로 사용했다. 두 용어 모두 '정의'로 번역되었다. 『순수이성비판』 A 719, 730; B 757, 758에서 칸트는 두 용어를 구별한다. 'Definition'만이 엄격한 의미에서 정의다. 이 용어만이 판명하고 완전할 수 있기 때문이다. 판명함과 완전함은 모두 종합의 산물이기에 이런 특징이 있으며, 그리하여 자의적이거나 약정적이다(willkürlich, 의지 및 고의적인 선택의 산물). 수학적 개념만이 엄격한 의미에서 정의일 수 있다. 분석의 산물인 'Erklärung'은 이런 정도의 판명함과 완전함을 허용하지 않는다.

13) 'abgemessenen Erklärungen'.

14) 'erklären'.

15) 'der Meister in der Kunst'.

16) 'Beweistümer'.

17) 'Vorwurf des Irrglaubens'.

18) 'ungeheuchelte Billigkeit'.

19) 'manche Ausführung'.

20) *Allgemeine Naturgeschichte und Theorie des Himmels*, Königsberg and Leipzig, 1755.

21) 전체 제목이 『일반 자연사와 천체이론 또는 뉴턴의 원칙에 따라 다룬 우주 전체의 구조와 기계적 기원에 관한 시론』(*Allgemeine Naturgeschichte und Theorie des Himmels oder Versuch von der Verfassung und dem mechanischen Ursprunge des ganzen Weltgebäudes, nach Newtonischen Grundsätzen abgehandelt*, 이하 『일반 자연사』)인 이 책은 1755년 익명으로 세상의 빛을 보았다. 1755년이나 그다음 해에 칸트가 저자임이 알려졌다. 그러나 이 책은 출간되지 못했다. 이 책을 간행하려 했던 서점이 인쇄 중 파산하고 압류 처분을 받았기 때문이다. 칸트는 이 책의 발췌본 준비를 겐지헨(Gensichen)에게 위임했으

나, 재판 준비는 하지 못했다. 초록이 칸트의 승인 아래 1791년 나왔다. 제2부 일곱째 고찰(『신현존 증명』 II 137-151)은 이 저서의 짧은 개관이다.

22) 칸트가 여기서 *Kosmologische Briefe*라고 쓴 책은 람베르트(Johann Heinlich Lambert, 1728~77, 독일의 철학자, 수학자, 뮌헨대학교 교수)의 저서로 원 제목은 『우주의 배치에 관한 우주론적 서한』(*Kosmologische Briefe über die Einrichtung des Weltbaus*)이다. 칸트와 무관하게 이른바 칸트·라플라스설과 유사한 이론을 제시했다. 이 저서는 칸트 자신의 저서가 나오고 난 6년 후 출간되었다. 람베르트는 1765년 11월 13일자(『서한집』 X 53) 칸트에게 보 낸 편지에서 자신은 일찍이 1749년에 『일반 자연사』의 핵심 개념 중 하나인 은하수의 바퀴 모양 형태라는 개념에 도달했다는 점을 칸트에게 확인해주 었다.

23) 이 쪽수는 1763년 간행된 원본의 것이다(『신현존 증명』 II 137-151).

24) 칸트는 다시 원본을 언급했다. 그리하여 칸트가 여기서 언급한 목록은 뒤의 판본에서 제거되었다.

제1부 여기에서 신의 현존을 입증하기 위한 증명 근거를 제시함

1) 'Dasein'.

2) 'erklärt'.

3) 칸트 생각에 라이프니츠는 그 반대 견해를 가지고 있었다. 라이프니츠의 『지 식, 진리, 관념에 대한 명상』(*Méditations sur la connaissance, la veritéet les idées*, 1784) 참조할 것.

4) 'niemals durch eine Erklärung kann aufgelöset werden'.

5) 칸트는 『자연신학 원칙과 도덕 원칙의 명확성에 관한 연구』(*Untersuchung über die Deutlichkeit der Grundsätze der natürlicen Theologie und der Moral*, 1764, 이하 『원칙의 명확성』)의 첫째 고찰 § 3과 둘째 고찰(『원칙의 명확성』 II 280, 283)에 서 같은 내용을 이야기했다. 칸트는 거기서 이것의 예로 다음을 나열했다. 표 상, 그다음 존재, 그 이후의 존재. 유일하게 공간적인 분석 가능한 개념의 예 로는 공간, 시간, 숭고, 미감, 역겨움, 쾌감, 불쾌감, 욕구, 격양을 들었다.

6) 'förmlichen Erklärung'.

7) 'wo es so unsicher ist, richtig erklärt zu haben'.

8) 'Erklrung'.

9) 'ausfürlich'.

10) 'Erklärung von seinem Gegenstande'.

11) 'richtig erklärt'.

12) 『부정량 개념을 철학에 도입하는 시도』(*Versuch, den Begriff der negativen Größen in die Weltweisheit einzuführen*, 1763)의 머리말(『부정량』 II 167, 168)과 『원칙의 명확성』의 첫째 고찰(『원칙의 명확성』 II 276-283) 참조할 것.

13) 'Determination'.

14) 'Bestimmungen'.

15) 'Bestimmungen'.

16) '일각수'의 독일어는 'Einhorn'이다. 육지 일각수는 그림(Grimm)의 표제어에는 없다. 그것은 아마도 통상 '일각 고래'라 불리는 바다 일각수와 대조하기 위해 창안한 칸트의 조어(造語)일 것이다. 대조가 필요해서 'Landeinhorn'은 '육지 일각수'로 번역했고, 'Seeeinhorn'은 '바다 일각수(또는 일각 고래)'로 번역했다.

17) 'die absolute Position'.

18) 'Position oder Setzung'. 이 두 용어는 동의어다.

19) 'Sein überhaupt'.

20) 'Merkmal'. 『논리학』 IX 58-61 참조할 것.

21) 'respectus logicus'. '논리적 관계'.

22) 'Verbindungsbegriff'.

23) 『순수이성비판』 A 592-602; B 620-630 참조할 것. 논의를 위해 여기서 '있음'이란 용어의 논리적 의미와 존재적 의미가 구별된다.

24) 'zu seiner Auswicklung'.

25) 『원칙의 명확성』의 첫째 고찰 §3과 둘째 고찰(『원칙의 명확성』 II 280-283) 참조할 것.

26) 'Erklärung von der Existenz'.

27) 'Undinge'.

28) 'sein allmächtiges Werde'.

29) 존재는 실재적인 술어 또는 규정적 술어가 아니라는 명제에 대한 좀더 상세한 설명에 대해서는 『순수이성비판』 A 592-602; B 620-630 참조할 것.

30) 'demonstrativische Gewißheit'.

31) 'Atomen'.

32) 'Wirklichkeit'.

33) 'abweichende'.

34) 볼프(Christian Wolff, 1679~1754)의 『제1철학 또는 존재론』(*Philosophia prima sive ontologia*, Frankfurt and Leipzig, 1730), §174 및 『신, 세계, 인간의 영혼에 관한 이성적 사유』(*Vernünftige Gedanken von Gott, der Welt, und der Seele des Menschen*, Halle, 1720), §14 참조할 것.

35) 'Ergänzung der Möglichkeit'.

36) 'durchgängige innere Bestimmung'.

37) 바움가르텐(Alexander Gottlieb Baumgarten, 1714~62)의 『형이상학』(*Metaphysica*, 1739), §55(제3판, Halle, 1750) 참조할 것.

38) 'unbestimmt'.

39) 크루지우스(Christian August Crusius, 1715~75, 라이프치히대학교 철학교수로 볼프 철학에 반대했으며 초기 칸트 철학에 큰 영향을 미쳤다)의『필연적인 이성 진리를 우연적인 진리와 대립시켜 정립하려는 구상』(*Entwurf der notwendigen Vernunft-Wahrheiten, wiefern sie den zufälligen entgegen gesetz werden*, 1745, §§ 46-48(재판, Leipzig, 1753)) 참조할 것. 이하에서는『구상』으로 표기.

40) 영원한 유대인 아하수에루스(Ahasuerus)는 비웃음을 당하면서 십자가형에 처해진 그리스도를 위해 세상의 종말이 올 때까지 살게 될 운명에 처한 전설상의 인물이다. 중세의 연대기 작가 로저(Roger of Wendover, 그의 저서 *Fiores historianrum*에서)에 따르면 방황하는 유대인은 원래 본시오 빌라도 총독의 문지기였다. 그는 십자가형을 받으러 가는 예수를 길에서 만났고, 예수가 더 빨리 가도록 재촉했다. 예수는 다음처럼 대답했다. "나는 가고 너는 내가 돌아올 때까지 기다릴 것이다." D. Walford, R. Meerbote (eds.), *Theoretical Philosophy 1755~1770*, in *The Cambridge Edition of the Works of Immanuel Kant*, p.430, 미주 21, Cambridge University Press, 1992.

41) 'Von der innern Möglichkeit'.

42) 'Erklärung'.

43) 'Bei diesem Widerspruche'. 'disem'(이것)에 해당하는 특정한 모순이 없으므로 '모순이 있는 경우에는'으로 번역했다.

44) 크루지우스의『구상』, §§ 44-48 참조할 것.

45) 'das Formale'.

46) 'das Materiale'.

47) 'das Logische'.

48) 'aufgehoben'.

49) 라이프니츠의 *Monadologie*, § 44 참조할 것.

50) 'das Sein oder schlechthin Gesetzt sein'.

51) 'dasjenige Wirkliche'.

52)『순수이성비판』에서 이것은 선험적 이상(das transzendentale Ideal)이 되었다 (『순수이성비판』B 385-386 참조할 것).

53) 'so wie die mikroskopischen Kunstgriffe des Sehens'.

54)『원칙의 명확성』의 첫째 고찰 참조할 것(『원칙의 명확성』II 280, § 3).

55) 'Nominal-Erklärung'. 명목적 정의.『논리학』IX 143, § 106 참조할 것. 칸트는 여기서 다음의 두 용어, 즉 'Namen-Erklärung'과 'Nominal-Erklärung'을 동의어로 사용했다. 다른 곳에서는 'Worterklärung'을 추가하여 세 용어를 동의어로 사용했다. 칸트는 명목적 정의를 '어떤 이름(Namen)에 자의적으로(willkürlich, '의도적이고 자발적인 선택의 산물') 귀속되는 의미를 포함했다. 따라서 그 이름이 지칭하는 대상의 논리적 본질만 가리키거나 단지 그것

을 다른 대상들과 구별하는 역할을 할 뿐인' 정의로 규정했다. 칸트는 주해 2를 추가해서(『논리학』 IX 144) '경험적 대상들은 단지 명목적 정의만을 인정한다'고 진술했다.

56) 'Realerklärung'. 실질적 정의. 『논리학』 IX 143, § 106 참조할 것. 칸트는 다음 두 용어, 즉 'Sach-Erklärung'과 'Real-Definition'을 동의어로 사용했다. 칸트는 실질적 정의를 '내적 특성들에 이해 대상의 가능성을 보여줌으로써 그것의 내적 규정의 관점에서 그 대상에 대한 인식에 충분한' 정의로 규정했다. 또 주해 2를 추가해서(『논리학』 IX 14) '[실질적 정의]는 사물의 본질, 즉 그것의 가능성의 첫째 근거에서 나온다'고 하면서 다음처럼 계속 진술했다. '그리하여 실질적 정의는 항상 사물에 속하는 것—그 사물의 실질적 본질(Realwesen)을 포함하고 있다. …… 실질적 정의는 항상 도덕의 대상에서 추구되지 않으면 안 된다. …… 수학에는 실질적 정의가 있다. 자의적인(willkrülichen, '의도적이고 자발적인 선택의 산물') 개념은 항상 실질적이기 때문이다.'

57) 'Das Dasein ist gar kein Prädicat und die Aufhebung des Daseins keine Verneinung eines Prädicats'.

58) 칸트가 '이 책의 최종 고찰'이란 말에 따라 어떤 구절을 지시하는지 전혀 분명하지 않다. 아마도 칸트는 셋째 고찰(『신현존 증명』 II 155-163, 특히 83, 156, 157)을 의미했을 것이다.

59) 'Hauptgrund'.

60) 'die absolute Realnothwendigkeit'.

61) 'der letzte logische Grund alles Denklichen'.

62) 'ein täuschender und falscher Begriff'.

63) 'ein schlechterdings nothwendiges Wesen'.

64) 'etwas Wirkliches'.

65) 'Worterklärung'. 『논리학』 IX 143, §106.

66) 'Sacherklärung'. 같은 곳.

67) 'im Realverstande'.

68) 'ein gewisses Dasein'.

69) 'einig'.

70) 'den letzten Realgrund'.

71) 'Nebentheile'.

72) 라이프니츠의 예정조화설을 말한다.

73) 'die Erklärung des nothwendigen Wesens'.

74) 'ihn [=궁극적 근거] auch von aller [Möglichkeit] überhaupt'.

75) 'dieses Dasein'.

76) 'keine andere Art der Existenz desselben'.

77) 'alles, was da ist'.

78) 'die höchste Realität'.

79) 'durch ihn [=제1의 또는 궁극적인 실재적 근거] begriffen sei'('begriffen'는 '이해된다'를 의미할 수도 '포함된다'를 의미할 수도 있다).

80) 'höchste'.

81) 'den größten Grad realer Eigenschaften'.

82) 'eine Vermengung der Begriffe'.

83) 『운동과 정지』 II 23-24; 『물리적 단자론』 I 480-483; 『부정량』 II 179-180, 193-195 참조할 것.

84) 'Beraubung'.

85) 『부정량』 II 182-202 참조할 것.

86) 'ein irriger Gedanke'.

87) 'Realrepugnanz'.

88) 'Realentgegensetzung'.

89) 『부정량』 II 171-172, 175-176 참조할 것.

90) 『부정량』 II 171-172, 179-180 참조할 것.

91) 'Geist'.

92) 'beides ist wahre Realität'.

93) 'mit der größt möglichen [Realität]'.

94) 칸트가 제시한 우주론적 논증에 대한 비판(『순수이성비판』 A 603-614; B 631-642) 참조할 것.

95) 'Hervorbringungskraft'.

96) 제2부 여덟째 고찰 말미의 '완전 충분성' 개념에 대한 칸트의 논의는 『신현 존 증명』 II 154 참조할 것.

97) 'bestimmte Erklärung'.

98) 'förmlichen Lehrverfassung'.

99) 'Unterscheidungszeichen'.

100) 'in die kürzeste Benennung'.

101) 데모크리토스, 에피쿠로스, 스토아학파의 철학자들을 지칭한다.

102) 'Vollkommenheit'.

103) 실재성과 완전성의 동일시는 스피노자가 『윤리학』(*Ethica*, 1677) 제2권 정의 6과 제4권 머리말에서 주장했던 것이다. 또 라이프니츠(『완전한 존재의 실재성』*Quod ens perfectissimum exsistit*, 1676, VI. 3, 574-579)와 볼프(『자연신학』*Theologia naturalis*, 1736~37, pars prior, §5)의 주장이기도 하다.

104) 'die größte Zusammenstimmung zu Einem'.

105) 'von dem eigenthümlichen Sinne'.

106) 'Erkenntniß und Begierde'.

107) 'Accidens'.

108) 볼프의『자연철학』(*Philosophia naturalis*, 1728), §195 참조할 것.

109) 칸트의 자연신학 비판(『순수이성비판』A 620-630; B 648-658) 참조할 것.

제2부 이 증명 방식 특유의 광범위한 이점에 관하여

1) 'Mannigfaltigen'.

2) 'Zusammenpassung'.

3) 유클리드의『기하학 원론』(*Elemens*) 제3권, 정리 XXXV 참조할 것. '하나의 원 안에 두 직선이 교차한다면, 한 직선의 분할이 포함하는 사각형은 다른 직선의 분할이 포함하는 사각형과 넓이가 같다.' 원 ABCD의 안에서 두 직선 AC, BD가 점 E에서 서로 교차한다고 하자. 그러면 두 변 AE, EC로 만든 직사각형은 두 변 DE, EB로 만든 직사각형과 넓이가 같다.

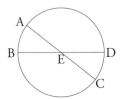

4) 유클리드의『기하학 원론』제3권, 정리 XXXVI 참조할 것. '원 바깥 DP가 있는 점에서 원으로 두 직선을 그어서, 한 직선은 원을 분할하도록 하고 다른 한 직선은 원에 접하도록 하라. 그러면 원을 분할하는 직선의 전체 길이와 그 직선에서 원의 볼록한 둘레에 닿기까지 길이를 가지고 만든 직사각형은 접선을 가지고 만든 정사각형과 넓이가 같다.' 원 ABC의 바깥에 점 D를 잡고, 점 D에서 원으로 두 직선 DCA, DB를 긋는다. 직선 DCA는 원을 분할하도록 하고, 직선 DB는 원에 접하도록 하자. 그러면 두 변 AD, DC로 만든 직사각형은 DB로 만든 정사각형과 넓이가 같다.

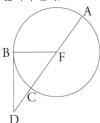

5) 일련의 입자가 고정된 원의 수직상의 최상점에서 일련의 현(弦)을 미끄러져 내려오는 시간은 만약 마찰이 없다고 가정하면, 모두 동일하다는 것을 증명하라.

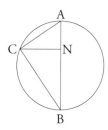

ABC를 원이라 하고, AC를 현의 하나라고 하자. 또 CN은 수평이라고 하고, AC = s, ACN = a 라고 하자. AC를 미끄러져 내려올 때 걸리는 시간은 다음과 같다.

$$\sqrt{\frac{2s}{g \sin a}}$$

그러나 AC = AB sin a, 즉 s/sin a = AB = 2r, 반지름의 길이는 r이다. 따라서 문제가 되는 시간은 다음과 같다. $\sqrt{\frac{2s}{g \sin a}}$ 초이고, 그것은 상수이므로 각 현에서 동일하다.

6) 'schlecht'.

7) 'Bewunderung'.

8) 'ohne alle Kunst'.

9) 'artig'.

10) 이 주장의 증명은 다음과 같다. A와 B는 동심원이고, X는 A와 B가 형성한 고리라고 하자. r는 작은 원의 반지름이고, s는 큰 원의 반지름이며, t는 원 B에 외접하는 선분 중 s와 r가 형성하는 삼각형의 한 변이다.

$t^2 + r^2 = s^2$

$t^2 = s^2 - r^2$

안쪽 원의 면적은 = πr^2

바깥 원의 면적은 = πs^2

고리의 면적은 = $\pi (s^2 - r^2)$

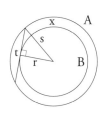

11) ʻdas Gefühlʼ.

12) ʻEbenmaßesʼ.

13) ʻals zufällig und als die Folge einer Wahlʼ.

14) ʻin dieser Harmonieʼ.

15) ʻNutzen und Wohlgereimtheitenʼ.

16) ʻZusammenhangeʼ.

17) ʻSchicklichkeitʼ.

18) ʻZusammenpassungʼ.

19) ʻpeinlicheʼ.

20) 『바람이론 주석』 I 492-494 및 『자연지리학』 IX 290, § 68.

21) 모페르튀이(de Maupertius, 1698~1759)는 프랑스의 수학자, 물리학자, 철학자다. 프리드리히대왕의 초청을 받아 베를린에 와서 프러시아 아카데미 원장이 되었다.

22) 이 중대한 발견을 모페르튀이는 ʻ최소 작용량의 원리ʼ라 불렀다. 이 사상은 『우주론』(Essais de cosmologie, 1751)에 나온다.

23) ʻAnständigkeitʼ.

24) ʻZusammenhangʼ.

25) 모페르튀이는 『우주론』에서 형이상학적 신 존재 증명(자신의 능력을 넘어서 있기 때문에)을 거부했고, 또 목적론적 증명도(건전한 원리이지만 여기서는 이 원리를 불법으로 사용함으로써) 거부했다. 그는 자연의 법칙들의 궁극적 통일에 근거해서, 특히 자신의 최소 작용량의 원리에 근거해서 증명을 제시했다. 그의 증명은 『유일 가능한 신 존재 증명』에서 칸트가 제시한 논증 중 몇몇에 대한 강력한 원형이다.

26) 정확한 제목은 『정력학(靜力學) 및 역학의 원리들의 진리는 필연적인가 우연적인가?』(Si la veritédes principes de la statique et de la mécanique est nécessaie ou contingent)이다. 이 문제는 1756년부터 1758년까지 현상 문제로 제출되었지만, 적절한 제출물이 없어서 수상자가 없었다. 문제는 1758년에서 1760년까지 연기되었지만, 만족스러운 후보자가 없었고, 수상자도 없었다.

27) ʻRealverstandeʼ.

28) ʻTauglichkeitʼ.

29) ʻSchicklichkeitʼ.

30) ʻfreiwilligen Bestimmungʼ.

31) ʻTauglichkeitʼ.

32) ʻZusammenhangʼ.

33) ʻBegehrenʼ.

34) ʻaber nicht vermittelst seiner Weisheitʼ.

35) 칸트는 1755년의 리스본 지진 사건에 관해 작성한 세 논문에서 이 주제를

이미 상론했다.『지진 원인』I 417-427;『지진 역사』I 429-461;『지진 재고』
I 463-472. 또『자연지리학』IX 260-263, 268-270(제1부 제2절, § 49, § 51)
참조할 것.

36) 칸트는 레이(John Ray, 1627~1705, 영국의 지리학자)의『다양한 이야기』
(*Miscellaneous Discourses*, 1692)를 인용했다. 이 책의 재판은『세 가지 자연신학
론』(*Three Physical-Theological Discourses*, 1693)으로 출간되었다. 1698년 독일
어 번역본이 출간되었으며, 지진에 관한 기술은 독일어 번역의 217쪽에 나
온다.

37) 칸트는 휘스턴의『신지구론』(*A New Theory of the Earth*, London, 1696)을 언급
했다. 독일어 번역본은 1713년에 출간되었다.

38) 'der Willkür des obersten Urhebers'.

39) 'Drehungsschwung'.

40) 'die einzige Schwere'.

41) 'künstlich'.

42) 'ein zufälliges und willkürliches Eine'.

43) 'willkürlich'.

44) 'manche künstliche Anordnung'.

45) 'etwas Gewöhnliches'.

46) 'Übelstand'.

47) 'Die Vorstellung der Mühsamkeit'.

48) 'Spielwerk'.

49) 'gegenseitigen Wirksamkeit'.

50) 'unverbesserlich'.

51) 'und daß z. E. unter 110 Menschen beiderlei Geschlechts sich ein Ehepaar
findet'. 칸트의 의미가 선명하게 드러나지 않는다. 하르텐슈타인
(Hartenstein), 로젠크란츠(Rosenlranz), 쉬엘레(Schiele)는 '110'은 '10'의 오
식이 틀림없다고 생각했다. 이 판본은 페스투기에레(Festugière)와 잭(Zac)에
논평이나 설명 없이 채택된다. 멘처(Menzer)는 올바르게도 이것을 수정하지
않는다(II, 475). 칸트는 수정자들이 가정하듯이 각 결혼한 부부에 108명의
결혼하지 않은 사람이 있다고 이야기하는 것은 아니다. 그가 틀림없이 이야
기하는 것은 무작위 110명의 성인 표본에서 서로 결혼한 두 사람은 있을 것
이라는 사실이다. 쥐스밀리히(Johann Peter Süßmilch, 1707~67, 독일의 통계
가, 목사)의『신의 질서』(*Die göttliche Ordnung*, 재판, 1761~62), 118쪽 참조할
것. 멘처는 칸트가 쥐스밀리히의 다음과 같은 주장에 기초해서 '110'이란
숫자를 채택했다는 정보를 우리에게 알려주었다(『신현존 증명』II 472). '그
러나 사람들이 브란덴부르크나 핀란드의 촌락들과 같은 농촌 부락을 이루
고자 한다면, 1 대 108에서 1 대 115의 비율이 사용될 수도 있다.' 121쪽에는

다음과 같은 논평과 함께 베를린의 수는 110으로 주어진다. '이것은 브란덴부르크의 촌락들과 거의 완전히 일치한다.'

52) 'Ungebundenheit'.

53) 'von einiger Vollkommenheit'. 칸트는 여기서 'einig'란 단어를 '통일화된', '통일적', '결합적'의 의미로 사용했다. 그리하여 완전함의 조화나 일치하는 본성을 이야기했다.

54) 'Veranlassung'.

55) 행성의 궤도를 소용돌이로 설명하는 데카르트의 이론은 뉴턴이 비판한 결과 폐기되었다. 뉴턴은 『수학 원리』(*Principia mathematica*)에서 데카르트의 이론은 경험적 사실과 일치하지 않는다는 주장을 폈다. 예를 들면 혜성의 꼬리는 소용돌이의 영향을 받지 않는다. 소용돌이는 어쨌든 보편적 중력 이론이 참이라면 불필요할 것이다.

56) 『불에 관하여』 I 369-384, 특히 376-384 참조할 것. 또 『물리적 단자론』 I 486, 명제 XIII 참조할 것.

57) 'eine besondere künstliche Anordnung'.

58) 'Schneefiguren'.

59) 'alles Plumpe'.

60) 'Abzeichnungen'.

61) 'Richtigkeit'.

62) 칸트는 아마 『함부르크 잡지』(*Hamburgisches Magazin*) XIX권(1757), 363-387쪽에 실린 몬티(Josept Monti)의 『곰팡이론』(*Abhandlung vom Schimmel*)을 염두에 두었을 것이다.

63) 모페르튀이의 『태아의 형성에 관한 추측』(*Conjectures sur la formation du foetas*, 1744) 참조할 것. 거기서 그는 '은과 초산을 수은과 물에 혼합하면, 이들 물질의 분자는 자연스럽게 변해서 나무 모양 식물이 된다. 그리고 이것은 실제로 옛날부터 다이아나나무(Baum der Diane)라는 그것에 어울리는 이름으로 불리어왔다'고 서술했다. 다이아나는 로마신화에서 달의 여신이지만, 달의 색과 은색의 유사성 때문에 은을 의미했다. 따라서 다이아나나무는 은의 나무라고도 한다.

64) 'welches zur künstlichen Naturordnung gehört'. 'künstlich'는 기술이나 솜씨로 생산된 것의 '힘'을 가지고 있으며, '진짜의'에 대비되는 것이 아니라 '자연적'에 대비된다.

65) 『판단력비판』 V 421-424, § 81 참조할 것.

66) 『판단력비판』 V 422, § 81 참조할 것. 여기서 칸트는 이 이론을 '기회원인론'(Okkasionalism)이라 불렀다. 그는 각 유기적 존재가 기적의 산물로 간주되기 때문에 이것을 비철학적이라고 하여 거부했다.

67) 'auszuwickeln'.

68) 뷔퐁의 『일반 자연사와 특수 자연사』(*Histoire Naturelle, générale et particuliére*, 1749)의 제2권 제ii부, 71쪽 참조할 것(이하 『자연사』). 뷔퐁은 내적인 틀 또는 모형(moules intérieurs)에 의해 태아가 형성된다고 설명했다. 양성(兩性)의 씨앗 속에 포함된 유기체 분자들은 액체가 혼합될 때 틀 또는 모형에 견인됨으로써 배열되고 결합된다. 여기에서 태아가 발달한다. 또한 칸트의 『판단력비판』 V 422-423, § 81 참조할 것. 칸트는 이 이론을 예정론(Prästabilism)이라 했다. 그는 이 이론을 두 가지로 분류했다. (1) 개전론(開展論, Evolutionstheorie), 즉 개별자의 전성론(前成論)과 (2) 내전론(內展論, Involutionstheorie), 즉 후성설(後成), 다시 말하면 유적(類的) 전성론(前成論). 개개의 유기적 존재는 전자의 이론에 따르면 자기와 같은 것의 **추출물**로 간주되며, 후자의 이론에 따르면 **생산물**로 간주된다.

69) 뷔퐁의 『자연사』 제2권 제ii부 '번식 일반에 관하여' 71쪽 참조할 것.

70) 모페르튀이의 『태아의 형성에 관한 추측』 참조할 것. 옮긴이주 63을 볼 것.

71) 'allmähligen Fortpflanzung'.

72) 『판단력비판』 V 421-424, § 81 참조할 것.

73) 'übernatürliche Erzeugung'.

74) 'Auswickelung'.

75) 'eine Methode eines unnützen Umschweifs'.

76) 'entwickeln'.

77) 'erzeugen'.

78) 칸트는 후성설을 언급했다. 이 설에 따르면 태아 또는 배아는 출산의 힘으로 완전히 새롭게 창조된다. 『판단력비판』 V 421-424, § 81 참조할 것.

79) 'halsstarrige Bosheit'.

80) 'einen sehr anschauenden Begriff'.

81) 『순수이성비판』 A 623; B 651 참조할 것.

82) 'Schlussreden'.

83) 'die Macht der spitzfündigen Einwürfe'.

84) 'Endabsichten'.

85) 'wohl von einem weisen Wesen, aber nicht durch seine Weisheit'.

86) 칸트는 제2부의 둘째 고찰 말미에서 제시된 것(『신현존 증명』 II 103)을 되풀이했다.

87) 'verkannt'.

88) 'Vorwitz'.

89) 칸트는 동일한 문제를 『일반 자연사』 I 221-231에서 더 길게 논의했다.

90) 『자연지리학』 IX 241-256, §§ 42-46 참조할 것.

91) 『자연지리학』 IX 276-279, § 59 참조할 것.

92) 'ein Mittel des Umschweifs'.

93) 이와 관련하여 뉴턴에 대한 칸트의 견해는 지나치게 단순화되었다. 사실상 뉴턴은 신의 개입(태양계의 행성의 질서와 운동을 시작할 때 그리고 주기적인 교정으로 태양계가 무질서와 혼돈에 빠지는 것을 방지하는 데서)의 필요성에 대해 상당한 신학적 중요성을 부여했다. 클라크(Clarke)의 견해도 또 그러했다.

94) 『일반 자연사』 I 328 참조할 것.

95) 『일반 자연사』 I 261-269 참조할 것.

96) 칸트는 여기서 『일반 자연사』의 핵심 논제를 진술했다. 이것은 이 책 제2부 일곱째 고찰에서 다시 진술된다.

97) 『일반 자연사』 I 221-228 참조할 것.

98) 쥐스밀히가 주장한 바는 『인류의 변화에서 신적 질서』(*Die göttlich Ordung in den Veranderungen des menschlichen Geschlechts*, 1755)의 제5장 '탄생 시 남녀 비율과 관계에 관해서'(Von der Fortpflanzung und Verhältnis des männlichen und weiblichen Geschlechtes) §61 참조할 것.

99) 쥐스밀히는 『인류의 변화에서 신적 질서』 제2판(1761~62)에서 칸트가 지적한 방식으로 자신의 초기 견해를 철회했고(§§ 423-424 참조할 것), 이 현상들에 대한 새로운 설명을 하려고 시도했다. §430 참조할 것.

100) 『순수이성비판』의 자연신학적 논증에 대한 동일한 반대(『순수이성비판』 A 627-628; B 655-656) 참조할 것.

101) 'den feineren Atheismus'.

102) 특히 '자연의 필연적 질서 자체가 그런 질서를 갖게 된 재료의 창조주임을 드러낸다'라고 하는 칸트의 증명 『신현존 증명』 II 124-126 참조할 것.

103) 원자의 일탈에 관한 에피쿠로스의 고전적 진술은 루크레티우스의 『사물의 본성에 관하여』 II 216-250에 나온다. 칸트는 자신의 견해와 에피쿠로스의 견해 간의 차이에 관한 주제를 『신현존 증명』 II 147-151에서 다시 언급한다. 동일한 주제가 『일반 자연사』 I 226-228에서 또 논의된다. 이 이론은 에피쿠로스가 고안한 것이었고, 칸트의 진술과 달리 데모크리토스에서는 발견되지 않는다. 이 이론은 원자가 수직의 낙하운동을 할 뿐 아니라 수직 방향에서 임의로 조금씩 일탈한다고 주장한다.

104) 'verwickelt und schlüpferig'.

105) 'bezeichnet'.

106) 아리스토텔레스는 질료는 생겨나지 않고 영원하다고 주장했다. 그는 세계는 창조되었다는 생각을 거부했다. 『천체론』(*De Caelo*), 279b, 12-280a, 31, 301b, 31 참조할 것.

107) 제2부의 여덟째 고찰에서 언급했다. 『신현존 증명』 II 151-154.

108) 'boshaft'.

109) 'unorganischen'.

110) 'organisierten'.

111) 'zusammengefügt'.

112) 『자연지리학』IX 241-248, §§ 42-46 참조할 것.

113) 버네트(Thomas Burnet, 1635~1715, 영국인). 그의 이론은『신성한 지구론』 (*Telluris theoria sacra*, 1681~89)에 나온다. 제3판(1702)은 지구의 기원에 관한 이론을 포함하고 있다. 칸트는 버네트를 잘못 해석했다. 그는 신이 '자연적 세계의 본성의 질서와 배열을 도덕의 본성과 일치시키기 위해 자연적 세계를 도덕에 맞추고 채비를 갖추어주었다'고 주장하는데도 홍수가 별로 만들어졌다는 점을 분명히 거부하고 있다. 또『신성한 지구론』(*Sacred Theory of the Earth*, 1730), vol. I, Bk. I, ch. 3, pp.188-205 참조할 것.

114) 『자연지리학』IX 256-260, §47~§48 참조할 것.

115) 『자연지리학』IX 276-278, §55~§59 참조할 것.

116) 『자연지리학』IX 278-279, §59 참조할 것.

117) 『자연지리학』IX 278-279, §58~§59, §74 참조할 것.

118) 『자연지리학』IX 297, §74 참조할 것.

119) 『자연지리학』IX 280, 296, §61, §74 참조할 것.

120) 'weil er sich nahe zur See über den flachen Boden ausbreitete, bauet er allmählich seine Laufrinne aus und fließt weiter in einem verlängerten Fluthbette'.

121) 제1부 옮긴이주 64 참조할 것.

122) 캐스트너(Kästner, 1719~1800)는 자신의 주제를 통속화하는 데 많이 기여했던 저명한 수학자이자 천문학자다. 또『고급역학의 기초』(*Anfangsgründe der höhern Mechanik*, 1758)의 저자이기도 하다. 칸트는 그를 칭찬했다.

123) 칸트는 아마도 코젠(Kosen), 보를라흐(Borlach)를 언급한다. 그는『응용수학의 기초원리』(*Anfangsgründe der angewandten Mathematik*)의 저자다.

124) 인용의 출처는 알 수 없다.

125) 'schlecht'.

126) 『자연지리학』IX 279-280, §60 참조할 것.

127) 칸트가 인용한 구절은 볼테르(Voltaire, 1694~1778)의『캉디드』(*Candide*, 1759) 제1장에 나온다. 여기서 라이프니츠 학자인 판글로스(Pangloss)는 다음처럼 이야기했다. "왜냐하면 모든 것은 하나의 목적을 위해 만들어진 이상 필연적으로 최선의 목적을 위해 존재하기 때문이다. 예컨대 코는 안경을 걸치기 위해 만들어졌다. 그러므로 우리에겐 안경이 있다. 다리는 분명 뭔가를 꿸 목적으로 만들어졌다. 그래서 우리에겐 반바지가 있다. 돌은 잘 라내서 성을 짓기 위해 이루어졌다. 그래서 각하는 무척 아름다운 성을 가지신 것이다. 이 지방에서 가장 위대한 남작님이 누구보다도 훌륭한 성에서 사시는 것은 너무나 당연하지 않은가! 또 돼지는 먹히기 위해 만들어졌

기 때문에 우리는 1년 내내 돼지고기를 먹는다. 따라서 모든 것은 선이라고 주장한 자들은 어리석은 말을 한 것이다. 모든 것은 최선의 상태에 있다고 말했어야 한다." 볼테르는 '목적인'(Fin, causes finales) 항목에서 목적론에 대해 언급했다(『철학사전』Dictionnaire philosophique, 1764). 칸트는 그것을 언급할 수 없었다. 칸트의 현재 저서가 출간되고 난 후 1년 안에 출간되지 않았기 때문이다. 그러나 칸트는 볼테르의 글들에 정통했다. 이 언급은 벨의 『역사와 비판 사전』(Dictionnaire historique et critique, 1695~97)에도 나오기 때문이다.

128) 'ungekünstelt'.

129) 'Spiele des Witzes'.

130) 'Polygon'.

131) 'des Gesetzes der Sparsamkeit'. 칸트는 모페르튀이의 최소 작용량의 원리를 이야기한다. 제1부 옮긴이주 61 참조할 것.

132) 아마도 칸트는 레이의 『신의 지혜』(The Wisdom of God, 1691)나 버네트의 『신성한 지구론』을 이야기하는 듯하다.

133) 'Werkmeisters'.

134) 버네트의 주장이다.

135) 뉴턴의 주장이다. 뉴턴은 태양계의 구성이나 운행의 기원을 순수하게 역학적인 용어로 설명할 수 없었다.

136) 칸트는 전성론과 후성론을 이야기했다. 옮긴이주 7 참조할 것.

137) 'künstlich und willkürlich'.

138) 'mit andern [Ordnungen] verbunden'.

139) 포프(Alexander Pope, 1688~1744)의 『인간론』(Essay on Man, 1733~34), Ⅱ, 29-30. 아마 칸트는 브로케스(B.D. Brockes)의 1740년도 번역본을 인용했을 것이다(35쪽). 그런데 그의 인용은 정확하지 않다.

140) 일곱째 고찰은 칸트가 『일반 자연사』에서 전개했던 우주론의 요약을 포함하고 있다.

141) 'Weltsystem'.

142) 'Bau'.

143) 'ohne Organisation'. 독일어 'Organisation'는 살아 있는 생명체와 연관되어 있다.

144) 칸트는 아마도 플라톤의 『티마이오스』에 나오는 천체의 신성(神星) 이론을 언급했을 것이다. 플라톤의 저서에서 별은 유기적 존재다. 『판단력비판』 V 375, §65 참조할 것. 여기서 칸트는 'Organisation'에 대해 주해를 달았다.

145) 'Wurfsbewegung'.

146) 'Schwung'.

147) 'Wurfsbewegung'.

148) 'Kreisbewegungen'.

149) 'eine Definition der Metaphysik'.

150) 'Inbegriff'.

151) 'einem gemeinschaftlichen Plane'.

152) 『일반 자연사』 I 243-247 참조할 것.

153) 'Kreisbewegung'.

154) 'Zerstreuung'.

155) 'dichter wie anderwärts gehäuft sind'.

156) 'Richtung eines größten Zirkels'.

157) 『일반 자연사』 I 251 참조할 것. 칸트는 이런 생각을 라이트(Wright)의 『기
원론』(*An Original Theory*)에서 가져왔다. 칸트가 이 작품을 알게 된 것은
『함부르크 자유비평과 소식』(*Hamburger freyen Urtheilen und Nachrichten*)에
게재된 그 책에 대한 해설을 통해서다. 1765년 11월 13일자(『서한집』 X
53). 칸트에게 보낸 편지에서 밝혀진 것처럼 람베르트(Lambert)도 이 책을
잘 알고 있었다.

158) 'Bestimmung'.

159) 『일반 자연사』 I 247 참조할 것.

160) 'einige Verrückung ihrer Stellen'.

161) 『일반 자연사』 I 247-250 참조할 것.

162) 'disem Begriffe'.

163) 'mehr solche höhere Weltordnungen'.

164) 'blasse, schimmernde Plätze'.

165) 'Beziehungsplan'.

166) 『일반 자연사』 I 251 참조할 것.

167) 'Plätzchen'.

168) 칸트는 모페르튀이의 『형상론』(*Discours sur la figure des astres*, 1732)를 언급
했다. 또 『일반 자연사』 I 254를 보라. 여기에서 칸트는 위의 저서를 인용했
으며, 이들 '반점'은 엄청나게 거대한 천체이지만, 그 축을 중심으로 회전
한 결과 편평하게 되었기 때문에 측면에서 보면 타원형으로 나타난다는 견
해를 인용했다.

169) 'in so fern nicht ein gewisser Plan zu untersuchen ist'.

170) 칸트는 데카르트의 소용돌이 이론을 언급했다.

171) 'Cirkelkreisen'.

172) 'Seitenschwung'.

173) 'Cirkelrundung'.

174) 'Weltstoff'.

175) 『일반 자연사』 I 259-277 참조할 것.

176) 칸트는 뷔퐁의 『자연사』 제I권을 인용했다.

177) 칸트는 우주의 현재 구조가 신의 의지에 직접 의존하는 궁극적 소여로 간주되어야 한다는 뉴턴의 가정을 공격했다. 뉴턴의 『광학』(*Opticks*, 1704)의 질문 XXXI 참조할 것.

178) 'Wurfskraft'.

179) 'von der genauesten Richtigkeit'.

180) 이것은 뉴턴 이론에 대한 칸트의 반박이다. 이 반박은 『일반 자연사』에서 자세히 전개된다.

181) 『판단력비판』 V 377-381, §67 참조할 것.

182) 뉴턴은 데카르트의 와동이론을 그것이 케플러의 행성운동의 법칙에 어긋나기 때문에 거부했다.

183) 칸트는 아마 매랑(Jean Jacques d'Ortous de Mairan, 1678~71, 프랑스의 과학자)의 『학위논문』(*Dissertation*, 1741)과 『마담 뒤 샤틀레에게 보내는 편지』(*Lettre àMadame du Chatelet*, 1741)를 인용한 듯하다. 또 칸트는 이들 저작을 그의 논문 『살아 있는 힘의 측정』에서 인용했다(『살아 있는 힘의 측정』 I 45).

184) 『일반 자연사』 I 262 참조할 것.

185) 'eine Gemeinschaft der Bewegkräfte'.

186) 『일반 자연사』 I 262-263 참조할 것.

187) 'abgesonderte Massen'.

188) 'die aber Überbleibsel des alleraltesten rohen Zustandes der Natur sind'.

189) 『일반 자연사』 I 263 참조할 것.

190) 'Gravitationspunkte'.

191) 제1부 옮긴이주 61 참조할 것.

192) 『일반 자연사』 I 264-265 참조할 것.

193) 『일반 자연사』 I 265-267 참조할 것.

194) 'Schwung'.

195) 'nach den Centralgesetzen'.

196) 'Theilchen'.

197) 'Schwungkrafte'.

198) 'auch größere Klumpen'.

199) 『일반 자연사』 I 267-269 참조할 것.

200) 『일반 자연사』 I 290-304 참조할 것.

201) 'in abgesonderten Massen'.

202) 『일반 자연사』 I 221-228 참조할 것.

203) 『일반 자연사』 I 221-228 참조할 것.

204) 밀턴(John Milton, 1608~74)은 『실낙원』(*Paradise Lost*, 1667)에서 림보

(Limbo)를 '바보들의 천국'으로 묘사했다. Ⅲ, 495.

205) 'Schwungsbewegung'.

206) 'Schwungkraft'. 칸트는 'Schwungsbewegung'과 'Schwungkraft'를 1770년 이전까지는 아주 드물게 사용했지만, 그 이후에는 전혀 사용하지 않았다.

207) 『일반 자연사』 I 225 참조할 것.

208) 원자의 자발적 일탈 이론은 에피쿠로스가 복합적인 육체의 존재와 인간 자유의 가능성 모두를 설명하려고 주장했다. 루크레티우스의 『사물의 본성에 관하여』, Ⅱ, 216-250 참조할 것.

209) 『일반 자연사』 I 290-304 참조할 것. 1655년 토성의 고리(그것은 이 이전에는 작은 위성이나 아니면 토성에 붙어 있는 돌기[핸들]로 간주되었다)의 존재를 확립한 사람은 호이겐스(Christian Huygens, 1629~96)였다. 이 발견은 그 직전 그가 발명했던 성능이 좋은 망원경으로 가능하게 되었다. 호이겐스는 고리를 처음 발견했다는 자기주장의 안전성을 확보하지만 자신의 가설을 검증할 더 많은 시간을 확보할 목적으로, 처음에는 수수께끼 같은 다음 일련의 문자로 자신의 결론을 공표했다. "aaaaaaa ccccc d eeeee g h iiiiiii llll mm nnnnnnnnn oooo pp q rr s ttttt uuuuu." 이것은 다음의 암호문이다. "Anulo cingitur, tenui, plano, nusquam cohaerente, ad eclipticam inclinato" (그것은 어디에도 접촉되어 있지 않고 황도를 향하여 경사진 얇고 납작한 고리로 이루어진 띠를 두르고 있다).

210) 'mit mechanischer Richtigkeit'.

211) 'Centralkräfte'.

212) 'Centrifugalkraft'.

213) 실제로 토성의 고리는 토성 적도면의 연장선상에 위치하지 않는다. 고리 평면은 토성의 궤도에 약 27도 기울어 있고, 적도면에는 약 28도 기울어 있다.

214) 'Limbus'.

215) 'Cirkelbewegung'.

216) 'Cirkelckeis'.

217) 'Achsendrehung'.

218) 'die Zeit des Umschwungs'.

219) 'der Zeit des Umlaufs'.

220) 칸트의 추정은 아주 부정확하다. 토성의 회전 시간에 대한 첫 번째 계산은 1794년 헤르셸(Herschel)이 제시했는데, 그는 그 시간을 10시간 16분으로 보았다. 홀(Asaph Hall, 1829~1907)이 1876년에 정확한 계산했는데, 10시간 14분 24초였다.

221) 'der Zeit der Umwendung'.

222) 'kometischen Atmosphäre'.

223) 'Dunstkreis'.

224) 'ewigen Undinge'.

225) 'Schicklichkeit'.

226) 'Unabhängigen'.

227) 1656년 호이겐스는 진자의 왕복 시간은 그 길이와 무관하고 항상적(恒常的)이라는 길릴레이의 발견을 이용하여 진자시계를 발명했다. 호이겐스는 그의 중요한 발명에 대한 상세한 내용을 『브레비스 인슈티투티오』(*Brevis institutio*, 1658)와 저명한 『진동시계』(*Horologium oscillatorium*, 1673)에서 공표했다.

228) 'reizenden'.

229) 'die Zulänglichkeit der Ursache zu ihr [=der Wirkung]'.

230) 'künstlichen'.

231) 『낙관주의』 Ⅱ 30-33 참조할 것.

232) 'Gleichartigkeit'.

233) 'schön und eigentlich ästhetisch'.

제3부 신의 현존 입증에서 이미 서술된 것 이외에는 어떤 증명 근거도 가능하지 않다는 것이 여기에서 밝혀짐

1) 데카르트의 『성찰』(*Meditationes*, 1641), 제3, 4성찰 참조할 것.

2) 바우마이스터(Friedrich Christian Baumeister, 1709~85)의 『형이상학 개요』 (*Institutiones metaphysicae*, 1738) 참조할 것. 또 크루지우스의 『구상』, §235(재판, 1753) 참조할 것.

3) 'eine willkürliche Vereinbarung verschiedener Prädicate'.

4) 'Eklärung'.

5) 'aus der absoluten Möglichkeit aller Dinge überhaupt'.

6) 'von der erkannt werden'.

7) 'nach den Regeln der Causalschlüsse'.

8) 'logische Zergliederung'.

9) 다리(J.G. Daries)의 『형이상학원리』(*Elementa metaphysica*, Jena, 1754)의 §44('자연신학의 원리'Elementa theologiae naturalis) 참조할 것. 또 바움가르텐의 『형이상학』(*Metaphysica*, 1739), §§308-310, §851(제3판, 1750) 참조할 것. 바우마이스터, 『형이상학개요』, §78 참조할 것.

10) 'durchgängigen Vereinbarung aller Realität'.

11) 『순수이성비판』 A 608-609; B 636-637 참조할 것.

12) 'geometrische Strenge'.

13) 'natürliche gesunde Verstand'.

14) 칸트는 아마도 더햄(William Derham, 1657~1735, 종교가)의 『천체신학

또는 천체의 관찰에 의한 신의 존재와 속성의 입증』(*Astro-Theology, or a demonstration of the being and attributes of God from a survey of the heavens,* London, 1715)을 언급했을 것이다.

15) 칸트는 니웬티트(Bernard Nieuwentijdt, 1654~1718, 네덜란드 사람)의『우주관찰의 올바른 효용』(*Het regt gebruik der werelt beschouwingen,* 1715)을 언급했다.

16) 'durch die Losung des Religionseifers'.

17) 'der frechsten Zweifelsucht'.

18) 'Große'.

19) 'mit logischer Schärfe'.

20) 'durchgängige Verknüpfung'.

21) 라이마루스(Herman Samuel Reimarus, 1694~1768, 독일의 계몽기 철학자)의 『자연종교의 가장 중요한 진리』(*Die vornnehmsten Wahrheiten der natrülichen Religion,* Hamburg, 1754) 참조할 것.

22) 'Beweiskraft'.

23) 'sondern gar nicht beweisen'.

24) 'einsehen'.

25) 'das eigene Merkmal von dem Dasein des Wesens aller Wesen'. 여기서 'Wesen'은 '본질'을 의미할 수도, '실재'를 의미할 수도 있다. 따라서 마지막 구절은 '모든 본질의 본질'로 번역될 수도 있다.

찾아보기

『불에 관한 성찰의 간략한 서술』

『형이상학적 인식의 제1원리들에 관한 새로운 해명』

『기하학과 결부한 형이상학의 자연철학적 사용과 그 일례로서 물리적 단자론』

지진에 관한 세 논문

『자연과학의 제1근거에서 운동과 정지 그리고 그와 결부된 귀결들에 관한 새로운 이론』

『낙관주의에 관한 몇 가지 시론적 고찰』

『삼단논법의 네 가지 격에서 나타난 잘못된 정교함』

지은이 임마누엘 칸트

1724년 4월 22일 프로이센(Preußen) 쾨니히스베르크(Königsberg)에서 수공업자의 아들로 태어났다. 1730~32년까지 병원 부설 학교를, 1732~40년까지 오늘날 김나지움(Gymnasium)에 해당하는 콜레기움 프리데리키아눔(Collegium Fridericianum)을 다녔다. 1740년에 쾨니히스베르크대학교에 입학해 주로 철학, 수학, 자연과학을 공부했다. 1746년 대학 수업을 마친 후 10년 가까이 가정교사 생활을 했다.

1749년에 첫 저서 『살아 있는 힘의 참된 측정에 관한 사상』을 출판했다. 1755/56년도 겨울 학기부터 사강사(Privatdozent)로 쾨니히스베르크대학교에서 강의를 시작했다. 『자연신학 원칙과 도덕 원칙의 명확성에 관한 연구』(1764)가 1763년 베를린 학술원 현상 공모에서 2등상을 수상했다. 1766년 쾨니히스베르크 왕립 도서관의 부사서로 일하게 됨으로써 처음으로 고정 급여를 받는 직책을 얻었다. 1770년 쾨니히스베르크대학교의 논리학과 형이상학을 담당하는 정교수가 되었고, 교수취임 논문으로 『감성계와 지성계의 형식과 원리』를 발표했다.

그 뒤 『순수이성비판』(1781), 『도덕형이상학 정초』(1785), 『실천이성비판』(1788), 『판단력비판』(1790), 『도덕형이상학』(1797) 등을 출판했다.

1786년 여름학기와 1788년 여름학기에 대학 총장직을 맡았고, 1796년 여름 학기까지 강의했다. 1804년 2월 12일 쾨니히스베르크에서 사망했고 2월 28일 대학 교회의 교수 묘지에 안장되었다.

칸트의 생애는 지극히 평범했다. 그의 생애에서 우리 관심을 끌 만한 사건을 굳이 들자면 『이성의 오롯한 한계 안의 종교』(1793) 때문에 검열 당국과 빚은 마찰을 언급할 수 있겠다. 더욱이 중년 이후 칸트는 일과표를 정확히 지키는 지극히 규칙적인 삶을 영위한다. 하지만 단조롭게 보이는 그의 삶은 의도적으로 노력한 결과였다. 그는 자기 삶에 방해가 되는 세인의 주목을 원하지 않았다. 세속적인 명예나 찬사는 그가 바라는 바가 아니었다.

옮긴이 김상봉

전남대학교 철학과 교수다. 독일 마인츠대학교에서 철학과 고전문헌학 그리고 신학을 공부하고 칸트의『유작』(*Opus postumum*)에 대한 연구로 철학박사 학위를 받았다. 저서로『자기의식과 존재사유-칸트철학과 근대적 주체성의 존재론』,『호모 에티쿠스-윤리적 인간의 탄생』,『그리스 비극에 대한 편지』,『나르시스의 꿈-서양정신의 극복을 위한 연습』,『서로주체성의 이념-철학의 혁신을 위한 서론』,『기업은 누구의 것인가-노동자 경영권을 위한 철학적 성찰』,『만남의 철학-김상봉 고명섭 철학 대담』(공저),『철학의 헌정-5·18을 생각함』,『네가 나라다-세월호 세대를 위한 정치철학』등이 있다.

옮긴이 이남원

경북대학교에서 1988년에『칸트의 선험적 논증』으로 박사학위를 받았다. 현재 부산대학교 사범대학 윤리교육과에 재직 중이다. 칸트의『실용적 관점에서 본 인간학』,『칸트의 형이상학적 강의』와 찰리 브로드가 쓴『칸트철학의 분석적 이해』를 옮겼다.

옮긴이 김상현

서울대학교 철학과에서「칸트의 미감적 합리성에 대한 연구」로 철학 박사학위를 받았으며, 서울대학교 강의교수를 거쳐 현재 성균관대학교 학부대학 전임대우교수로 있다. 저서로는『미술은 철학의 눈이다: 하이데거에서 랑시에르까지, 현대철학자들의 미술론』(공저),『이성의 운명에 대한 고백: 순수 이성 비판』등이 있고 옮긴 책으로는『임마누엘 칸트: 판단력 비판』이 있다.

Immanuel Kant

Vorkritische Schriften II *(1755~1763)*

Translated by Kim Sangbong, Lee Namwon, Kim Sanghyun

Published by Hangilsa Publishing Co., Ltd., Korea, 2018

칸트전집 2

비판기 이전 저작 II (1755~1763)

지은이 임마누엘 칸트
옮긴이 김상봉 이남원 김상현
펴낸이 김언호

펴낸곳 (주)도서출판 한길사
등록 1976년 12월 24일 제74호
주소 10881 경기도 파주시 광인사길 37
홈페이지 www.hangilsa.co.kr
전자우편 hangilsa@hangilsa.co.kr
전화 031-955-2000~3 팩스 031-955-2005

부사장 박관순 총괄이사 김서영 관리이사 곽명호
영업이사 이경호 경영이사 김관영
편집 김광연 백은숙 노유연 김지연 이경진 김대일 김지수
관리 이중환 김선희 문주상 이희문 원선아
디자인 창포 031-955-9933
CTP 출력 블루엔 인쇄 오색프린팅 제본 경일제책사

제1판 제1쇄 2018년 5월 25일

값 35,000원
ISBN 978-89-356-6784-0 94160
ISBN 978-89-356-6781-9 (세트)

• 이 도서의 국립중앙도서관 출판예정도서목록(CIP)은
서지정보유통지원시스템 홈페이지(http://seoji.nl.go.kr)와
국가자료공동목록시스템(http://www.nl.go.kr/kolisnet)에서 이용하실 수 있습니다.
(CIP제어번호: CIP2018013972)

• 이 『칸트전집』 번역사업은 2013년부터 2016년까지 정부(교육부)의 재원으로
한국연구재단의 지원을 받아 수행된 연구임.
(NRF-2013S1A5B4A01044377)